한글 글꼴의 역사

·, ㅡ, ㅣ, ㅗ, ㅏ, ㅜ, ㅓ, ㅛ, ㅑ, ㅠ, ㅕ

한글 글꼴의 역사
ⓒ 김두식 2008

▸ 1쇄 발행 | 2008년 10월 9일
2쇄 발행 | 2020년 05월 9일
지은이 | 김두식
펴낸이 | 권호순
펴낸곳 | 시간의 물레

▸ 등　　록 | 2002년 12월 9일
등록번호 | 제1-3148호
주　　소 | 경기도 파주시 숲속노을로 150, 708-701
전　　화 | 031-945-3867
팩　　스 | 031-945-3868
전자우편 | timeofr@naver.com

▸ ISBN 978-89-91425-46-0　(93710)
정가 45,000원

* 이 책의 판권은 지은이와 시간의물레에 있습니다.
* 이 책 내용의 전부 또는 일부를 재사용하려면
　반드시 출판사와 저자의 동의를 받아야 합니다.
* 잘못 만들어진 책은 교환해드립니다.

한글 글꼴의 역사

김두식

시간의 물레

머리말

한글은 우리의 자랑스러운 문화유산 가운데에서도 최고로 꼽히는 보물이다. 그런 이유로 그동안 한글에 관련된 수많은 연구가 있어왔고 지금 이 시간에도 많은 학자들이 열정을 다하여 이에 대한 연구에 매진하고 있다.

이 책은 이러한 수많은 한글 연구 중 아주 작고 미미한 성과 가운데 하나일 뿐이다. 그러므로 이 책을 저술하는 데 얼마나 큰 어려움과 고통이 있었다는 등의 표현은 감히 내세울 수 없으리라 생각된다. 다만 이 책은 지금까지 주류를 이루었던 여타 한글 연구와는 다르게 한글 글꼴에 대한 내용을 담고 있다는 점만 밝히고 싶다.

이 책은 한글 글꼴 연구와 개발에 있어서 관련된 역사를 정리하는 것이 가장 먼저 해야 할 일이라는 생각으로 저술하였다. 그러므로, 15세기 중엽 한글 창제 시기부터 납활자가 등장한 19세기까지 한글 글꼴의 변화를 짐작할 수 있는 28종 67권의 고문헌을 선별·분석하여 대체적이나마 역사적으로 한글 글꼴의 변천 과정과 글꼴 변화의 원인을 밝히는데 주력하였다.

특히 분석의 객관성을 유지하기 위해 글꼴 대표글자를 선정, 이를 근거로 문헌별로 일관되게 글자를 추출하려고 노력했으며, 추출된 문자의 정확한 재현을 위해 디지털 이미지 처리 프로그램의 기능을 활용하였다. 이 외에도 글꼴 분석 체계와 분석 요소 등도 나름대로 체계를 잡아 활용해 보았다.

한글 글꼴 분석을 위해 처음 시도되는 이러한 여러 가지 방법들이 분석 결과에 얼마나 객관성을 확보하는데 도움이 되었는가는 앞으로 시간을 두고 계속

고민해야 할 것으로 본다. 부디 후학들의 맹렬한 반론을 기대해 본다.

  이 책 내용의 대부분은 필자가 박사 학위 논문으로 제출한「한글 자형의 변천에 관한 연구」에 근거한 것이다. 다만 차이점이 있다면 3종 5권의 새로운 문헌 분석 자료와, 논문 작성시 미처 수록하지 못했던 내용, 그리고 내용의 이해를 돕기 위한 글들을 추가하였고 일부 내용은 수정하였다. 또한 독자들이 내용을 이해하는 데 도움이 될 수 있도록 전반적으로 다시 정리하면서 대부분의 한자를 생략하고 문장을 이해하기 쉽게 다듬으려고 노력했다.

  흔히 한글 연구라고 하면 음운론, 문법론, 의미론, 통사론, 방언론 등 언어적인 면이 주 대상이 되어왔으며 앞으로도 그러할 것으로 본다. 이는 이들 분야가 그만큼 한글 연구에 중요한 부분을 차지하기 때문이다. 그러나 다른 한편으로는 한글의 자모가 어떻게 만들어졌으며 600년 가까이 한글을 사용해 오면서 글꼴이 어떠한 형태로 변화하였는지, 또한 현대 사회에 다양한 매체가 등장하면서 매체 특성에 따라 한글이 어떠한 형태로 만들어져 표현되어야 가독성이 높은지 등에 대한 문자 형태론적 연구도 함께 이루어져야 할 것이다.

  대체로 1990년 이전까지 이 분야에 대해서는 ≪훈민정음≫에 근거한 창제 당시의 글꼴 연구가 주류를 이루고 있었다. 이후 1990년대 말경에 와서야 뉴미디어의 등장으로 한글 글꼴 개발의 중요성과 상업성이 대두되었고 이에 글꼴 개발 전문 기업이 등장하는 등 이 분야가 활성화되면서 이에 대한 연구도 관심을 갖기 시작하였다. 그러나 이러한 관심에도 불구하고 아쉽게도 아직은 한글 글꼴 연구는 시작 단계를 벗어나지 못하고 있다. 그동안 몇몇 선학자들이 이에 대한 연구를 진행해 왔으나 아직 연구의 층이 두텁지 못하고 관련 자료의 정리나 정보 교환도 잘 이루어지지 않고 있는 실정이다.

  한글 글꼴에 대한 역사적 연구 결과는 단순히 학문적 성과물로 끝나는 것이 아니라 단행본·신문·잡지, 인터넷 웹사이트, PDA, 전자책을 비롯하여 휴대폰,

교통안내표지판 등등 전달 매체 특성에 적합한 글꼴 선택 기준의 이론적 뒷받침이 되는 매우 중요한 역할을 한다.

미루어 짐작하건대 앞으로 정보 전달 매체가 더욱 다양화됨으로써 한글 글꼴에 대한 연구 필요성도 함께 더욱 높아질 것으로 확신한다. 그러므로 모든 매체에 있어서 최적의 한글 글꼴에 대한 폭넓고 깊이 있는 연구가 매우 절실하게 요구되고 있는 상황이다. 앞으로 보다 다양한 분야에서 한글 글꼴에 대한 다양한 연구 성과가 있을 것으로 확신하며 이 책이 작으나마 그 촉매제가 되기를 바랄 뿐이다.

참고로 밝힐 것은, 이 책 저술에 참고한 도서와 필자가 관련분야 연구를 하면서 들춰보았던 대부분의 책들은 건국대학교 중원도서관에 기증되어 열람되고 있음을 밝힌다.

이 책 출간의 모태가 되었던, 학위 논문을 위해 아낌없이 자료를 지원해 주시고 정성으로 지도해 주신 홍윤표 교수님께 다시 한 번 깊은 감사의 말씀을 드리며, 한글 글꼴 연구에 매진하도록 질책과 희망을 주셨던 남풍현 교수님, 자상함으로 용기를 주셨던 정광현 교수님, 특히 논문의 틀을 잡는 데 세심한 지도를 해주셨던 박병천 교수님께도 깊은 감사를 드린다. 그리고 어려운 출판계 상황에서도 기꺼이 이 책을 출간해 주신 시간의물레 출판사 권호순 대표와, 표지를 꾸며주신 디자인텔에 감사를 드린다. 끝으로 어머니와 아내 그리고 아들에게도 지면을 빌어 진심으로 고마움을 전한다.

2008년 9월
필자

차 례

머리말 5

제1장 개관 ⋯ 13
  1. 문명과 문자 | 14
  2. 한글 창제의 필연성 | 16
  3. 한글 글꼴의 성립 배경 | 20
  4. 한글 글꼴의 창제 원리 | 22
  5. 한글 글꼴과 한자와의 관계 | 25
  6. 한글 글꼴 분석의 시대적 의미 | 27
  7. 한글 글꼴 분석 목적과 결과의 활용 | 31
  8. 선행 연구의 동향 및 분석 | 34
  9. 분석 기간과 문헌의 선별 | 43

제2장 현대 한글 글꼴 대표글자의 선정 ⋯ 51
  1. 글꼴 대표글자의 필요성과 요건 | 52
  2. 글꼴 대표글자의 추출 방법 | 55
  3. 글꼴 개발용 대표글자의 추출 | 58
  4. 소개용 글꼴 대표글자의 선정 | 71
  5. 글꼴 개발·소개용 대표글자의 정리 | 75

제3장 고문헌 글꼴 분석용 대표글자의 선정과 분석 체계 … 77
1. 고문헌 글꼴 분석용 대표글자의 선정 | 78
2. 글자의 추출과 처리 방법 | 87
3. 글꼴 분석의 요소와 체계 | 91
4. 고문헌 한글 글꼴 분석의 한계 | 98

제4장 15세기 문헌별 글꼴 분석 … 101
1. 훈민정음 해례본 | 102
2. 석보상절 | 122
3. 동국정운 | 137
4. 월인석보 | 150
5. 육조법보단경언해 | 169

제5장 16세기 문헌별 글꼴 분석 … 183
1. 여씨향약언해 | 184
2. 정속언해 | 198
3. 장수경언해 | 216
4. 무예제보 | 232

제6장 17세기 문헌별 글꼴 분석 … 247

1. 언해두창집요 | 248
2. 연병지남 | 264
3. 가례언해 | 278
4. 마경초집언해 | 292

제7장 18세기 문헌별 글꼴 분석 … 309

1. 아미타경 | 310
2. 어제내훈 | 325
3. 천의소감언해 | 341
4. 어제훈서언해 외 | 358
5. 지장경언해 | 375
6. 증수무원록언해 | 386
7. 경신록언해 | 401
8. 오륜행실도 | 415

제8장 19세기 문헌별 글꼴 분석 … 431
1. 태상감응편도설언해 | 432
2. 삼성훈경, 과화존신 | 455
3. 경석자지문 | 473
4. 소학독본 | 490

제9장 한글 글꼴의 통시적 분석 … 505
1. 글꼴의 통시적 분석 | 506
2. 자소의 통시적 분석 | 529
3. 점획의 통시적 분석 | 546

제10장 결론 … 561
1. 한글 글꼴의 변화 양상 | 562
2. 한글 글꼴 변천의 시기 구분 | 569
3. 결어 | 572

- 참고문헌 | 575
- 부록 | 583
- 찾아보기 | 596

제1장

개 관

1. 문명과 문자

　문자는 좁은 의미로 언어를 기록하는 부호이며, 넓게 생각하여 정보를 전달하는 모든 것을 문자로 보아 그림과 부호 등도 문자로 보는 경향이 있다.[1] 인류 사회 속에서 이러한 문자는 어느 날 갑자기 나타난 것이 아니라 오랜 세월을 두고 그림이나 간단한 부호로부터 변화하여 지금과 같은 복잡한 문자 체계가 성립된 것이다. 또한 문자는 우리가 갖고 있는 모든 생각을 기록·보전이 가능함으로 인류 문명의 발달에 결정적인 역할을 하고 있다. 그러므로 역사를 돌이켜 보면 문자가 있었던 사회 집단은 부흥했으며 그렇지 못한 곳은 멸망하였던 것을 알 수 있다.
　기원 전 3,000년, 이집트에서는 700개 정도의 상형문자와 표의문자 및 표음문자를 여러 가지 방법으로 조합하고 나열하면서 그들의 삶과 문화를 기록하였으며, 이들의 문화는 무려 3,000년 동안이나 존속되었다. 또한 기원전 4,000년 중반, 메소포타미아의 수메르인은 약 2,000개로 이루어진 설형문자를 사용하면서 그들의 화려한 문화를 꽃 피웠고 이들은 페르시아에 의하여 멸망할 때까지 2,500년 동안 문명의 번영을 누렸다. 역시 1,000년의 역사를 갖고 있는 인더스 문명과, 청동기 시대에서부터 철기시대에 이르기까지 번성했던 황하문명에서도 그들 나름대로의 고유한 문자가 있었다. 우리는 이들이 이룩한 문명의 화려함을 인류의 위대한 발자취로 생각하며 '인류의 4대 문명'이라 부르고 있다.

---

1) 구석규, 《중국문자학》, 이홍진 역, 서울, 신아사, 2001, p.15 참조.

여기서 '문명'이라는 것은 원시의 미개한 생활과 구분되는 의미로서, 그 판단 기준은 여러 가지가 있겠으나 도시의 성립과 문자의 사용이 매우 중요한 기준으로 작용하고 있다. 특히 문자는 그 사회 조직을 결속시키고 질서를 유지하며 지적(知的) 유산을 후대에 전달하는데 가장 중요한 수단으로 사용되었다. 그러므로 인류의 문명은 잘 조직된 문자의 역사와 함께 한다고 해도 과언이 아니다.

이와 같이 인류가 문명을 유지·발전하는데 문자는 그 핵심적 역할을 하고 있음을 누구도 부인할 수 없으며, 지금까지 이러한 문자에 대한 분석 결과는 문자와 함께 해 온 인류 문명의 본질을 파악하는데 매우 중요한 단서를 제공하고 있다.

<그림 1-1> 이집트 상형문자가 새겨진 비석

2. 한글 창제의 필연성

　문자는 형(形)과 의미로 구성되어 있으며 이 두 가지 요소에 대한 표현 방법은 사회의 언어·문화적 환경과 이에 따른 사회 조직원들의 가치 판단 기준의 차이에 따라 다르게 나타난다.
　만일 한 사회의 문자를 언어와 문화적 환경이 전혀 다른 사회에 강제적으로 사용하도록 억압했을 경우, 새로운 문자를 접한 사회는 그것을 적극적으로 거부하거나, 때에 따라 수용한다고 하더라도 극히 한정된 형태로 일부 특수한 분야에서만 사용하게 될 것이다.[2] 즉 어떤 사회가 전면적으로 새로운 문자를 받아들인다는 것은 그 문자의 표현 방식이 그 사회 구성인들의 언어[3]와 조화를 이루어야 하고, 그 사회의 문화적 정서에 비추어 그 문자의 가치가 인정되어야 한다.
　페니키아인에 의해 그 체계가 세워진 것으로 추측되어지고 지금도 영국과 미국을 비롯한 서구 유럽 전역에서 사용되고 있는 알파벳은 그들 나라의 언어·문화적 정서에 적합하기 때문에 널리 보급된 것이며, 한자 역시 오랜 세월 동안 중국 사회의 언어·문화적 정서에 맞게 생성 발전된 것이다.
　이러한 예로 미루어, 어느 날 갑자기 인위적으로 창제되어 반포한 한글도 우

---

[2] Albertine Gaur, 강동일 역(1995), ≪문자의 역사≫, 서울, 새날, 30쪽 참조.
[3] 본서에서 '언어'는 '의사 소통을 위한, 의미를 가진 소리'를 의미하며, 이러한 언어의 표기 형태는 '문자'로 구분하여 적기로 한다.

리의 언어와 문화적 정서에 부합되지 않았다면 결코 지금과 같이 우리의 문자생활에 깊이 뿌리내릴 수 없었을 것이다. 우리는 이러한 예를 이두와 향찰 및 구결 등에서 찾아 볼 수 있다.

우리 선조들은 한자를 차용하여 우리말을 표기하였으며, 그 운용은 두 가지 방식을 사용하여 왔다. 하나는 중국에서 사용하는 방식과 동일하게 한자를 사용하는 것이었고, 또 다른 하나는 한자가 지니고 있는 음(音)과 석(釋)을 빌어 표기하는 차자표기(借字表記) 방식이었다.

먼저, 한자로 표기하는 방식을 보면, 한자로 문장을 표기하는 한문(漢文), 그리고 한자의 음과 석을 이용하여 표기하는 향찰식(鄕札式) 표기, 이두식(吏讀式) 표기, 구결(口訣) 표기 방식 등을 사용하여 왔다.

차자표기 방식도 한자의 글꼴을 그대로 유지한 채 사용하는 방식, 즉 한자의 정자(正字)를 사용하는 방식과, 한자의 글꼴을 변형하여 사용하는 방식이 있었다. 한자를 변형하여 사용한 경우는 생획자(또는 '약체자')의 구결 표기를 들 수 있으며, 이러한 한자의 운용은 석독구결(釋讀口訣) 등과 같이 우리말을 표기하는 데 보다 편리한 방식으로 발달되기에 이르렀다.

그러나 이와 같이 우리의 언어를 표현하기 위해 적지 않은 시간 동안 체계를 잡아 왔을 것으로 추정되는 이두나 향찰 등이 당시 사회 저변에 널리 보급되지 못했던 것은 한자의 음과 뜻, 그리고 한자가 갖고 있는 표의문자로서의 글꼴[4] 특성 등이 우리의 언어와 조화를 이루지 못했기 때문이라고 본다. 다시 말해 이들은 모두 표의문자인 한자를 빌어 사용한 것이기 때문에 의미 전달 위주로

---

[4] 본고에서는 '글꼴'과 '서체'에 대한 의미를 홍윤표(1998)에서 이미 제시한 것을 받아들여 그대로 적용하고자 한다. 즉 '글꼴'은 글자의 형태를 의미하며, '서체'는 글자의 획 표현 특징을 의미한다. 예를 들면 동일한 글꼴에서 획에 세리프가 있을 경우와 없을 경우 글꼴은 같으나 서체가 다르다고 본다. 반대로, 동일한 유형의 서체이라도 자소의 표기 방법에 차이를 보여 글꼴이 다른 경우도 있다.

2. 한글 창제의 필연성

사용되었으며 우리말의 음을 정확하게 전달한다는 것은 쉽지 않았다. ≪훈민정음≫에서도 한자가 우리의 언어를 쉽게 표기할 수 없어 문자 생활에 적합하지 않았기 때문에 한글을 창제할 수밖에 없었던 시대적 상황을 명확하게 밝히고 있다. 결국 말 따로 글자 따로 제각각의 잘못된 언어 생활이 이루어지고 있었던 것이다.

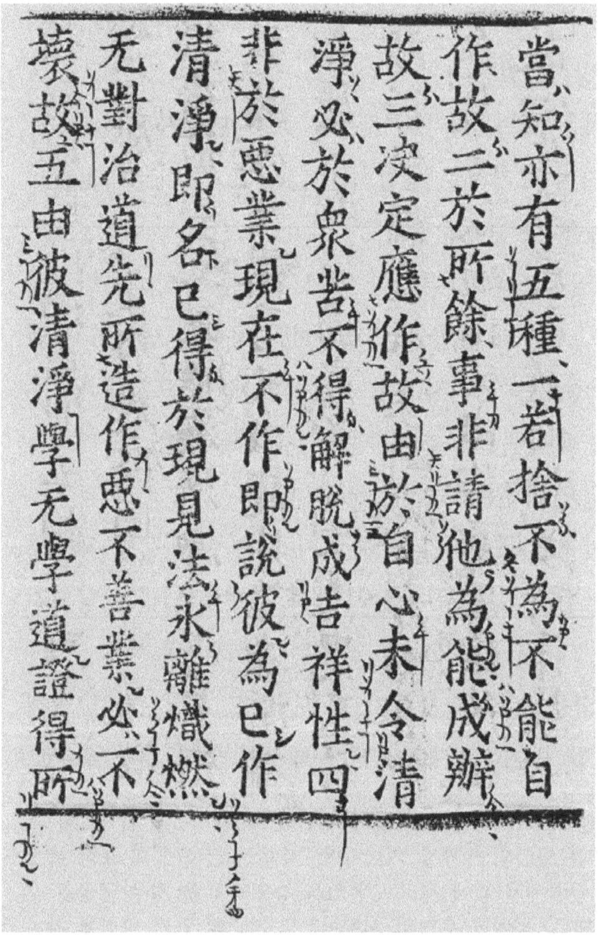

이와 같이 한글 창제 이전에는 미묘한 우리만의 감정과 정서를 완벽하게 글자로서 표현하지 못하였으며, 이러한 표기 방법은, 극단적일 수 있으나, 서포(西浦) 김만중(金萬重)의 말과 같이 앵무새의 흉내에 비교할 만하다. 더욱이 이두문을 이해하고 작성하는 일에도 한자와 한문에 대한 상당한 지식이 따라야 했으므로 이를 이해하고 사용한다는 것은 천민은 말할 것도 없고 일반 백성에게도 쉬운 일이 아니었다.(안병희, 2000) 이로 인해 한글이 보급되기 이전 우

<그림 1-2> 석독 구결이 나타난 <유가사지론(瑜伽師之論)>의 일부

리의 문자 생활은 일부 상류 계층의 권위적 상징으로 나타나는 등 지극히 비정상적인 형태로 활용된 것이다.

구결 역시 단순한 토의 역할에서 벗어나 하나의 고유한 문자 체계로 발전하지 못한 것도 문자 표기 체계에 본질적인 원인이 있겠으나 역시 한자를 차용한 글꼴 구조가 우리의 언어 정서와 조화를 이루지 못한 결과로도 생각해 볼 수 있다.

따라서 우리의 고유어, 즉 한국어를 표현하는 데 적합한 문자의 필요성이 대두된 것은 당연한 결과이며, 이에 따라 15세기 중반에 훈민정음이 창제되었던 것이다.

3. 한글 글꼴의 성립 배경

한글 자모의 형태는 세종대왕이 스스로 창안해 낸 것이 아니라 그 당시 이미 사용되었거나 사용 중인 여러 글자들을 참조하고 이에 창의력을 더하여 만든 것이라는 주장이 있다. 당시로서는 범자(梵字)에 기원을 두고 있다고 했으나 그 이후에 몽고 문자, 파스파 문자, 티벳 문자 등을 참조했다는 주장도 제기되었다. 그러나 오늘날에는 파스파 문자를 참조했다는 주장이 가장 유력하다.

파스파 문자는 원나라 쿠빌라이칸의 명령에 의해 티벳 불교의 일파인 사키야파의 법왕으로 제1대 제사(帝師)가 되었던 팍파(파스파·八思巴, 1235~1280)가 만든 몽고제국의 정식 국자(國字)로서 몽고국자(蒙古國字) 또는 몽고신자(蒙古新字)라고도 불린다(세계문자연구회, 1997).[5)]

〈표 1-1〉에서 보는 것과 같이 파스파 문자는 수평·수직선 혹은 사선으로 이

〈표 1-1〉 파스파 문자

자 음	모 음	
	어 두	어중·어미

자료 : 세계문자연구회(1997)

---

5) 이에 대한 보다 상세한 내용은 세계문자연구회 편', ≪세계의 문자≫(1997)의 262, 488쪽을 참조할 것.

루어진 한글의 초성(자음)과 시각적 느낌이 매우 유사하다. 뿐만 아니라 이들 자·모음을 상하로 결합하여 사각형 내에 들어가도록 쓰고 있어(방형문자) 한글의 모아쓰기 방식과 형태가 일맥상통한다. 그러므로 창제 당시의 한글 초성은 조음기관의 모습과 결부시켜 파스파 문자의 형상을 단순화하는 등 음성학적으로 보다 치밀한 과학적 근거를 도입한 것으로 보인다.

물론 세종대왕이 전적으로 파스파 문자만을 참조하여 한글을 창제했다고는 볼 수 없다. 한글 자모의 일부는 한자의 획과 유사한 것도 눈에 띈다. 예를 들어 'ㄷ'은 한자의 '匚(방)', 'ㅁ'은 '口(구)', 'ㅅ'은 '人(인)'의 형태와 유사하며, 'ㅈ, ㅊ' 등은 '大(대)' 자와 유사함을 알 수 있다. 그러므로 세종대왕은 당시 사용되고 있는 각 나라의 문자를 면밀히 분석하고 이들을 종합하여 참조했으며 그 가운데 특히 파스파 문자와 한자가 한글 글꼴 형성에 가장 많은 영향을 주었던 것으로 생각된다.

4. 한글 글꼴의 창제 원리

현대에 사용되고 있는 대부분의 문자들은, 처음에는 매우 단순한 형태로 사용되다가 오랜 시간을 거치면서 발전하고 변화하면서 오늘날에 이른 것이다. 이들 문자들은 언제 어디서 어떻게 누구에 의해 만들어졌는지 전혀 알 수 없으며 다만 어느 지역에서 발생했는지 등과 같이 개략적인 것만 추측되고 있을 뿐이다. 이에 비해 한글은 지구상에서 현존하는 문자 가운데 유일하게 어느 날 갑자기 인위적으로 만들어진 문자로서, 만든 시기와 만든 사람이 명확하게 나타나 있다.

세종실록 권102(세종 25년 12월)에 보면 '시월 상친제언문28자 ⋯ 제위훈민정음 (是月 上親制諺文二十八字 ⋯ 是謂訓民正音)'이라 하여 '세종 25년(1443) 12월에 세종대왕이 친히 언문 28자를 만들고 그 이름을 훈민정음이라 하였다'고 기록하고 있다. 이렇게 만들어진 28자의 자모는 다음과 같이 ≪훈민정음≫에 기록되어 있다.

    초성 (16자)   어금닛소리[牙音] ㄱ, ㅋ, ㆁ
                         혓소리[舌音] ㄷ, ㅌ, ㄴ
                         입술소리[脣音] ㅂ, ㅍ, ㅁ
                         잇소리[齒音] ㅈ, ㅊ, ㅅ
                         목구멍소리[喉音] ㆆ, ㅎ, ㅇ
                         반혓소리[半舌音] ㄹ
                         반잇소리[半齒音] ㅿ
    중성 (11자)   ㆍ, ㅡ, ㅣ, ㅗ, ㅜ, ㅓ, ㅛ, ㅑ, ㅠ, ㅕ

《훈민정음》을 설명해 놓은 '훈민정음해례(訓民正音解例)'의 '제자해(制字解)'를 보면 초성 자음 중에서 발음 기관의 형상을 본 떠 만든 것은 'ㄱ, ㄴ, ㅁ, ㅅ, ㅇ'이라 쓰고 있다.

이 가운데 'ㄱ'은 소리를 낼 때 혀의 안쪽 뿌리가 목구멍을 막는 모습을 본떴고, 'ㄴ'은 혀의 앞쪽이 잇몸 위쪽에 닿는 모습을 본떴다고 한다. 그리고 'ㅁ'은 발음할 때 입술의 모양을 본 떠 만들었으며, 'ㅅ'은 이의 날카로운 모양, 'ㅇ'은 발음할 때의 목구멍 모양을 본 떠 만들었다고 한다.

그 외의 자음 형상을 만든 것에 대해서는 다음과 같이 설명하고 있다.

초성 자음 'ㄱ, ㄴ, ㅁ, ㅅ, ㅇ'에서 획을 더하여 각각 'ㅋ, ㄷ, ㅂ, ㅈ, ㆆ'을 만들었으며, 이들 'ㄷ, ㅂ, ㅈ, ㆆ'에 역시 획을 더하여 각각 'ㅌ, ㅍ, ㅊ, ㅎ'을 만들었다. 또한 'ㄷ, ㅅ'에 획을 더하여 각각 'ㄹ, ㅿ'을 만들었다. 이와 같이 기본 자모에 획을 더하는 것을 '가획(加畫)'이라고 한다.

또한 같은 초성을 나란히 쌍을 이루게 하여 'ㄲ, ㄸ, ㅃ, ㅉ, ㅆ, ㆅ'으로도 사용한다고 하였다. 이와 같은 자모의 형태를 '각자병서(各自竝書)'라고 부른다. 이 외에 '훈민정음해례' '합자해(合字解)'에서는 '서로 다른 자음을 나란히 붙여 사용하는 'ㅺ, ㅴ, ㅵ, ㅳ, ㄻ, ㅶ' 등의 경우도 나오며, 이러한 형태를 '합용병서(合用竝書)'라고 부른다.

'훈민정음해례'의 '용자례(用字例)'에서는 이와 같은 28자 이외에도 'ㅸ'을 소개하고 있는데 이것은 입술소리 'ㅂ'에 목구멍소리 'ㅇ'을 더한 모양이다. 이와 같이 자음 아래에 'ㅇ'을 쓰는 것은 가벼운 소리를 낸다는 것을 의미하여 이를 '순경음(脣輕音)'이라 하며, 이에 따라 'ㅸ'은 '순경음 비읍'이라 부른다. 이와 같이 자소를 위아래로 나란히 쓰는 것을 '연서(連書)'라고 한다.

모음은 기본적으로 'ㆍ, ㅡ, ㅣ'로 구성되어 있으며 여기서 'ㆍ'은 천(天)으로서

4. 한글 글꼴의 창제 원리

하늘의 둥근 모습을, 'ㅡ'은 지(地)로서 땅의 평평한 모습을, 'ㅣ'은 인(人)으로서 사람이 서있는 모습을 표현한 것이다. 이렇게 기본 모음자의 모양은 '천, 지, 인'의 삼재(三才)를 의미하며 이에 대한 근본 철학은 역학에 근거하고 있음을 '훈민정음해례'에서 밝히고 있다. 그 외의 모음자들은 'ㆍ'과 'ㅡ'의 조합과 'ㆍ'과 'ㅣ'를 조합하여 만들었다.

5. 한글 글꼴과 한자와의 관계

훈민정음 창제 이후 한글은 각종 문헌에서 한자의 음을 표시하거나 한문을 우리말로 옮길 때, 혹은 외국어의 발음을 우리말로 표기하거나, 사역원(四譯院)의 역학서(譯學書) 등과 같이 다른 나라 문자(예컨대 몽고 문자, 만주 문자, 일본 문자 등)와 함께 표기되기도 했다. 그러나 대부분의 문헌에서 한글은 한자와 함께 병기되어 온 것은 부인할 수 없는 사실이다.

이러한 한글과 한자의 관계에서, 한자가 어휘나 의미적인 면뿐만 아니라 한글의 형태적인 면까지 영향을 미친 것은 당연한 일로서, 창제 당시의 독특한 글꼴이 점차 한자의 해서(楷書)를 닮아 가는 것에서 그러한 면을 찾을 수 있다.

그러므로 한글 글꼴 분석을 시도함에 있어서 한자 글꼴 분석 방법을 참조하지 않은 채 서구의 문자 형태 개념과 그 분석 방법에 한글 글꼴을 대입하여 참조하거나 분석하는 경우 그 결과에 오류를 범할 수 있는 위험이 있다.

다만 역사적으로 한글과 한자가 함께 사용되면서 한글이 부분적으로 한자의 형태를 닮아 가는 경향이 있기는 하지만 이들 두 문자는 표의문자와 표음문자로서 글꼴의 구조가 근본적으로 다르다. 그러므로 한글 글꼴 분석에 한자 글꼴 분석의 방법론을 그대로 적용하기에는 무리가 따르며, 그 나름대로 별도의 분석 틀을 마련하여야 할 것이다.

이 책에서는 한자 글꼴 분석의 틀을 참고는 하였지만 그 방식을 따르지 않고 한글 글꼴의 구조를 명확하게 드러낼 수 있는 나름대로의 분석 틀을 개발·활용하였으며, 분석의 틀에 대한 설명은 전반부에 상세히 소개하였다. 물론 이 책에서 제시하는 한글 글꼴 분석의 틀이 객관적이고 효율적인 방식이라고 단정 짓기는 어렵지만 이미 만들어져 있는 한글 글꼴 분석의 틀을 찾지 못하였고, 이 글을 쓰기 위해 그 필요성은 절실하여 필자 나름대로 시도한 것이다. 앞으로 한글 글꼴 연구가 지속적으로 이루어지기 위해서는 연구 목적에 맞는 각종 분석의 표준틀이 개발되어야 할 것이다.

6. 한글 글꼴 분석의 시대적 의미

　문자의 형상, 즉 글꼴을 분석한다는 것은 단순히 글꼴이 갖고 있는 조형적 구조에만 제한된 것이 아니라, 그 사회가 문자 생활에 있어서 어떠한 특성을 갖고 있으며, 더 나아가 그 사회 조직원들의 사상과 의식 구조의 한 부분을 알아 낼 수 있다. 또한 글꼴의 시대적 변화와 특성을 살펴봄으로써 그 사회의 문자 생활과 시대 사상 변화의 한 단면을 확인할 수 있다.
　예를 들어, 조선조 전·후기를 통하여 역대 왕들이 중요한 문화 정치의 하나로서 국비를 소모해 가면서 구리를 주재료로 한 동활자와 철을 주재료로 한 철활자 등을 20여 회에 걸쳐 주조하였고 이들 활자에 왕의 연호에 따라 이름을 붙였다.(김두종, 1984) 이것은 조선시대에 있어서 새로운 글꼴을 개발하고 이를 활자로 만들어 문헌을 인쇄하는 것이 왕의 권위를 나타내기도 하며, 때로는 국가의 보위를 염원하는 통치자의 강한 의지를 내보이는 중요한 치적 사업으로 간주되었기 때문이다.
　그러므로 제각각 독특한 글꼴을 갖고 있는 이들 문자의 형상을 분석함으로써 당시의 문헌 제작 상황은 물론 인쇄·출판 문화의 특성을 파악할 수 있으며, 그 시대의 문자 생활 양상을 확인할 수 있고, 이에 따른 사회 정서의 일면이 파악될 수도 있다.
　한 예로 글꼴에 나타난 세리프의 모습은 그 사회의 필기구 및 활용 매체의 특성을 나타내기도 한다. 우리나라 전통적 글꼴에 나타난 세리프의 형태는 붓에 의한 것이며, 서양의 글꼴에 나타난 세리프는 깃털 펜에 의한 것으로서 이들은 당시의 필기 도구의 특성뿐만 아니라 기록 매체의 특성까지도 추측케 한다. 또한 우리나라에 납활자가 들어오면서 산세리프체인 고딕체가 널리 사용하게 되었고, 이것 역시 변화된 문자생활을 글꼴에 의해 확인할 수 있는 예 가운데 하나이다.

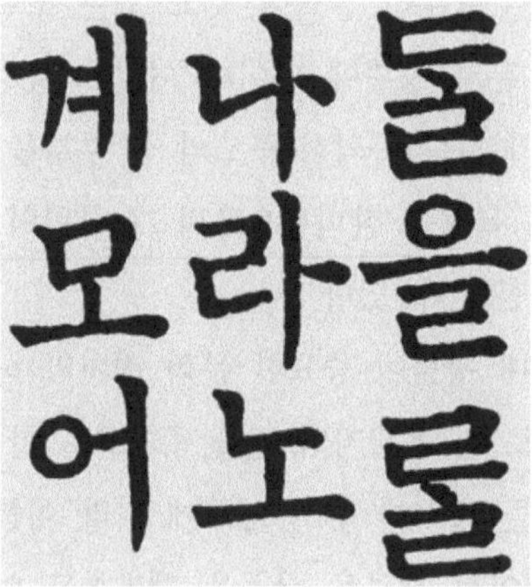

붓에 의한 한글의 세리프    깃털 펜에 의한 로마자의 세리프

<그림 1-3> 한글과 영문의 세리프 비교

이와 같이 한글 글꼴 분석 작업은 문자의 음운이나 의미, 통사 분석 등을 통해 겉으로 드러난 언어적 사실을 밝히는 작업과는 다르게, 문자 생활의 다양한 내면을 이해할 수 있는 또 하나의 역사적 자료를 제시하게 될 것이다.

20세기 중반까지만 해도 한글의 우수성을 밝히는 작업들은 대부분 그 창제의 원리, 즉 자모의 구성과 모아쓰기 방식에 의한 표음문자 체계 등에 관련된 것과 한글 창제의 역사성 및 창제 정신 등의 연구가 주류를 이루고 있었으며 이에 반해 한글 글꼴에 관련된 연구는 활성화되지 못하였다.

그러나 사회 조직의 전문화·다변화로 인해 다양한 매체가 등장하고 이에 따른 다양한 한글 서체가 요구되었으며, 특히 20세기 중반 이후부터는 전자 기술의 발달로 인한 컴퓨터의 보급이 확산됨에 따라 한글 폰트(font)에 대한 산업적 관심이 높아지면서 한글 글꼴의 중요성이 함께 증대되고 있다. 이에 따라 고문헌에 나타난 한글 글꼴 분석뿐만 아니라 서구의 알파벳 글꼴 분석 방법 등을 도입한 한글 글꼴 연구가 일부에서나마 논의되기 시작하였다. 이러한 움직임을 본격적으로 지원하기 위해 한글 글꼴 연구와 폰트 개발 동향을 제공하는 《글꼴》(한국글꼴개발원)이 문화관광부의 지원을 받아 1998년부터 연간으로 발행되기도 하였다.

지금까지 한글 글꼴에 관한 연구는 대체로 《훈민정음》과 《월인석보》, 《월인천강지곡》 등 창제 초기 문헌에 집중되어 있거나 몇몇 고문헌에 나타난 글꼴을 단편적으로 소개하는 경우가 많았다. 또한 일부 글꼴 분석을 시도한 자료들도 그 분석 방법 역시 논리적이거나 체계적으로 보기에 어려움이 있으며, 아예 분석 방법에 대한 설명이 없는 경우도 있다.

이와 같이 한글이 창제된 지 500년이 넘었지만 역사 속에 묻혀있는 한글 글꼴을 과학적으로 발굴·분석·정리하는 학문적 시도가 이제서야 시작 단계에 접어들었다고 보아도 무리가 아니다.

한글 글꼴 변화에 대한 역사적인 분석은 우리 민족의 문자 변화사를 밝히는 일로서 전 세계적으로 우리만이 해 낼 수 있는 고유한 연구 영역 가운데 하나일 뿐만 아니라, 현대 사회에서 한글을 통한 의사 전달 효과의 극대화 방법을 모색하기 위해, 그리고 현대의 한글 글꼴을 이해하고 미래의 한글 글꼴 개발을 위해 매우 중요한 연구이다.

이제는 한글 글꼴 분석의 본질과 중요성을 이해하고, 이에 관한 객관적이고

6. 한글 글꼴 분석의 시대적 의미

합리적인 분석 방법의 개발과 활용이 이루어져야 할 것이며, 이를 통해 역사 속에 묻혀있는 한글 글꼴을 발굴하여 정리하는 본격적인 학문적 시도가 있어야 할 것이다.

　이 책에서는 이러한 문제 의식에 기초하여 보다 과학적이고 논리적인 방법으로 옛날 문헌에 나타난 한글 글꼴을 분석하고 그 변화의 양상을 밝히려고 노력했다.

7. 한글 글꼴 분석 목적과 결과의 활용

훈민정음, 즉 한글이 창제된 이후 우리 민족은 약 550여 년이 지난 지금까지 한글로 우리말을 표기해 오고 있으며 이러한 한글은 창제 당시의 모습에서 그 형태적인 변화를 계속하고 있다. 이러한 한글 글꼴의 변화는 현대에 와서 어느 날 갑자기 이루어진 것이 아니라 550여 년이란 한글의 역사와 함께 이루어진 결과이다. 다시 말해 한글 문헌 간행을 위해 수백 년 동안 수많은 필사자들이 그 시대의 정서와 사회적 환경에 알맞은 다양한 한글 글꼴과 서체를 개발하면서 한글의 형태는 자연스럽게 변화되어 온 것이다.

특히 현대에 와서 다양한 매체가 등장하고 이들 매체에 알맞은 한글 글꼴과 서체 역시 다양하게 개발되면서 이제는 문자가 단순히 내용의 전달 기능에 그치지 않고 미디어 특성에 부합되는 문자의 개발이나, 문자 형태에 의한 감정의 전달 기능도 중요한 커뮤니케이션 요소로 주목받고 있다. 예를 들어 모니터나 휴대폰 화면 또는 팩시밀리 전송에 보다 선명하게 표현될 수 있는 기능성 글꼴의 개발 등은 전자의 경우이며, 제목 서체로 샘물체 혹은 안상수체 등과 같은 3벌식 글꼴을 응용함으로써 고딕체나 명조체를 사용할 때보다 현대적 감각을 돋보이게 하는 경우는 후자에 속한다.

이와 같이 한 시대의 문헌에 나타난 한글 글꼴은 당시의 문자 생활에 대한 단면을 함축적으로 내포하고 있기 마련이다. 그러므로 시대적 상황에 따라 끊임없이 새롭게 개발되어 온 한글 글꼴의 과거를 정리·분석하는 것은 현대 혹은

7. 한글 글꼴 분석 목적과 결과의 활용

미래 사회의 문자 생활에 대한 문제점과 개선점을 찾을 수 있는 근거를 제공할 것이며, 앞으로 어떠한 방향으로 문자 생활이 발전해 나가야 하는지 방향을 제시할 수 있을 것이다. 한글 글꼴의 역사 분석을 통해 얻을 수 있는 사항을 보다 구체적으로 보면 다음 세 가지로 함축될 수 있을 것 같다.

첫째, 역사적으로 한글 글꼴의 다양성을 밝히는 데 있다.

한글 창제 이후 19세기까지 각종 문헌에 사용되었던 한글 서체도 매우 독특하고 다양한 형태로 나타나고 있다. 이들 문헌에 나타난 특징적인 한글의 형태는 한글 글꼴이 얼마나 다양하게 변화되었고 표현될 수 있는지를 확인시켜 주는 중요한 자료일 뿐만 아니라, 때에 따라서는 이들 문헌에 나타난 뛰어난 글꼴과 서체는 현대의 문자 생활에 활용한다 하더라도 손색없는 것들이 적지 않다. 본 연구를 통해 이러한 다양한 한글 글꼴 및 서체를 분석, 제시할 것이다.

둘째, 한글 글꼴 및 서체 변화의 흐름을 체계적으로 밝히는데 있다.

≪훈민정음≫에서 한글 구조의 원형이 제시된 이후 이에 근거하여 시대에 따라 갖가지 변형된 글꼴과 서체가 나타났다. 이러한 여러 가지 형태의 한글 표현은 직접적으로는 필사자의 필체에 의한 것이라 볼 수 있으나 본질적으로는 그 시대 문자 생활의 큰 흐름 속에 나타난 특징적 일면을 보여주는 것이다. 예를 들어 1446년의 ≪훈민정음≫ 해례본에서 중성 모음 'ㅡ, ㅣ' 등에 사용된 원형 점획 'ㆍ'은 불과 1년 후에 쇄출된 ≪용비어천가≫와 ≪석보상절≫에서는 막대형 획으로 바뀌었고, 다시 15세기 중반부터는 이 획의 형태가 한자의 해서를 닮아간다(안병희, 2000).

또한 ≪훈민정음≫에서 나타난 산세리프의 한글 글꼴이 얼마 지나지 않아 세리프 형태로 변형되어 표기된 것 역시 당시의 사회·문화적 여건 변화에 따른 표기 형태 변화로 분석될 수 있다.

그러므로 본 연구를 통해 한글 창제 이후부터 각종 문헌에 나타난 다양한 한글 글꼴을 문헌별[共時的]로 분석하고, 이를 다시 역사적[通時的]으로 분석해 봄으로써 한글 글꼴 및 글꼴을 이루는 자소의 형태 변화가 어떠한 과정을 통해 변화하였는지 체계적으로 확인될 수 있을 것이다.

셋째, 한글 글꼴 개발을 위한 기초 자료 제공을 목적으로 한다.

한글 글꼴을 개발하기 위해서는 한글 글꼴의 본질적 구조 파악이 우선되어야 한다. 단순히 조형성만 강조된다거나 미적 감각에 치중하여 한글 본래의 글꼴 구조에서 벗어난 글자들은 변별력과 가독성이 떨어져 결국 활용되지 못하게 된다. 1990년대 중반 이후 한글 글꼴이 짧은 기간에 대량으로 개발되면서 이와 같이 글꼴 인식이 어려운 글자들이 나타나기도 하였다.[6] 이는 한글 글꼴의 원형이라고 할 수 있는 ≪훈민정음≫ 해례본 한글 구조에 대한 인식 결여와 한글의 형태재인(形態再認)의 범위[7]에 대한 충분한 검토 및 이해 부족에서 비롯된 것이다. 그러므로 이러한 현대의 글꼴 개발에 대한 문제점은 한글 창제 이후 꾸준히 진화해 온 한글의 형태적 특성을 이해함으로써 해결될 수 있다. 이 책에서 제시한 분석 결과는 이러한 문제점을 극복하기 위한 기초 자료로서 활용될 수 있을 것으로 기대된다.

---

6) 이에 대한 보다 구체적인 내용은 김두식(1999)을 참조할 것.
7) 여기서 '형태 재인(pattern recognition)'은 인지심리학에 근거한 용어로서, 글자의 원형 인식을 의미한다. 즉 어떠한 글자인지 알아차릴 수 있는 범위 내에서 변형된 글자를 말한다.

8. 선행 연구의 동향 및 분석

 각종 자료를 통해 파악된 국어학 분야에서의 한글 글꼴 변천에 관련된 주요한 연구는 신경철(1994, 1995, 1997)과 홍윤표(1998, 1999b, 1999c, 2000a, 2000b, 2001) 등이 있으나 필자가 파악한 자료 가운데 본격적으로 한글 글꼴과 그 변천 과정에 대하여 분석을 시도한 것으로는 홍윤표(1998)의 연구가 처음이 아닌가 생각된다. 이 연구에서는 77종의 방대한 고문헌에서 추출한 한글 글꼴을 제시함으로써 글꼴의 변화를 통시적으로 보여주고 있는 것이 특징이다.

 또한 미술 및 디자인 분야에서 김진평(1990)과 정계문(1999)[8]은 활자 서체 변천에 대한 시대 구분을 시도하였으며, 서예 분야에서 박병천(2000a)은 ≪훈민정음≫, ≪동국정운≫, ≪월인천강지곡≫에 나타난 한글 형태에 대한 수치적(數値的) 분석을, 박병천(2002)에서는 수치적 분석과 함께 글꼴의 크기 비례 등을 분석하고 있다.

 이 외에도 미술 분야에서 접근한 김진아(1982)는 ≪용비어천가≫(1445)를 비롯하여 ≪반야심경언해≫(1464), ≪두시언해≫(1481), ≪훈몽자회≫(1527), ≪송강가사≫(1690), ≪고산가사≫(1780)에 대한 글꼴을 비교 분석하고 이들 글꼴을 응용한 새로운 글꼴을 예시하고 있다. 또한 박수자(1987)는 한글의 서체를 운필(運筆)·용

---

8) 정계문(1999)에서는 한글 활자체 변천을 '창제초기(전1기), 창제후기(전2기), 인경기(전3기), 경서기(전4기), 난후복구기(후1기), 교서관기(후2기), 정형기(후3기), 옛활자말기(후4기), 도입교체기(1기), 개발침체기(2기), 원도개발기(3기)' 등으로 구분하고 있다. 그러나 이러한 시기 구분에 대한 구체적인 역사적 근거는 제시하지 않고 있다.

필(用筆)의 특징에 따라 판본체, 혼서체, 궁체로 대별하고, ≪훈민정음≫을 비롯하여 ≪월인천강지곡≫, ≪월인석보≫, ≪세종어제훈민정음≫, ≪여사서≫, 숙종어필(육필), ≪원각경≫(필사본) 등에 나오는 한글 서체 특성을 이 분류에 입각하여 분석하고 있다. 이 논문은 주로 서예 필법에 의해 한글을 분석한 것으로 보아야 할 것이다.

물론 이 책의 출간 준비 기간 동안에도 많은 연구문헌이 발표되었으리라 생각되나 일일이 소개하지 못해 아쉽다.

여기서는 현재 우리나라에서 한글 글꼴 연구의 맥을 이루고 있는 미술 분야의 김진평(1990), 서예 분야의 박병천(2000, 2002), 국어학 분야의 홍윤표(1998)의 선행 연구에 대해서만 간략히 정리하여 소개해 보기로 한다.

(1) 김진평(1990)의 분석

김진평(1990)에서도 역시 역사적 맥락에서 한글 글꼴에 대한 변화를 분석하고 있으나 뒤에서 논의하는 홍윤표(1998)의 연구와 같이 판본 전체를 대상으로 한 것이 아닌, 활자에 대해서만 분석을 시도하고 있다. 여기서 김진평(1990)은 활자체 변천 요인을 다음과 같이 다섯 가지로 규정하고 있다.

첫째, 필기구의 영향 ⋯⋯⋯⋯⋯⋯⋯⋯(글씨체 변천의 요인)
둘째, 필기 습관의 영향 ⋯⋯⋯⋯⋯⋯(글씨체 변천의 요인)
셋째, 시대 및 문화의 영향 ⋯⋯⋯⋯(글씨체 및 활자체 변천의 요인)
넷째, 활자 제조법의 영향 ⋯⋯⋯⋯⋯(활자체 변천의 요인)
다섯째, 활자 용도의 영향 ⋯⋯⋯⋯⋯(활자체 변천의 요인)

8. 선행 연구의 동향 및 분석

이러한 사항에 근거하여 활자의 시대 구분을 〈표 1-2〉와 같이 옛활자 시대, 새활자 시대, 원도활자 시대로 나누고 있다(김진평, 1990). 이러한 시대 구분에 근거하여, 각 시대의 활자와 관련된 특징적인 사회적 상황과 문헌에 나타난 활자 글꼴의 특성을 간략하게 분석하고 있다. 여기서 활자 글꼴의 특성은 줄기(획)의 성격, 닿자(자음)의 특징, 글자의 구성, 한자와의 관계 등 네 가지 관점으로 나누어 분석하고 있다. 이에 덧붙여 우리나라 활자체 변천의 과정을 개략적으로 설명하고 이에 '활자체 변천 계보도'를 시대 구분에 의해 작성·제시하고 있다.

〈표 1-2〉 활자체 변천의 시대구분(김진평)

시 대		시 기	기 간
옛활자 시대 (1443~1863)	전기	전1기 : 창제초기 전2기 : 창제후기 전3기 : 인경기 전4기 : 경서기	1443(세종 25년)~1450(세종 말년) 1451(문종 원년)~1460(세조 6년) 1461(세조 7년)~1505(연산군 말년) 1506(중종 원년)~1591(선조 24년)
	후기	후1기 : 난후복구기 후2기 : 교서관기 후3기 : 정형기 후4기 : 옛활자말기	1592(선조 25년)~1659(효종 말년) 1660(현종 원년)~1724(경종 말년) 1725(영조 원년)~1800(정조 말년) 1801(순조 원년)~1863(철종 말년)
새활자 시대 (1864~1949)		1기 : 도입교체기 2기 : 개발침체기 3기 : 새활자말기	1864(대원군 원년)~1909(순종 3년) 1910~1945(일제치하) 1946~1949(광복 이후)
원도활자 시대 (1950~현재)		1기 : 도입보급기 2기 : 원도개발기 3기 : 기술개발기	1950~1959(6.25사변 이후) 1960~1979(4.19의거 이후) 1980~현재

이 연구는 활자체에 국한되기는 했으나 한글 글꼴의 변화를 시대 구분을 통해 분석하였다는 점에서 의의를 찾을 수 있다. 특히 시대 구분에 있어서 문자 생활의 근간이 되는 사회·문화적 요소를 분석하여 도입한 것은 앞으로 한글 글꼴 변천사를 연구하는 데 있어서 참조할 수 있는 구체적인 예를 제시한 것으로

보아야 할 것이다.

　이 연구에서 제시된 시대 구분은 활자 제조법을 기준으로 크게 나눈 뒤에 각 시대를 다시 시대적 및 문화적 성격을 기준으로 구분한 것이다. 여기서 세부적인 시대 구분의 기준으로는 당시 사회에 큰 영향을 끼친 전란이나 혹은 왕조가 바뀐 시점, 혹은 일반적인 사회상의 변화를 기준으로 하였고, 문화적 성격에 의한 구분으로는 활자체의 성격 변화나 활자본의 일반적 성격 변화 등을 기준으로 하였다.

　시대 구분이란 여러 가지 측면에서 다양하게 접근할 수 있으므로 그 구분의 옳고 그름을 쉽게 말할 수는 없다. 그러나 글꼴의 변화를 통시적으로 고찰하기 위한 시대 구분에서 역사적 사건과 문화적 성격 변화는 단순히 참조해야 할 사항이며, 본질적으로는 문헌에 나타난 한글 글꼴 분석 결과에 의한 시대 구분이 이루어져야 할 것으로 생각된다. 또한 큰 구분은 활자 제조법에 의하고 작은 구분은 사회상의 변화에 기준하고 있어 이들 분류 기준의 개연성을 찾을 수 없는 문제점도 있다. 그러므로 이 연구에서 사용된 시대 구분은 더욱 심도있는 논의를 통해 보다 합리적으로 재구성되어야 할 것으로 생각된다.

(2) 박병천(2000a, 2002b)의 분석

　박병천(2000a)은 《훈민정음》, 《동국정운》, 《월인천강지곡》에 나타난 한글 글꼴을 분석하고 있다. 〈그림 1-3〉에서 보는 것과 같이, 이 연구에서 사용된 한글 글꼴 분석 방법은 대체로 글자의 크기에서부터 자소의 크기 및 비례 등을 측정하여 글자의 구조와 형태를 수치로 나타내거나 문헌에 등장하는 동일한 자소나 글자의 수를 제시하는 등 글자 형상의 수치화(數値化)에 많은 노력을 기울였음을 알 수 있다. 다시 말해 한글 글꼴 구조에 대한 상세한 설계도를 제시하

표 6. 훈민정음해례본의 한글 자모음 구조 분석표

분석요소		자음						분석요소		모음						
		자음의 외형			자음의 조세		간가	방향	모음		모음의 외형			모음의 조세		간가	위치
자음		가로폭	세로폭	%	가로선	세로선	%	%			가로폭	세로폭	%	가로선	세로선	%	%
아음	ㄱ	13.0	11.0	84.6	1.7	2.0	117.6		횡모음	·	3.5	3.5	100				
	ㅋ	13.0	11.0	84.6	1.5	2.0	133.3	59.0		ㅡ	15.0	1.7	11.3				
설음	ㄴ	13.0	11.0	84.6	1.9	2.0	105.3			ㅗ	15.0	5.0	33.3	2.0		50.0	
	ㄷ	15.0 13.0	11.0	73.3	1.9	2.0	105.3			ㅛ	15.0	5.0	33.3	1.9		32.3	
	ㅌ	15.5 13.5	11.0	71.0	1.5	2.0	133.3	50.0		ㅜ	15.0	5.0	33.3	1.9		50.0	
	ㄹ	13.0	11.0	84.6	1.5	1.6	106.7	50.0		ㅠ	15.0	5.0	33.3	1.9		32.3	
순음	ㅁ	13.0	12.5	96.2	1.5	1.9	126.7		종모음	ㅣ	1.8	14.0	777.8		1.7		
	ㅂ	13.0	12.0	92.3	1.9	2.0	105.3	33.3		ㅏ	5.5	14.0	254.5		1.9	50.0	
	ㅍ	14.0	11.9	85.0	1.5	1.9	126.7	29.4		ㅑ	5.0	14.5	290.0		2.0	32.0	
치음	ㅅ	16.0	11.0	68.8	2.0	2.0	100.0		75	ㅓ	5.5	14.0	254.5		2.0	50.0	
	ㅈ	15.1	11.0	71.0	1.5	1.9	126.7	48.4	80	ㅕ	5.0	15.0	300.0		2.0	30.0	
	ㅊ	15.0 13.5	13.0	86.7	1.9	1.9	126.7	51.9	90	종종모음	ㅐ	9.0	14.0	155.6		1.9	61.1	점위치
	ㅿ	17.5	11.0	62.9	1.5	1.5	100.0		75		ㅒ	9.0	14.0	155.6		1.9	61.1	
후음	ㅇ	13.0	12.5	96.2	1.9	1.9	100.0				ㅔ	10.0	14.0	140.0		1.9	50.0	
	ㆆ	15.0	13.5	90.0	1.5	1.7	113.3				ㅖ	10.0	14.0	140.0		1.9	50.0	의위치
	ㅎ	14.5	16.0	110.3	1.5	1.9	126.7				·ㅣ	10.0	14.5	145.0		1.9	48.3	
연서·각자병서	ㆁ	12.0	14.0	116.7	1.9	2.0	105.3		75	횡중모음	ㅚ	13.0	14.5	111.5	1.2	2.0	166.7	55.2
	ㅸ	13.5	14.5	107.4	1.5	1.9	126.7	48.1			ㅘ	16.0	14.0	87.5	1.2	1.9	158.3	72.7
	ㄲ	13.5	11.0	81.5	1.5	1.9	126.7	55.6			ㅙ	15.5	14.0	70.3	1.5	1.9	126.7	53.3
	ㄸ	14.0	11.0	78.6	1.5	1.7	113.3	51.9			ㅟ	13.0	14.0	92.9	1.2	1.9	158.3	57.1
	ㅃ	13.0	11.0	84.6	1.2	1.5	125.0	39.3			ㅝ	15.0	13.0	86.7	1.5	1.9	126.7	61.5
	ㅆ	16.0	11.0	68.8	1.9	1.9	100.0	48.5	40		ㅞ	16.5	14.0	84.8	1.2	1.9	158.3	64.3
	ㅉ	15.0	11.0	73.3	1.2	1.5	125.0	47.1	45	횡중모음	ㅢ	13.0	14.0	107.7	1.5	1.9	126.7	50.0	一의위치
	ㆀ	12.0	5.5	45.8	1.5	1.9	126.7	45.8			ㅐ	13.5	13.5	100.0	1.5	1.9	126.7	44.4
	ㆅ	16.0	11.5	71.9	1.9	1.5	78.9	50.0			ㅔ	14.5	13.5	93.1	1.5	1.9	126.7	29.6
합용병서	ㅺ	13.5	7.0	51.9	1.2	1.9	158.3	44.4	55		ㅖ	17.0	13.5	79.4	1.5	1.9	126.7	29.6
	ㅼ	13.0	5.5	42.3	2.0	1.5	75.0	46.2			ㅓ	13.5	13.5	100.0	1.7	1.9	111.7	48.1
	ㅳ	10.5	8.5	81.0	1.0	1.2	120.0	42.9			ㅕ	15.0	13.5	90.0	1.0	1.5	150.0	33.3
	ㅶ	11.5	11.0	100.0	2.0	2.0	100.0	56.5	30		ㆌ	16.5	13.5	81.8	1.2	1.5	125.0	34.6
	ㅴ	15.5	8.0	51.6	1.0	1.5	150.0	29.0	45		ㅣ	2.0 3.5	12.5	357.1	3.5	2.0	0.571	
	ㅵ	14.0	7.5	53.6	1.5	1.9	126.7	32.1			ㅡ	15.0	12.5	83.3	1.5	2.0	133.3	
	ㅽ	10.5	12.5	119.0	1.2	1.2	100.0	33.3	15	계	63						

주: 기본자음 측정치는 같은 자음이 여러 개이므로 (표 8)의 분석 수치와 약간의 차이가 있을 수 있음.
주: 병서의 간가 분석 수치는 병서의 왼쪽 자음에 대한 간가를 분석한 것임.

<그림 1-4> ≪훈민정음≫ 해례본의 한글 자모음 구조 분석표 일부(박병천, 2000a;77)

듯 면밀하게 분석한 것이다.

　이러한 박병천(2000a)의 한글 글꼴 분석 방법은, 그동안 다분히 주관적인 조형 감각에 의존하여 추상적인 의미 표현으로 글꼴의 특징을 설명해 왔던 불합리성을 개선했다는 점에서 큰 의의를 찾을 수 있겠다. 그러므로 이 연구는 한글 글꼴 구조 분석의 객관적 방법론 중 하나의 토대가 될 것으로 보이며, 다른 한편으로, 연구 결과는 글꼴의 정교한 복원 및 동종의 한글 글꼴 개발에 1차 자료로서 매우 소중한 데이터가 될 것이다.

　또한 글자의 크기와 간격, 또는 자소의 크기 비례 등을 밝히는 데는 유용하게 활용할 수 있으며, 산세리프 형의 기하학적 글꼴 분석에 적절한 이러한 분석 방법을 토대로 다양한 세리프와 곡선형 획이 나타나는 한글 글꼴의 분석 방법을 개발할 수 있을 것으로 생각된다.

　이에 비해 목판본으로 쇄출한 ≪월인석보≫에 대한 분석 연구인 박병천(2002b)에서는 분석 방법에 변화를 보이고 있다. ≪월인석보≫에 나타난 한글은 위의 분석 대상 문헌과는 달리 기하학적이지 않은 글꼴로서 수치적 분석이 어려운 상황이다. 그러므로 ≪월인석보≫ 내에서 자소와 글꼴의 구조가 서로 다른 몇몇 글자를 추출하여 글꼴의 중심 균형점 추출이나 글자의 크기 비교, 점획의 접필(接筆) 상황과 굵기 분석, 글꼴을 이루는 글자 자소들의 간격과 크기 등을 분석하거나, ≪훈민정음≫, ≪월인석보≫, ≪월인천강지곡≫ 등의 문헌에 나타난 동일한 글자나 자소를 대조하는 등 수치적인 것보다는 크기와 형태, 비례 등을 중점적으로 비교·분석하고 있다.

　이와 같은 박병천(2002b)의 연구에서 논의된 글자 분석 방법은 문헌 전체의 글꼴 특성을 파악하기 위한 보다 보편적이고 효율적인 방법론 개발에 초석이 될 것으로 기대된다.

8. 선행 연구의 동향 및 분석

(3) 홍윤표(1998)의 분석

홍윤표(1998)는 훈민정음 창제에서부터 19세기 말까지 간행된 약 70여 종의 문헌을 통해 한글 글꼴의 변천 과정을 시각적으로 보여주고 있다.

이 연구는 한글 글꼴의 변화를 한 눈으로 볼 수 있도록 추출된 글자들을 표로 제시하고 있어 일종의 자료집과 같은 성격을 갖고 있기도 하다.

<그림 1-5> 한글 글꼴의 변천사 일부(홍윤표, 1998)

여기서는 한글 글꼴의 변화를 크게 자음과 모음으로 나누고, 자음은 다시 'ㄱ'에서부터 'ㅎ'까지 이들이 초성과 종성에 포함된 글자를 문헌별로 선별하여 ㄱ, ㄴ, ㄷ……의 순서로 제시하고 있으며, 모음은 각 문헌별로 특이한 글자를 선별하여 제시하고 있다. 또한 한글 자소 역시 'ㄱ'에서부터 'ㅎ'까지 구분하여 각각

의 자소가 역사적으로 어떠한 형태 변화를 겪었는지 간략히 설명하고 있다.

이러한 홍윤표(1998)의 연구는 주로 쇄출 연도 순서별로 각 문헌에 나타난 한글 글꼴을 간략하게 소개함으로써 한글 글꼴의 변화를 한눈에 확인할 수 있도록 정리한 국내 최초의 한글 글꼴 변천 자료집으로 평가할 수 있겠다.

또한 흔히 소수의 문헌을 대상으로 분석했던 지금까지의 연구와는 다르게 1446년 ≪훈민정음≫에서부터 1895년 ≪진리편독삼자경≫까지 총 77종의 방대한 문헌을 대상으로 글꼴을 추출, 비교한 것도 국어학 분야에서는 물론 국내에서 처음 시도하는 것으로서 그 의의가 크다.

이와 같이 홍윤표(1998)에 의해 개략적으로 제시된 문헌별 한글 글꼴 자료를 토대로 하여 앞으로 보다 구체적이고 정밀한 분석이 이루어져야 할 것으로 본다. 특히 각각의 문헌에 나타난 일반적인 글꼴 특징과 함께 독특한 글꼴을 발굴, 소개하는 등 한글 글꼴의 여러 측면을 분석하고 제시함으로써 완벽한 한글 글꼴 자료집으로 개발되어야 할 필요가 있다. 또한 이러한 연구의 깊이를 더하기 위해 객관적이고 합리적인 한글 글꼴 분석의 틀을 마련하는 것도 필요할 것으로 생각된다.

지금까지 중점적으로 살펴 본 선행 연구 내용을 요약·정리하면 다음과 같다.

- 김진평(1990): (미술 분야) 정밀한 시대 구분에 근거하여 한글 활자 글꼴의 변천을 분석한 연구.
- 박병천(2000a, 2002b): (서예 분야) 한글 글꼴을 수치와 크기 비례 및 문헌 대조를 통해 분석한 연구.
- 홍윤표(1998): (국어학 분야) 한글 글꼴의 변화에 대하여 통시적 비교가 가능한 방대한 자료 제시형 연구.

이 책에서는 위와 같은 선행 연구를 토대로 하고 아래와 같이 부분적으로 보완하여 한글 글꼴 분석을 시도하였다.

　첫째, 분석 대상 글자는 관련 서적에 나타난 전체 글자의 특성을 대표할 수 있는 글자로 선정한다. 단순히 임의로 선정된 몇몇 글자를 통해 전체 글꼴의 특성을 말할 수 없으므로 가급적 전체 글꼴을 포괄할 수 있는 '글꼴 대표글자'[9]를 선정하여 문헌에 나타난 글꼴 특징을 시각적으로 제시하고 이를 기초로 글꼴을 분석하기로 한다.

　둘째, 단순 세기별로 문헌을 선별하여 글꼴을 분석한 후 시대 구분을 시도하려고 한다. 시대 구분의 기본은 글꼴의 변화에 의한 것이어야 하므로 글꼴 분석 결과가 나오지 않은 상태에서 시대 구분을 먼저 한다는 것은 적절치 못한 것으로 보인다. 그러므로 여기서는 먼저 단순 세기별로 구분하여 각 세기에 쇄출된 문헌을 통해 한글 글꼴을 분석하고 난 후 그 결과를 비교해 가면서 한글 글꼴 변화의 시대 구분을 시도할 것이다. 먼저 세기별로 글꼴을 분석한다는 것은 단순히 분석의 편의를 도모하기 위한 것 이 외에 특별한 의미를 두지 않는다는 것이다.

　셋째, 특징 있는 글꼴도 발굴하여 분석한다. 특히 목판본 문헌에서는 동일한 글자라도 다양한 형태로 나타나고 있으므로 이들 가운데 필사자의 필체가 가장 잘 나타나 있는 일반적인 글꼴을 추출·분석해야만 할 것이다. 그러나 간혹 문헌에 나타난 독특한 글꼴은 필사자의 필사 특성뿐만 아니라 그 당시의 문자생활의 특별한 단면을 보여줄 수도 있으므로 이를 최대한 발굴·분석할 것이다.

---

9) 이 책에서는 각 문헌별로 글꼴 대표글자(대표글자)를 추출하여 문헌에 대한 글꼴의 이해와 분석의 기초자료로 활용하고 있다.

9. 분석 기간과 문헌의 선별

(1) 분석 대상 기간의 설정

 이 책에서 한글 글꼴 분석을 위한 기간으로 15세기 훈민정음이 반포된 이후부터 조선시대가 마감되고 대한제국이 성립(1897)되는 19세기 말까지 설정하였고, 분석 대상 문헌 역시 이 기간 중에 쇄출된 문헌 가운데 한글이 포함된 목판본 및 활자본으로 하였다.
 19세기 말은 판본용 한글자에 큰 변화가 나타난 시기이다. 1883년(고종 20)에는 정부의 주관 아래 우리나라에서는 최초로 박문국(博文局)에 근대적 인쇄기계와 납활자를 수입·설치하였으며 이듬해인 1884년에는 역시 우리나라에서는 최초로 민간이 운영하는 출판·인쇄소인 광인사인쇄공사(廣印社印刷公所)가 수동식 활판기계와 납활자 제작 시설을 설치하여 ≪충효경집주합벽≫등을 간행하였다. 또한 1896년에는 ≪독립신문≫이 창간되고, 1898년에는 순 한글 신문인 ≪제국신문≫이 창간되었으며, 같은 해에 일간지인 ≪황성신문≫이 발행되기도 하는 등 본격적인 현대적 인쇄 매체가 등장하기도 하였다. 그러므로 15세기 중엽부터 전통적인 방식에 의한 목판본과 활자본 쇄출을 위해 시작된 한글글꼴의 진화는 결국 19세기 말에 와서 판본용 글자 제작 방법과 매체의 근대화에 의해 일대 전환기를 맞게 된 것이다.
 가급적 우리나라 전통적인 방식에 의해 제작된 목판 또는 활자를 사용하여 쇄출된 문헌을 중심으로 한글자 분석을 시도하려는 이 연구에서는 이러한 역사적 상황에 근거하여 ≪훈민정음≫이 반포된 1446년부터 19세기 말까지를 분석 대상 기간으로 설정하였다. 단, 분석 대상 문헌 가운데 19세기 말 가장 마지막 시기의 문헌으로 신식 납활자로 쇄출한 ≪경석자지문≫을 포함시켰다.

(2) 분석 대상 문헌의 선정

한글 글꼴 분석에 필요한 고문헌 자료의 선정과 입수는 매우 제한되어 있으며 때에 따라서는 필요한 문헌 자료를 확보하지 못한 경우도 있었다. 또한 각 세기별로 분석 대상 문헌의 수를 수치상으로 동일하게 정할 수도 없는 일이다. 실제 15세기 중반에 간행된 문헌들은 한글 초기 문헌으로 문헌 하나하나마다 그 글꼴 변화에 대한 분석이 필수적으로 필요한 상황이었으며, 16세기 문헌에는 한 종류의 특정 활자에 의해 간행된 문헌이 많은 특징을 보이고 있다.

그러므로 이 연구에서는 이러한 수치상으로 나타난 형식적이고 일률적 기준이 아닌, 문헌 자료 입수가 가능하고 글꼴 분석이 필요하다고 생각되는 문헌을 대상으로 분석을 시도하였다. 그러나 다음의 경우에 해당하는 문헌은 부득이 분석 대상에서 제외하였다.

첫째, 필사 문헌은 원칙적으로 분석 대상에서 제외하였다. 이 연구에서는 목판본과 활자본에 나타난 한글, 즉 '판본 한글자'만을 대상으로 하였다.

둘째, 내용 중 한글자 표기 분량이 적어 글꼴 대표글자 추출에 어려움이 있다고 판단되는 문헌은 원칙적으로 분석 대상에서 제외하였다.

셋째, 한글이 작은 글자로만 표기된 문헌도 분석 대상에서 제외하였다. 작은 글자는 점획의 굵기가 가늘고 글자의 크기가 작아 이들의 형태 분석에 어려움이 있어 자칫 분석의 오류를 범할 수 있기 때문이다. 그러므로 이 연구에서는 큰 글자를 중심으로 분석하였다.

넷째, 문헌 및 쇄출 상태가 불량하여 글자 추출과 형태 분석에 문제가 있다고 판단되는 문헌 역시 분석 대상에서 제외하였다. 그러나 이러한 문헌 가운데 글꼴이 독특하고 분석의 필요성이 있다고 생각되는 것은 분석 대상에 포함시켰다.

다섯째, 원간본을 복각한 복각본도 원칙적으로 분석 대상에서 제외하였다. 복각본에 나타난 글꼴은 왜곡이 매우 큰 경우가 많아 글꼴 분석에 오류를 범할 가능성이 크기 때문이다. 그러나 분석이 필요하다고 생각되는 문헌 가운데 원간본 입수가 어려우며 복각 상태가 충실하여 원간본 글꼴을 추정하는데 오류가 크지 않을 것으로 판단되는 것은 포함시켰다.

이 외에, 문헌 내에서 한글 출현 빈도가 저조하여 글꼴 대표글자 선정에 문제가 있으나 동일한 필사자에 의해 비슷한 시기에 간행된 문헌이 있다면 이들을 하나로 묶어 분석하였다. 또한 한 문헌 내에서 글꼴 특성이 서로 다른 두 가지 이상의 표기가 나타나고 이들 각각에 글꼴 대표글자를 선정하는 데 큰 문제가 없을 경우에는 한 문헌이라도 두 종류 이상의 글꼴로 구분하여 분석하였다. 그러나 이러한 조건을 만족하지 못하면 하나의 문헌 내에서 다양한 글꼴이 나타난다고 하더라도 가장 출현 빈도가 높은 글꼴만을 분석 대상으로 삼았다.

(3) 분석 대상 문헌 자료의 형태

글꼴의 정확한 분석을 위해서는, 목판본의 경우 판목을 이용하여 정교하게 재쇄출하는 것이 최상의 방법일 것으로 보이나 이것은 현실적으로 불가능한 일이다. 그 다음으로 쇄출된 원간본에서 직접 글자를 촬영하거나 고해상도의 스캐너로 읽어 들이는 것이 대체로 정확한 글꼴을 확인할 수 있는 방법일 것이다. 그러나 이 역시도 분석 대상 문헌이 대부분 귀중본으로 촬영이나 스캔 작업 등으로 무리하게 다루기에는 문제가 많을 뿐만 아니라 소장처나 소장자로부터 단순히 원본 열람을 허락 받는 것조차 쉽지 않은 현실로 볼 때 불가능한 일이다.

그러므로 본고에서는 문헌 원본을 복사한 복사물, 그리고 상태가 양호한 영인본, 마이크로필름 복사물 등을 활용하였다. 문헌 원본의 복사물은 복사 과정에서 글자의 윤곽이 강하게 표현되어 점획의 굵기가 무뎌지거가 혹은 가늘게 나타지만 글꼴을 확인·분석하는 데에는 커다란 무리가 없었다.

원문 복사물 확보가 어려운 문헌은 부득이 복제 상태가 양호한 영인본을 활용하였다. 영인본은 대체로 원본 복사물을 이용하여 경인쇄로 제작한 것이므로 원문 복사물에 비해 왜곡이 좀 더 클 것으로 본다. 그러나 인쇄 과정에서의 왜곡은 복사에 의한 왜곡보다 비교적 그 정도가 미미하므로 인쇄 상태가 양호한 것은 글꼴 분석에 큰 무리가 없을 것으로 판단하였다. 물론 지나치게 인위적으로 판면을 재처리한 것과, 원 문헌을 지나치게 축소 인쇄하여 글꼴의 왜곡이 심하다고 판단되는 영인본은 참고하지 않았다. 마이크로필름 복사물은 원 문헌 복사물에 비해 질이 떨어지기는 하나 글꼴을 확인하는 데에는 큰 문제가 없었다. 또한 일부 문헌은 원 문헌을 정밀 촬영한 컬러 슬라이드 필름을 디지털 스캐너로 스캔한 이미지를 사용하기도 하였다. 다만 이 경우 스캔한 이미지 크기가 작아 소프트웨어 상으로 해상도를 높여 글자 크기를 확대한 후 추출하였으며 이 과정에서 다소 글꼴이 변형되었을 것으로 생각되지만 분석에는 큰 지장이 없을 것으로 생각된다.

이러한 문헌 선정 기준에 근거하여 분석을 시도한 문헌을 보면 〈표 1-3〉과 같다.

〈표 1-3〉 분석 대상 문헌 자료 목록(발행 연도순)

번호	문 헌 명	간행 년도	문헌 자료 종류
1	훈민정음 해례본 訓民正音 解例本	1446	영인본(아세아문화사)
2	석보상절 釋譜詳節(卷23, 24)	1447	원문헌 복사물
3	동국정운 東國正韻(全卷)	1447	원문헌 복사물
4	월인석보 月印釋譜(卷20)	1459	영인본(아세아문화사)
5	육조법보단경언해 六祖法寶壇經諺解(全卷)	1496	원문헌 복사물
6	여씨향약언해 呂氏鄕約諺解	1518	영인본(단국대출판부)
7	정속언해 正俗諺解	1518	원문헌 복사물
8	장수경언해 長壽經諺解	16C전반	영인본(경북대출판부)
9	무예제보 武藝諸譜	1598	마이크로필름 복사물
10	언해두창집요 諺解痘瘡集要(全卷)	1608	영인본(아세아문화사)
11	연병지남 練兵指南	1612	원문헌 복사물
12	가례언해 家禮諺解(1~10卷)	1632	영인본(홍문각)
13	마경초집언해 馬經抄集諺解(全卷)	1623~37	영인본(홍문각)
14	아미타경 阿彌陀經	1702	원문헌 컬러 슬라이드 필름
15	어제내훈 御製內訓(全卷)	1737	원문헌 복사물
16	어제훈서언해 御製訓書諺解	1745	영인본(홍문각)
17	천의소감언해 闡義昭鑑諺解(全卷)	1756	원문헌 복사물
18	어제경민음 御製警民音	1762	영인본(홍문각)
19	지장경언해 地藏經諺解	1762	원문헌 컬러 슬라이드 필름
20	어제백행원 御製百行源	1765	영인본(홍문각)
21	증수무원록언해 增修無冤錄諺解(全卷)	1792	영인본(홍문각)
22	경신록언석 敬信錄諺釋	1796	영인본(태학사)
23	오륜행실도 五倫行實圖(全卷)	1797	영인본(홍문각)
24	태상감응편도설언해 太上感應編圖說諺解(全卷)	1880	원문헌 복사물
25	삼성훈경 三聖訓經	1880	영인본(태학사)
26	과화존신 過化存神	1880	영인본(태학사)
27	경석자지문 敬惜字紙文	1882	영인본(태학사)
28	소학독본 小學讀本	1895	원문헌 컬러 슬라이드 필름
계	28 種		

9. 분석 기간과 문헌의 선별

위의 분석 대상 문헌 가운데에는 활자본이 다수 포함되어 있다. 이들 문헌에 사용된 활자들은 이 외에도 여러 문헌을 쇄출하였으며, 이들을 개략적으로 파악해 본 결과 다음 〈표 1-4〉와 같이 나타났다. 여기에 확인되지 않은 다수의 문헌을 포함한다면 실제 이 연구를 통해 글꼴이 분석된 문헌은 100종을 크게 넘을 것으로 추정된다.

〈표 1-4〉 분석 대상 문헌과 동일 글꼴 문헌 목록

※ 이 책에서 분석된 문헌은 문헌명 앞에 '▶' 표시를 했음.
※ 분석 문헌 아래 문헌들이 분석 문헌과 동일 글꼴 문헌임.

	문 헌 명	간행 년도	활 자 명
1	▶훈민정음 해례본 訓民正音 解例本	1446	
2	▶석보상절 釋譜詳節	1447	활자본
3	월인천강지곡 月印千江之曲	1449	
4	▶동국정운 東國正韻	1447	활자본
5	▶월인석보 月印釋譜	1459	
6	▶육조법보단경언해 六祖法寶壇經諺解	1496	인경목활자
7	진언권공 眞言勸供	1496	〃
8	천지명양수륙잡문 天地冥陽水陸雜文	1496경	〃
9	법화경언해 法華經諺解	〃	〃
10	능엄경언해 愣嚴經諺解	〃	〃
11	금강경육조언해 金剛經六祖諺解	〃	〃
12	심경언해 心經諺解	〃	〃
13	영가집언해 永嘉集諺解	〃	〃
14	석보상절 釋譜詳節	〃	〃
15	금강경오가해 金剛經五家解	〃	〃
16	육경합부 六經合部	1496경	〃
17	▶여씨향약언해 呂氏鄕約諺解	1518	을해자 한글자
18	금강경언해 金剛經諺解	1464	〃
19	구급방언해 救急方諺解	1466	〃
20	주역전의강령전구결 周易傳義康寧殿口訣	1466	〃
21	찬주분류두시언해 纂註分類杜詩諺解	1480	〃
22	금강반약파라밀경 삼가언해 金剛般若波羅密經 三家諺解	1482	〃
23	영가대사증도가 남명선사계송언해 永嘉大師證道歌 南明禪師繼頌諺解	1482	〃

	문 헌 명	간행 년도	활 자 명
25	소학언해 小學諺解	1587	〃
26	대학언해 大學諺解	1590	〃
27	맹자언해 孟子諺解	1590	〃
28	논어언해 論語諺解	1590	〃
29	중용언해 中庸諺解	1590	〃
30	논어대문구결 論語大文口訣	1590	〃
31	우마양저염역치료방 牛馬羊猪染疫治療方	1541	〃
32	남화진경대문구결 南華眞經大文口訣	1546~	〃
33	▶정속언해 正俗諺解	1518	
34	▶장수경언해 長壽經諺解	16C 전반	
35	▶무예제보 武藝諸譜	1598	
36	▶언해두창집요 諺解痘瘡集要	1608	
37	▶연병지남 練兵指南	1612	
38	▶가례언해 家禮諺解	1632	
39	▶마경초집언해 馬經抄集諺解	1623~37	현종실록자(복각)
40	▶아미타경 阿彌陀經	1702	(1464년 복각본)
41	▶어제내훈 御製內訓	1737	갑인자 한글자
42	▶어제훈서언해 御製訓書諺解	1745	〃
43	▶천의소감언해 闡義昭鑑諺解	1756	
44	▶어제경민음 御製警民音	1762	갑인자 한글자
45	▶어제백행원 御製百行源	1765	〃
46	노걸대언해 老乞大諺解	1670경	〃
47	어제소학언해 御製小學諺解	1744	〃
48	사서율곡선생언해 四書栗谷先生諺解	1749	〃
49	▶지장경언해 地藏經諺解	1762	
50	▶증수무원록언해 增修無冤錄諺解	1792	
51	▶경신록언혁 敬信錄諺釋	1796	
52	▶오륜행실도 五倫行實圖	1797	정리동활자
53	▶태상감응편도설언해 太上感應篇圖說諺解	1880	
54	▶삼성훈경 三聖訓經	1880	
55	▶과화존신 過化存神	1880	
56	▶경석자지문 敬惜字紙文	1882	정리활자
57	이언언해 易言諺解	1883 이후	〃
58	신정심상소학 新訂尋常小學	1896	〃
59	▶소학독본 小學讀本		학부목활자+교서관활자
60	국민소학독본		〃
61	심상소학		〃
계	61 종		

제2장

현대 한글 글꼴 대표글자의 선정*

---

* 이 글은 김두식, 〈한글 자형 대표글자 선정에 관한 소고〉(≪한국출판학연구≫ 통권 제45호, 2003, pp.33~63)의 논문을 부분적으로 재구성한 것임.

1. 글꼴 대표글자의 필요성과 요건

현대 한글은 초성 19자소, 중성 21자소, 종성 27자소로 이루어져 총 1만 1,172자를 표현할 수 있다. 이 가운데 예전에는 사용되었으나 현재에는 쓰이지 않는 글자도 있으며, 음가(音價)가 없는 글자도 있는 등 이들이 모두 사용 가능한 글자는 아니다. 우리가 생활 속에서 흔히 사용하는 글자는 약 4,500자 정도이지만, KS완성형 한글 글꼴을 개발할 때에는 이들 1만 1,172자를 모두 만들어야 원칙이다.

이렇게 방대한 분량의 새로운 글꼴을 개발하거나 이미 개발된 글꼴을 소개할 때에는 전체 글꼴을 대표하는, 즉 전체 글꼴 추론이 가능한 글자들을 제시한다면 보다 명료하고 효율적으로 그 서체에 대한 이해와 시지각적 느낌을 전달할 수 있을 것이다.

다시 말해, 지금까지는 글꼴 개발을 위한 시험용 글자 제작이나 이미 개발된 글꼴을 사용자들에게 알리기 위한 방법으로 임의의 문장으로 표현하고 있으나, 사용된 문장에 나타난 글꼴 정보가 얼마만큼 정확하게 사용자에게 전달되는지 알 길이 없다. 또한 새로운 글꼴을 개발하면서 시험 제작되는 글자 역시 전체 글꼴을 보다 명확하게 나타낼 수 있도록 특별하게 정해진 글자가 없어 개발자 나름대로 문장을 정하여 표현하는 것이 일반적이었다.

그러나 이러한 주먹구구식 대표 글꼴 표현은 자칫 잘못된 글꼴 특성 정보를 제공하거나 글꼴 정보의 부족으로 인해 전체 글꼴의 흐름을 명확하게 드러내지 못할 수 있다.

　글꼴(또는 '서체')을 대표하는 글자는 다음과 같은 사항을 충족시켜야만 할 것이다.

　첫째, 해당 글꼴 특성에 대한 정보를 최대한 풍부하게 내포하여야 한다.

　이를 위해서는 글자를 이루는 유사한 자소가 서로 중복되지 않는 상황에서 최대한 많은 자소를 나타내야 할 것이다.

　둘째, 체계적으로 글자의 형태 특성을 인식할 수 있도록 나열되어야 한다.

　이는 보는 이로 하여금 글꼴의 구조를 손쉽게 이해할 수 있도록 표현되어야 함을 의미하는 것으로, 글자 나열에 있어서 초성의 자모 순서나 글꼴 순서에 입각하여 나열하는 등의 방법이 있을 것이다.

　셋째, 글자의 크기와 나열 방법이 적절해야 할 것이다.

　같은 서체라고 하더라도 글자의 크기에 따라 보는 느낌이 다르다. 그러므로 몇 종류의 글자 크기를 표현해야 하는지, 어느 정도의 크기로 표현해야 하는지에 대해서 신중하게 검토할 필요가 있다. 또한 글자의 변형과 자간의 유형도 몇 종류를 어떠한 글자 크기로 표현했을 때 가장 합리적인가를 분석해 볼 필요가 있을 것이다. 그러나 글꼴 대표글자 선정을 목적으로 하는 여기서는 이에 대한 언급은 하지 않기로 한다.

　여기서는 위의 첫째와 둘째에 해당하는 문제에 대해 가급적 과학적인 방법으로 해결하려고 노력하였다. 또한, 그 결과를 글자 개발시 시험용 글자 제작에 사용될 수 있는 글꼴 대표글자(이하 '글꼴 개발용 대표글자')와, 개발된 서체 소개에 사용될 수 있는 글꼴 대표글자(이하 '글꼴 소개용 대표글자')로 나누어 나타내었다.[1]

---

[1] 용어 가운데 '글꼴 대표글자'를 주로 사용했으며 문맥의 원활한 이해를 돕기 위해 '대표글

1. 글꼴 대표글자의 필요성과 요건

여기서 글꼴 개발용 대표글자 선정에서는 가급적 적은 수의 글자로 다량의 자소가 포함될 수 있도록 하기 위해 비록 글자에 대한 음가가 없거나 사용되지 않는 글자라 하더라도 대표글자로 선정하였다. 그러나 글꼴 소개용 대표글자에서는 음가가 없는 글자를 현대 국어 표기법상 음가가 있는 글자로 대치하였다.

자'를 동일한 의미로 사용했다. 또한 '글꼴 개발용 대표글자'와 '개발용 대표글자', 그리고 '글꼴 소개용 대표글자'와 '소개용 대표글자'도 각각 동일한 의미로 사용했다.

2. 글꼴 대표글자의 추출 방법

(1) 자소 조합에 따른 글꼴 분류

한글의 글꼴은 자소의 조합 형태에 의해 다음과 같이 6가지 유형으로 구분된다.[2]

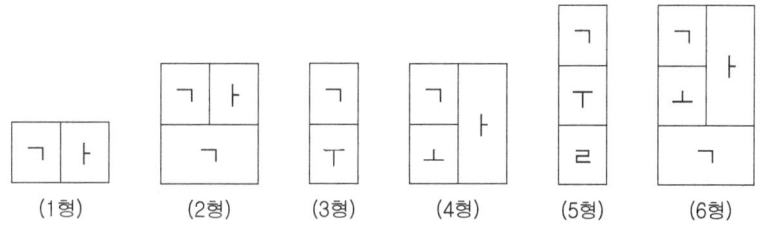

<그림 2-1> 한글 자소 조합의 유형

위에서 초성이나 종성에 놓이는 각자병서나 합용병서는 하나의 자소로 보았다. 그러므로 '괥'자의 경우(6형)에 속한다. 현대 한글 1만 1,172자가 모두 이 6가지 틀에 맞출 수 있으나 옛 한글은 글자에 따라 이 외의 형태를 보일 수 있

---

2) 홍윤표(1999)에서는 7가지 기본 틀을 제시하고 있으며, 이에 대해 다음과 같이 논하고 있다.
  '현대 한글은 그 음절수가 11,172자이지만, 이 많은 문자를 구성하는 공간적 배분은 몇 가지로 한정될 수 있다. 예컨대 가장 간단한 구조인 '가'로부터 가장 복잡한 구조인 '괥' 등에 이르기까지 그 구성은 매우 한정적이라고 할 수 있다. 즉 '가', '각', '과', '값', '굴', '굵', '괥' 등이다.'
  이에 반하여 세계문자연구회(1997)에서는 6가지 기본 틀을 제시하고 있으며, 이 글에서는 글꼴 추출의 편리성을 생각하여 세계문자연구회의 틀을 적용하기로 했다.

다. 특히 고문헌에 나타난 중국식 발음에 대한 한글 표기는 모음이 겹쳐 표현되는 등 위의 6가지 틀에 맞지 않는 경우가 흔하다. 그러나 이는 외래어에 한정되어 사용된 경우이며, 현대 우리말에서는 사용하지 않으므로 여기에서는 제외하기로 한다.

(2) 글꼴 대표글자 추출 방법

한글 창제 이후 한글 글꼴의 변화를 정확하게 나타내기 위한 최상의 방법은 문헌에 나오는 모든 글자의 형태를 문헌별로 비교하여 그 변화의 추이를 분석하는 것이다. 그러나 이것은 현실적으로 불가능한 일이며, 객관적 비교가 가능한 현실적 방법으로는 글꼴 대표글자를 추출하는 것이다.

글꼴 대표글자라고 하면 말 그대로 한글의 글꼴을 대표할 수 있는 글자를 말하며, 이들을 통해 그 외의 글자 형태를 충분히 추측할 수 있어야 한다. 이러한 글꼴 대표글자 추출에 대해서 김두식(2002)은 현대의 6가지 한글 기본 글꼴을 기준으로 하여 각각의 기본 글꼴로 이루어질 수 있는 글자를 일정하게 나열한 후 x축과 y축에 1:1로 대응하도록 대각선 방향으로 글꼴 대표글자를 추출하는 방법을 제시하고 있다. 여기서 대각선 추출 방식에 대한 예를 보면 다음과 같다.

다음의 〈표 2-1〉에서 검정색으로 채워진 칸의 글자가 글꼴 대표글자이다. 만일 여기서 대표 글자가 아닌 '버'의 글꼴을 유추하기 위해서는 x축 글꼴 대표글자인 '더'의 모음 'ㅓ'와 y축 글꼴 대표글자인 '베'의 자음 'ㅂ'을 조합하여 참조하면 된다. 물론 한글의 글꼴 구조의 특성상 자모의 크기 비례나 위치 등에 있어서 일반적 원칙을 추출하는 데 어려움은 있으나 이러한 글꼴 대표글자를 선정함으로써 한글 글꼴을 개발하거나 소개하는 데 어느 정도 효율성을 높일 수 있을 것으로 기대된다.

〈표 2-1〉 글꼴 대표글자 추출 방법

	ㄱ	ㄴ	ㄷ	ㄹ	ㅁ	ㅂ	ㅅ	ㅇ	ㅈ
ㅏ	가	나	다	라	마	바	사	아	자
ㅑ	갸	냐	댜	랴	먀	뱌	샤	야	쟈
ㅓ	거	너	더	러	머	버	서	어	저
ㅕ	겨	녀	뎌	려	며	벼	셔	여	져
ㅣ	기	니	디	리	미	비	시	이	지
ㅔ	게	네	데	레	메	베	세	에	제
ㅐ	개	내	대	래	매	배	새	애	재
ㅒ	걔	냬	댸	럐	먜	뱨	섀	얘	쟤
ㅖ	계	녜	뎨	례	몌	볘	셰	예	졔

이렇게 선정된 글자는 1만 1,172자의 한글 글자 형태를 유추할 수 있는 대표적인 것으로서, 각각의 글자 자소를 재결합함으로써 그 외의 글자의 형태를 유추할 수 있는 글자이므로 글자의 음가가 없거나 쓰이지 않는 글자도 포함될 수 있다.

3. 글꼴 개발용 대표글자의 추출

(1) (1형)의 개발용 대표글자 추출

앞의 〈그림 2-1〉에 나타낸 한글 유형의 6가지 틀에 맞추어, (1형)에 해당하는 개발용 대표글자 선정은 다음 〈표 2-2〉와 같이 이루어질 수 있다.

〈표 2-2〉 (1형) 개발용 대표글자 추출

	ㄱ	ㄴ	ㄷ	ㄹ	ㅁ	ㅂ	ㅅ	ㅇ	ㅈ	ㅊ	ㅋ	ㅌ	ㅍ	ㅎ	ㄲ	ㄸ	ㅃ	ㅆ	ㅉ
ㅏ	가	나	다	라	마	바	사	아	자	차	카	타	파	하	까	따	빠	싸	짜
ㅑ	갸	냐	댜	랴	먀	뱌	샤	야	쟈	챠	캬	탸	퍄	햐	꺄	땨	뺘	쌰	쨔
ㅓ	거	너	더	러	머	버	서	어	저	처	커	터	퍼	허	꺼	떠	뻐	써	쩌
ㅕ	겨	녀	뎌	려	며	벼	셔	여	져	쳐	켜	텨	펴	혀	껴	뗘	뼈	쎠	쪄
ㅣ	기	니	디	리	미	비	시	이	지	치	키	티	피	히	끼	띠	삐	씨	찌
ㅐ	개	내	대	래	매	배	새	애	재	채	캐	태	패	해	깨	때	빼	쌔	째
ㅒ	걔	냬	댸	럐	먜	뱨	섀	얘	쟤	챼	컈	턔	퍠	햬	깨	떄	뺴	썌	쨰
ㅔ	게	네	데	레	메	베	세	에	제	체	케	테	페	헤	께	떼	뻬	쎄	쩨
ㅖ	계	녜	뎨	례	몌	볘	셰	예	졔	쳬	켸	톄	폐	혜	꼐	뗴	뼤	쎼	쪠

(1형) 개발용 대표글자 → 가, 냐, 더, 려, 미, 배, 섀, 에, 졔, 차, 캬, 터, 펴, 히, 깨, 때, 뻬, 쎼, 짜(이상 19글자)

(2) (2형)의 개발용 대표글자 선정

(2형)에 대한 개발용 대표글자 추출은 초성의 종류에 따른 대표글자를 선정한 후, 이들 대표글자를 다시 배열하여 역시 대각선으로 최종 개발용 대표글자를 선정하였다. 그 과정은 다음 〈표 2-3〉과 같다.

〈표 2-3〉(2형) 개발용 대표글자 추출 (1)

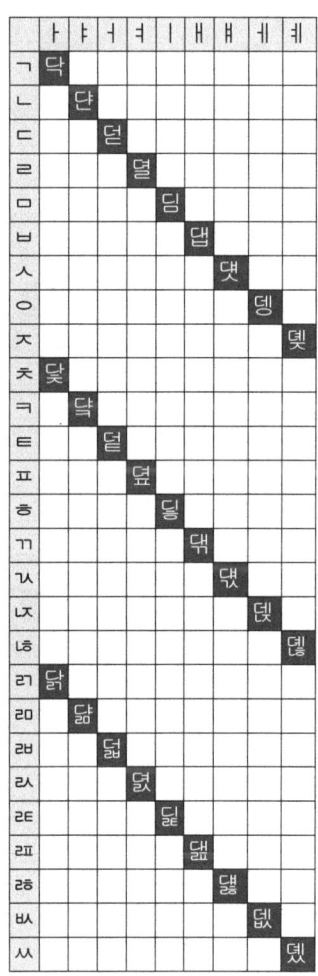

(a) 초성 ㄱ   (b) 초성 ㄴ   (c) 초성 ㄷ

60 _ 3. 글꼴 개발용 대표글자의 추출

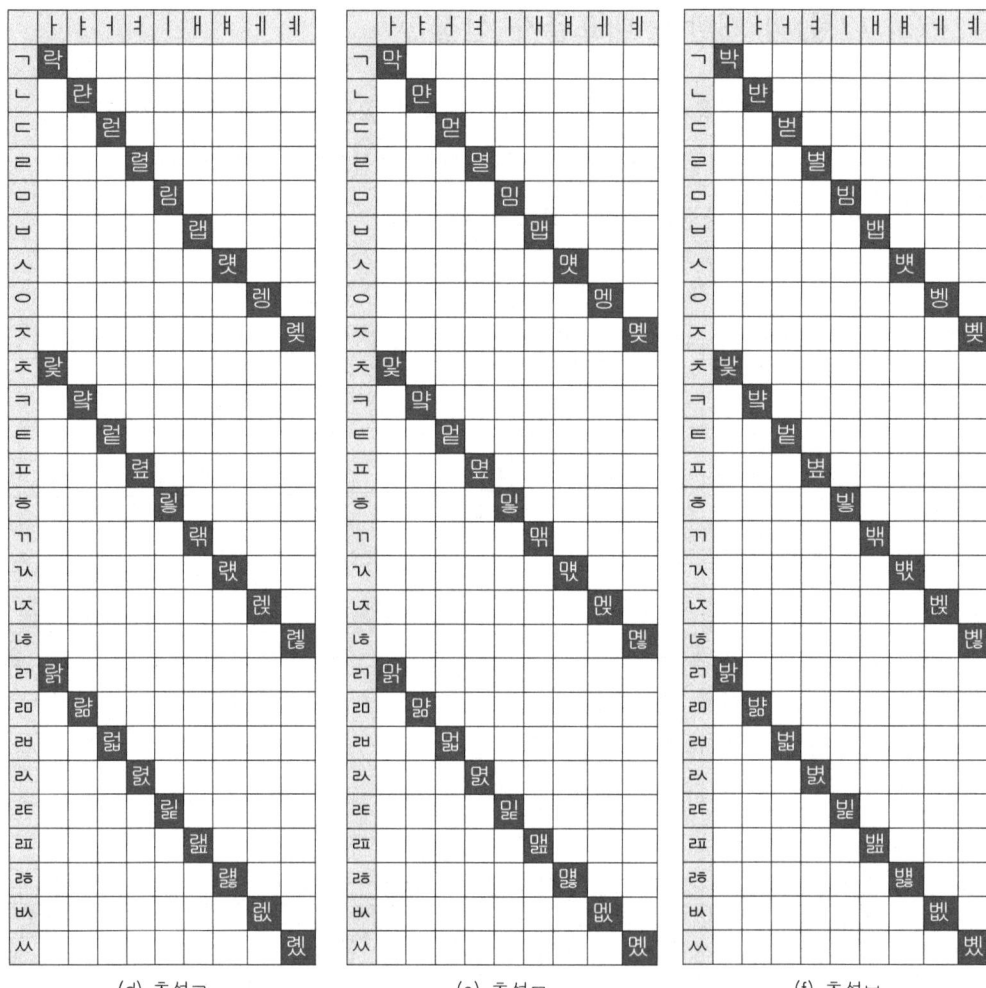

(d) 초성ㄹ   (e) 초성ㅁ   (f) 초성ㅂ

제2장 현대 한글 글꼴 대표자의 선정 _ 61

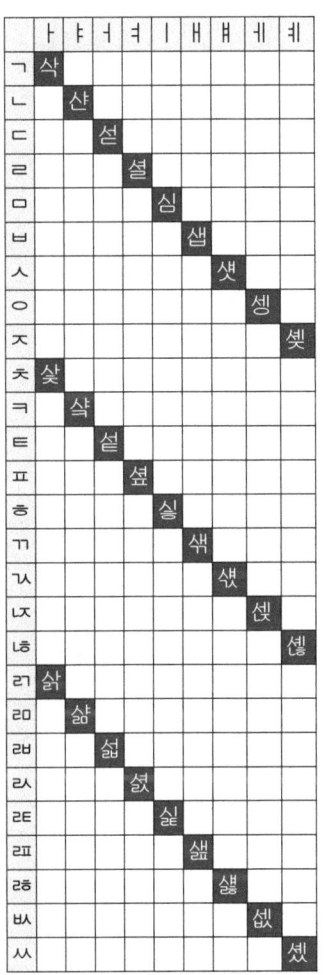

(g) 초성 ㅅ

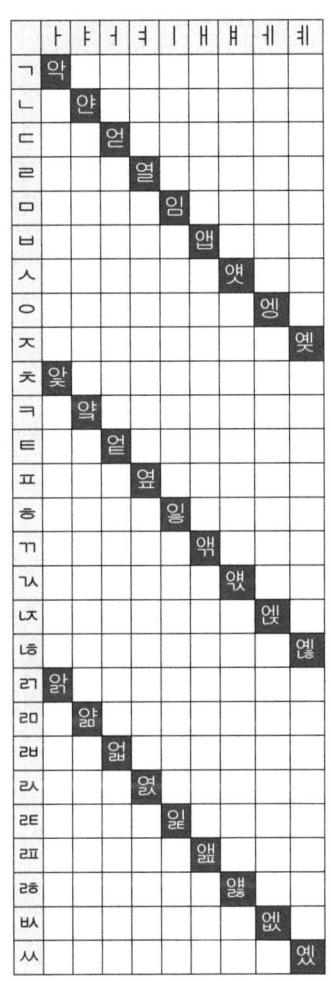

(h) 초성 ㅇ

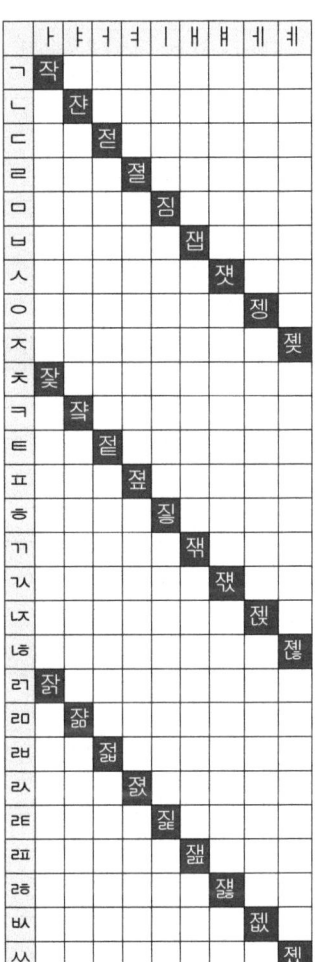

(i) 초성 ㅈ

3. 글꼴 개발용 대표글자의 추출

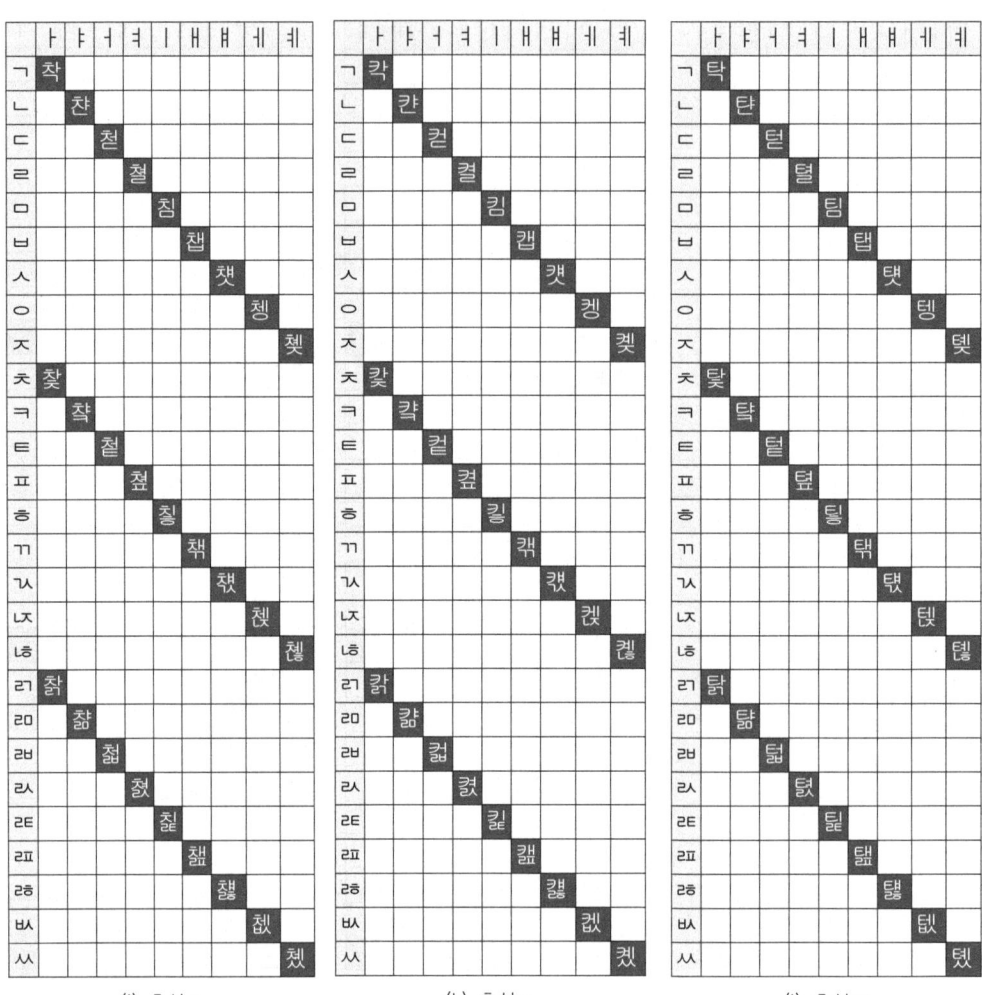

(j) 초성 ㅊ   (k) 초성 ㅋ   (l) 초성 ㅌ

제2장 현대 한글 글꼴 대표자의 선정 _ 63

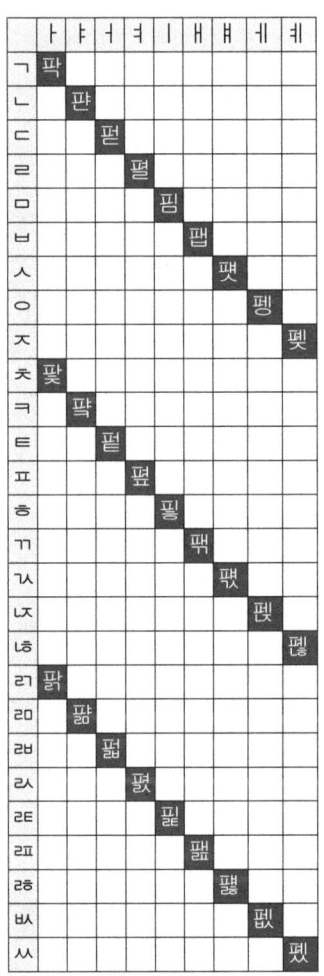

(m) 초성 ㅍ

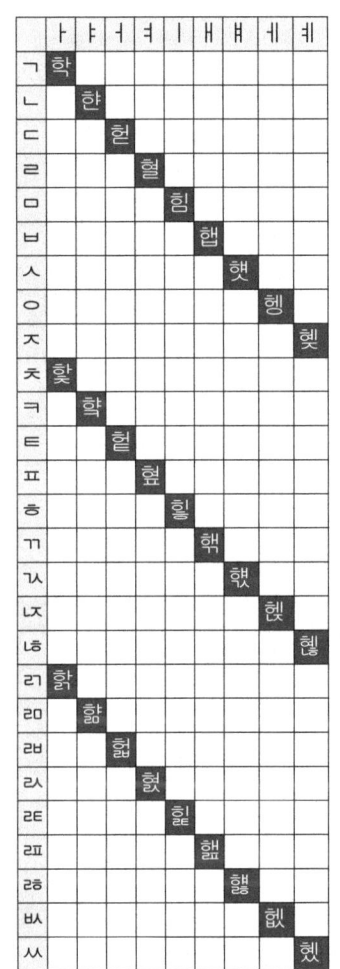

(n) 초성 ㅎ

(o) 초성 ㄲ

64 _ 3. 글꼴 개발용 대표글자의 추출

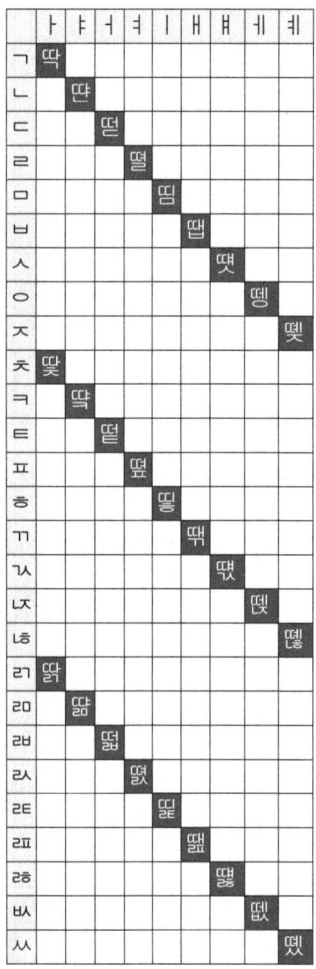

(p) 초성ㄸ

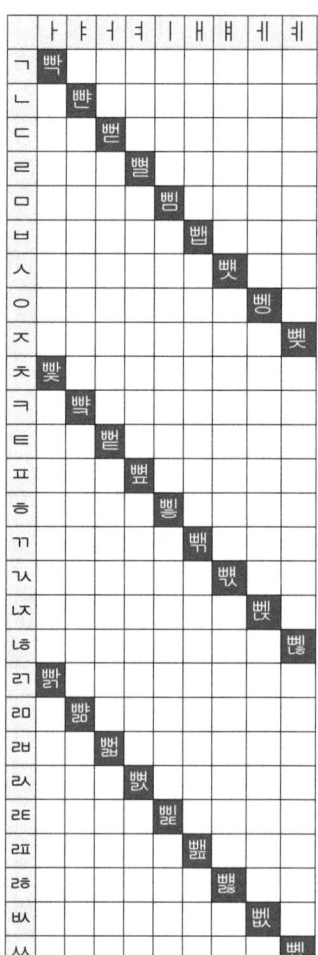

(q) 초성ㅃ   (r) 초성ㅆ

〈표 2-3〉에서 나타낸 초성 자음에 따른 (2형)의 개발용 대표글자를〈표 2-4〉와 같이 재배열하고 이들 가운데 중첩된 자소를 갖고 있는 글자를 없애기 위해 다시 대각선으로 글자를 추출하여 (2형)에 대한 최종 개발용 대표글자를 선정하였다.

	ㅏ	ㅑ	ㅓ	ㅕ	ㅣ	ㅐ	ㅒ	ㅔ	ㅖ
ㄱ	짝								
ㄴ		쨘							
ㄷ			쩐						
ㄹ				쪌					
ㅁ					찜				
ㅂ						짭			
ㅅ							쨋		
ㅇ								쩽	
ㅈ									쩻
ㅊ	짲								
ㅋ		쨕							
ㅌ			쩔						
ㅍ				쨜					
ㅎ					찡				
ㄲ						짝			
ㄳ							쨋		
ㄵ								쩬	
ㄶ									쩷
ㄺ	짥								
ㄻ		쨞							
ㄼ			쩚						
ㄽ				쨣					
ㄾ					찥				
ㄿ						짮			
ㅀ							쨯		
ㅄ								쩺	
ㅆ									쩾

(s) 초성ㅉ

3. 글꼴 개발용 대표글자의 추출

〈표 2-4〉 (2형) 개발용 대표글자 추출 (2)

	ㅏ	ㅑ	ㅓ	ㅕ	ㅣ	ㅐ	ㅒ	ㅔ	ㅖ	ㅏ	ㅑ	ㅓ	ㅕ	ㅣ	ㅐ	ㅒ	ㅔ	ㅖ	ㅏ	ㅑ	ㅓ	ㅕ	ㅣ	ㅐ	ㅒ	ㅔ	ㅖ
ㄱ	**각**	갼	겉	곁	긺	갑	갯	겡	곗	갖	갹	겉	곁	긹	갞	갯	겡	곗	갊	**갋**	겂	겷	긿	갊	갧	겂	겛
ㄴ	낙	**냔**													**넒**												
ㄷ	닥		**덛**													**덦**											
ㄹ	락			**렬**													**릷**										
ㅁ	막				**밈**													**맲**									
ㅂ	박					**뱁**													**뱅**								
ㅅ	삭						**샛**													**섨**							
ㅇ	악							**엥**																			**옜**
ㅈ	작								**젲**																		
ㅊ	착									**챃**																	
ㅋ	칵										**캭**																
ㅌ	탁											**털**															
ㅍ	팍												**폎**														
ㅎ	학													**힁**													
ㄲ	깍														**깩**												
ㄸ	딱															**땓**											
ㅃ	빡																**뺃**										
ㅆ	싹																	**솅**									
ㅉ	찍																		**짞**								

(2형) 개발용 대표글자 → 각, 냔, 덛, 렬, 밈, 뱁, 샛, 엥, 젲, 챃, 캭, 털, 폎, 힁, 깩, 땓, 뺃, 솅, 짞, 갋, 넒, 덦, 릷, 맲, 뱅, 섨, 옜 (이상 27자)

(3) (3형)의 개발용 대표글자 선정

〈표 2-5〉 (3형) 개발용 대표글자 추출

	ㄱ	ㄴ	ㄷ	ㄹ	ㅁ	ㅂ	ㅅ	ㅇ	ㅈ	ㅊ	ㅋ	ㅌ	ㅍ	ㅎ	ㄲ	ㄸ	ㅃ	ㅆ	ㅉ
ㅗ	고	노	도	로	모	**보**	소	오	조	초	**코**	토	포	호	꼬	**또**	뽀	쏘	쪼
ㅛ	**교**	**뇨**	됴	료	묘	뵤	**쇼**	요	죠	쵸	쿄	**툐**	표	효	꾜	뚀	**뾰**	쑈	쬬
ㅜ	구	누	두	루	무	부	수	**우**	주	추	쿠	투	푸	후	꾸	뚜	뿌	쑤	쭈
ㅠ	규	뉴	듀	**류**	뮤	뷰	슈	유	**쥬**	츄	큐	튜	퓨	휴	뀨	뜌	쀼	쓔	쮸
ㅡ	그	느	드	르	**므**	브	스	으	즈	**츠**	크	트	프	흐	**끄**	뜨	쁘	쓰	쯔

(3형)은, 위의 (1형)과 똑같은 방법으로 개발용 대표글자를 추출해 보면, 위의 〈표 2-5〉와 같다.

(3형) 개발용 대표글자 → 고, 뇨, 두, 류, 므, 보, 쇼, 우, 쥬, 츠, 코, 툐, 푸, 휴, 끄, 또, 뾰, 쑤, 쮸 (이상 19 글자)

(4) (4형)의 개발용 대표글자 선정

(4형)에 해당하는 개발용 대표글자는 (2형)과 동일한 방법으로 추출하였으며, 그 결과는 〈표 2-6〉과 같다.

〈표 2-6〉 (4형) 개발용 대표글자 추출

	ㅗ	ㅛ	ㅜ	ㅠ	ㅡ	ㅗ	ㅛ	ㅜ	ㅠ	ㅡ	ㅗ	ㅛ	ㅜ	ㅠ	ㅡ	ㅗ	ㅛ	ㅜ	ㅠ	ㅡ	ㅗ	ㅛ	ㅜ	ㅠ	ㅡ	ㅗ	ㅛ
ㄱ	곡	굔	굳	귤	금	곱	굣	궁	귯	긏	곹	끁	굪	귫	극	곳	굣	궁	귯	금	곱	굣	궁	귣	금	곳	굣
ㄴ	녹															놉											
ㄷ	독		둔															둣									
ㄹ	록			률															륟								
ㅁ	목				음															믚							
ㅂ	복					봅															븗						
ㅅ	속						숏																			숇	
ㅇ	옥							웅																			윳
ㅈ	족								즛																		
ㅊ	촉									츷																	
ㅋ	콕										콕																
ㅌ	톡											튤															
ㅍ	폭												풍														
ㅎ	혹													흏													
ㄲ	꼭														끆												
ㄸ	똑															똡											
ㅃ	뽁																뾧										
ㅆ	쏙																	쓩									
ㅉ	쪽																		쯓								

(4형) 개발용 대표글자 → 곡, 논, 둔, 륳, 믐, 봅, 숏, 웅, 줒, 춫, 콬, 톹, 풒, 흫, 끆, 똣, 뾧, 쏳, 쯞, 긂, 넒, 덦, 럻, 멾, 붛, 숎, 윴 (이상 27자)

(5) (5형)의 개발용 대표글자 선정

(5형)은 자모의 관계가 복잡하지 않아 〈표 2-7〉과 같이 간단히 개발용 대표글자 선정이 이루어질 수 있다.

〈표 2-7〉 (5형) 개발용 대표글자 추출

	ㄱ	ㄴ	ㄷ	ㄹ	ㅁ	ㅂ	ㅅ	ㅇ	ㅈ	ㅊ	ㅋ	ㅌ	ㅍ	ㅎ	ㄲ	ㄸ	ㅃ	ㅆ	ㅉ
ㅘ	과							와							꽈				
ㅚ		뇌							죄							뙤			
ㅙ			돼							채							빼		
ㅝ				뤄							쿼							쒀	
ㅟ					뮈							튀							쮜
ㅖ						볘							폐						
ㅢ							싀							희					

(5형) 개발용 대표글자 → 과, 뇌, 돼, 뤄, 뮈, 볘, 싀, 와, 죄, 채, 쿼, 튀, 폐, 희, 꽈, 뙤, 빼, 쒀, 쮜 (이상 19자)

(6) (6형)의 개발용 대표글자 선정

(6형)에 해당하는 글자는 중성 'ㅘ, ㅚ, ㅙ, ㅝ, ㅟ, ㅖ, ㅢ'에 초·종성 자음이 결합된 형태이다. 여기서 글자 추출 방법은 역시 (2형)의 방법과 동일하게 하였다.

〈표 2-8〉 (6형) 개발용 대표글자 추출

(표 내용: 자음 ㄱ~ㅉ 행, 모음 조합 열에 따른 대표글자 배치)

(6형) 개발용 대표글자 → 곽, 뇐, 됀, 뤌, 밈, 뷉, 슷, 왕, 죗, 촷, 퀵, 퉡, 풻, 훩, 꽉, 똣, 뺏, 쒛, 쬣, 궴, 늷, 닭, 롡, 맲, 붏, 슗, 웻 (이상 27자)

이제까지 추출한 총 6가지 유형의 한글에 대한 개발용 대표글자를 종합하여 보면 〈표 2-9〉와 같이 138자, 403개의 자소로 나타낼 수 있다.[3]

---

3) 여기서 자음의 각자병서와 합용병서는 하나의 자소로 보았다.

3. 글꼴 개발용 대표글자의 추출

〈표 2-9〉 유형별 개발용 글꼴 대표글자

	1	2	3	4	5	6	7	8	9	10	11	12	13	14	15	16	17	18	19	20	21	22	23	24	25	26	27
1형	가	냐	더	려	미	배	세	얘	제	차	캬	터	펴	히	깨	떼	빼	쎼	짜								
2형	각	냔	덛	렬	밈	밥	샷	엥	젣	찿	캭	텉	폎	힣	깩	땓	뻣	쎙	짣	갏	넗	덦	맅	맒	뱮	섨	옛
3형	고	뇨	두	류	므	보	쇼	우	쥬	츠	코	툐	푸	휴	끄	또	뽀	쑤	쮸								
4형	곡	논	둔	률	음	봅	숏	웅	즇	츷	콕	톹	품	흟	끅	똗	뾪	쏨	쯊	긂	놃	닳	륥	읇	붊	슶	윾
5형	과	뇌	돼	뤄	위	붸	싀	와	죄	챼	쿼	튀	풰	희	꽈	뙤	뽸	쒀	쮜								
6형	곽	뇐	됃	륄	뮘	뷉	싯	왕	죷	챷	쿡	틜	풴	횔	꽉	뙨	뾩	쉴	쮤	궮	닗	닭	룔	왦	붉	슔	웽

〈표 2-9〉에 나타난 개발용 대표글자를 자모 순서별로 다시 배열하면 〈표 2-10〉과 같다.

〈표 2-10〉 자모순 개발용 글꼴 대표글자

가 각 갏 고 곡 과 곽 궮 긂 깨 깩 꽈 꽉 끄 끅 냐 냔 넗 놃 뇌 뇐 뇨 논 늪 더
덛 덦 돼 됃 닳 두 둔 땓 떼 또 똗 뙤 뙨 려 렬 룔 륥 뤄 륄 류 률 릴 맒 왦
위 뮘 읇 므 음 미 밈 배 밥 뱮 보 봅 붸 뷉 붊 븅 빼 뻣 뺴 뿔 뾪 뾩 샷 세 섨
슶 쇼 숏 슔 싀 싯 쎼 쎙 쑤 쏨 쒀 쉴 얘 엥 옛 와 왕 윾 우 웅 웽 제 젣 죄 죷
쥬 즇 짜 짣 쮜 쮤 쮸 쯊 차 찿 챼 챷 츠 츷 캬 캭 코 콕 쿼 쿡 터 텉 툐 톹 튀
틜 펴 폎 푸 품 풰 풴 휴 흟 희 횔 히 힣

〈표 2-10〉의 개발용 대표글자는 1만 1,172자를 개발해야 하는 글꼴 개발 작업에 활용할 수 있다. 특히 서체 개발 단계에서 기초 자소 개발을 위한 글꼴 대표글자로 이를 활용함으로써 글꼴 개발에 효율성을 높일 수 있을 것이다.

4. 소개용 글꼴 대표글자의 선정

앞의 개발용 글꼴 대표글자 가운데에는 실제 활용이 되지 않는 글자들이 많이 포함되어 있어 이미 개발된 글꼴을 시연하는 등, 서체를 소개하기 위한 목적으로 사용하기에는 어려움이 있다. 그러므로 위의 138자의 개발용 대표글자 가운데 음가가 없거나 부분적으로 대표성이 중복된 글자는 그 글자가 갖고 있는 대표성을 최대한 잃지 않는 범위 내에서 활용 가능한 글자로 전환하거나 삭제하는 것이 좋을 것이다.

예를 들어, (3)형에서 '솞'은 '샀'에서 'ㅅ'이, '엥'에서 'ㅔ'가 나타나 있으므로 여기서 중요한 대표성 자소는 'ㅄ'이다. 그러므로 '솞'은 활용 가능한 글자인 '없'으로 교체해도 큰 무리가 없을 것이다. 또한 (6)형의 '뷿'은 (5)형의 '뭏' 글자와 'ㅀ' 받침이 중복되고, (6)형의 '쇳'에서 'ㅢ'가 나타나 있으므로 제외되어도 무방할 글자일 것이다.

물론 앞에서도 말했듯이 대표글자가 바뀌면 본래 글자에 대한 자소의 크기 비례나 위치를 정확하게 대신할 수 없다. 그러나 음가가 없거나 사용하지 않는 대표글자를 현재 사용하는 글자로 바꾸어 제시함으로써 대표글자에 대한 거부감을 없애고 글자의 대표성도 어느 정도 유지하는 것이 효율적일 것이다.

이와 같은 방법으로 정리하면 다음과 같이 글꼴 소개용 대표글자를 재선정할 수 있다.

〈표 2-11〉에서 1~19까지는 초성 자음과 받침이 중요한 대표글자이며, 20~27

4. 소개용 글꼴 대표글자의 선정

까지는 받침을 표시하기 위해서 초성 자음과 모음이 반복되어 나타난다. 그러므로 1~19까지의 대표글자에서는 서로 중복되지 않는 한 초성 자음이나 받침의 삭제 및 교체를 하지 않는 것이 좋다.

또한 (1, 2형)의 1~9, (3, 4형)의 1~5, (5, 6형)의 1~7까지의 글자들은 모음이 중요한 대표글자이므로 역시 서로 중복되지 않는 한 이 글자들의 모음 삭제나 교체를 하지 않는 것이 좋다.

〈표 2-11〉 자소 중요도별 개발용 글꼴 대표글자 분류

	1	2	3	4	5	6	7	8	9	10	11	12	13	14	15	16	17	18	19	20	21	22	23	24	25	26	27
1형	가	냐	더	려	미	배	세	얘	졔	차	캬	터	펴	히	깨	떼	빼	쎄	짜								
2형	각	난	덛	렬	밈	뱁	샛	엥	옞	찿	캭	털	폄	힙	깫	땓	뻿	쎙	짷	갏	넓	덦	릹	맒	뱛	섧	엤
3형	고	뇨	두	류	므	보	쇼	우	쥬	츠	코	툐	푸	휴	끄	또	뽀	쑤	쮸								
4형	곡	논	둗	률	음	봅	숏	웅	줒	춫	콜	톰	품	훌	꾹	똗	뾪	쑬	쭚	곪	놃	돐	룲	뮯	븛	숤	윯
5형	과	뇌	돼	뤄	뮈	붸	싀	와	죄	챼	퀴	퉈	풰	희	꽈	뙤	뺴	쒀	쮜								
6형	곽	뇐	됄	뤌	뮘	뷉	싯	왕	죷	챷	퀌	튈	풻	흵	꽄	뙨	뺕	쒈	쮥	궗	뉺	닭	룳	뮢	뷿	쓶	윇
모음이 중요한 글자						(중성 교체 가능)														받침이 중요한 글자							
초성과 받침이 중요한 글자																				(초·중성 교체 가능)							

이는 결국 (1, 2형)의 1~9, (3, 4형)의 1~5, (5, 6형)의 1~7까지의 글자들은 자소의 교체나 삭제를 하지 않아야 한다는 것을 의미한다. 또한 (1, 2형)에서 10~19, (3, 4형)에서 6~19, (5, 6형)에서 8~19까지는 모음의 교체가 가능하다는 것을 의미하며, 20~27까지는 받침을 제외한 초·중성의 교체가 가능하다는 결론이다.

또한 전체적인 글자 가운데 자모의 생산성이 없어 단 한 글자에만 적용되는 경우에는 해당 글자로 표시하거나, 사용되지 않는 것은 삭제하면서 이로 인해

제2장 현대 한글 글꼴 대표자의 선정 _ 73

없어지는 해당 대표 자소는 다른 글자에서 표현될 수 있도록 하였다.
 이러한 원칙에 의해서 음가가 없는 글자나, 음가는 있으나 사용되지 않는 글자를 삭제하거나 사용하고 있는 글자로 교체하면 〈표 2-12〉와 같이 바뀐다.

〈표 2-12〉 글꼴 소개용 대표글자 교체

	1	2	3	4	5	6	7	8	9	10	11	12	13	14	15	16	17	18	19	20	21	22	23	24	25	26	27
1형	가	냐	더	려	미	배	세	애	졔졔	차	캬	터	펴	히혜	깨	떼	빼빼	쎼쎼	짜								
2형	각	냔냔	덛	렬	밈꽃	뱁	샛섯	엥	젰젖	찾찿	캼캄	털털	폎편	휭앟	깩깎	땟넋	벳앉	쎌앟	짦닭	갋앞	넓짧	덦딸	맔쌀	맮힘	뱛	섨없	옛빘
3형	고	뇨	두	류	므	보	쇼	우	쥬	츠	코	툐토	푸	휴	끄	또	뽀뽀	쑤	쮸쭈								
4형	곡	뵨논	둠둠	률	음	봅	숏	웅	쥿줓	츛충	콕콩	톹톨	풒풀	휼훙	끅끝	똣똑	뽔뽕	쑴쑥	쯒쪽	곪곱	놇밟	돐닭	룲핥	뮮읊	뷹숥	슧×	윴×
5형	과	뇌	돼	뤄	뮈	붸웨	싀쇠	와	죄	채최	쿼	튀	풰궤	회	꽈	띄×	뽸×	쒸	쮜×								
6형	곽	뵨뷘	됀됐	뤹×	뮘윔	뷉뱝	숏슷	왕	죗죙	챛챛	쾀×	튈×	퀠펜	횔훰	꽉곽	뜃×	뺏×	쒤×	쮠×	궒×	뉢×	닳×	룕×	맮×	뷹×	슗×	웻웬

위의 표에서 대체되는 글자는 칸 아래에 있는 글자이며 이 때 위의 글자는 삭제된다. 또한 글자 아래에 × 표가 있는 것은 그 위의 글자를 삭제시킨다는 것을 의미한다. 이렇게 하여 정리된 것을 보면 글꼴 소개용 대표글자는 〈표 2-13〉과 같이 107자 320자소로 나타난다.
 〈표 2-13〉의 대표글자는 현대 한글로 이루어진 글꼴 소개용 대표글자이다. 이들 글자를 자모 순서에 의해 다시 정리하면 〈표 2-14〉와 같다.

74 _ 4. 소개용 글꼴 대표글자의 선정

〈표 2-13〉 유형별 서체 소개용 대표글자

	1	2	3	4	5	6	7	8	9	10	11	12	13	14	15	16	17	18	19	20	21	22	23	24	25	26	27
1형	가	냐	더	려	미	배	세	얘	제	차	캬	터	펴	혜	깨	떼	빼	쎄	짜								
2형	각	난	덛	렬	밎	뱁	섯	엥	젖	찾	캄	털	편	양	깎	넋	앉	않	닭	앎	짧	딸	쌀	힘	앓	없	빴
3형	고	뇨	두	류	므	보	쇼	우	쥬	츠	코	토	푸	휴	끄	또	뽀	쑤	쭈								
4형	곡	논	둠	률	음	봅	숏	웅	좆	층	콩	톨	풀	흉	끝	똑	뽕	쑥	쭉	굼	밟	돐	핥	읊	숲		
5형	과	뇌	돼	뤄	위	웨	쇠	와	죄	최	쿼	튀	궤	희	꽈			쐬									
6형	곽	눤	됐		뷥	쉿		왕	죙					흴	꽉												웠

〈표 2-14〉 자모순 글꼴 소개용 대표글자

가 각 고 곡 과 곽 굼 궤 깎 깨 꽈 꽉 끄 끝 난 냐 넋 논 뇌 뇨 눤 닭 더 덛 돐
돼 됐 두 둠 딸 떼 또 똑 려 렬 뤄 류 률 위 므 음 미 밎 밟 배 뱁 보 봅 뷥 빴
빼 뽀 뽕 섯 세 쇠 쇼 숏 숲 쉿 쌀 쎄 쑤 쑥 쐬 앉 않 앎 앓 양 얘 없 엥 와 왕
우 웅 웠 웨 읊 젖 제 좆 죄 죙 쥬 짜 짧 쭈 쭉 차 찾 최 츠 층 캄 캬 코 콩 쿼
터 털 토 톨 튀 펴 편 푸 풀 핥 혜 휴 흉 희 흴 힘

지금까지 길고 복잡하게 설명을 했으나 실제 글꼴 개발 현장에서는 여기서 도출된 대표글자만 알고 활용하면 될 것이다.

5. 글꼴 개발·소개용 대표글자의 정리

이미 앞에서 말했지만, 지금까지 우리 한글 서체의 특성을 표현하기 위해서는 적당한 문장 하나를 선택하여 여러 가지 서체로 표현, 비교하는 것이 일반적이었다. 한글 글꼴을 개발하기 위해 견본 글자를 제시할 때에도 정확한 근거에 입각하여 1만 1,172자를 대표하는 글자를 선별하여 제시하는 데 어려움이 있었다.

뿐만 아니라 고문헌에 나타난 한글 글꼴의 특성을 밝히기 위해 문헌에 표기된 모든 글자를 제시할 수 없으므로 그 가운데 글꼴을 대표할 수 있는 글자를 추출해야 하지만 어떠한 글자를 글꼴 대표글자로 선정해야 하는지 기준이 없었다. 이는 옛 한글 글꼴 연구를 위한 기초 연구로서, 이러한 연구 이후에 비로소 옛 한글 글꼴 연구가 활발하게 이루어질 수 있는 것이다.

〈표 2-15〉 글꼴 개발용 대표글자

가 각 갎 고 곡 과 곽 궯 긁 깨 깩 꽈 꽉 끄 끅 냐 냔 넓 놂 뇌 뇐 뇨 논 늛 더
덛 덠 돩 돼 됀 돑 두 둗 땍 떼 또 똔 뙤 뙗 려 렬 롍 룷 뭐 뭴 류 를 릴 맲 왧
뮈 뮘 뮳 므 믐 미 밈 배 뱁 밶 보 봅 붸 붼 븛 빍 빼 뺏 빼 뺷 뾰 뾶 샷 세 섨
숢 쇼 숫 슓 싀 싯 쎄 쎌 쑤 쓹 쒀 쒤 얘 엥 옜 와 왕 윰 우 웅 웫 제 젲 죄 죷
쥬 즟 짜 짴 쮜 쮉 쭈 쯂 차 찾 채 챛 츠 츷 캬 캭 코 콕 쿼 쿅 더 털 툐 튤 튀
튈 펴 폎 푸 픂 풰 풷 휴 훌 희 휠 히 힐

5. 글꼴 개발·소개용 대표글자의 정리

〈표 2-16〉 글꼴 소개용 대표글자

가	각	고	곡	과	곽	굶	궤	깎	깨	꽈	꽉	끄	끝	난	냐	넋	논	뇌	뇨
뉜	닭	더	덛	돌	돼	됐	두	둠	딸	떼	또	똑	려	렬	뤄	류	률	뮈	므
음	미	및	밟	배	뱁	보	봅	븝	빴	빼	뽀	뽕	섯	세	쇠	쇼	숫	숲	슷
쌀	쎄	쑤	쑥	쒀	앉	않	앎	앓	얗	얘	없	엥	와	왕	우	웅	웠	웨	읊
젖	제	좃	죄	죙	쥬	짜	짧	쭈	쭉	차	찾	최	츠	층	캄	캬	코	콩	쿼
터	털	토	톨	튀	펴	편	푸	풀	핥	혜	휴	흉	희	흴	힘				

앞에서 이러한 문제점을 해소하기 위해 보다 체계적이고 합리적인 한글 글꼴 대표글자를 추출, 제시했다. 즉, 글꼴 개발용 대표글자 138자 403자소를 선별하였고, 이미 개발된 기존 서체의 특성을 표현하기 위해 필요한 글꼴 소개용 대표글자 107자 320자소를 〈표 2-15〉, 〈표 2-16〉과 같이 선별하여 제시하였다.

물론 이렇게 제시한 글자들이 모든 한글 글꼴을 정확하게 대표한다고는 생각하지 않으나 대표할 것이라는 상당한 근거를 갖고 추출한 것이므로 그 실용성이 있을 것으로 본다.

다만, 한글이 그 가독성과 미려함을 위해 글꼴을 이루는 자소들의 감각적인 비례와 위치가 무엇보다도 중요한 것임을 감안할 때 여기서 제시한 대표글자에 다소 문제가 있을 수도 있다. 그러나 어차피 11,172자의 한글 글꼴을 빠짐없이 정확하게 드러낼 수 있는 대표글자 선정이 불가능한 현실이므로 부족하다고 생각되는 부분은 이들 대표글자에 근거하여 글자를 추가하거나, 삭제하는 등 융통성 있게 활용할 수 있을 것이다.

제3장

고문헌 글꼴 분석용 대표글자의 선정과 분석 체계

1. 고문헌 글꼴 분석용 대표글자의 선정

(1) 선정 기준

앞에서 선정한 글꼴 소개용 대표글자를 참조하여 15~19세기 문헌 글꼴 분석에 적절한 한글 글꼴 대표글자(이하 '고문헌 대표글자') 선정 작업은 다음과 같은 세 가지 기본 원칙에 따랐다.

첫째, 가능하면 모든 분석 대상 문헌에 나타나는 글자로 선정하였다.

그러나 수세기에 걸친 표기법의 변화와 문헌의 내용 특성에 따라 등장하지 않는 글자가 있으므로 모든 문헌에 공통으로 나타나는 글자만을 추출한다는 것은 현실적으로 불가능하다. 여기서는 이러한 원칙에 최대한 가능하도록 접근하려고 노력하였다. 그러나 글꼴 분석에 필수적으로 필요하다고 생각되는 글자는 일부 문헌에서 나타나지 않더라도 채택하였다.

둘째, 앞의 글꼴 소개용 대표글자 107자 이외에 새롭게 추가되거나 대치되는 글자는 가급적 현대에 사용되고 있는 글자로 선정하였다.

이 연구의 분석 대상 문헌은 15세기부터 19세기까지 4~5세기에 걸쳐 간행된 것이므로 그 사이에 사라졌거나 새롭게 등장한 글자들이 있다. 그러므로 고문헌 대표글자 선정 기준을 어느 한 시대의 표기 형태로 정해야 할 필요성이 있다. 그러므로 여기서는 분석 내용에 대한 이해와 활용성을 높이기 위해 현대 표기법을 기준으로 선정한 것이다. 즉 아래 아 'ㆍ' 순경음 비읍 'ㅸ' 등이 나타난 글자들은 고문헌 대표글자 선정에서 제외하였다. 특별히 각 시기에 사용된 글자 형태를 설명해야 할 경우에는 별도로 관련 글자를 제시하였다.

셋째, 필요한 경우 고문헌 대표글자에 대한 대용글자를 선정하였다.

고문헌 대표글자가 나타나지 않는 문헌에 대비하여 대용글자를 정해 놓았다. 대용글자는 고문헌 대표글자와 비슷한 유형의 다른 글자를 의미하며, 분석 대상 문헌에서 고문헌 대표글자가 나타나지 않을 경우 대용글자로 대신하게 된다. 이는 고문헌 대표글자가 없어 중요한 자소 형태를 분석하지 못하는 경우를 최대한 방지하기 위함이다.

〈표 2-16〉에서 제시한 글꼴 소개용 대표글자 가운데 삭제되거나 대체글자로 교체되는 기준 및 후보글자 선정 기준은 다음과 같다.

① 15~19세기 표기에 공통으로 나타나지 않는 글자 : 예를 들어 앞에서 제시된 글꼴 대표글자 가운데 분철표기에 의한 글자나 각자병서로 이루어진 글자에서 출현 빈도가 낮거나 나타나지 않을 것으로 예상되는 글자 등은 제외되거나 유사한 글자로 대치하였다.

② 우리말 표기에 흔히 사용되지 않는 글자 : '쒀, 뮈, 쿼' 등과 같이 쓰임이 흔하지 않거나 현대의 외래어에 사용되는 글자는 역시 제외하거나 흔히 표현되는 글자로 교체하였다.

③ 우리말 표기상 활용이 활발하지 않아 출현 빈도가 낮을 것으로 예상되는 글자 : '믿, 믐, 얗' 등과 같이 일부 한정된 단어에만 나타나는 글자 역시 유사한 다른 글자로 대치하거나 삭제하였다.

④ 15세기 문헌인 《훈민정음》 언해본과 《석보상절》, 17세기 문헌인 《가례언해》, 19세기 문헌인 《경석자지문》의 출현 빈도 분석에 따른 글자 : 이들 네 문헌에 나타나는 글꼴 대표글자의 출현 빈도를 참조하였다. 이들

1. 고문헌 글꼴 분석용 대표글자의 선정

문헌은 본고의 분석 대상 기간인 15~19세기를 균등하게 분할하여 선택한 것이다. 또한 ≪훈민정음≫ 언해본은 창제 당시의 한글이 포함되어 있으며, ≪석보상절≫은 ≪훈민정음≫ 언해본에 한글이 풍부하게 포함되어 있지 못하므로 같은 시기의 문헌으로서 추가하였다. ≪석보상절≫은 지금까지 발견된 언해본 가운데 ≪훈민정음≫ 언해본 간행 시기와 가장 가까운 문헌 중 하나로서 비교적 다량의 한글을 포함하고 있다. ≪가례언해≫는 17세기 문헌 가운데 비교적 다양한 한글이 풍부하게 나타나고 있어 선택하였으며, ≪경석자지문≫은 그 분량은 적으나 본고의 분석 대상 마지막 시기(19세기) 문헌으로서 근대적 용어가 다수 포함되어 있어 선택하였다.

물론 고문헌 대표글자를 선정하기 위한 이러한 문헌 선택 기준 역시 객관적 타당성에 대해서는 문제가 있을 수 있으나 현실적으로 그 타당성 검증도 불가능할 뿐만 아니라 만일 합리적으로 문헌 선택 기준이 모색되었다고 하더라도 그에 적합한 문헌을 선별한다는 것도 어려운 작업이다. 그러므로 이들 문헌에서의 대표글자 출현 빈도 결과가 타당하거나 객관적인 것으로 보기 어려운 것이 사실이다. 이러한 이유에서 이들 네 문헌을 통해 나타난 대표글자 출현 여부 및 빈도에 대한 자료는 단순히 참조하는데 그쳤다.

(2) 고문헌 대표글자의 선정

1) 초성 각자병서 글자의 삭제

초성을 각자병서로 표기한 글자는 출현 빈도가 낮으므로 제외하였다. 실제 아래의 〈표 3-1〉에서 보는 바와 같이 17세기만 보더라도 적지 않은 문헌에서

초성에 각자병서 표기가 나타나지 않고 있음을 알 수 있다.(홍윤표, 1994)
그러므로 앞에서 제시한 글꼴 대표글자 가운데 초성에 각자병서가 있는 글자는 삭제하기로 한다. 〈표 3-2〉에서 글자 하단에 '×' 표시가 된 것이 삭제되는 글자이다.

〈표 3-1〉 각자병서 출현 문헌(17세기)

번호	문헌 명	연도	ㄲ	ㄸ	ㅃ	ㅆ	ㅉ	번호	문헌 명	연도	ㄲ	ㄸ	ㅃ	ㅆ	ㅉ
1	周易諺解	1606		○	○			16	火砲式諺解	1635				○	
2	諺解痘瘡集要	1608				○		17	新傳煮取焰硝方諺解	1635				○	
3	諺解胎産集要	1608				○		18	觀念要錄	1637				○	
4	三經四書釋義	1609						19	辟瘟新方	1653				○	
5	練兵指南	1612				○		20	語錄解(鄭瀁)	1657				○	
6	東醫寶鑑	1613						21	警民編諺解(重刊)	1658					
7	詩經諺解	1613	○	○	○	○		22	千字文(七長寺版)	1661					
8	東國新續三綱行實圖	1617		○		○		23	類合(七長寺版)	1664					
9	女訓諺解	17c				○		24	老乞大諺解	1670	○		○	○	
10	大學諺解(重刊)	1631						25	捷解新語	1676		○	○	○	○
11	孟子諺解(重刊)	1631		○	○	○	○	26	朴通事諺解	1677					
12	中庸諺解(重刊)	1631			○	○		27	馬經抄集諺解	1682					
13	論語諺解(重刊)	1631	○				○	28	新刊救荒撮要(武城版)	1686	○				
14	家禮諺解	1632				○		29	譯語類解	1690	○				
15	重刊杜詩諺解	1632				○		30	新傳煮取焰硝方諺解	1698					

〈표 3-2〉 각자병서가 제외된 글꼴 대표글자

	1	2	3	4	5	6	7	8	9	10	11	12	13	14	15	16	17	18	19	20	21	22	23	24	25	26	27
1형	가	냐	더	려	미	배	세	야	제	차	캬	터	퍼	혜	깨×	떼×	빼×	쎄×	쨰×								
2형	각	난	덛	렬	밎	뱁	섯	엥	젖	찾	캄	털	편	얗	깎×	넋	앉	않	닭	앎	짧×	딸×	쌀×	힘	앓	없	빴×
3형	고	뇨	두	류	므	보	쇼	우	쥬	츠	코	토	푸	휴	꼬×	또×	뽀×	쑤×	쯔×								
4형	곡	논	둠	를	믐	봅	숏	웅	좇	충	콩	톨	풀	흉	끝×	똑×	뽕×	쑥×	쭉×	굼	밟	돐	핥	읊	숲		
5형	과	뇌	돼	뤄	뮈	웨	쇠	와	죄	최	쿼	튀	궤	희	꽈×									쒸×			
6형	곽	뉀	됐			뵙	숫	왕	쵱						훨									꽉×			웠

2) 어간말 자음군 및 분철표기 글자의 삭제

어간말 자음군에 있어서도 'ㄶ'은 근대국어에 와서 새롭게 등장한 것으로서 중세국어 표기법에서는 등장하지 않는다. 그러므로 '않' 자는 제외되어야 할 것이며, 이 외에 받침이 분철로 표기된 글자들 가운데 초창기 문헌에 나타나지 않을 것으로 예상되는 글자는 제외하기로 한다. 그 결과 〈표 3-3〉과 같이 15개의 대표글자가 삭제되었다.

〈표 3-3〉 어간말 자음군 및 분철표기 글자가 제외된 글꼴 대표글자

	1	2	3	4	5	6	7	8	9	10	11	12	13	14	15	16	17	18	19	20	21	22	23	24	25	26	27
1형	가	냐	더	려	미	배	세	얘	제	차	캬	터	펴	혜	깨×	떼×	뻐×	쎄×	짜×								
2형	각	난	덛	렬	및	뱁	섯	엥	젖	찾×	캄	털	편	얄×	깎×	넋×	앉×	않×	닭×	앒×	짧×	딸×	쌀×	힘	앓×	없×	빴
3형	고	뇨	두	류	므	보	쇼	우	쥬	츠	코	토	푸	휴	꼬	또	뽀	쑤	쯔								
4형	곡	논	둠	률	음	봅	숫	웅	좆	층	콩	톨	풀	흥	끝	똑	뽕×	쑥	쪽×	굵×	밟×	돐×	핥×	읊×	숲×		
5형	과	뇌	돼	뤄	뮈	웨	쇠	와	죄	최	쿼	튀	궤	희	꽈		쒀×										
6형	곽	뉜	됐			뵙	슛	왕	쥥					흴	꽉×												웠

3) 분석용 글꼴 대표글자의 교체 및 대용글자 선정

흔히 활용되지 않아 분석 대상 문헌에 자주 나타나지 않을 것으로 예상되는 대표글자는 유사한 글자를 찾아 대용글자를 추가 선정해 놓았으며, 출현 빈도가 극히 낮을 것으로 예상되는 대표글자는 유사한 형태의 다른 글자로 교체하였다. 또한 다른 대표글자에서 자소의 형태를 유추할 수 있는 글자는 대표글자에서 제외하였다.

아래 〈표 3-4〉에서 대표글자 아래에 나타난 글자가 대용글자이며, 대표글자 아래에 '×' 표시가 있고 그 아래에 글자가 있으면 맨 위의 본래 대표글자가 아

래 처음 글자로 교체되는 것이며, 대치글자 밑의 글자는 대용글자를 나타낸 것이다.

〈표 3-4〉 고문헌 대표글자 교체 및 대용글자 선정

	1	2	3	4	5	6	7	8	9	10	11	12	13	14	15	16	17	18	19	20	21	22	23	24	25	26	27
1형	가기거	냐나니	더뎌다	려러라	미	배베벼	세셰서	애×아야	제졔저	차챠채	캬×	터터태	펴퍼피	혜헤해	깨×	떼×	빼×	쎄×	째×								
2형	각간갈	난낙날	던×던뎐덜	렬럴	및×민밀	뱁×법	섯×	엥×	젖×	찾×	캄×	털×	편×	얗×	깍×	넋×	앉×	않×	닭×	앎×	짧×	딸×	쌀×	힘×	앓×	없×	빴×
3형	고교그	뇨노느	두	류로	므	보브	쇼소	우유	쥬주	츠초	코	토×	푸×	휴×	꼬×	또×	뽀×	쑤×	쭈×								
4형	곡곤	논눌	둠×	률×륜윤	음×믈물	봅×	숫×용욕	웅×	좆×	층×증츰종	콩×	톨×	풀×	흉×	끝×	똑×	뽕×	숙×	쭉×	굼×	밟×	돍×	핥×	읊×	숲×		
5형	과	뇌×	돼×	뤄×	뭐×위귀	웨×	쇠×의	와	죄좌	최×	쿼×	튀×	궤×	희회	깨×		쒸×										
6형	곽×권원	뉜×	됐×			뱁×	슛×	왕	죙×					힁×	꽉×											웟×	

이미 앞에서 밝힌 ≪훈민정음≫ 언해본, ≪석보상절≫, ≪가례언해≫, ≪경석자지문≫에 나타나는 글자에 의해 글꼴 대표글자를 일부 조절하였다. 그 내용은 다음과 같다.

〈표 3-4〉에서 '냐'는 ≪가례언해≫에서만 2회 나타나므로 '냐' 자를 대표글자로 선정하되 대용글자로 자소 'ㄴ'이 포함된 '나, 니'를 추가 선정하였다. 또한 '려' 역시 ≪훈민정음≫ 언해본에서 나타나지 않고 있어 자소 'ㄹ'이 포함된 '러, 라'를 대용글자로 추가 선정하였고, '배'도 역시 'ㅂ'이 포함된 '베, 벼'를, '세'는 초성 자음 'ㅅ'이 포함된 '새, 서'를 대용글자로 추가하였다. '애' 자는 네 문헌 모두

에서 나타나지 않으며 역시 타 문헌에서도 쉽게 나타나지 않을 것으로 예상되어 'ㅇ'이 포함된 '아'로 대표글자를 교체하였으며, '졔' 자는 ≪훈민정음≫ 언해본과 ≪가례언해≫에는 다수 출현되나 ≪경석자지문≫에는 나타나지 않아 대용글자로 '쟈, 쟤'를 추가하였다. 또한 '딛' 자는 ≪가례언해≫만 출현하여 '딘'으로 교체하고 대용글자로 '딜'을 추가 선정했다. '렬'은 네 문헌 모두 나타나지 않으나 받침 있는 글자 초성 'ㄹ'의 중요성이 크므로 대표글자로 채택하되 초·종성 'ㄹ'이 포함된 '릴'을 대용글자로 추가 선정하였으며, '몿'은 네 문헌 모두 나타나지 않으며 타 문헌에서도 출현 빈도가 낮을 것으로 예상되어 '민'으로 교체하고, 대용글자로 '밀'을 선정하였다. '뱁' 역시 네 문헌 모두에서 나타나지 않아 삭제하고 '법'을 대표글자로 선정하였으며, '섯' 자는 대표글자 중 '서' 자에서 초성 'ㅅ'의 자소 형태를, '건'에서 중성 'ㅓ'의 자소 형태를 유추할 수 있으므로 삭제하기로 하였다. '엥'은 ≪훈민정음≫ 언해본, ≪석보상절≫에서 각각 1회, ≪가례언해≫에서 2회씩 나타나기는 하나 그 출현 빈도가 매우 낮아 타 문헌에서도 쉽게 발견하기 어려울 것으로 예상되어 대표글자에서 삭제하였다. '젖'은 다른 대표글자에서 관련 자소들을 유추할 수 있어 삭제하였으며, '찿, 캄, 털, 힘' 자들은 출현 빈도가 극히 낮을 것으로 예상되며 대치 글자가 마땅히 없어 역시 삭제하였다. '쥬' 자는 네 문헌 모두 다수 발견되나 간혹 나타나지 않는 문헌이 있을 것으로 예상되므로 대표글자로 선정하되 대용글자로 '주'를 추가 선정하였고, '토'는 대표글자 '터, 텨, 태'에서 초성 'ㅌ'을, 역시 대표글자 가운데 '보, 소, 코' 등에서 ㅗ를 유추할 수 있어 삭제하였다. '퓨'는 네 문헌 모두 나타나지 않으며, '휴'는 ≪경석자지문≫에서만 단 1회 나타나고 있고 타 문헌에서도 출현 빈도가 극히 낮을 것으로 생각되어 삭제하였다.

이와 같이 앞에서 밝힌 네 문헌에 해당 글자의 출현 빈도 및 다른 대표글자를 통해 자소의 유추 가능성 등을 참고하여 그 외의 글자들도 처리하였다. 다만 대표글자가 선정되지 못한 (6형)에서는 글꼴 변화와 출현 빈도가 높을 것으로 예상되는 '권'자를 대표글자로, '원'자를 대용글자로 추가하였다.

이렇게 하여 본고에서 분석할 고문헌 대표글자 및 대용글자를 다음 〈표 3-5〉와 같이 44자 + 4자로 선정하였다.

〈표 3-5〉 고문헌 대표글자(44자 + 4자) 및 대용글자

가	기거	각	간갈	고	교그	곡	곤	과		권	원	난	낙날	냐	나니	논	눌	뇨	노느
더	뎌다	던	던덜	두		려	러라	렬	럴	류	로	륜	윤	므		을	물	미	
민	밀	배	베벼	법		보	브	세	셰서	쇼	소	아	야	와		왕		용	욱
우	유	위	귀	의		제	졔저	죄	좌	쥬	주	증	종종	차	챠채	츠	초	코	
터	터태	펴	퍼피	혜	헤해	회	회	ㄷ		ㅁ		ㅂ		ㅅ					

※각 칸의 왼쪽 글자 한 자는 대표글자이며 오른쪽의 1~2글자는 후보글자임.

여기서 +4자에 속하는 'ㄷ, ㅁ, ㅂ, ㅅ'은 종성 자음이 각각 'ㄷ, ㅁ, ㅂ, ㅅ'인 글자를 의미한다. 이는 위의 44자의 고문헌 대표글자만으로 이들 받침의 형태를 유추하기 어렵기 때문에 추가한 것이다. 'ㅂ'은 고문헌 대표글자 가운데 '법'이 있으나 출현되지 않을 경우가 있을 것으로 생각되어 추가한 것이다. 이들 받침이 포함된 네 종류의 대표글자를 선정하지 않은 이유는 문헌에 따라 고문헌 대표글자가 나타나지 않는 경우가 발생하기 때문이다. 그러나 가급적이면 '몯, 몸(갑), 입, 깃(밧)'의 글자로 선정하여 문헌별 글꼴 비교가 가능하도록 하였으며, 이들 글자가 나타나지 않을 경우 최대한 이들과 자소의 형태가 유사한 다른 글자로 선정하였다. 그러므로 결국 각 문헌마다 총 48자의 대표글자를 추출하게 되는 것이다. 그러나 이와 같이 고문헌 대표글자와 대용글자를 선정하였다고 하더라도 문헌에 따라 이들 가운데 나타나지 않는 글자가 있을 수 있다. 이 경우 고문헌 대표글자나 대용글자로 선정된 글자와 가장 유사한 자소를

가진 글자로 대신하거나, 이것마저 여의치 않을 경우에는 부득이 빈칸으로 남겨놓았다.

문헌에 따라 이들 대표글자 이 외의 독특한 글꼴이 나타나 추가 설명이 필요한 경우에는 각 문헌별 글꼴 분석 내용 중에 그에 관한 내용을 덧붙였다.

각 문헌의 대표글자는 본문 중에 제시하였으며, 문헌간 비교 분석이 용이하도록 대상 문헌의 모든 대표글자를 종합하여 〈부록〉으로 제시하였다. 참고로, 각 문헌 글꼴 및 점획 분석 중에 제시된 자소와 점획들을 종합하여 역시 〈부록〉으로 제시하였다.

2. 글자의 추출과 처리 방법

(1) 글자의 추출 기준

글자 선택의 가장 큰 원칙은 글꼴이 선명하고 필사자의 필체가 가장 잘 나타나있는 글자를 선택하는 것이다. 많은 경우 활자본에서도 형태가 다른 동일한 글자가 적지 않게 나타나며, 목판본인 경우에는 동일한 글자라도 모두 다르게 필사되어 있다. 그러므로 먼저 쇄출 상태가 양호한 글자를 선택한 후 그 가운데 필사자의 서체 특성이 가장 선명하게 드러나 있다고 판단되는 글자를 선택하였다.

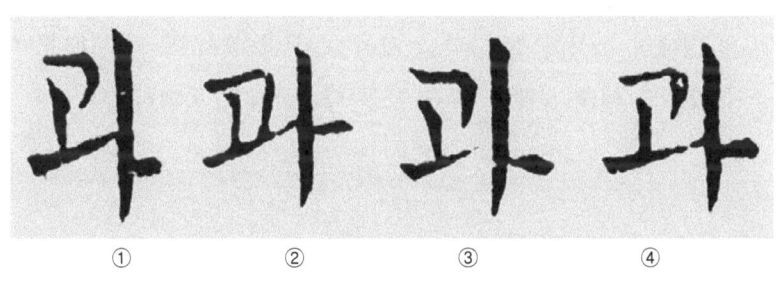

① ② ③ ④

<그림 3-1> ≪태상감응편도설언해≫에 나타난 '과'

예를 들어, <그림 3-1>의 '과' 자는 목판본 ≪태상감응편도설언해≫에 나타나는 글자이다. 여기서 문헌상에 나타난 전반적인 글꼴 특성으로 볼 때 ①, ②, ③의 글자보다 ④의 글자가 초성 자음을 비교적 작게 표기하고 있어 필사자의 필

체 특성이 잘 나타나 있으며 글꼴이 바르다고 판단되어 글꼴 대표글자로 선정하였다.

이 외에 추출하려는 글자가 단 한 번밖에 출현하지 않는 경우에는 선택의 여지가 없으므로 비록 상태가 좋지 못하거나 글자가 바르지 않더라도 대표 글자로 선택하였다.

글자에 따라 글꼴이 모두 다르고 상태가 고르지 못한 경우도 적지 않다.

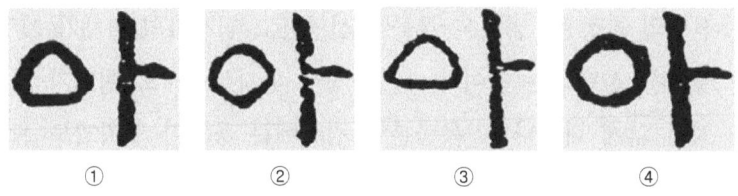

①   ②   ③   ④

<그림 3-2> ≪언해두창집요≫에 나타난 '아'

예를 들어 ≪언해두창집요≫를 보면, 〈그림 3-2〉와 같이 동일한 '아' 자가 여러 형태로 나타난다. 이 경우 이 문헌에 나타난 다른 글꼴과 비교할 때 초성 자음 'ㅇ'의 형태적 특성이 잘 나타난 것이 ①과 ③이며, 이 가운데 ③보다는 ①의 글꼴이 바르고 쇄출 상태가 좋아 글꼴 대표글자로 선택하였다.

(2) 글자의 처리 과정

문헌에서 추출된 글자는 원형을 왜곡시키지 않으면서 글꼴의 윤곽을 보다 선명하게 드러내기 위해 몇 가지 처리 과정을 거쳤다. 먼저, 문헌의 글자는 1,200dpi × 1,200lpi의 광학 해상도를 갖는 스캐너를 통해 600dpi 해상도로 문헌의 글자를 스캐닝하여 디지털화하였고, 이렇게 디지털화된 글자는 디지털 이미지 프로그

램인 포토샵(V6.0)의 기능을 통해 글꼴 윤곽을 선명하게 처리하였다. 그 과정을 보면 다음과 같다.

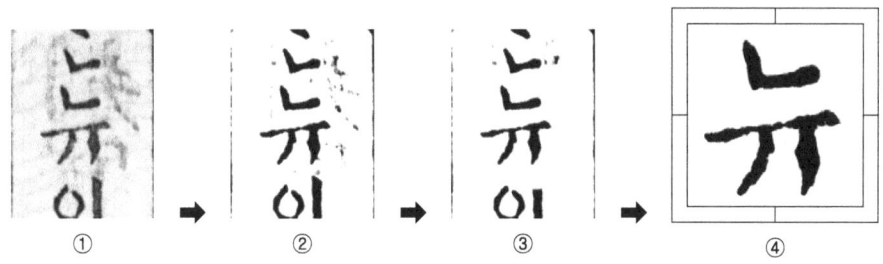

<그림 3-3> 글자 처리 과정

<그림 3-3>에서 보는 것과 같이, 스캐너를 통해 디지털화된 ①의 이미지를 포토샵 기능을 활용하여 ②의 형태로 변형시켰다. 이 과정은 이미지의 해상도를 높여 글자를 보다 선명하게 드러내기 위한 작업이다. 이 과정에서 글자의 상태에 따라 해상도는 다음과 같은 세 가지 기본 처리 유형 중 하나를 선별하여 활용하였다.

<그림 3-4>는 이미지 농도 변환 커브로서, x축에 나타난 원본 글자의 흑백 농도가 y축의 흑백 농도로 변환하여 나타나는 것을 표현한 것이다.

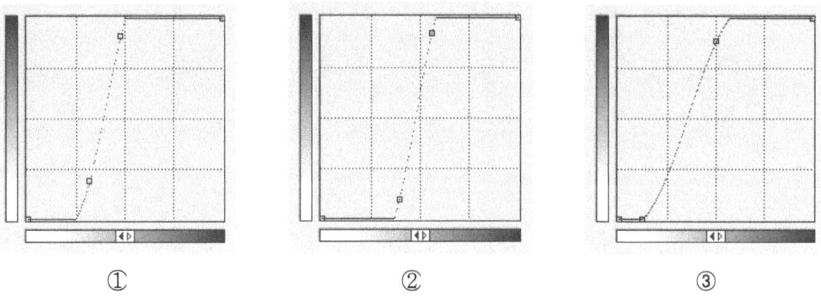

<그림 3-4> 이미지 농도 변환 커브

2. 글자의 추출과 처리 방법

　여기서 커브 ①을 거쳐 변환되는 글자는 글자 주변에 검정색이 약하게 번지는 것을 제거하는 것으로서 번짐이 심하지 않고 비교적 쇄출 상태가 양호한 경우에 사용하였으며, 커브 ②는 비교적 짙게 번진 글자를 처리할 때, ③은 가급적 글자의 검정색 농도는 살리고 바탕의 엷은 회색 농도만을 제거할 때나, 쇄출 상태가 좋지 않아 글자가 희미하게 표현되었거나 선명하게 드러나지 않아 점획의 굵기가 가늘어진 글자에 사용하였다. 여기서 검정색의 번짐 정도는 글자를 400~600% 확대하여 그 상태를 판단하였으며, 점획의 굵기가 정확하게 표현되도록 글자 상태에 따라 변환 커브를 부분적으로 재조정하기도 하였다.

　이 과정을 거친 글자는 위의 글자 처리 과정 ②와 같이 글자의 윤곽이 선명하게 드러나게 되고, 이 상태에서 글자 주변의 잡티를 제거하여 ③과 같이 정리하였다. 이 작업이 끝나면 추출할 글자 부분만 선택한 후 ④와 같이 최종 표현하였다. 완성된 글자는 .jpg 이미지 파일로 저장하였으며, 이미지의 손상이 가지 않도록 저장시 Maximum 옵션을 주었다.

3. 글꼴 분석의 요소와 체계

(1) 글꼴 분석의 요소

여기서 제시하는 글꼴 분석의 요소와 체계는 가급적 현대는 물론 고문헌에서도 적용이 가능하도록 객관화하려고 노력하였다.

〈그림 3-5〉에서와 같이 글자 형태, 즉 글꼴을 특징짓는 요소는 '자소'와 '점획'이다. 먼저 자소의 형태를 결정짓는 요소를 보면, 자소의 구조, 글자 내에서 자소의 크기 비례 등이며, 점획의 특징을 결정짓는 요소는 세리프의 유무와 형태, 점획의 굵기와 형태 등이다.

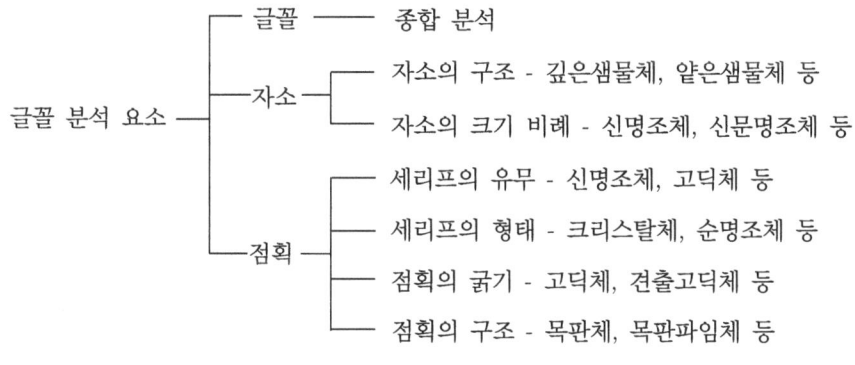

〈그림 3-5〉 글꼴 분석 요소 및 비교 서체

자소의 구조에 따른 글꼴 구분의 예는 샘물체에서 볼 수 있다.

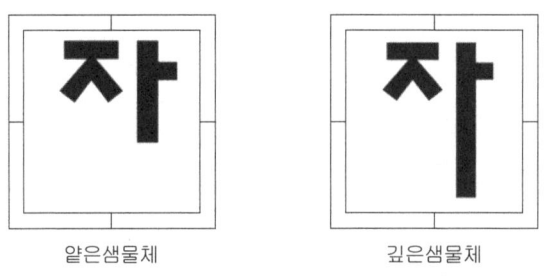

얕은샘물체   깊은샘물체

<그림 3-6> 자소의 구조 변화에 따른 글꼴 구분

〈그림 3-6〉에서 보는 것과 같이 얕은 샘물체와 깊은 샘물체는 자소의 구조, 특히 중성 모음 'ㅏ'의 세로획 크기를 달리함으로써 글꼴을 구분하고 있다.

자소의 크기 비례를 달리한 대표적인 것이 신문명조체이다. 신문명조체의 가장 큰 특색은 일반 명조체와는 다르게 자소의 크기, 특히 자음의 크기를 최대한 크게 함으로써 동일한 크기의 명조체보다 크게 보이도록 하여 가독성을 높이고 있다.

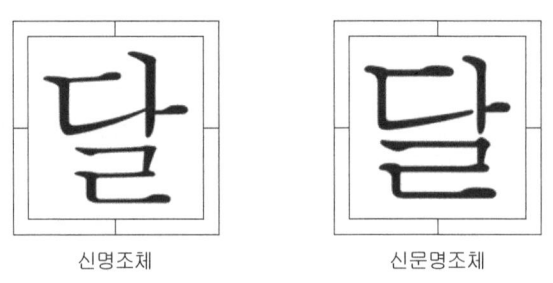

신명조체   신문명조체

<그림 3-7> 자소의 크기 비율에 따른 글꼴 구분

세리프의 유무에 따라 글꼴이 구분되는 글자의 예로서 신명조체와 고딕체의 경우를 비교해 보면, 신명조체는 세리프가 있고, 고딕체는 세리프가 없는 산세

리프 한글 글꼴의 대표적인 것이다.

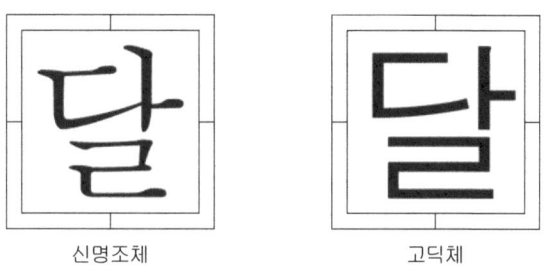

<그림 3-8> 세리프 유무에 따른 글꼴 구분

세리프의 형태에 따라 글꼴이 구분되는 예는 크리스탈체와 순명조체를 들 수 있다. 크리스탈체와 순명조체는 서로 글꼴이 같지는 않으나 일반 명조체의 세리프 유형과 차별화함으로써 독특한 모습을 연출하고 있다. 이러한 세리프의 특성에 맞추어 점획의 구조와 형태도 변화를 주었다.

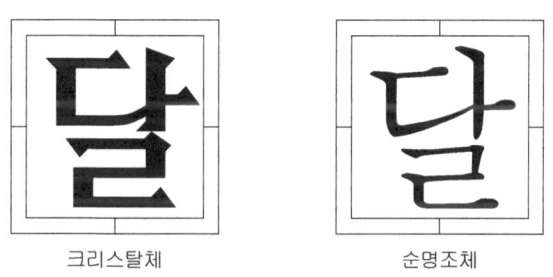

<그림 3-9> 세리프 형태에 따른 글꼴 구분

점획의 굵기에 의해 글꼴이 구분되는 예는 고딕체와 견출고딕체 등으로 글꼴을 구분하는 경우이다. 물론 명조체군에서도 세명조, 신명조, 중명조, 태명조, 견출명조 등으로 굵기에 의해 글꼴을 구분하고 있다.

94 _ 3. 글꼴 분석의 요소와 체계

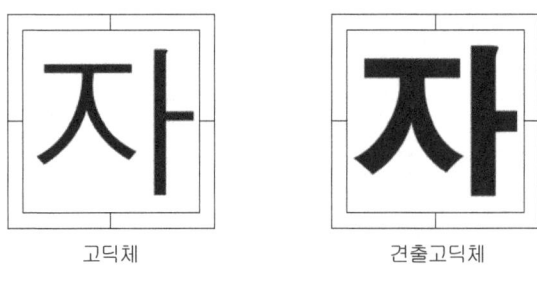

고딕체   견출고딕체

<그림 3-10> 점획의 굵기에 따른 글꼴 구분

점획의 구조 변화에 따라 글꼴을 구분하는 경우는 <그림 3-11>과 같이 목판체와 목판파임체의 예를 들 수 있다. 이들 두 서체는 동일한 세리프와 글꼴 구조를 갖고 있으나 점획의 구조에 변화를 줌으로써 글꼴이 구분되고 있다. 이러한 경우는 현대 한글 글꼴에서는 찾아 볼 수 있으나 고문헌에서는 찾아보기 어렵다. 그러나 한글 글꼴 구분의 한 요소임에는 틀림없으므로 분석 요소의 일반화를 위해 이 책의 글꼴 분석 항목에 포함시키기로 한다.

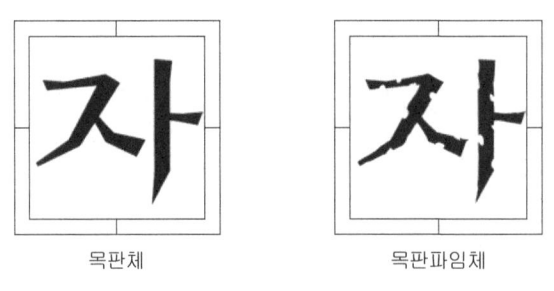

목판체   목판파임체

<그림 3-11> 점획의 구조 변화에 따른 글꼴 구분

이와 같이 ①글꼴의 총괄적 분석과 함께 ②자소의 구조, ③자소의 크기 비례 ④세리프의 유무, ⑤세리프의 형태, ⑥점획의 굵기, ⑦점획의 구조 항목이 글꼴을 특징을 설명하는 요소들이다. 그러므로 이 책에서는 분석 대상 문헌에

나타난 글자들의 글꼴 특성은 이러한 7가지 요소를 포함시켜 분석했다.

(2) 글꼴 분석의 체계

이 책에서 다루려고 하는 분석 대상 문헌의 글꼴 분석 체계는 앞의 〈그림 3-5〉에서 밝힌 것과 같이 전체적인 글꼴의 구조적 특징을 분석한 후 세부적으로 자소와 점획의 구조적 특징을 분석하였다. 그리고 문헌의 내용과 형태에 대한 이해를 돕기 위해 먼저 분석 대상 문헌에 대한 내용과 문헌 소개, 그리고 판면의 구성적 특징을 간략히 서술하였다. 그 분석 체계를 나열해 보면 다음과 같다.

① 문헌 소개　② 판면 구성의 특징
③ 글꼴의 특징　④ 자소의 특징
⑤ 점획의 특징　⑥ 요약

'③ 글꼴의 특징' 부분에서 글꼴 대표글자를 제시하였고, 이를 통해 해당 문헌의 글꼴 특징을 설명하였다. 또한 '④ 자소의 특징'에서는 글꼴 대표글자와 문헌에 나타난 그 외의 글자 예시를 통해 각각의 자소에 대한 구조와 크기 비례에 대해 분석하였으며, '⑤ 점획의 특징'에서는 세리프의 유무, 세리프의 형태, 점획의 굵기, 점획의 구조 등에 대하여 분석하였다. '⑥ 요약에서는 앞의 내용들을 글꼴, 자소, 점획으로 구분하여 그 내용을 표로 간략히 정리하여 제시하였다.

(3) 용어의 정의

고문헌 분석에서 사용하는 용어를 다음과 같이 정의하여 내용 서술과 이해에 혼란을 줄이고자 한다. 이 정의는 일반적 정의가 아니며 여기에서만 적용되는 것임을 밝힌다.

① 글자 : 말이나 소리를 시각적으로 확인이 가능하도록 기록하기 위한 일정한 체제의 부호를 말한다. 글자의 의미 안에는 글꼴을 포함한다. 동일한 의미로 '文字'라고도 한다. 여기서는 '글자'를 사용하기로 한다.

② 글꼴 : 글자의 형태적인 면만을 의미하는 것으로서, 한글 글꼴은 두 개 이상의 자소로 구성되어 있고 이들 자소는 점과 획으로 이루어졌다.

③ 자소 : 글자를 이루는 요소. 한 예로 '끊' 자는 자소 'ㄲ, ㅡ, ㅀ'으로 이루어진 글자이다. 여기서 합용병서 'ㅀ'은 하나의 자소로 보았다. 때로는 각각의 자·모음을 지칭하기도 한다.

④ 점획 : 글자 또는 글꼴을 이루는 가장 기본 획형인 점과 획을 통틀어 이루는 용어로 사용했다. 여기서 '점'은 자소의 형태를 이루는 요소 가운데 하나로서, 한글 글꼴에서 창제 당시 하늘을 의미하는 점, 즉 원점으로 표현한 요소를 의미한다. 한 예로, 'ㅕ'는 'ㅣ'획과 그 좌측에 두 개의 점으로 이루어져 있는 것이다. 현대에 와서 'ㅜ, ㅠ' 등의 세로획과 같이 점이 변형되어 획의 형태를 보이는 경우가 많으나 본고에서는 의미의 혼란을 피하기 위해 이들을 모두 점으로 명명하였다. 또한 '획'은 자소의 형태를 만드는 요소로서, 한글 글꼴에서 창제 당시 본래의 형태가 점이 아닌 선으로 이루어진 부분을 의미한다. 한 예로, 자소 'ㅂ'는 'ㅣ, ㅡ, ㅡ, ㅣ' 등 총 네 개의 획으로 구성되어 있는 것이다. 그러나 본고에서는 'ㅎ, ㅊ' 등의 상단

획은 한글 창제 당시 원점으로 표시하지 않았으므로 의미의 혼란을 피하기 위해 이들을 획으로 보았다.

4. 고문헌 한글 글꼴 분석의 한계

첫째, 분석 대상 문헌의 선별에 대한 문제이다. 한글 글꼴 변화를 역사적으로 구명하기 위해서는 가급적 많은 종류의 문헌을 분석해야 하나 현실적으로 어려운 점이 많다. 그러므로 여기서는 이 가운데 일부 문헌만을 선별하여 분석함으로써 글꼴 변화 규명에 오류를 범할 수 있는 위험성이 있다.

이러한 문제점을 최소화하기 위해 가급적 한글 문헌의 글꼴을 직접 확인하여 분석 가능성 여부와 분석의 가치가 있다고 판단되는 문헌을 선별하였다. 그러나 한글자가 풍부하지 못하거나 복각된 문헌, 대자(大字)가 없는 것, 쇄출 상태가 좋지 못한 것, 사진본을 구하지 못하는 문헌 등 분석 대상 조건에서 제외되거나 분석이 어려운 문헌이 적지 않았다.

둘째, 표준 글꼴의 정확한 추출에 대한 문제이다. 여기서 분석하고자 하는 문헌은 필사본과는 다르게 각인과 쇄출 과정에서 원본 글자가 왜곡될 수밖에 없는 판본이므로 본래의 글꼴을 추측할 수 없다. 그러므로 단순히 나타난 글자의 형태 분석에만 초점을 맞출 수밖에 없다. 특히 같은 판으로 쇄출했다 하더라도 쇄출 당시 먹의 특성·먹의 양·쇄출 방법·쇄압·쇄출 시간·용지 특성 등이 다르다거나, 활자본인 경우에는 활자와 조판 상태 등 여러 가지 쇄출 조건과 문헌의 보관 상태 등으로 인해 글꼴이 왜곡되는 경우가 많아 분석에 일부 오류 가능성도 배제할 수 없다. 뿐만 아니라 복사물이나 영인본을 분석 대상으로 했을 경우 문헌 중 일부 보필한 부분을 발견하지 못하고 글꼴 대표글자로 추출했을 가능성도 배제할 수 없다. 이러한 문제점을 어느 정도 극복하기 위해서 한 지면 내에서 서체가 갑자기 바뀌거나, 조금이라도 용지가 훼손되어 수선한 흔적이 있는 지면에서는 가급적 글자 추출을 하지 않았으며, 전반적으로 쇄출 상태가 불량하여 글꼴 복구가 어려운 문헌은 분석 대상에서 아예 제외하였다.

셋째, 대표성이 뚜렷한 대표글자 추출이 어렵다는 점이다. 이 책에서 분석 대상 글자는 모든 한글 글꼴을 예측할 수 있는 자소가 포함되어 있어야 하며, 분석 대상의 문헌 모두에서 큰 글자로 나타나야 한다. 그러나 15세기 중반부터 19세기까지 450여 년 동안 여러 형태로 변화되어 온 표기법에 의해 간행된 문헌 가운데 원간본 또는 중간본으로 이러한 조건을 충족하는 글자를 선별해 낸다는 것은 현재로서는 매우 힘든 일이다. 물론 모든 한글 문헌 내용을 대·중·소자로 구분하여 디지털로 입력하고 이들 입력 자료로부터 공통적인 글자를 추출해 낼 수 있는 처리 프로그램이 개발된다면 가능할 수도 있으나 쉽게 해결될 문제가 아니다. 그러므로 여기서는 앞에서 제시한 고문헌 대표글자에 근거하여 일부 글자를 삭제·대치 및 대용글자 추가 등의 보조적인 방법을 사용한 것이다. 그러나 이 역시 글꼴을 대표하는 글자라고 확언하기는 어렵다.

넷째, 한글 글꼴 변천 분석 내용에 대한 객관성 및 보편타당성의 문제이다. 이 책에서 직접 분석한 28종의 한글 문헌이 실제로는 100여 종의 한글 문헌 분석 결과와 일치한다고는 하지만 단 한 종의 문헌에 의해 글꼴 변천에 대한 내용이 달라질 수도 있다는 점을 생각할 때 적어도 지금까지 발굴된 모든 한글 문헌을 분석 대상으로 삼아야 할 것이다. 그러므로 이 책에서 논의된 한글 글꼴 변천에 대한 것이 전부 옳다고 보기는 힘들며 그 대체적인 흐름 정도만 이해할 수 있을 것으로 생각된다. 앞으로 더 방대한 한글 고문헌에 대한 분석이 이루어져 보다 타당하고 객관적인 변천 과정을 밝혀지기를 고대한다.

제4장

15세기 문헌별 글꼴 분석

1. 훈민정음 해례본(訓民正音 解例本)

(1) 문헌 소개

세종은 1443년 12월에 한글을 완성하고 3년 간의 검토 작업을 거쳐 1446년 9월에 ≪훈민정음≫을 완성하였다. ≪훈민정음≫은 이미 잘 알려진 바와 같이, 한글 창제의 동기와 방법, 한글의 구조와 활용 등을 기술한 문헌이다. 훈민정음 관련 문헌은 크게 해례본과 언해본으로 나누어지며, 지금까지 알려진 문헌을 보면 다음과 같다.

- 훈민정음 해례본(이하 '해례본')
  원본 : 간송 미술관 소장(세종 28년 1446년)
  세종대왕실록(태백산본) : 정부기록보존소 부산지소 소장(단종 2년 1454년)
  세종대왕실록(정족산본) : 규장각 소장(단종 2년 1454년)
  배자예부운략본 : 세종대왕기념관 소장(숙종 4년 1678년)
  열성어제본 : 박종국 소장(숙종 1674~1720)
  경세훈민정음도설본 : 연세대학교 인문과학연구소 영인본

- 훈민정음 언해본(이하 '언해본')
  서강대학본 : 서강대학교 중앙도서관 소장(세조 5년 1459년)
  박승빈본 : 고려대학교 중앙도서관 소장(세조 5년 1459년)

희방사본 : 세종대왕기념관 소장(선조 원년 1568)
일본 궁내성본 : 서울대학교 중앙도서관 소장

　간송미술관 소장 원본 해례본은 정인지 서문과 실록 등의 기록에 근거하여 간행 연대가 세종 28년(1446)으로 추정되는 것으로, 지금까지 가장 널리 알려진 ≪훈민정음≫이며 국보 70호로 지정되어 있다. 이 문헌은 1940년 안동의 이한걸 씨 집에서 발견되었으며, 발견 당시 첫 2장이 낙장이 되어 있어 이용준이 ≪세종실록≫에 나타난 내용에 근거하여 안평대군 글씨체로 다시 복원하였으나 복원된 부분에서 오류가 있음이 지적되고 있다. 이 문헌은 전형필씨에게 매매되어 지금의 간송미술관에서 소장하게 된 것이다.
　이 책에서 분석 대상으로 선정한 해례본은 훈민정음 창제 당시의 한글 글꼴을 나타내고 있는 이 간송미술관 소장본으로서 이정호(1990)에 실린 사진본을 사용하였다.
　언해본들은 대부분 ≪훈민정음≫ 원문에서 본문만이 한글로 번역되어 있다. 그러나 이 문헌들은 역자와 간행 연대가 정확하게 밝혀지지 않은 것이 대부분으로서, 이에 대해서는 뒤의 언해본 글꼴 분석에서 상세히 언급될 것이다.
　목판본인 간송미술관 소장 원본 해례본의 서지 사항을 보면 다음과 같다.[1]

- 책의 크기 : 약 20×29cm
- 사주(四周) : 쌍변(雙邊)
- 계선(界線) : 예의 부분 6선, 해례, 서문 부분 7선
- 자행(字行) : 예의 부분 7행11자, 해례 부분 8행13자, 정인지 서문 부분 8행12자
- 판심(板心) : 대흑구상하하향흑어미(大黑口上下下向黑魚尾)

---

[1] 이 내용에 대하여 보다 상세한 것은 박병천(2000;51-54)을 참조할 것.

1. 훈민정음 해례본

- 반곽(半郭) : 약 22.6×16.1cm
- 반엽(半葉) : 약 28.9×21.4cm
- 글자 크기 : 받침 없는 자 - 1.4×1.4cm, 받침 있는 자 - 1.3×1.7cm

해례본에 대한 분석은 지금까지 여러 분야에서 다양한 방법으로 진행되어 왔다. 그 가운데 특히 해례본 글꼴 분석과 관련된 대표적인 연구를 보면 다음과 같다.

박병천(2000)은 해례본에서 보여주는 판면의 형태 및 한글 글꼴에 대하여 다각적인 분석 수치(數値)를 통해 그 특성을 밝히는데 주력하였으며, 이에 따라 나타난 결과에 의해 임의로 복원된 글자 형태에 대한 오류를 지적하고 있다. 이러한 해례본의 면밀한 구조 분석은 마치 해례본에 대한 구조도면을 완성한 듯하다.

또한 최형인, 이성진, 박경환, 위남숙(1995) 등은 〈그림 4-1〉과 같은 방법으로 현대 한글 2,578자를 비롯하여 옛한글을 트루 폰트(true font) 유형의 훈민정음 글자본으로 개발하기도 했다. 이러한 해례본에 나타난 한글에 대한 수학적 분석과 이를 통한 훈민정음 한글 글꼴의 복원 제작은 한글 창제 당시의 글꼴에 대한 일반적 구조를 밝힌다는 점에서 의미가 있다.

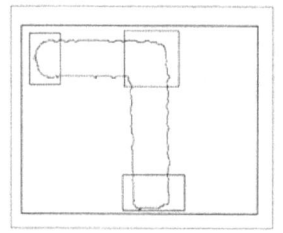 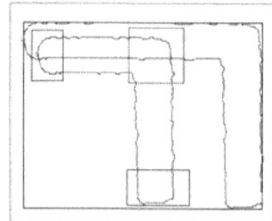

〈그림 4-1〉 훈민정음 글자본 제작 원리

이 외에도 해례본에 나타난 글꼴 분석에 관련된 다양한 논저들이 이미 발표되어 있으나 위의 두 논고를 통해 해례본 한글 글꼴에 대한 외형적 분석과 글꼴의 개발에 대한 큰 맥을 이루었다고 볼 수 있다.

(2) 판면 구성의 특징

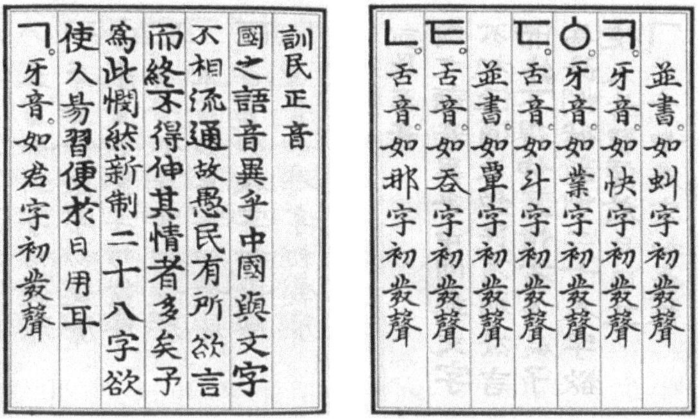
訓民正音
國之語音異乎中國與文字
不相流通故愚民有所欲言
而終不得伸其情者多矣予
爲此憫然新制二十八字欲
使人易習便於日用耳
ㄱ牙音如君字初發聲
並書如虯字初發聲
ㅋ牙音如快字初發聲
ㆁ牙音如業字初發聲
ㄷ舌音如斗字初發聲
並書如覃字初發聲
ㅌ舌音如呑字初發聲
ㄴ舌音如那字初發聲

<그림 4-2> 해례본 사진본(이정호, 1990)

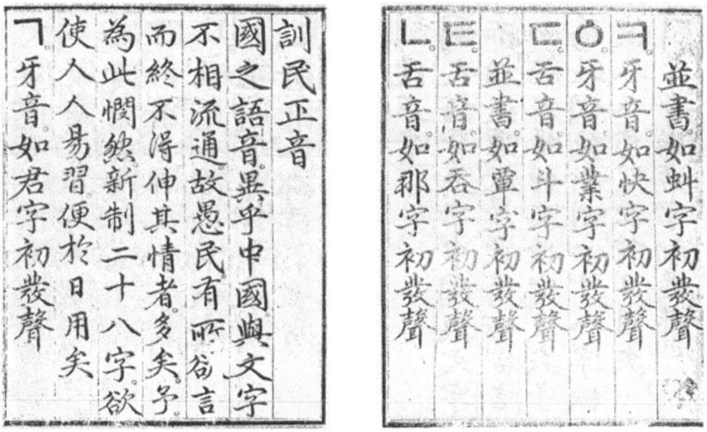
訓民正音
國之語音異乎中國與文字
不相流通故愚民有所欲言
而終不得伸其情者多矣予
為此憫然新制二十八字欲
使人人易習便於日用矣
ㄱ牙音如君字初發聲
並書如虯字初發聲
ㅋ牙音如快字初發聲
ㆁ牙音如業字初發聲
ㄷ舌音如斗字初發聲
並書如覃字初發聲
ㅌ舌音如呑字初發聲
ㄴ舌音如那字初發聲

<그림 4-3> 해례본 사진본(한국글꼴개발원, 1999)

106 _ 1. 훈민정음 해례본

해례본은 앞에서도 말했듯이 처음 두 쪽이 소실되어 복원한 것으로서 오류에 대한 문제가 크게 대두되고 있다.

〈그림 4-2, 3〉의 해례본 그림에서 이정호(1990)의 것과 한국글꼴개발원(1999)의 것을 비교해 보면 동일한 쪽의 사진본임에도 불구하고 글꼴은 물론 내용까지 일부 차이가 있음을 확인할 수 있어 이 부분이 원본이 아님을 알 수 있다.

그러므로 해례본 1a~2b까지 4쪽에 나타난 자음 'ㄱ, ㅋ, ㆁ, ㄷ, ㅌ, ㄴ, ㅂ, ㅍ, ㅁ, ㅈ, ㅊ, ㅅ, ㆆ, ㅎ, ㅇ, ㄹ'은 글꼴 원본으로서의 가치가 없으므로 글꼴 분석 대상에서 제외하였다.

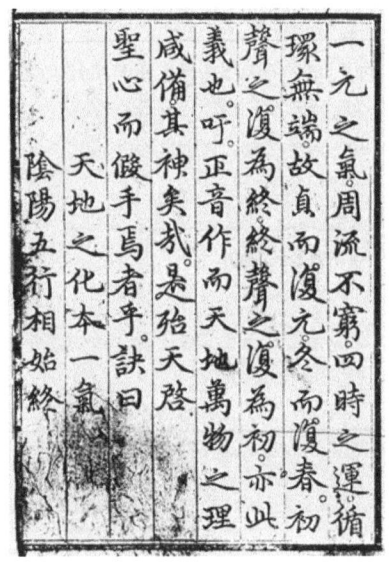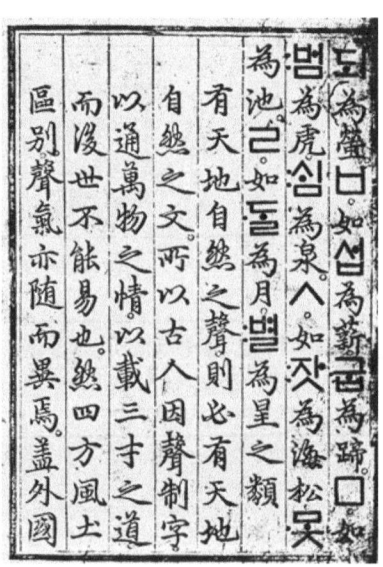

〈그림 4-4〉 해례본의 본문 중 일부

〈그림 4-4〉에서 보듯이 판면의 글자 배열에 있어서, 해례 각 부분 말미에 있는 한 행에 일곱 자로 이루어진 내용 요약 부분들은 3자를 내려서 적고 있으며, 정인지 서문에서는 1자를 내려서 적고 있으나 이것은 당시 문헌들의 일반적인

판면 구성 형태라고 생각된다. 그 외 글자 배열 형식에 있어서도 특이한 점은 발견할 수 없다.

그밖에, 해례본 문장 중에 고리점이 찍혀 있음을 볼 수 있다. 이 고리점은 한자의 4성을 나타내는 권점(圈點)과, 글자 사이 가운데 위치한 두점(讀點), 글자의 오른쪽 아래에 있는 구점(句點) 등으로 활용되고 있다. 또한 한글 왼쪽에는 방점을 표시하였으며, 전반적으로 한자보다 한글의 크기를 약간 크게 처리하고 있다.

(3) 글꼴의 특징

해례본에 나타난 글자는 그 종류가 다양하지 못하여 〈그림 4-5〉에 제시한 대표글자는 물론 후보 글자까지도 나타나지 않는 경우가 많으나 이 문헌에 나타난 한글 글꼴의 중요성 때문에 가급적 많은 유형의 글자를 보여주려고 노력하였다. 이에, 후보글자마저 없는 경우에는 부득이 해당 대표글자의 글꼴을 추측할 수 있는 가장 유사한 글자를 선택하여 제시하였다.

〈그림 4-5〉에서 보는 것과 같이 해례본에 나타난 한글 글꼴은 기본적으로 사각 형태를 취하고 있으며 글자를 이루는 자소들은 최대한 자면(type face)을 가득 채우고 있다. 또한 계선으로 구분된 세로쓰기로 되어 있어 좌우의 글자 폭은 대체로 일정하지만 〈그림 4-6〉에서 보는 것과 같이 상하의 글자 높이는 그 차이가 비교적 크게 나타나고 있다. 이와 같이 글자의 높이 차이가 심한 것은 자소들의 본래 형태를 그대로 유지하려고 했기 때문이다. 예외적으로 자소 'ㅇ'의 형태적 특수성에 의해 'ㅇ'이 나타난 글자에서 정사각형을 벗어난 것들이 자주 보이지만 그 외의 글자들은 대체로 정사각형을 유지하고 있다.

108 _ 1. 훈민정음 해례본

<그림 4-5> 해례본 대표글자

제4장 15세기 문헌별 글꼴 분석_109

<그림 4-6> 해례본 한글자의 폭과 높이 비교

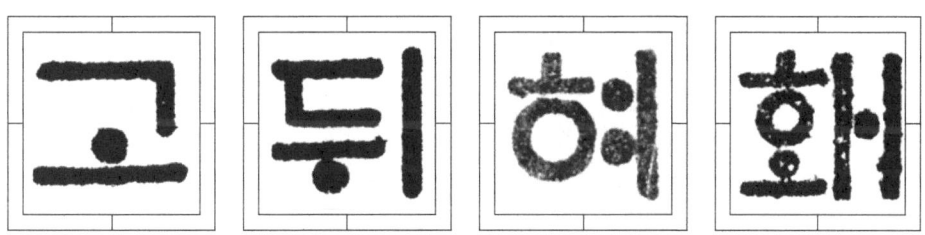

<그림 4-7> 자소들 간의 접필이 이루어지지 않은 글자

또한 〈그림 4-7〉의 '고, 뒤, 혀, 홰'에서 볼 수 있듯이 자소들이 서로 접필(楼筆)되지 않도록 하려는 필사자의 의도가 엿보인다. 자소들이 접필되지 않은 것은 글꼴의 인지적인 면에서 볼 때 바람직하지 않으나 해례본의 특성상, 자소들의 독립성을 부각시킴으로써 글자를 형성하는 자소들의 쓰임새를 보다 명확하게 드러내기 위한 것으로 보인다.

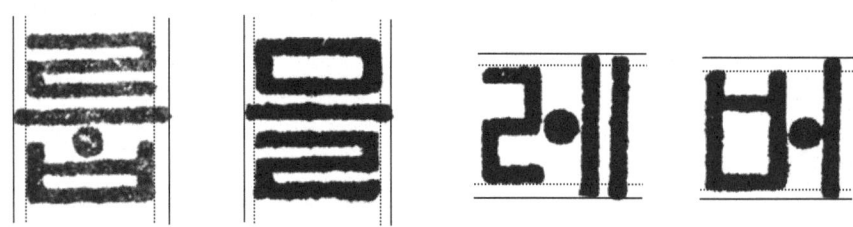

〈그림 4-8〉 해례본에 나타난 '룹, 믈, 레, 버' 자

〈그림 4-8〉의 '룹, 믈, 레, 버' 자에서 보는 것과 같이 중성모음이 'ㅗ, ㅛ, ㅜ, ㅠ, ㅡ' 등과 같이 가로획이 있을 경우 그 위와 아래에 있는 초성과 종성 자음의 폭을 좁게 표현하고 있으며, 중성 모음에 세로획이 있는 경우에도 초성 자음의 높이를 조금 낮추면서 글자의 균형을 잡고 있다.

초성 자음이 'ㄴ, ㄷ, ㄹ, ㅁ, ㅂ, ㅌ' 등과 같이 왼쪽 끝의 경계가 세로로 명확하게 구분되고 우측에 중성 모음이, 그리고 아래에 종성 자음이 붙는 〈그림 4-9, 10〉의 '련, 멸, 남, 밀, 범, 텁'과 같은 글자의 경우에는 대체로 초성 자음과 받침의 왼쪽 끝이 정렬되어 나타난다.

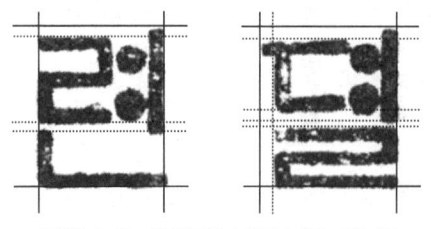

〈그림 4-9〉 해례본에 나타난 '련, 멸' 자

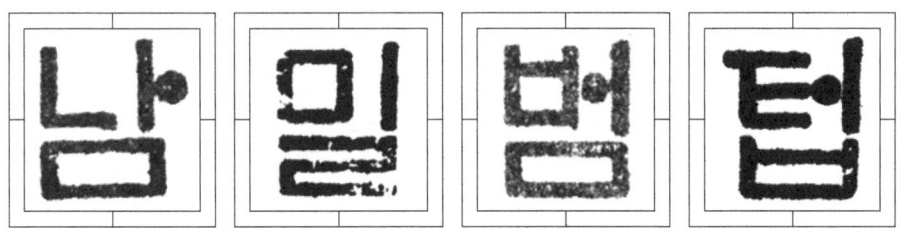

<그림 4-10> 초성과 종성 자음의 왼쪽 정렬

그러나 초·종성 자음이 'ㄷ'인 경우, 'ㄷ'의 상단 가로획 좌측 돌출부는 자소의 폭에 포함시키지 않은 경우가 많다. 〈그림 4-9, 10〉과 같이 초성 자음이 'ㄴ, ㄷ, ㄹ, ㅁ, ㅂ, ㅌ'의 경우와는 다르게 〈그림 4-11, 12〉의 '감, 신, 섭, 침' 자에서 보듯이 초성이 'ㄱ, ㅅ, ㅊ'인 경우 초성의 왼쪽 끝이 받침보다 획의 굵기 정도만큼 돌출되어 있는 것을 확인할 수 있다. 이러한 것으로 미루어 'ㄱ, ㅅ, ㅊ'을 비롯하여 ㅈ, ㅋ, ㅍ, ㅎ' 등이 초성으로 올 때에도 역시 이러한 특성을 보일 것으로 추측된다. 그러나 'ㅇ'도 자소의 구조상 동일한 특성을 보여야 함에도 불구하고 〈그림 4-12〉의 '얌' 자와 같이 비교적 그 돌출 정도가 미약하거나 '입, 약' 자에서와 같이 돌출되지 않고 글자의 좌측 자면과 정렬되어 있는 경우가 대부분이다.

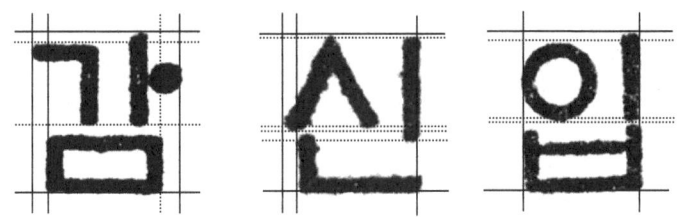

<그림 4-11> 해례본에 나타난 '감, 신, 입'자

112 _ 1. 훈민정음 해례본

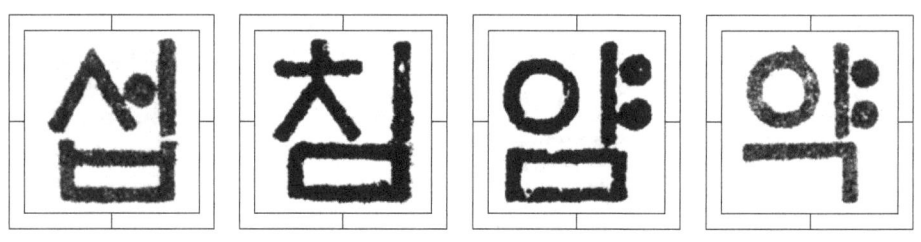

<그림 4-12> 해례본에 나타난 '섭, 침, 얌, 약' 자

또한 <그림 4-13>의 '납, 낟, 담, 얌' 자와 같이 중성 모음이 'ㅏ, ㅑ'의 경우에는 세로획이 받침 오른쪽 끝과 정렬되지 않고 획 굵기의 1/2~1/3 정도 왼쪽으로 치우쳐 표기되어 있다.

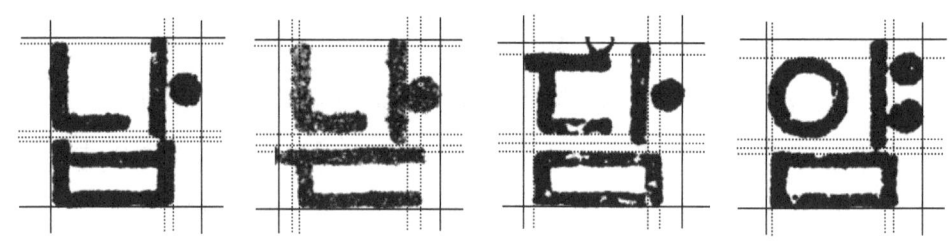

<그림 4-13> 중성 모음이 'ㅏ, ㅑ'인 글꼴

여기서 주목해야 할 것은, 이들 글자의 자면이 정사각형을 의도한 것이라면, 중성모음 오른쪽 점의 오른쪽 끝이 자면의 우측 경계점이 된다. 왜냐하면 이 끝부분까지 포함해야 정사각형 자면이 만들어지기 때문이다.

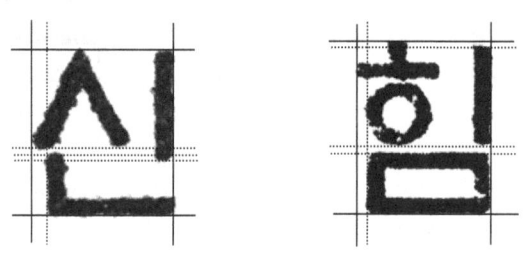

<그림 4-14> 해례본에 나타난 '신, 힘' 자

이와 같이 'ㅏ, ㅑ'의 세로획이 글자의 오른쪽에 정렬되지 않음으로써 글꼴이 균형을 잃은 감이 있으나 이는 글자 좌우의 계선에 의해 취해진 부득이한 경우라고 생각된다. 이는 〈그림 4-14〉의 '신, 힘' 자에서 보듯이 중성 모음이 'ㅣ'인 경우 글자의 오른쪽에 정렬되어 있는 것으로 미루어 알 수 있다.

  또한 〈그림 4-13〉의 '냅, 낟, 담, 얌' 자에서 볼 수 있듯이, 이들 초성 자음의 상단은 기본적으로 우측 중성 모음 세로획 기필 부분보다 낮게 위치함으로써 글자의 균형을 잡고 있으나 〈그림 4-14〉의 '신'에서 'ㅅ'의 경우에는 동일하게, 'ㅊ, ㅎ'과 같이 상단에 획이 있을 때에는 획 굵기의 약 1/4 정도 높게 처리하면서 동일한 시각적 효과를 나타내고 있다.

  정리해 보면, 해례본에 나타난 한글자는 글자 중심이 아닌 자소의 표현을 중심으로 한 형태로서 자소를 최대한 크게 표기하고 있으나 글자의 균형감을 살리기 위해 주어진 공간을 시각적으로 100% 차지하지 않도록 하고 있음을 알 수 있다. 이러한 자소 중심의 표기 원칙은 후대에 글자 중심의 글꼴로 문자 의식이 전환되면서 자소들 간의 크기 비례에 의한 조화가 강조됨으로써 초·종성 자음의 크기가 더욱 작게 표기되는 변화를 겪게 된다.

(4) 자소의 특징

  〈그림 4-15〉의 자소들은 모두 글자에서 발췌한 것이 아니라 초성해와 중성해에서 제시한 단독 자모에서 발췌한 것이므로 실제 글자에 활용되었을 때에는 형태가 다소 변형될 수밖에 없을 것으로 본다. 특히 'ㅙ, ㅞ'는 실제 글자에서의 활용 모습과 크게 다르다.

114 _ 1. 훈민정음 해례본

제4장 15세기 문헌별 글꼴 분석 _ 115

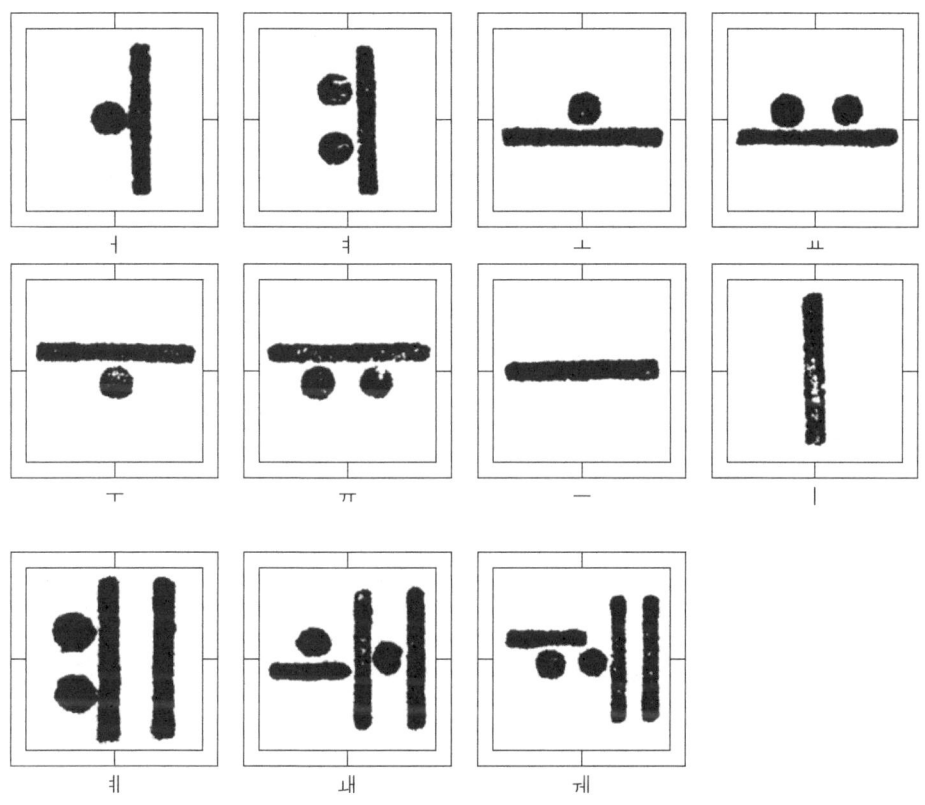

<그림 4-15> 해례본에 나타난 자소

해례본에 나타난 한글 창제 당시의 자음 형태를 구분해 보면 다음과 같이 3가지 유형으로 나누어 볼 수 있다.[2]

첫째, 'ㄱ, ㅋ, ㄴ, ㄷ, ㅌ, ㅁ, ㅂ, ㅍ, ㄹ'과 같이 종·횡획으로 이루어진 것

---

[2] 홍윤표(2000b)는 한글 자모 구성 요소에 대하여 다음과 같이 설명하고 있다.
"훈민정음 각 자모는 모두 'ㅡ, ㅣ, ㅁ, ㅇ, ╱, ╲, ·'의 일곱 가지 획[線形]으로 이루어진다(ㅁ을 ㅡ, ㅣ와 연관시킨다면 'ㅡ, ㅣ, ㅇ, ╱, ╲, ·'의 여섯 가지라고 할 수 있지만, 실제로는 일곱 가지 획이라고 할 수 있다). 모든 자모는 이 선형의 조합으로 해석될 수 있다."

1. 훈민정음 해례본

둘째, 'ㅅ, ㅈ, ㅊ, ㅿ'과 같이 좌우 사선을 중심으로 좌우 대칭으로 이루어진 것
셋째, 'ㅇ, ㆆ, ㅎ, ㆁ'과 같이 원이 포함되어 좌우 대칭으로 이루어진 것

해례본에 나타난 자소 가운데 가장 특징적인 것이 'ㅇ'의 표현이다. 'ㅇ'이 포함되지 않은 'ㄱ, ㄴ, ㅁ, ㅅ, ㅋ, ㄷ, ㅌ, ㅂ, ㅍ, ㅈ, ㅊ' 등의 자소는 글자의 구조에 따라 어느 정도 크기와 비례에 변화를 주어 표현하고 있으나 〈그림 4-16〉의 '우, ᅇᅨ, ᅘᅩᆼ' 자와 같이 정원(正圓)의 'ㅇ'은 글자의 구조 특성에 따라 크기의 변화는 있어도 비례는 변형시키지 않은 정원으로 표현하였다.

〈그림 4-16〉 해례본에 나타난 '우, ᅇᅨ, ᅘᅩᆼ'자

이러한 'ㅇ'의 특성에 의해 위의 'ᅇᅨ' 자와 같이 부득이 글꼴의 균형이 깨지는 경우도 나타난다.

또한 'ㄷ'에서 상단 가로획의 좌측 기필 부분이 좌측으로 돌출되어 있는 것은 'ㄴ'에 가로획을 더한 것[加畫]이므로 본래의 자소와 가획을 구분하기 위한 의도로 생각된다.

제4장 15세기 문헌별 글꼴 분석 _ 117

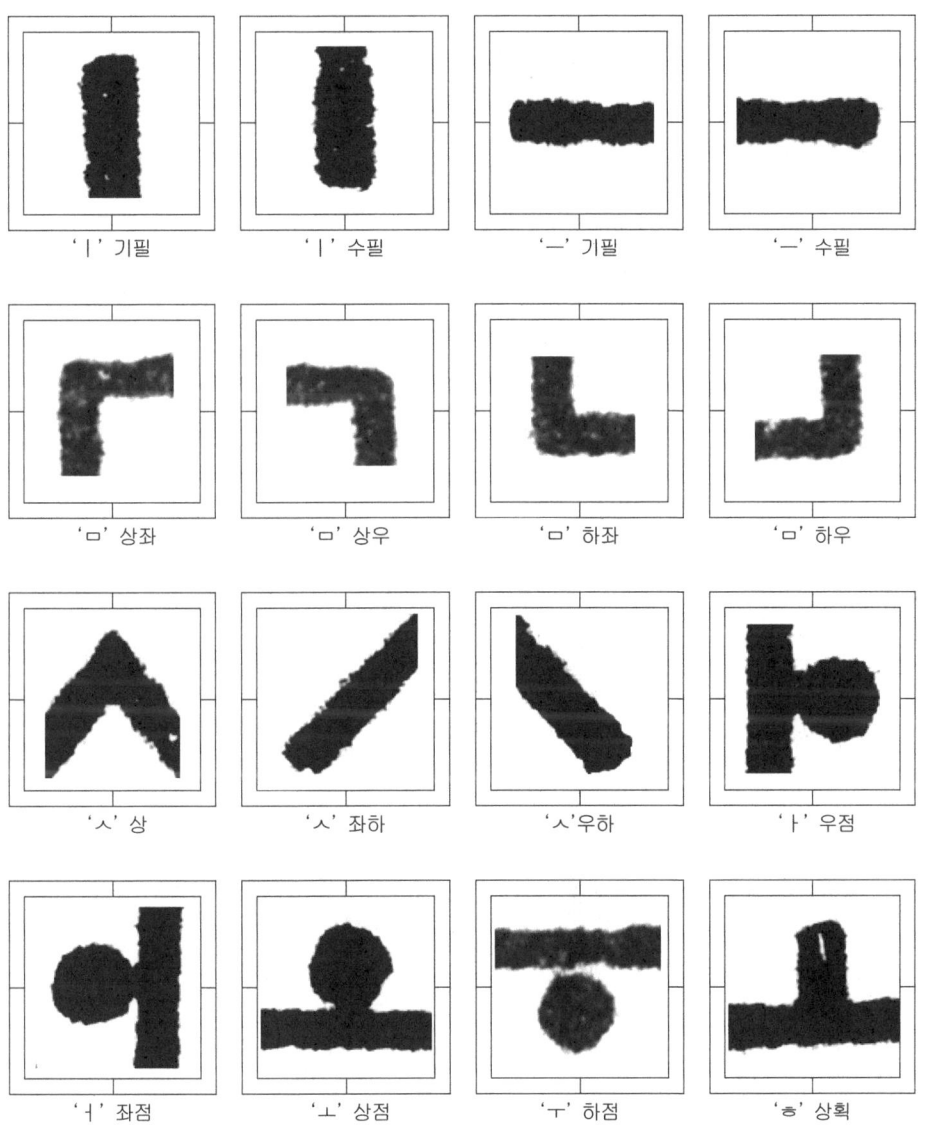

<그림 4-17> 해례본에 나타난 점획

(5) 점획의 특징

〈그림 4-17〉에서 볼 수 있듯이 해례본에 나타난 한글자의 점획들은 크기 변화가 없는 원형 점과 굵기 변화가 없는 막대형 획으로 정교하게 이루어져 있다. 특히 획의 기·수필 부분은 산세리프형으로 이루어져 있다.

이에 대해 '해례본에서 'ㅡ'와 같은 가로획은 처음과 끝 부분을 둥글게 나타내는 것이 바른 획형이나 인쇄 과정의 잘못으로 각이 생기게 나타난 것으로 추측'하기도 한다(박병천, 2000). 물론 그 외의 획에 있어서도 원필로 규정하는 경우가 있다. 그러나 해례본에 나타난 일부 한글 글꼴의 획을 보면, 기·수필이 지금의 고딕체와 같이 대체로 획에 대해 수직으로 처리된 각진 형태도 보이고 있다. 물론 현재와 같이 정교한 점획의 표현이 어려운 붓이라는 필기도구의 특성에 의해 원필과 방필3)의 구분이 애매할 수 있으나 〈그림 4-18〉의 'ㅕ, 래'의 경우를 보면 본래 의도한 필사자의 기·수필 형태가 원필이 아닌 방필일 수도 있다는 생각을 갖게 한다.

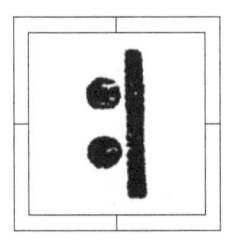 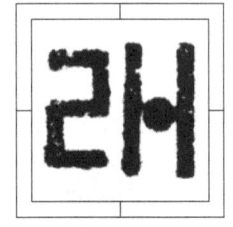

〈그림 4-18〉 해례본에 나타난 'ㅕ, 래' 자

여기서 'ㅕ'의 세로획 기필과 수필은 방필의 모습이며, '래'의 'ㅐ'에서는 왼쪽 세로획의 수필 부분과 오른쪽 세로획의 기필 부분이 원필 형태를 보이고 있고

---

3) 여기서 '방필(方筆)'은 획의 기·수필(起·收筆) 부분이 모나게 생긴 형태로서 '방획(方畫)'이라고도 하며 '원필(圓筆)'과 대응하는 의미로 사용한 것이다.

그 외의 두 곳은 방필 형태를 보인다. 여기서 추측해 본다면, 필사자가 본래 의도했던 것이 원필이었다면 이와 같이 붓으로 쉽게 그려내기 어려운 방필 형태의 기·수필을 굳이 표현했겠는가 하는 점이다. 이러한 유형은 여러 글자에서 나타난다. 그 가운데 일부 글자를 보면 〈그림 4-19〉와 같다.

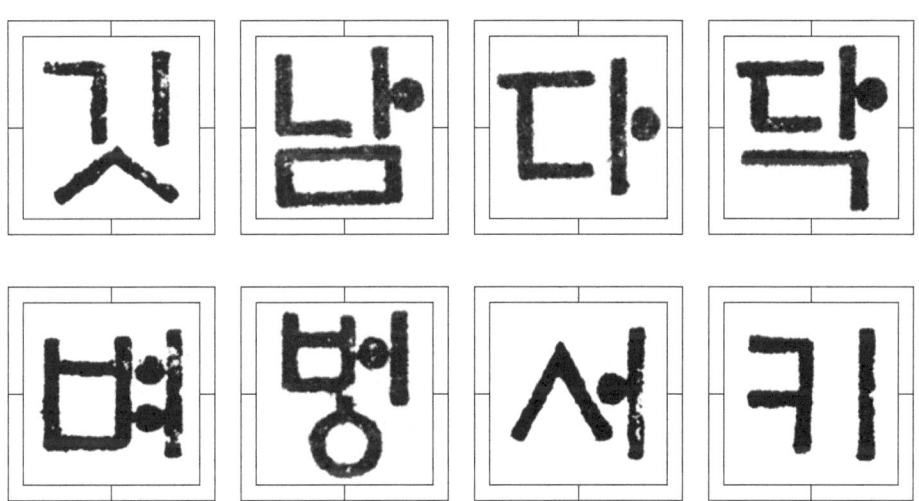

〈그림 4-19〉 해례본에 나타난 '깃, 남, 다, 닥, 벼, 벙, 서, 키' 자

〈그림 4-19〉의 글자에서 보면 'ㅅ'의 경우 상단 획이 만나는 부분이 날카롭게 꺾이고 있으며, 이미 앞에서도 보았듯이 'ㅈ'이나 'ㅊ'에서 좌우 사획이 만나는 부분 'ㅅ'에서도 같은 모습을 볼 수 있다. 기·수필을 원필로 하였다면 'ㅅ' 부분도 보다 부드럽게 처리해야 자소 표현의 일관성이 유지됨에도 불구하고 이와 같이 표현한 것은 기·수필의 본래 표기 의도가 방필이기 때문일 것으로 생각된다.

해례본이 간행된 이듬해인 1447년에 쇄출된 ≪석보상절≫에 나타난 한글 글꼴을 보면 방필로 이루어진 기·수필의 형태를 선명하게 볼 수 있다. 〈그림 4-20〉에서 보듯이 ≪석보상절≫에 나타난 한글 글꼴은 해례본 글꼴을 더욱 정

1. 훈민정음 해례본

교하고 균형있게 표현한 것이므로 이는 해례본 한글자 기·수필의 형태를 더욱 정교하게 표현한 것임을 부인할 수 없다. 그러므로 해례본의 기·수필은 원필이 아닌 기·수필이 직각으로 날카롭게 끊어진 방필로 표현된 것이라는 견해도 충분히 설득력이 있다고 본다.

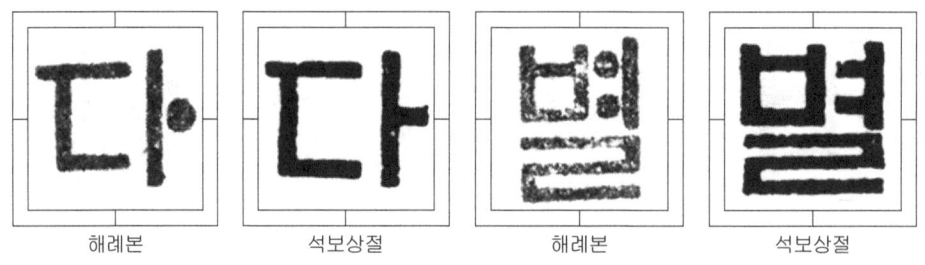

| 해례본 | 석보상절 | 해례본 | 석보상절 |

<그림 4-20> 해례본과 ≪석보상절≫에 나타난 '다, 별'자의 비교

해례본에 나타난 한글 글꼴 점획의 두드러진 특성 가운데 다른 하나는 점획의 굵기가 일정하다는 것이다. 물론 글자에 따라 약간의 차이는 있기는 하나 필사자의 본래 의도는 일정한 굵기의 점획을 표현하려고 했던 것이 확실하다.

앞에서도 언급했듯이 이는 자소와 자소로 이루어진 글자의 원형을 표현하려는 의도이며, 다른 하나는 해서체로 함께 필사된 한자와 명확하게 구분하기 위한 의도도 있었을 것이다. 즉 한글이 한자와 다르게 새롭게 만들어진 전혀 다른 글자임을 강조하기 위한 것일 수 있다는 것이다.

(6) 요약

위에서 분석한 해례본의 글꼴, 자소, 점획에 대한 내용을 요약하면 〈표 4-1〉과 같다.

〈표 4-1〉 해례본 글꼴 분석 요약

구 분		내 용
글 꼴		목판본으로서 글자를 '쓴 것'이 아닌 '그린 것'임. 기본적으로 정사각형을 취하고 있으나 글자의 구조에 따라 높이의 변화가 큼. 이는 자소의 원형을 유지하려는 의도에서 나타난 현상으로 추정함. 자소 중심의 글자로서 자소간 접필된 부분이 거의 없음. 이 역시 자소의 원형을 명확하게 표현하기 위한 것으로 보임. 대체로 자면을 가득 채운 형태이며, 자소의 크기와 비례에 최소한의 변화로써 균형을 유지하고 있음. 받침이 있는 글자에서 중성 모음 'ㅏ, ㅑ' 등의 세로획이 왼쪽으로 치우쳐 있음.
자소	자소 구조	모든 자소들은 수직, 수평, 사선, 원으로 표현되어 있음. 종·횡획 자소 - ㄱ, ㅋ, ㄴ, ㄷ, ㅌ, ㅁ, ㅂ, ㅍ, ㄹ 좌우 사선을 중심으로 좌우 대칭 자소 - ㅅ, ㅈ, ㅊ, ㅿ 원이 포함된 좌우 대칭 자소 - ㅇ, ㆆ, ㅎ, ㆁ 'ㅇ'은 크기의 변화만 있을 뿐 비례의 변화는 없음. 'ㅌ'에서 상단 가로획이 왼쪽으로 돌출된 것은 가획임을 표현한 것으로 추측됨.
	자소 크기 비례	자소 중심의 글자로서, 최소한의 균형이 유지되는 범위 내에서 초·종성 자음을 최대한 크게 표현했음.
점획	세리프의 유무	없음.
	세리프의 형태	기·수필이 직각으로 끊긴 방필의 산세리프 형태로 추측됨.
	점획의 굵기	굵기 변화가 없음.
	점획의 구조	점은 정원형, 획은 막대형임.

2. 석보상절(釋譜詳節)

(1) 문헌 소개

≪석보상절≫은 세종 29년(1447) 7월 25일, 동활자로 간행된 것으로서, 총 24권으로 구성되어 있으며, 현존하는 한글 동활자본의 가장 오래된 책으로 추정된다. 현재까지 발견된 것은 탑장본이며 교정본이었던 권 제 6, 9, 13, 19 등 4권(국립중앙도서관 소장)과 초간본인 권 제23, 24의 2권(동국대학교도서관 소장)이 있다.

이 책의 인출에 사용된 한자 놋쇠활자는 세종 16년(1434)에 주조된 초주갑인자로서 중, 소자를 사용했으며, 우리 글자는 훈민정음 반포 후에 모음자체를 약간 고쳐서 주조한 고딕체의 대, 중, 소자를 썼다. 이것이 한글 활자로서는 최초의 것으로서 방점이 함께 붙은 글자로 만들어진 것이 특징이며, 거의 완벽한 근대 인쇄체의 굵은 고딕 활자 모습을 보이고 있다. 그러므로 이 활자체 역시 해례본과 같이 붓으로 필사한 것이라기보다 글자를 그려냈다고 해야 할 것이다. 초주갑인자 한문자가 붓글씨의 유연한 아름다움을 잘 나타내는 필서체인데 비하여, 한글자는 강직한 직선미를 가진 남성다움을 풍긴다. ≪석보상절≫이 외에 ≪월인천강지곡≫이 이 한글 활자로 인출된 것으로 보이며, ≪석보상절≫ 한자 활자는 그 후 ≪동국정운≫에 사용된 것으로 나타나고 있다(손보기, 1976, 1986).[4)]

≪석보상절≫은 한 행에 1.4×1.8㎝의 글자가 15자, 1면에 8행으로 되어있으며, 작은 글자는 15자 16행으로 되어있다. 작은 글자의 크기는 1.4×0.9㎝이다. 여기서는 초간본인 권 23, 24의 원문헌 복사물을 사용하여 글자를 추출하였다.

(2) 판면 구성의 특징

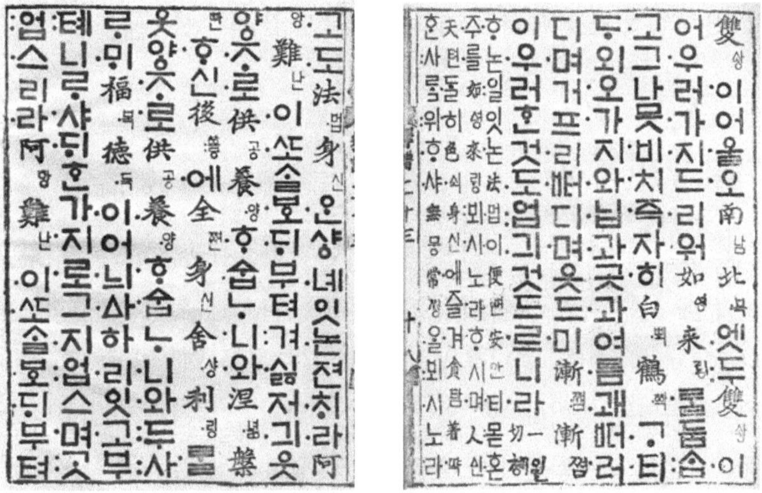

<그림 4-21> ≪석보상절≫의 본문 일부

≪석보상절≫은 활자본으로서 〈그림 4-21〉에서 보는 것과 같이 계선이 없고 한 행에 15자가 가득 차게 조판되어 있다. 여기에 사용된 갑인자 한자는 명나라의 관판인 ≪효순사실≫, ≪위선음즐≫ 등을 자본(字本)으로 하고 부족한 자는 수양대군에게 쓰도록 하여 주조한 해서체로서 매우 부드럽고 아름다운 여성

---

4) 손보기(1976)에서는 유일하게 ≪석보상절≫만이 이 한글 활자를 사용하였다고 쓰고 있으나 손보기(1986)에서는 ≪월인천강지곡≫을 추가하고 있다.

적인 느낌을 주고 있다.5) 그러나 이와는 대조적으로 한글자는 굵고 방필로 되어있는 산세리프체로서 매우 강직하고 남성적인 힘이 느껴지는 활자이다. 기하학적으로 구성된 굵은 점획으로 인해 한자와 동일한 크기임에도 불구하고 시각적으로는 훨씬 더 크게 보인다.

이와 같이 한자와 한글자 서체가 서로 판이하게 다르고, 한글자가 한자에 비해 상대적으로 돋보이도록 조판된 형태는 해례본을 비롯하여, 해례본 글꼴이 주로 사용되고 있던 15세기 중기 문헌에서만 볼 수 있는 독특한 형태이다.

(3) 글꼴의 특징

〈그림 4-22〉의 대표글자에서 보는 것과 같이 ≪석보상절≫에 나타난 글꼴의 특성 가운데 가장 두드러진 것이 해례본에서 나타난 원형 점이 막대형으로 바뀌었다는 것이다. 이는 훈민정음이 창제된 지 불과 1년 만에 나타난 현상으로서 매우 주목되는 일이다. 이 외에 점획의 굵기가 일정하고 점획의 방향이 수평·수직·사선으로 이루어지며, 시각적으로 글자의 안정성을 확보하기 위해 자음보다 모음의 길이를 약간 길게 처리하는 등 ≪석보상절≫의 글꼴은 기본적으로 해례본에 나타난 것과 동일하다는 것을 〈그림 4-22〉 대표글자를 통해 확인할 수 있다. 또한 ≪석보상절≫이 활자본이라고 하지만 모양이 서로 다른 동일한 글자도 발견된다. 그 중 특기할 만한 것은 〈그림 4-23〉의 '아' 자이다.

---

5) 이에 대한 것은 김빈(金鑌)의 ≪고려사절요≫ 권35의 말미 '주자발(鑄字跋)'에 기록되어 있다.

제4장 15세기 문헌별 글꼴 분석 _ 125

가	각	그	곤	과	권
난	나	논	높	더	던
두	려	뤓	름	룬	민
믈	미	만	배	법	보
세	쇼	아	와	왕	욕
우	위	의	제	죄	쥬
중	차	ᄎ	코	터	펴
혜	희	몬	봄	업	옛

<그림 4-22> ≪석보상절≫ 대표글자

126 _ 2. 석보상절

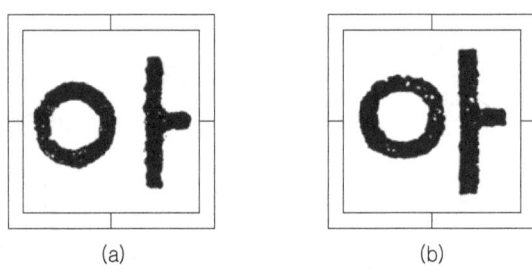

<그림 4-23> ≪석보상절≫에 나타난 '아'

〈그림 4-23〉에서 (a)와 (b)는 'ㅇ'과 'ㅏ'의 간격이 서로 다르다. (a)는 글자의 균형을 중시하여 이들 간격을 넓힌 것이며, (b)는 다른 글자와의 균형을 유지하기 위해 글자의 균형이 다소 깨지더라도 이들 간격을 좁혀 처리한 것이다. 이와 관련된 세로획에 대한 위치와 정렬 문제는 뒤에서 보다 구체적으로 살펴보기로 하겠다.

앞에서 본 해례본 한글 글꼴은 목판본으로서 글꼴이 고르지 않는 등 필사의 흔적이 나타나는 반면 ≪석보상절≫은 활자로 주조된 것으로서, 점획의 기·수필 부분이 방필로 깔끔하게 처리된 점이나 점획의 굵기가 균일하게 처리되어 있는 등 해례본에 비해 글자를 더욱 정교하게 다듬었다. 또한 당시의 활자 주조 기술로 미루어 글자가 자면을 최대한 채우도록 크게 만들어진 것으로 추측된다. 그러므로 전반적으로 글꼴이 고르고 조형적으로 균형이 잡혀 보이는 거의 완벽한 현대적 견출고딕체를 보이고 있다. 또한 조판 형태도 짜임새 있게 처리되어 있다. 그러나 글자 배열 구조, 특히 세로획 정렬을 위한 글꼴 구조는 지금과는 다른 기준으로 표기하고 있다. 〈그림 4-24〉의 예를 보면, 'ㅣ' 모음을 중심으로 'ㅏ'는 세로획이 정렬되어 있으나 'ㅓ'는 우측으로 밀려 표기되고 있음을 볼 수 있다.

제4장 15세기 문헌별 글꼴 분석 _ 127

<그림 4-24> ≪석보상절≫에 나타난 'ㅣ, ㅏ, ㅓ' 모음의 정렬

이는 모음 'ㅐ'를 기본으로 하여 왼쪽의 'ㅣ'를 모음 'ㅣ'의 위치로, 모음 'ㅏ'도 역시 안쪽 'ㅣ'를 기준으로 오른쪽에 점이 붙은 것으로, 'ㅓ'는 'ㅐ'의 오른쪽 'ㅣ'의 왼쪽에 점이 붙은 것으로 기준을 삼았음을 말해준다. 이러한 기준은 〈그림 4-25〉의 글자에서도 그대로 나타난다.

<그림 4-25> ≪석보상절≫에 나타난 세로획의 정렬

'ㅏ, ㅓ' 등의 좌우 점을 원점으로 표시했던 해례본에서는 이러한 기준이 정확하게 지켜지지 못했으나 기본 원칙은 동일한 것으로 추측된다.

특이한 것은 〈그림 4-26〉의 '퓽, 튱' 자와 같이 초·중·종성이 연서 구조의 글자 가운데 중성 모음 'ㅜ'와 종성 자음 'ㅇ'가 올 때에는 글자의 좌우 중앙에 'ㅇ'가 오고 'ㅜ'의 아래 점이 이를 피해 우측으로 옮겨져 있다는 점이다.

2. 석보상절

<그림 4-26> ≪석보상절≫에 나타난 '풍, 퉁' 자의 모습

이러한 글꼴 처리 방식은 정해진 자면 내에서 'ㅇ'이 지나치게 작게 표현되지 않도록 함으로써 글꼴의 균형을 깨지 않고 다른 글자와 조화를 이루게 하기 위해 짜낸 묘안으로 생각된다. 이것은 단순히 글꼴의 응용으로 생각할 수도 있으나 글꼴이 가진 음가를 독자에게 전달하는데 문제가 없는 범위, 즉 독자가 글꼴을 재인할 수 있는 범위 내에서 훈민정음 글꼴 틀 즉, 훈민정음 합자해에서 '종성은 초성과 중성의 아래에 놓인다(終聲在初中之下)'는 원칙에 대하여 미미하나마 변형을 인정한다는 사실을 말해주고 있는 것이다. 물론 이 외에도 원점이 막대형 점으로 바뀐 사실에서도 이러한 면을 찾을 수 있으나 이에 대해서는 뒤의 '자소의 특성'에서 상세히 논하기로 한다. 이러한 글꼴 변형이 나타나는 것은 해례본 글꼴이 한글 글꼴의 원형을 나타내는 것일 뿐 글꼴을 인지할 수 있는 범위, 즉 형태 재인이 가능한 범위 내에서의 변형은 용인되고 있다는 것을 말해주는 것이다.

(4) 자소의 특징

자소의 크기 비례도 해례본 글꼴과 크게 달라진 것은 없으나 이들을 서로 비교해 볼 때 눈에 띄는 가장 큰 변화는 〈그림 4-27〉에서 볼 수 있듯이 'ㅏ, ㅑ,

제4장 15세기 문헌별 글꼴 분석 _ 129

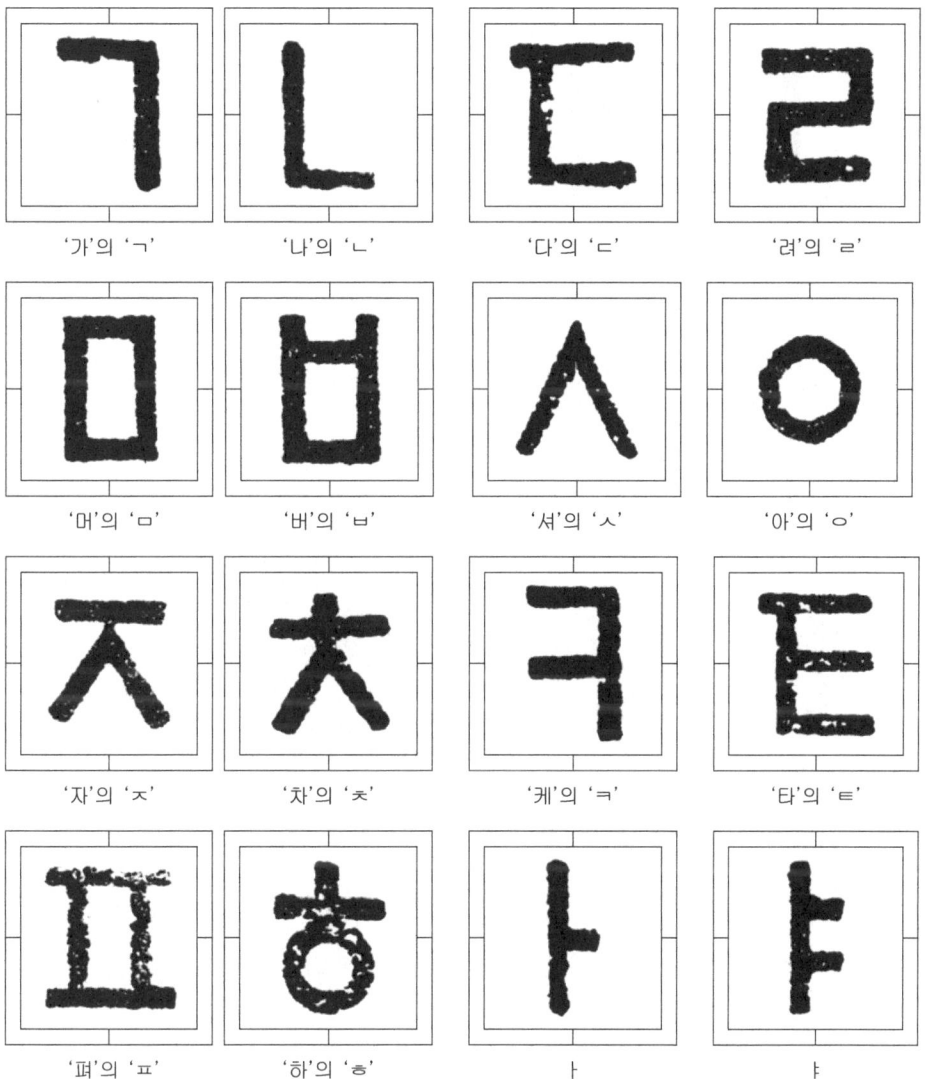

130 _ 2. 석보상절

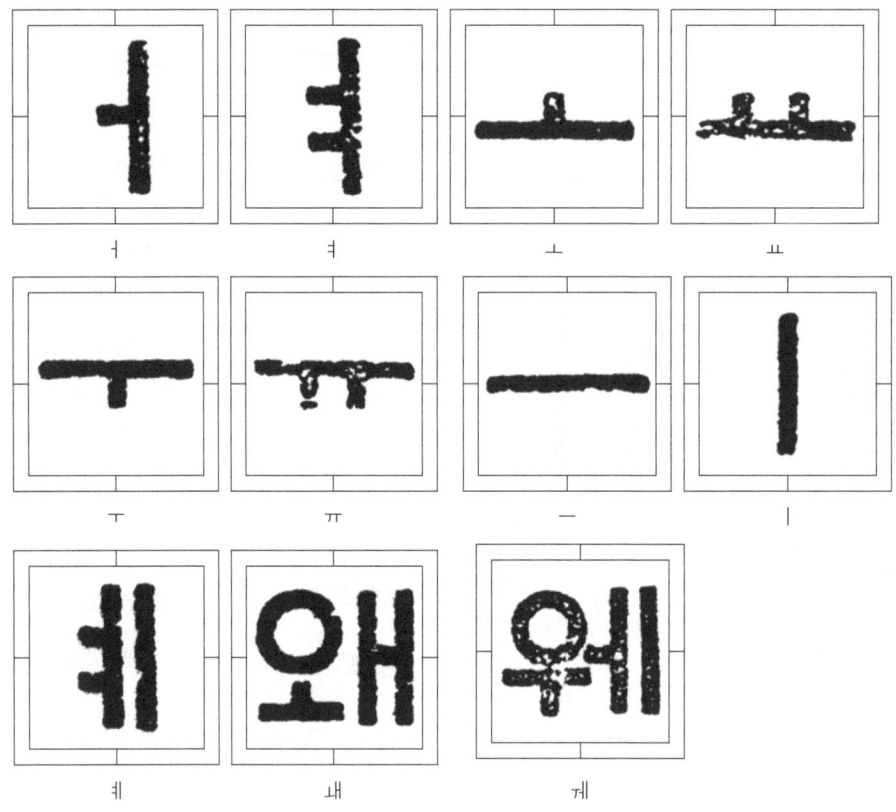

<그림 4-27> ≪석보상절≫에 나타난 자소

'ㅓ, ㅕ, ㅗ, ㅛ, ㅜ, ㅠ' 등에 사용된 원점이 막대형 점으로 바뀐 것이다.

각고의 연구와 노력 끝에 완성된 한글 창제의 원리와 사용 예를 담은 해례본이 간행된 지 불과 1년밖에 지나지 않았음에도 불구하고 원점이 아래 아 'ㆍ'를 제외하고는 완전히 자취를 감추어 버린 것이다. 이것은 사회 문화적 여건 변화에 의해 필기 습관이 달라졌다고 보기에는 너무 갑작스럽고 완벽한 변화이다. 이러한 변화의 원인을 추측해 본다면, 첫째, 판본체 필사의 효율성을 높이기 위한 것과, 둘째, 자소 지각에 혼란을 피하기 위한 것, 셋째, 이미 이 당시 문자생활에서 원점을 막대형 점으로 바꾸어 사용하고 있었을 것 등으로 생각해 볼 수 있다.

먼저, 판본체 필사의 효율성 면에서 볼 때, 활자를 만들기 위해 자본을 쓰면서 빈번히 나타나는 이들 점을 일일이 그리다 보니 그 필사 속도가 매우 느릴 수밖에 없었을 것이다. 당시 필기도구인 붓으로 완전히 둥글고 작은 원을 그려 낸다는 것은 대단한 정성과 노력 그리고 시간이 소요되는 일이기 때문이다. 막대형 점은 이러한 비효율성을 제거하면서 본래의 글꼴 음가를 인식하는 데 무리가 없는 방법을 찾아 낸 것으로 볼 수 있다.

그러나 ≪석보상절≫에 사용된 활자 글꼴 중 〈그림 4-28〉과 같이 방점의 크기가 일정하고 거의 완전한 원으로 표현되어 있어 과연 붓으로 그려 낸 것인지에 대해 의구심이 들기도 하다.

이들 방점의 모습은 판각과 쇄출을 하면서 기술적인 문제나 혹은 인쇄 재료 등의 문제로 인해 다소 왜곡된 형상이기는 하나 붓을 이용하여 정교하게 그린다고 하더라도 이와 같이 방점 하나하나마다 일정한 크기의 정원으로 표현한다는 것은 상당히 어려운 일이기 때문이다.

〈그림 4-29〉의 'ᄀ, ᄉ, ᄅ, ᄆ'에서 나타난 아래아 'ㆍ'의 모습에서도 역시 쇄출 과정에서 약간의 변형이 있었다고 하더라도 그 크기와 형태가 매우 일정하고 정교하게 표현되어 있어 하나하나 붓으로 그려 표현했다고 보기에는 쉽게 수긍이 가질 않는다.

2. 석보상절

<그림 4-28> ≪석보상절≫의 부분(상)과 사용된 방점(하)

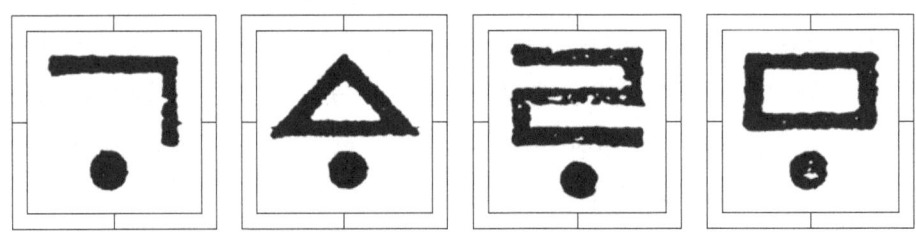

<그림 4-29> ≪석보상절≫에 나타난 아래 아 'ㆍ'

    이러한 것들로 미루어 짐작해 본다면, 당시 수많은 활자의 원도를 그려내야 하는 필사자가 원점을 만들기 위한 편리한 작업 방법을 모색했을 것이며, 그 결과 방점이나 아래 아를 표현할 원점 전용 도장을 생각해 내었을 것으로 추측된다. 이러한 것이 사실이라 하더라도 붓으로 필사하는 도중에 크기가 다른 몇 개의 원점 도장 가운데 필요한 것을 찾아 사용해야 하는 불편함은 여전했을 것이며 이에 따라 필사의 편리함을 위해 원점을 막대형 점으로 변화시켰을 것으

로 생각된다.

두 번째로 '자소 지각에 혼란을 피하기 위해' 원점을 막대형 점으로 바꾸었다는 생각은 두 개 이상의 요소가 조합하여 하나의 자소를 구성하고 있는 듯한 형태는 글꼴 지각에 어려움을 느낄 수 있다는 점을 감안한 것이다.

예를 들어 〈그림 4-30〉에서와 같이 해례본에서의 'ㅏ'는 하나의 자소임에도 불구하고 우측 점이 원점으로 되어 있으므로 시각적으로는 'ㅣ'와 'ㆍ'라는 두 개의 요소가 조합된 것으로 인식하게 된다.

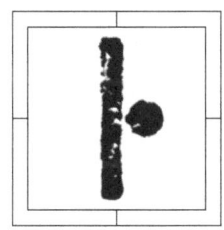 

〈그림 4-30〉 해례본(좌)과 ≪석보상절≫(우)에 나타난 'ㅏ'

이러한 문제점을 해소하기 위해 원점을 막대형 점으로 전환하면서 두 점획을 접필시켜 명확하게 하나의 자소로 표현한 것이다. 뿐만 아니라 크기의 변화를 줄 수 없는 원형의 점에 비해 막대형 점은 글꼴의 구조에 따라 적절하게 그 길이를 조절할 수 있어 글자의 균형과 조화를 더욱 돋보이게 할 수 있는 장점도 있다. 실제로 〈그림 4-31〉의 '각, 붐, 혜' 자와 같이 각각의 글꼴에 따라 글자의 균형을 유지하기 위해 막대형 점의 길이를 다르게 나타내고 있음을 볼 수 있다.

134 _ 2. 석보상절

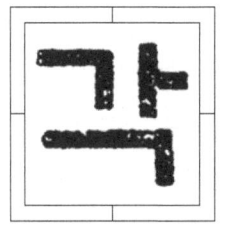  

<그림 4-31> 《석보상절》에 나타난 '각, 봄, 혜' 자

세 번째로는, 이미 문자생활에서 막대형 점이 사용되고 있었을 것이라는 추측이다. 훈민정음이 반포되고 난 이후 생활 중에 당연히 한글이 사용되었을 것이며, 이 때 필기의 효율성을 높이기 위해, 다시 말해 편리하고 빠르게 한글을 쓰기 위해 당연히 원점을 막대형 점으로 바꾸어 적었을 것으로 생각된다. 이러한 변화를 그대로 판본용 한글자 필사에 도입한 것으로 생각해 볼 수 있다. 이것도 역시 필기의 편리함을 위한 것으로서 위의 첫째 요인과 유사한 이유라고 생각할 수도 있으나 첫째 이유는 판본용에서 변화를 주도한 경우이고 이 경우는 생활 속에서 변화를 주도한 것이 다르다.

(5) 점획의 특징

〈그림 4-32〉에서 보는 것과 같이 《석보상절》 글꼴의 점획은 세리프없이 일정한 굵기의 막대 형태로 수평·수직·사선으로 이루어져 있어 해례본과 크게 다를 바 없다.

가로획과 세로획, 원 등 대부분의 점획 굵기도 일정하며, 날카롭게 직각으로 끊어진 방필로 처리된 기필과 수필의 형태는 해례본 글꼴보다 더욱 글자의 원형에 가까운 느낌을 주고 있다. 이러한 글꼴을 원형의 붓으로 그려내기란 쉽지 않은 일이다. 그러므로 글자를 대량으로 신속하게 그려내기 위해 특수하게 제

제4장 15세기 문헌별 글꼴 분석 _ 135

작된 납작한 형태의 붓을 사용했거나, 죽편 등을 깎아 만든 특수한 형태의 필기도구를 사용한 것이 아닌가 하는 생각도 든다.

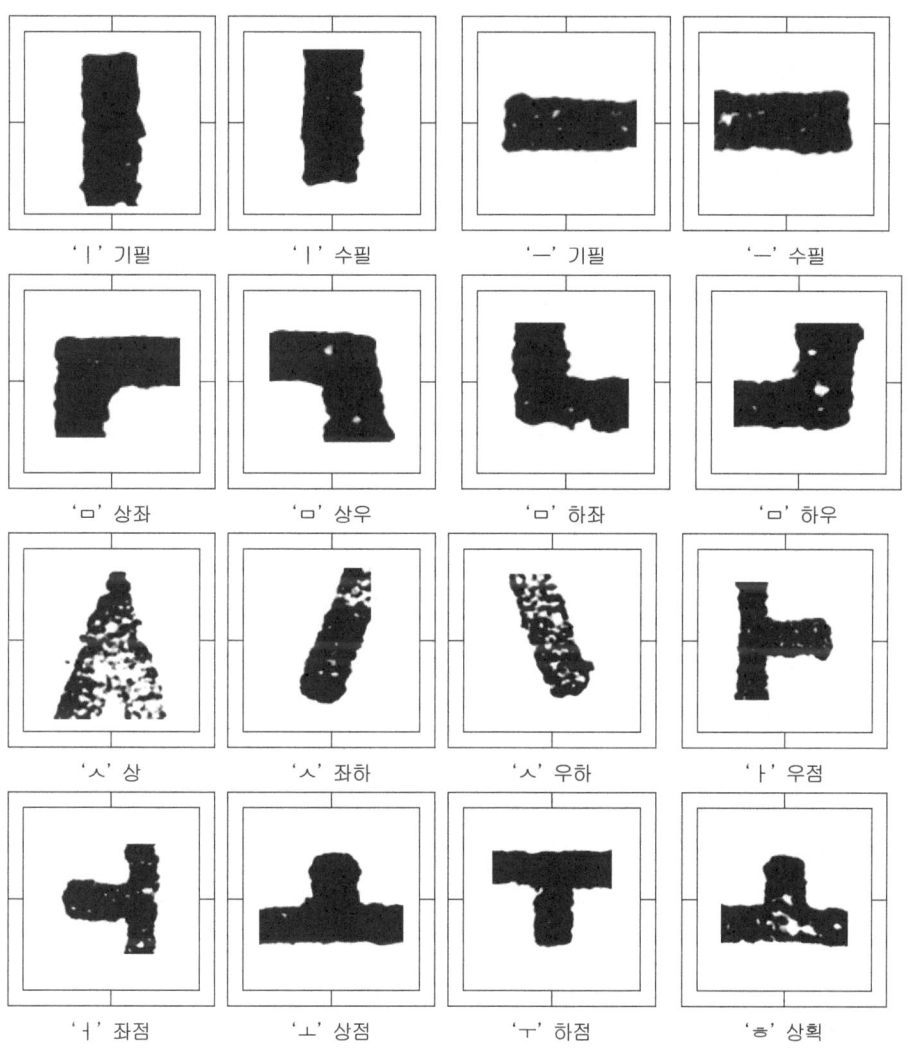

<그림 4-32> ≪석보상절≫에 나타난 점획

(6) 요약

위에서 분석한 ≪석보상절≫의 글꼴, 자소, 점획에 대한 내용을 요약하면 다음 〈표 4-2〉와 같다.

〈표 4-2〉 ≪석보상절≫ 글꼴 분석 요약

구 분		내 용
글 꼴		초주갑인자 활자로 쇄출했음. 원점이 막대점으로 바뀜으로써 자형이 안정됨. 해례본 글꼴과 거의 동일하나 보다 정교하게 만들어졌음. 자면을 최대한 채워 글자를 크게 만들었음. '아'자의 'ㅏ'가 왼쪽으로 치우친 것이 나타남. 'ㅏ, ㅣ' 등의 세로획은 'ㅐ'의 왼쪽 세로획에, 'ㅓ' 등의 세로획은 'ㅐ'의 오른쪽 세로획에 정렬됨. '퓽, 튱' 자에서 'ㅠ'의 아래 점이 'ㅇ'의 윗쪽 삐침획을 피해 우측으로 이동하여 표기하였음.
자 소	자소 구조	해례본과 거의 동일함. '·' 크기가 일정하고 정원에 가까워 도장으로 찍은 것으로 추측됨.
	자소 크기 비례	해례본과 거의 동일함. 글꼴의 구조적 특성에 따라 막대형 점의 길이를 조절해서 표기했음.
점 획	세리프의 유무	없음.
	세리프의 형태	없음.
	점획의 굵기	해례본보다 더욱 정교하게 굵기가 일정하며, 글꼴에 따른 점획의 굵기는 해례본과 거의 동일함.
	점획의 구조	산세리프로서 기·수필이 직각으로 날카롭게 끊긴 방필을 보임. 방필의 정교한 표현 등으로 미루어 붓이 아닌 죽편 등을 깎아 필기구로 사용한 것이 아닌가 추측됨. 'ㅏ, ㅑ' 등에 사용된 점이 해례본의 원점에서 막대형 점으로 바뀌었음.

3. 동국정운(東國正韻)

(1) 문헌 소개

≪동국정운≫은 조선 세종 26년(1444)에 착수한 것으로 보이며, 29년(1447) 9월에 완성하고 이듬해인 세종 30년(1448) 10월에 편찬, 반포된 것으로 추측되는 활자본 운서(韻書)이다. 이 책의 서문 중에는 세종 29년으로 기록되어 있으나, ≪세종실록≫의 세종 30년 10월 17일자 기록에 의하여 세종 30년에 간행된 것으로 추정하는 것이다. 이 ≪동국정운≫ 편찬에 참가한 학자는 신숙주, 최항, 성삼문, 박팽년, 이개, 강희안, 이현로, 조변안, 김증 등 9명이며, '예, 악, 사, 어, 서, 수'의 6권으로 이루어져 있다.

≪동국정운≫ 1권과 7권은 국보 71호로 지정되어 있으며 간송미술관에 보관되어 있다. 1972년 1월에 강릉 민가에서 발견되어 국보 142호로 지정된 ≪동국정운≫ 완질본은 건국대학교에 소장되어 있다.

여기에서는 건국대 소장본 ≪동국정운≫ 원문헌 복사본을 사용하여 글자를 추출하였다.

(2) 판면 구성의 특징

≪동국정운≫에 사용된 활자를 보면, 서문 한자에 갑인자 중자(中字), 주석 한자에는 갑인자 소자가 쓰였으며, 본문에는 한자 및 한글 대자, 음각자, 방점

자 등이 쓰였다. 한자 대자는 2.1×1.9㎝ 정도의 크기의 나무활자로 보이며, 한글 대자는 1.9×1.6㎝의 크기로 한문자 대자보다 약간 작은 놋쇠 활자를 사용하고 있다. 음각된 한자는 1.9×1.8㎝ 크기의 놋쇠 활자이며 방점도 역시 놋쇠 활자로 보인다(손보기, 2000).

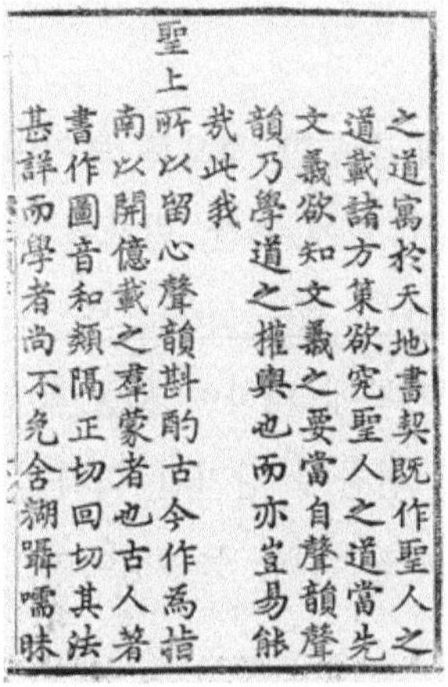

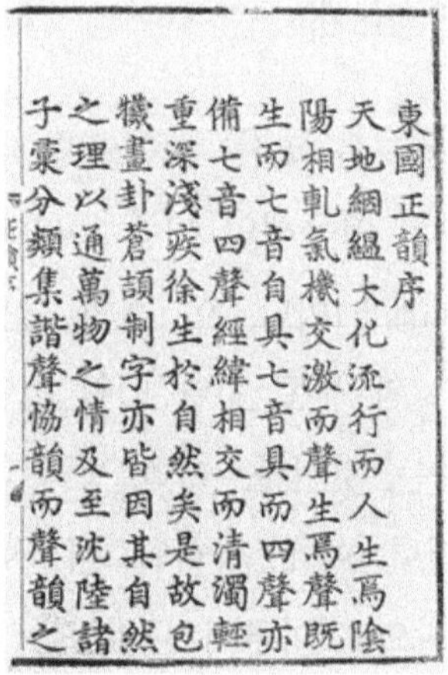

<그림 4-33> 《동국정운》 서의 일부

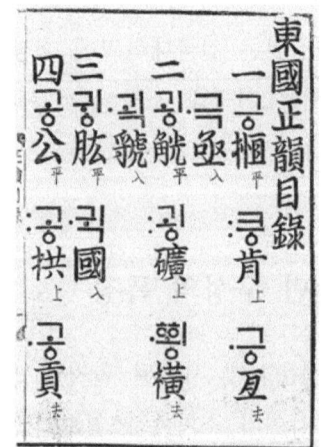

<그림 4-34> 《동국정운》 목록(우)과 본문(좌)

≪동국정운≫은 계선이 없는 활자본으로서 서는 9행 15자로 되어 있으며 2자를 내려 조판하였다. 본문 앞에 있는 목록 역시 2자를 내려 조판하였으나 각 권 수는 위로 한 자 올려놓았다. 목록과 본문은 한 면에 대자는 7행 11자, 소자는 14행 22자로 구성되어 있다. 전반적으로 인쇄 상태가 매우 양호하여 글자가 고르며 정교하게 표현되어 있다.

(3) 글꼴의 특징

해례본이 한글의 자본을 나타낸 것이라면, ≪동국정운≫은 한자의 한글 표기음을 나타낸 표기 규정집의 성격을 갖고 있어 〈그림 4-36〉의 대표글자에서 보는 것과 같이 글꼴에 있어서도 전반적으로 원칙을 고수하고 있는 것으로 보인다. 이에 따라 단순히 간행 연도만을 본다면 ≪동국정운≫이 ≪석보상절≫보다 1년 늦게 쇄출되었지만 〈그림 4-35〉에서 보는 것과 같이 'ㅏ, ㅗ, ㅜ' 등의 점 'ㆍ'을 막대형으로 표기한 ≪석보상절≫과는 다르게 해례본 글꼴과 같이 원점으로 표기하고 있다.

〈그림 4-35〉 해례본(좌), ≪석보상절≫(중), ≪동국정운≫(우)의 '논' 자 비교

140_ 3. 동국정운

<그림 4-36> ≪동국정운≫ 대표글자

한글 활자 글꼴의 크기는 ≪석보상절≫ 글자체(1.4×1.8㎝)보다 길이가 긴 편

이며 해례본 글자에 비해서도 상하로 길다. 이 문헌은 훈민정음 완성에 이어 1444년부터 준비해 온 것으로 추정되고 있어 그 준비 시기가 ≪석보상절≫보다 훨씬 이전의 일이다. 이러한 점에 있어서 'ㆍ'의 표현을 ≪석보상절≫의 예를 따르지 않고 해례본과 동일하게 처리하지 않았나 추측된다.

또한 같은 크기에서 점획의 수가 적은 한글이 한자에 비해 시각적으로 크게 보이는 것을 감안하여 한글 글자의 크기를 조금 작게 만듦으로써 한자와 한글과의 조화를 꾀하고 있는 것도 주목할 만하다. 모든 글자가 그러한 것은 아니나 〈그림 4-37〉의 '콕, 난, 갏, 삥'에서 볼 수 있듯이 대체로 자면을 가로세로 각각 2분선을 기준으로 자소들을 조합하고 있다.

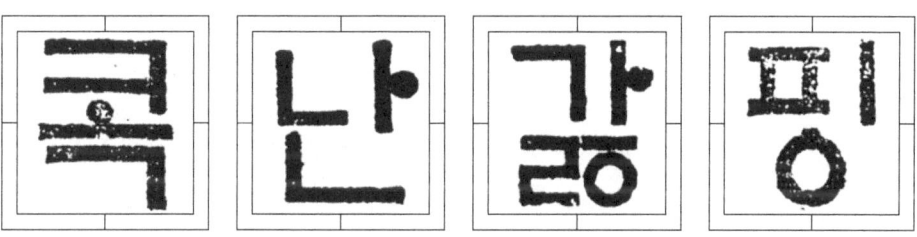

〈그림 4-37〉 ≪동국정운≫에 나타난 '콕, 난, 갏, 삥' 자

〈그림 4-38〉의 '쾽, 랑' 자에서는 부득이 글꼴 구조를 2분선에 맞추지 못했으나 이를 크게 벗어나지 않음으로써 가급적 글꼴 구조의 기본을 2분선에 맞추려 하는 의지를 확인할 수 있다.

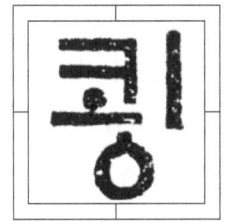 

<그림 4-38> ≪동국정운≫에 나타난 '쾽, 랑' 자

종성 'ㅇ'의 위치는 <그림 4-37>의 '슝, 뎡, 령, 뼹' 자를 포함하여 모든 글자에서 정 중앙에 오도록 표기하고 있다. 이와 같이 ≪동국정운≫은 해례본의 글자보다 더욱 엄격한 기준에 의하여 자면을 배분하고 이에 맞추어 글자를 구성하고 있어 오히려 해례본보다 더 과학적이고 정확한 한글 글꼴의 형태를 제시하고 있다.

 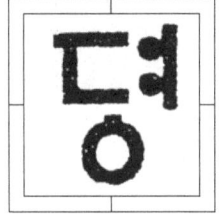  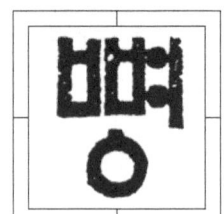

<그림 4-39> ≪동국정운≫에 나타난 종성 'ㅇ'

이와 같이 받침을 자면의 중앙에 정확하게 맞추거나, 자면의 2분선에 맞추어 자소를 그리기 위해서 필사자는 필사지 아래에 글꼴 틀을 그려 놓았을 것으로 추측되며, 이렇게 함으로써 시각적 오차를 극복할 수 있었을 것이다. 이와 같이 구조적으로 계산된 글자는 자소와 자소 사이의 공간을 효율적으로 배분하게 됨으로써 균형이 잡히고 안정되어 보인다.

받침의 폭은 대체로 자면을 가득 채우고 있으나 글자에 따라 이러한 원칙을 지키지 않은 것도 적지 않게 눈에 띈다. 〈그림 4-40〉에서 '님, 쮠'의 경우 받침의 폭이 글자 폭을 가득 채우고 있으나 '립'의 경우에는 받침이 중앙으로 약간 좁혀져 있고, '벽'의 경우에는 우측이 들어가 있음을 볼 수 있다.

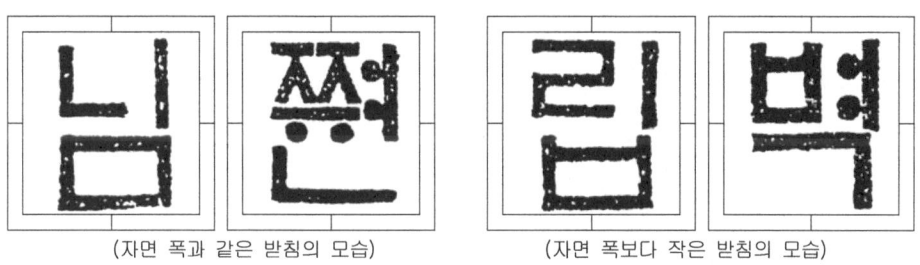

(자면 폭과 같은 받침의 모습)   (자면 폭보다 작은 받침의 모습)

〈그림 4-40〉 ≪동국정운≫에 나타난 '님, 쮠, 립, 벽' 자

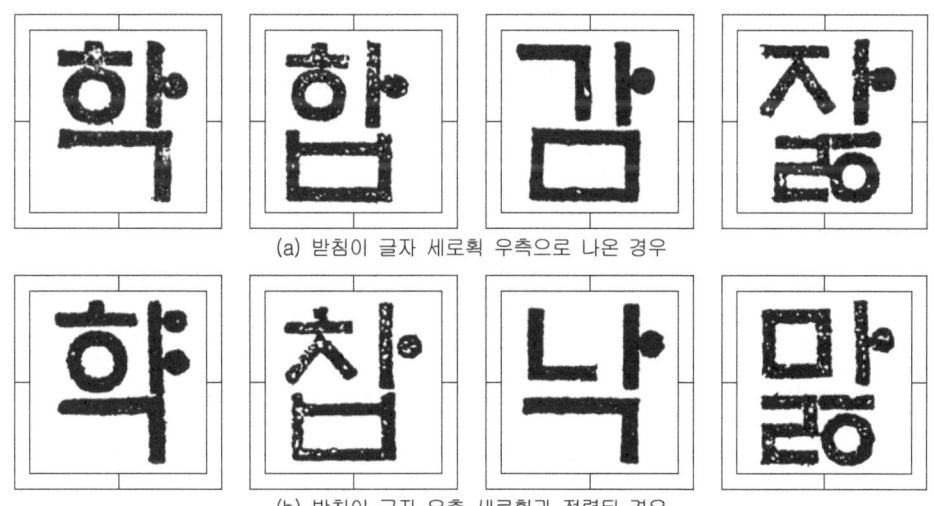

(a) 받침이 글자 세로획 우측으로 나온 경우

(b) 받침이 글자 우측 세로획과 정렬된 경우

〈그림 4-41〉 ≪동국정운≫에 나타난 글자 받침 위치

144_ 3. 동국정운

특히 받침 우측이 글자 안쪽으로 들어간 경우와 그렇지 않은 경우의 예를 보다 구체적으로 살펴보면 〈그림 4-41〉과 같다. 이 글자들을 보면 비슷한 유형의 글자라도 받침 우측이 들어간 경우와 그렇지 않은 경우가 함께 보이고 있어 어떠한 기준에 의해서 필사된 것인지 정확하게 알 수 없다. 다만 필사자가 서로 다르거나 필사자가 동일인이라도 시차를 두고 필사한 경우 또는 당시 우측 정렬의 의식이 확립되지 못한 경우 등의 추측은 해 볼 수 있겠다.

이 외에 '쿵' 자의 경우 〈그림 4-42〉와 같이 ≪석보상절≫글꼴 표기는 'ㅜ'의 아래 점을 우측으로 이동시키고 'ㅇ'을 약간 좌측으로 위치시키는 등의 방법으로 상하의 점이 서로 맞닿지 않으면서 겹쳐지도록 처리했으나 ≪동국정운≫에서는 해례본 글꼴과 같이 ≪훈민정음≫에서 밝힌 원칙대로 위아래 나란히 처리하고 있다.

〈그림 4-42〉 ≪동국정운≫(좌)과 ≪석보상절≫(우)에 나타난 '쿵' 자

이러한 표기는 한 행의 글자 수를 맞추기 위해 글자의 높이를 일정하게 유지하여야 하는, 당시 세로짜기 조판에서 처리하기 어려운 글꼴이다. 그러므로 ≪동국정운≫ 글꼴이 만들어지기 전에 이미 ≪석보상절≫ 글꼴에서 그 해결책을 찾았던 것이다. 다만 한자의 음을 표기한 교본이라는 ≪동국정운≫의 문헌 특성상 ≪훈민정음≫과 같이 한글 글꼴의 원형을 표기해야 할 필요성을 느껴 글꼴 구조의 원칙에서 벗어나는 ≪석보상절≫식 표기를 하지 않은 것으로 추측된다.

(4) 자소의 특징

자소의 크기 비례는 대체로 자면의 구조적 분할 면에 의해 결정되고 있으므로 전체적인 글꼴의 흐름이 일정하게 나타나는 특징이 있다.

'각'의 'ㄱ'　　'낙'의 'ㄴ'　　'딘'의 'ㄷ'　　'락'의 'ㄹ'

'민'의 'ㅁ'　　'바'의 'ㅂ'　　'셕'의 'ㅅ'　　'양'의 'ㅇ'

'징'의 'ㅈ'　　'착'의 'ㅊ'　　'켱'의 'ㅋ'　　'틱'의 'ㅌ'

146_ 3. 동국정운

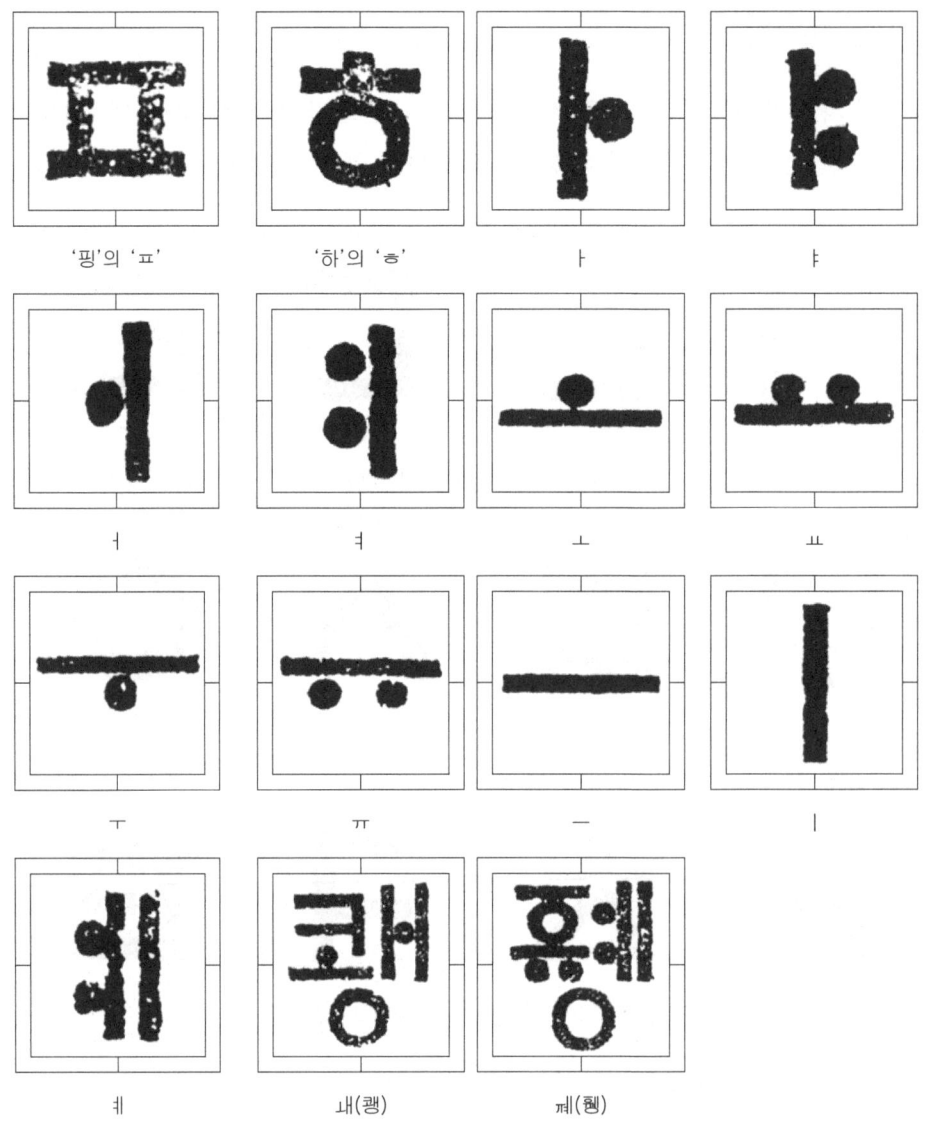

<그림 4-43> ≪동국정운≫에 나타난 자소

또한 〈그림 4-43〉에서 보는 것과 같이 해례본과 비교할 때 기하학적으로 더욱 정교하게 만들어진 자소들이 이러한 면 분할에 의해 위치됨으로써 자소들 간의 균형과 조화가 돋보이고 있다.

(5) 점획의 특징

《동국정운》은 글꼴뿐만 아니라 점획의 형태도 기본적으로는 해례본과 동일하지만 더욱 정교한 모습을 〈그림 4-44〉에서 확인할 수 있다.

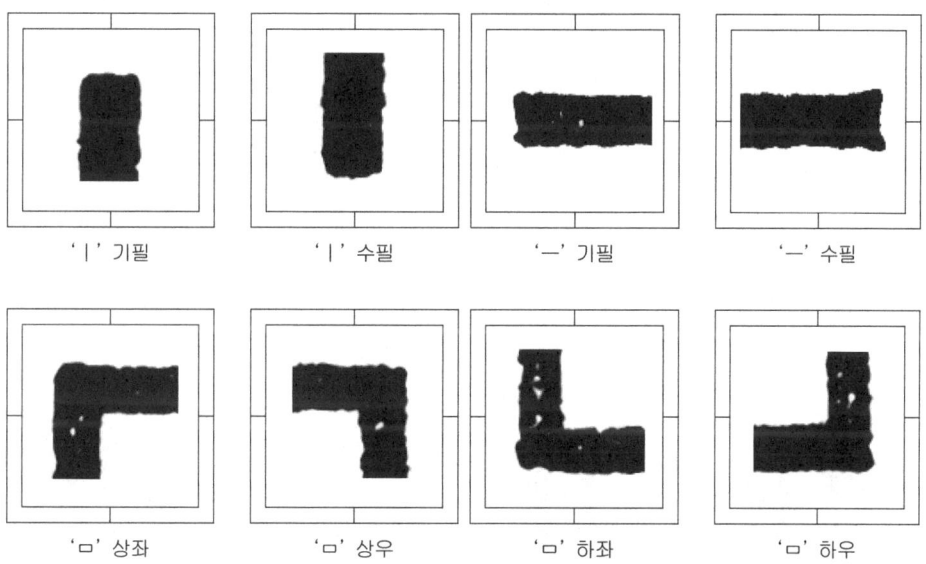

3. 동국정운

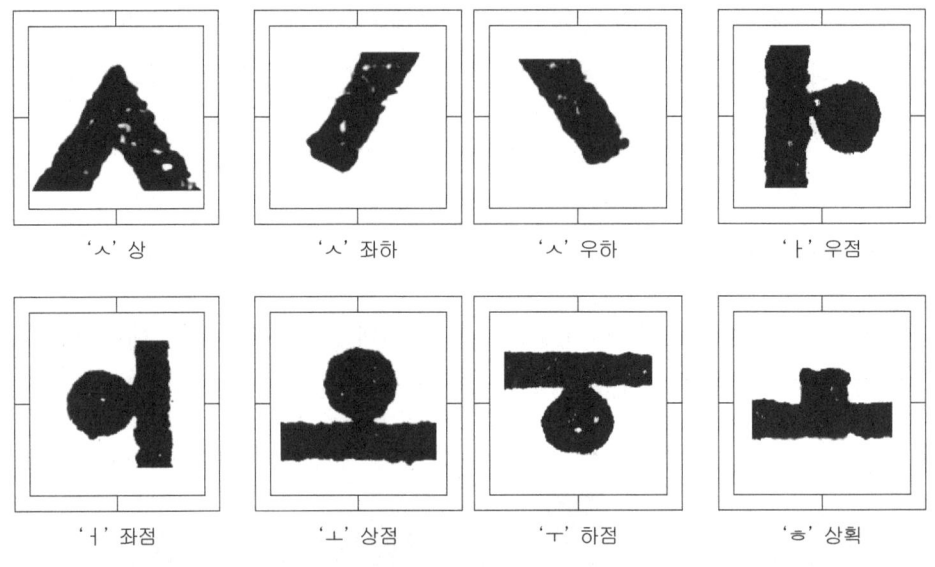

<그림 4-44> ≪동국정운≫에 나타난 점획

'ㅁ, ㅅ' 등에서 획과 획이 만나는 부분의 모서리와 'ㅡ, ㅣ' 등의 기필과 수필의 형태가 더욱 날카롭게 표현되어 있으며, 이와 같은 표현은 붓이 아닌 특수한 필기구로 그려낸 듯이 보인다.

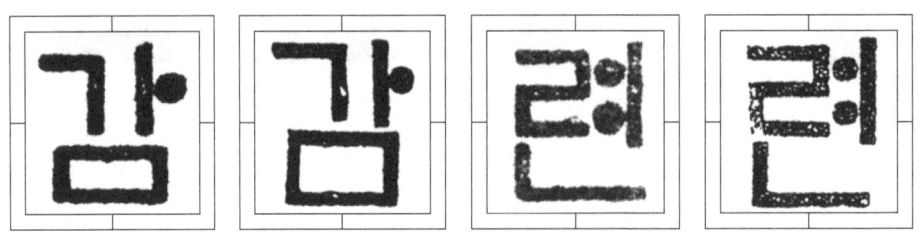

<그림 4-45> 해례본체(각 좌측)와 동국정운체(각 우측)의 원점 크기 비교

이 외에 〈그림 4-45〉의 '감, 련' 자에서 볼 수 있듯이, 원점의 크기는 해례본보다 ≪동국정운≫에서 다소 작게 나타나 있다. 이와 같이 원점을 작게 처리함으로써 획의 굵기와 조화를 이루어 글꼴이 균형 잡혀 보임은 물론 시각적으로 세련되어 보인다.

(6) 요약

위에서 분석한 ≪동국정운≫의 글꼴, 자소, 점획에 대한 내용을 요약하면 다음 〈표 4-3〉과 같다.

〈표 4-3〉 ≪동국정운≫ 글꼴 분석 요약

구 분		내 용
글 꼴		갑인자 한글자 놋쇠활자 사용. 해례본과 유사하나 활자로 만들기 위해 보다 정교하게 그려내었음. 자면이 상하로 약간 긴 형태임. 대체로 자면을 가로세로 2분선으로 나누어 자소들을 위치시키고 있음. 받침의 위치와 크기는 대체로 일정하지만 정확하게 일치하지 않음.
자소	자소 구조	원점은 해례본보다 작게 표기하여 다른 획과 조화를 이루도록 했음. 해례본에 비해 기하학적으로 정교하게 만들어졌음.
	자소 크기 비례	대체로 구조적 자면 분할에 의해 결정됨으로써 전체적인 글꼴 흐름이 일정하게 나타남.
점획	세리프의 유무	없음.
	세리프의 형태	해례본과 거의 동일하나 기필과 수필의 모서리가 보다 날카롭게 방필 처리 되어 있음. 이러한 점획의 구조로 볼 때 붓이 아닌 특수한 필기구로 그려낸 것으로 추측됨.
	점획의 굵기	변화가 없음.
	점획의 구조	막대형.

4. 월인석보(月印釋譜)

(1) 문헌 소개

≪월인석보≫는 세조 5년(1459) 경에 부왕과, 왕세자로 책봉되었다가 죽은 도원군의 선가천도를 위해 혜각존자 신미를 위시하여 수미, 홍선, 학열, 학조, 김수온 등과 함께 ≪월인천강지곡≫과 ≪석보상절≫의 내용을 합하여 편찬·간행한 책이다. ≪석보상절≫은 소헌왕후의 명복을 빌기 위하여 세종의 명에 의해 수양대군 등이 석가의 일대기를 언해한 책이며, ≪월인천강지곡≫은 세종이 이를 보고 읊은, 약 580여 수로 생각되는 찬불 가사집이다.

이 책의 편찬 방식은 ≪용비어천가≫를 따랐으나 한시가 없고, 주석에 해당되는 ≪석보상절≫이 국한문으로 되어 있으며, 같은 종류의 노래를 함께 모아 실은 것이 다르다. 내용 구성은 ≪월인천강지곡≫이나 ≪석보상절≫과 상당히 다르다. 먼저 각 권의 구성을 보면, ≪석보상절≫ 11권과 19권의 내용이 각각 ≪월인석보≫ 21권과 18권에 나타나 있으며, 같은 13권이 ≪석보상절≫은 ≪법화경≫ 1권, ≪월인석보≫는 ≪법화경≫ 2, 3권의 내용이 실려 있는 등 11권부터 권차가 달리 되어있다.

≪월인석보≫도 ≪석보상절≫과 같이 25권으로 이루어져 있을 것으로 추측된다. 지금까지 전하는 책 가운데 초간본(또는 후쇄본)으로는 권1, 2, 7, 8, 9, 10, 11, 12, 13, 14, 15, 17, 18, 19, 20, 23, 25(총 17권)가 있으며, 번각본으로는 권1,

2, 4, 7, 8, 17, 21, 22, 23(총 9권)이 남아 있다. 이 가운데 권21은 4종의 이본(異本)이 전한다. 그러므로 아직 발견되지 않은 ≪월인석보≫는 권3, 5, 6, 16, 24의 5권이다.

여기서는 초간본 ≪월인석보≫의 권20 영인본으로서 원색 사진본(강순애, 2001)에서 글꼴을 추출하였다.

(2) 판면 구성의 특징

≪월인석보≫는 권에 따라 조금씩 글꼴과 서체에 차이를 보이고 있다. 특히 아래 〈그림 4-46〉의 권1 서(序)의 글자는 분석 대상 문헌인 권20의 글자 형태와 큰 차이를 보이고 있다.

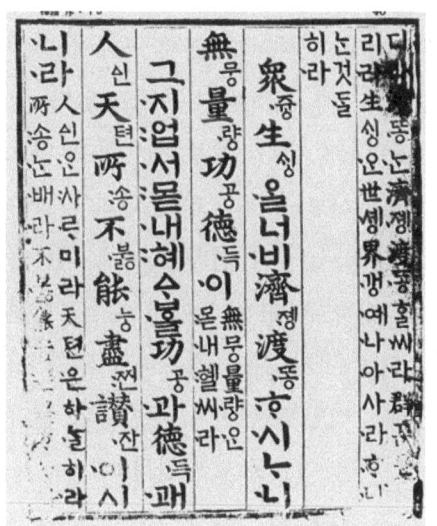
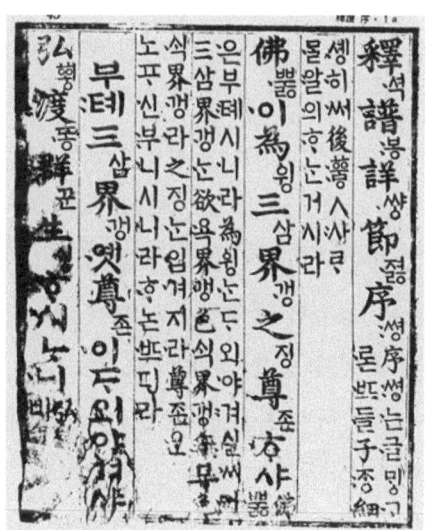

〈그림 4-46〉 ≪월인석보≫ 권1 서(序)의 일부

4. 월인석보

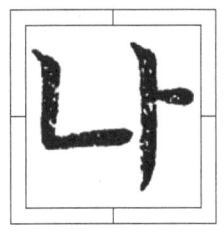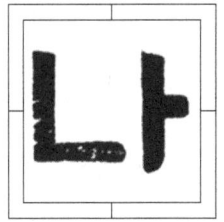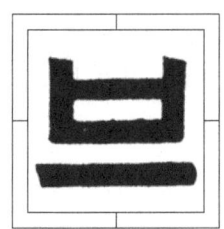

<그림 4-47> ≪월인석보≫ 서(각 좌)와 권20 본문(각 우) 자 비교

〈그림 4-47〉에서 보는 것과 같이 서의 글자는 권20 본문 글자와 기본 글꼴 구조는 유사하나 기·수필에 세리프가 선명하게 보이고 있는 점이 다르다. 또한 권1, 2의 본문 글자 역시 권20과는 다르게 세리프가 나타나고 있다. 그러나 전 권에 걸쳐 권20에 나타난 글자 유형이 주류를 이루고 있으므로 여기서는 권20의 글자에 대해서만 분석하였다.

≪월인석보≫의 내용 구성을 보면, ≪월인천강지곡≫이 본문으로서, 순번과 제목 다음에 큰글자로 표기되어 있으며 그 뒤로 ≪석보상절≫이 기록되어 있다. ≪석보상절≫은 ≪월인천강지곡≫의 내용을 이해하기 쉽게 구체적으로 설명하고 있으며 중간 크기의 글자로 각 행마다 1자 내려서 기록하고 있다.

또한 협주(夾註)는 ≪석보상절≫의 내용을 다시 세부적으로 설명하고 있으며 가장 작은 글자로 표기되어 있다. 다만, ≪월인석보≫ 역시 타 문헌과 마찬가지로 목판본으로서 같은 유형의 글자라 하더라도 글꼴의 변화가 크게 나타남은 물론, 동일한 글자에서도 형태 변화가 적지 않다. 특히 권20에서 ≪석보상절≫을 기록한 중간 글자는 〈그림 4-49〉에서 보는 바와 같이 점획의 굵기가 서로 다르게 나타나 있음을 볼 수 있는데, 문헌의 전반부 글자가 후반부의 글자에 비해 전체적으로 약간 가늘게 쓰여 있다. 이러한 이유로 ≪월인석보≫는 두 종류 외 대표글자를 추골하여 각각 설명하기로 한다.

제4장 15세기 문헌별 글꼴 분석 _ 153

≪월인석보≫ 큰 글자

≪월인석보≫ 굵은 중간 글자

≪월인석보≫ 중간글자

≪월인석보≫ 작은 글자

<그림 4-48> ≪월인석보≫ 권20 본문 글자

4. 월인석보

<그림 4-49> 굵기가 서로 다른 ≪월인석보≫의 '미, 을, 일' 자

〈그림 4-52〉의 대표글자(큰글자)는 월인천강지곡을 표기한 큰 글자를,〈그림 4-53〉의 대표글자(중간글자)는 문헌의 전반부에 나타난 가느다란 글자를 기본으로 하였으며 해당 글자가 없는 경우 후반부 글자로 대신하였다.

〈그림 4-48〉에서 볼 수 있듯이 ≪월인석보≫에 나타난 이들 세 종류는 서로 글자 크기와 점획의 굵기에서 차이가 있을 뿐 글꼴은 모두 동일하다. 이러한 것은 〈그림 4-49〉에서 '미, 을, 일' 자의 비교를 통해서도 알 수 있으며, 이는 한글 창제 이후 나타난 최초의 서체군(書體群·Type family)으로 보아야 할 것이다. 그러므로 여기서 ≪월인석보≫에 대한 글꼴 분석은 이들을 서로 구분하지 않고

제4장 15세기 문헌별 글꼴 분석_155

하나의 글꼴로 분석하기로 하며, ≪석보상절≫을 해설하고 있는 가장 작은 글자는 분석하지 않기로 한다.

≪월인석보≫ 실제 자간 모습   ≪월인석보≫ 자간 변형 예

<그림 4-50> ≪월인석보≫ 자간의 예

이 문헌에서 글자와 글자 사이의 간격은 글자가 약간 붙거나 거의 붙을 정도로 매우 촘촘히 필사하였으며, 이에 따라 띄어쓰기가 되어있지 않은 당시의 표기법으로 볼 때 가독성에 문제가 있을 듯하다. 그러나 의미 전달 목적이 아닌 단순히 조형적 개념으로 볼 때에는 뛰어난 조형미를 드러내고 있다.

위의 <그림 4-50>의 (예1)에서 '시놀'의 자간이 겹쳐진 상태이며, (예2)에서는 '좃' 자의 종성 'ㅅ' 사이로 아래의 글자 '수'의 초성 'ㅅ'이 완전히 파고 들어가 있으며, '수ᄫ'의 자간도 서로 겹쳐 있음을 볼 수 있다. 또한 (예3)에서는 '목노'와 '하울'의 자간 역시 크게 겹치고 있음을 확인할 수 있다.

이와 같이 가독성에서 문제가 있음에도 불구하고 자간을 겹쳐 표기한 것은 한글 글꼴의 특성에 의해 자칫 흐트러지기 쉬운 조형성을 염두에 둔 것이 아닌가 추정해 볼 수 있다. 즉 〈예1〉에서 '시'는 'ㅅ'에 의해 하단부의 여백이 많으며, '늘'역시 초성 'ㄴ'에 의해 상단 여백이 많다. 이 상황에서 '시'와 '늘' 사이를 일반적인 자간으로 벌려 놓는다면 다른 글자들의 자간에 비해 간격이 더 많이 벌어진 것으로 착시를 일으키게 된다.

〈그림 4-50〉 오른쪽 자간 변형 예는 모든 자간을 균일하게 필자가 다시 처리해 본 것이다. 여기서 보면 실제 다른 글자 간격과 유사하게 떼어놓은 문제의 글자들이 오히려 자간이 더 벌어진 것처럼 보임으로써 전반적인 조화를 깨뜨리고 있음을 알 수 있다. 이와 같은 자간의 문제는 한글이 가로쓰기로 전환된 지금도 명쾌히 해결되지 않고 있다.

또한 세로쓰기에서 글자 흐름의 중심을 잡아주는 'ㅣ, ㅏ, ㅑ, ㅓ, ㅕ' 등의 세로획 위치가 상황에 따라 미세하게 변화되고 있는 경우도 보인다. 《월인석보》에 나타난 세로획의 정렬은 대체로 〈그림 4-51〉 〈예1〉과 같이 상당히 정확하게 이루어지고 있으나 〈예2〉와 같이 'ㅏ'에 있어서는 약간 왼쪽으로 들어간 경우도 많이 보인다. 특히 《월인천강지곡》을 필사한 큰 글자에서 이러한 경우가 더욱 많이 나타나고 있다. 목판본에서 이 정도의 차이는 변화를 준 것이라고 보기 어렵지만 일부 'ㅣ'와 'ㅏ'에서 변화를 준 것은 원칙에 의해 나타나는 획일적이고 기계적인 부조화보다는 시각적 조화에 더 큰 비중을 둔 결과가 아닌가 생각된다.

<그림 4-51> ≪월인석보≫글자의 세로획 정렬

(3) 글꼴의 특징

〈그림 4-52, 4-53〉의 대표글자에서 볼 수 있듯이 ≪월인석보≫에 나타난 한글자는 해례본이나 ≪동국정운≫에서 나타난 한글 자본의 형태에서 탈피한 본격적인 판본체이다. 또한 앞에서 말한 바와 같이, ≪월인석보≫는 동일한 글꼴로 점획의 굵기만 다르게 조절하여 표현함으로써 최초로 한글 판본체 서체군을 형성하였다는 데 의미를 둘 수 있겠다. 예를 들어 ≪월인석보≫에 나타난 서체군을 '월인석보체'라고 한다면 큰 글자는 '월인석보 굵은체', 작은 글자는 '월인석보 가는체' 등으로 부를 수 있을 것이다.

158 _ 4. 월인석보

가	각	고	곡	과
낟	나	놀	노	더	던
두	러	럴	로		
믈	미			보
셰	쇼	아	와	
우	위	의	졔	좌	주
죵	차	츠	코	터	펴
혜	희	들	몸	렵	엇

<그림 4-52> ≪월인석보≫ 대표글자(굵은 글자)

<그림 4-53> ≪월인석보≫ 대표글자(가는 글자)

<그림 4-54> 해례본(좌)과 ≪월인석보≫(우)의 글자 비교

≪월인석보≫는 해례본이 출간된 지 13년이 지난 1459년에 간행되었다. 이 당시 필사된 서간문 등에서는 한글 글꼴이 필기체 형태로 많이 변화된 모습을 보이고는 있으나 〈그림 4-52, 4-53〉의 대표글자에서 볼 수 있듯이 ≪석보상절≫에서 처음 시도된, 'ㅏ, ㅗ' 등에서 원점 '·'을 막대형 점으로 바꾸어 표기한 것 이외에 ≪월인석보≫ 글꼴은 아직도 해례본에 나타난 글꼴의 틀은 거의 그대로 유지하고 있음을 볼 수 있다. 그러나 글자의 정교성은 크게 향상되었으며, 기필과 수필 부분 등에서 조금씩 멋을 내는 여유가 보인다.

또한 〈그림 4-54〉에서 볼 수 있듯이, 해례본 글자에 비해 자소(특히 자음)를 비교적 크게 표현함으로써 정사각형의 자면을 가득 채우고 있어 글꼴의 역동감은 감소했으나 안정감은 더해졌다.

해례본 글자에서도 그랬듯이 〈그림 4-55〉에서 보는 것과 같이 ≪월인석보≫에서도 글자의 높이는 다양하게 나타나고 있다. 이는 '아, 야, 어, 여, 이' 등과 같은 글자에서 모음의 크기를 'ㅇ'과 조화를 이루도록 세로획의 길이를 조절하면서 글자의 높이가 낮아진 경우와, 한 행 내에서 글자의 수를 맞추기 위해 글자의 높이를 조절한 결과가 아닌가 생각된다.

그러므로 해례본에서는 자소의 의미와 쓰임새를 강조하기 위해 자소의 크기 변화를 자제하였기 때문에, 즉 자소 위주의 글꼴을 보임으로써 글자의 높이가

〈그림 4-55〉 ≪월인석보≫ 글자의 높이 비교

〈그림 4-56〉 ≪월인석보≫의 본문 일부

서로 다르게 나타났으나, ≪월인석보≫는 균형잡힌 글자 또는 조화로운 편집 체재를 위해 글자의 높이를 달리 나타낸 것이다. 그러나 대체적으로 해례본 글자에 비해 높이가 낮아진 형태가 많다. 그리고 〈그림 4-56〉에서와 같이 ≪월인석보≫에서도 해례본과 같이 글자의 크기를 최대한 계선에 가깝도록 크게 처리하고 있어 글자의 폭은 대체로 일정하게 나타나 있다.

<그림 4-57> ≪월인석보≫에 나타난 '퐁' 자

이 외에도 〈그림 4-57〉의 '퐁' 자에서 보듯이 ≪석보상절≫에 나타난 것과 같은 연서로 된 'ㅜ'와 'ㆁ'의 특이한 글꼴이 ≪월인석보≫에서도 보인다. 이에 대해서는 ≪석보상절≫에서 설명하였으므로 여기서는 생략하기로 한다.

(4) 자소의 특징

≪월인석보≫자소의 형태는 기필과 수필의 획 형태만 차이를 보일 뿐 근본적으로 해례본과 다를 것이 없다.

제4장 15세기 문헌별 글꼴 분석 _ 163

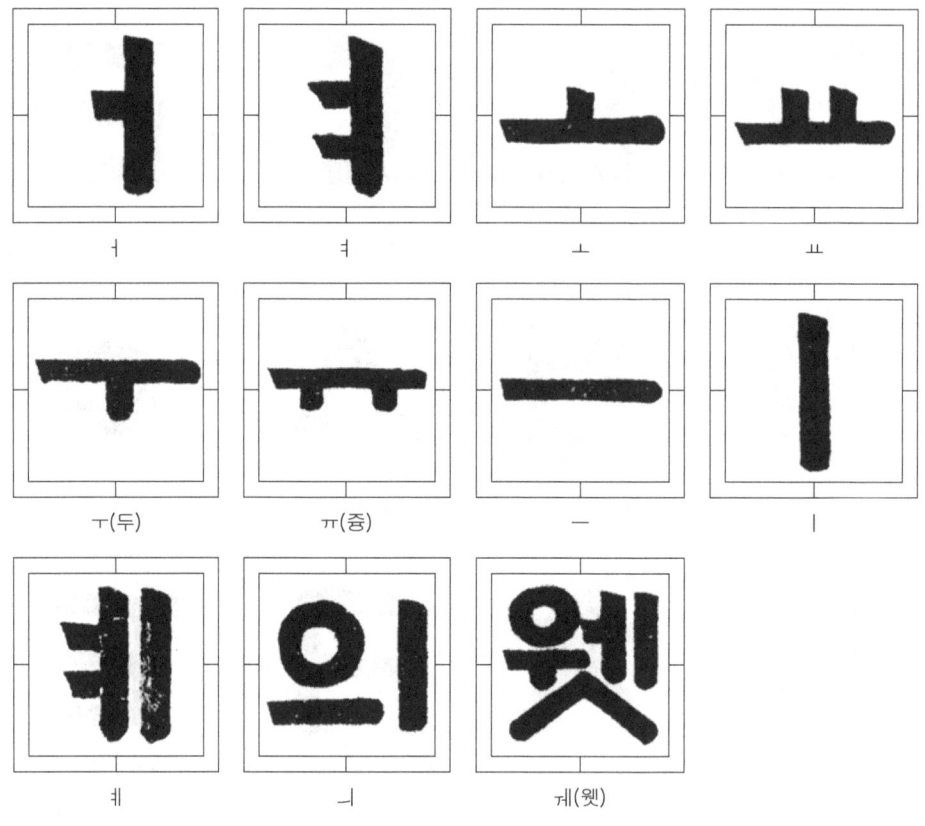

<그림 4-58> ≪월인석보≫에 나타난 자소

다만 〈그림 4-59〉에서 보는 바와 같이 'ㅗ'에 있어서 위쪽 세로획의 길이가 글꼴 구조에 따라 다르게 나타나고 있는 점이 특징적이다. 그러나 'ㅗ' 이외에 'ㅓ, ㅕ, ㅛ' 등에서는 이러한 현상이 눈에 띄게 나타나지는 않는다.

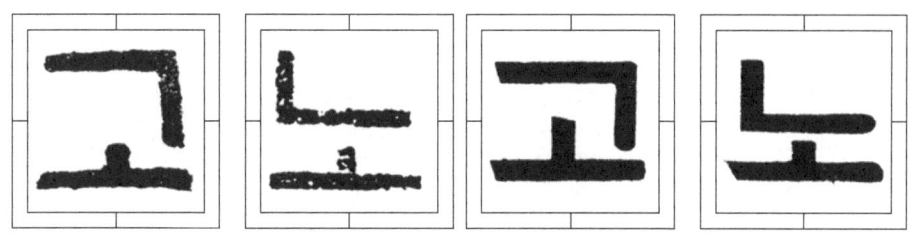

<그림 4-59> ≪석보상절≫(좌)와 ≪월인석보≫(우)의 '고, 노' 자 비교

이러한 변화는 앞으로 글자 형태의 조화와 균형을 이루기 위해 그 구조적 특성에 따라 자소의 형태를 다양하게 변화시킬 수 있다는 가능성을 보여준 것이다. 실제 현대에 와서는 무려 400여 개의 자소 형태가 있어야 비로소 조화로운 한글 글꼴을 만들어 낼 수 있다.

(5) 점획의 특징

〈그림 4-60〉에서와 같이 ≪월인석보≫글자의 점획은 산세리프 유형으로서, 굵은 글자는 현대의 견출고딕체, 가는 글자는 태고딕체와 유사한 점획 굵기를 보이고 있다. 이러한 점획 형태는 대체로 굵고 힘이 있으며 굵기 변화가 거의 없다. 또한 기필은 날카롭게 끊어진 방필의 형태이며, 획이 꺾이는 부분도 역시 대부분 날카롭게 각진 모습이다. 그러나 수필은 대체로 원필 형태를 취하고 있으며, 'ㅇ'은 기·수필 흔적이 없는 정원의 형태를 취하고 있다.

166 _ 4. 월인석보

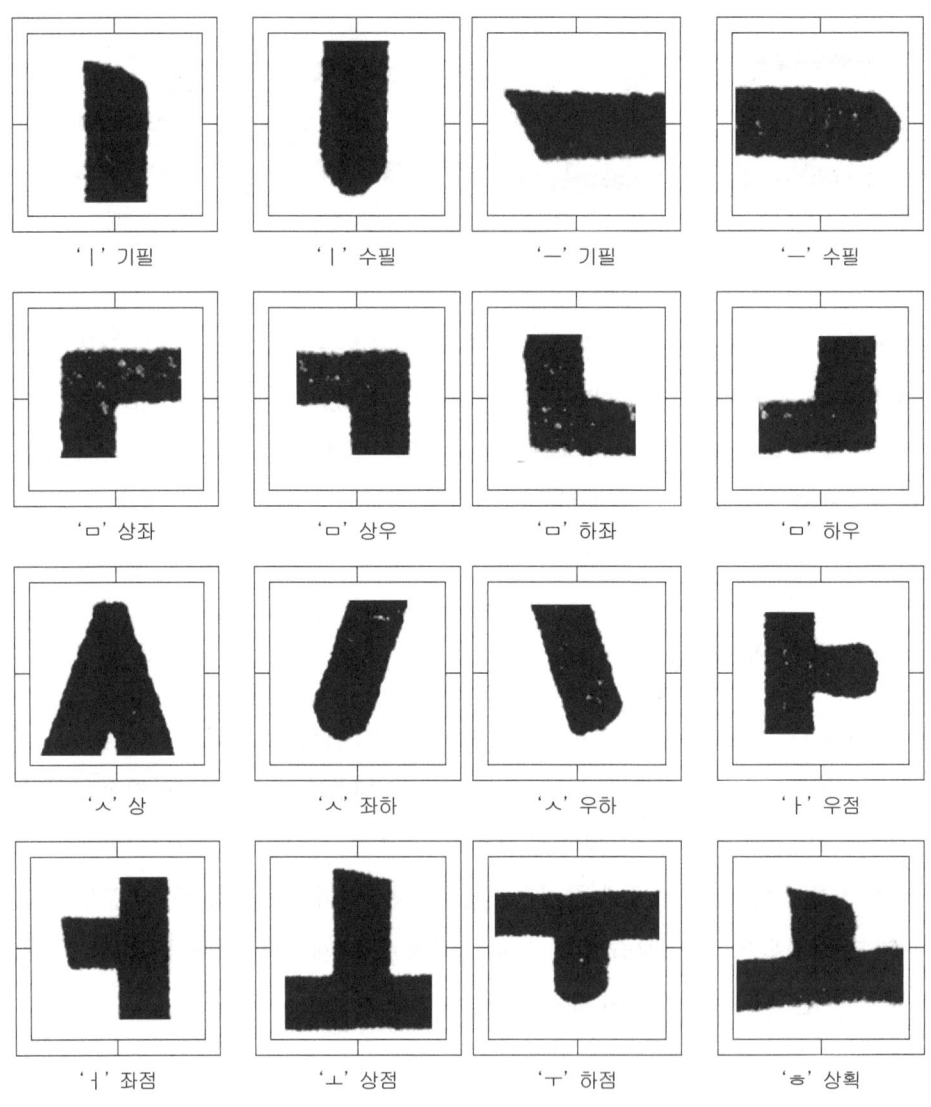

<그림 4-60> ≪월인석보≫에 나타난 점획

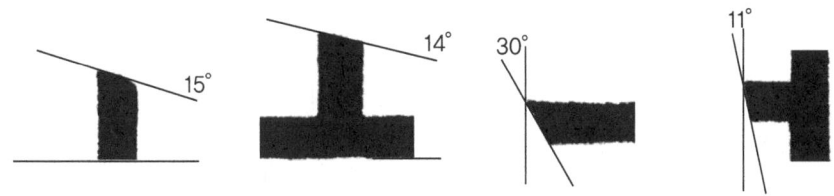

<그림 4-61> ≪월인석보≫ 글자 기필 부분의 획 기울기

기필 부분 획의 대체적인 기울기를 보면, 〈그림 4-61〉에서 보는 것과 같이 세로획 기필에서는 15도, 가로획은 30도, 왼쪽 획은 11도 정도를 보이고 있다.

또한 〈그림 4-60〉에서 'ㅡ, ㅣ' 기필과 같이 기·수필 부분이 행필 부분보다 드러나지 않을 정도로 약간 굵게 처리하고 있는 경우가 많다. 이것은 시각적으로 점획의 명료성을 높이는 작용을 하게 되며 그 결과 글꼴이 안정되게 표현됨으로써 가독성에 도움을 준다. 이러한 기법은 현대 한글 고딕체군에서도 그대로 적용되고 있다.

(6) 요약

위에서 분석한 ≪월인석보≫의 글꼴, 자소, 점획에 대한 내용을 요약하면 다음 〈표 4-4〉와 같다.

〈표 4-4〉 ≪월인석보≫ 글꼴 분석 요약

구 분		내 용
글 꼴		해례본 글꼴에 비해 대체로 평체 형태를 나타냄. 자본의 성격에서 벗어나 본격적인 판본용 한글자 역할을 함. 동일한 글꼴로 점획의 굵기만 다르게 표현함으로써 한글 판본체 최초로 서체군을 형성하였음.
자소	자소 구조	기본 구조는 해례본 글꼴과 동일함. 'ㅏ, ㅓ, ㅗ, ㅜ' 등에 사용된 점의 길이를 글자 구조에 따라 융통성있게 조절하고 있어 자소의 다양한 표현 가능성을 나타내고 있음.
	자소 크기 비례	해례본 글꼴에 비해 자소들을 최대한 크게 표현하고 있음.
점획	세리프의 유무	없음.
	세리프의 형태	없음.
	점획의 굵기	매우 굵은 것과 중간 정도의 굵기가 함께 사용됨.
	점획의 구조	기필은 약 10~30도 날카롭게 경사진 각필 형태이며, 수필은 대체로 원필 형태로 마무리하면서 한글 글꼴의 여유로운 멋을 더했음. 기필과 수필 부분에만 변화가 있는 일정한 굵기의 막대형임.

5. 육조법보단경언해(六祖法寶壇經諺解)

(1) 문헌 소개

≪육조법보단경언해≫는 중국 당나라 선종의 제6조인 혜능(638~713)의 어록을 그의 제자가 편찬한 ≪육조법보단경≫을 언해한 것으로, 모두 3권 3책으로 간행되었다.

≪시식권공언해≫ 발문에 1496년(연산군 3년) 인수대비의 명으로 이른바 인경목활자를 만들어 ≪육조법보단경언해≫ 300부를 간행한다고 쓰여 있다. 이 인경목활자로 간행된 문헌으로서 지금까지 밝혀진 것을 보면 ≪진언권공≫, ≪천지명양수륙잡문≫, ≪법화경언해≫, ≪능엄경언해≫, ≪금강경육조해언해≫, ≪심경언해≫, ≪영가집언해≫, ≪석보상절≫, ≪금강경오가해≫, ≪육경합부≫ 등 10여 종의 문헌이 있으며 이들 모두 1496년경에 간행된 것으로 추측하고 있다(손보기, 2000).

여기서는 원문헌의 복사물을 사용하여 글자를 추출·분석하였다.

(2) 판면 구성의 특징

≪육조법보단경언해≫는 활자본으로서 방점과 글자를 하나의 활자로 만들었다. 이 문헌에는 한글 대자(大字)가 17자 8행으로, 소자(小字)는 34자 16행으로

조판되어 있으며, 한글은 대자와 소자 두 종류가 사용되고 있다. 한문 원문에는 한글로 토를 달았고, 언해 부분에 나타난 한자는 한글 소자로 음을 달아 놓았다. 또한 언해 부분은 모두 1자를 내려 조판하고 있으며, 부분적으로 한글 소자로 협주를 달아 놓은 형태를 보이고 있다.

<그림 4-62> ≪육조법보단경언해≫ 본문 일부

이 문헌에 사용된 목활자는 1496년에 제작된 것으로, 원나라의 ≪천지명양수륙잡문≫의 판본에서 그대로 따서 새긴 나무활자로 추측된다. 1.4×1.9㎝ 크기의 활자로서, 인수대비가 경비를 대어 불경을 찍을 목적으로 새기게 한 나무활자이며, 그 후 불경만 찍은 것으로 알려지고 있다. 손보기(2000)는 이 목활자를 '인경목활자'라 명명하고 있으며 본고에서도 이 명칭을 사용하기로 한다.

(3) 글꼴의 특징

가	관	고	근	과	
놀	나	논	뇨	더	던
두	려	릴	로		므
믈	미	면	베	밥	보
세	쇼	아	와	왓	욤
우	위	의	제		쥬
종	차	츠	코	터	퍼
혜	희	곧	몸	캅	뒷

<그림 4-63> ≪육조법보단경언해≫ 대표글자

《육조법보단경언해》는 해례본이 쇄출된 지 50년이 지난 후에 간행된 문헌이다. 길지 않은 시간이지만 〈그림 4-63〉의 대표글자에서 보는 것과 같이 전반적으로 일부는 을해자 한글자나 현대의 궁서체와 유사하고 부분적으로는 해례본 글자와 유사한 면이 혼합되어 있다.

〈그림 4-63〉의 대표글자 가운데 '고, 두, 로, 므, 보, 우' 등과 같이 초성 자음과 중성 모음이 상하 연서 구조로 된 글자는 전반적인 자소의 크기 비례나 형태로 보아 현대 궁서체와 크게 다르지 않다.

그러나 '난, 덜, 럴'이나 '세, 쇼' 등의 글자에서는 해례본 글꼴 흔적이 역력히 남아있는 것을 확인할 수 있다. 인경목활자에 남아 있는 해례본 글꼴을 보다 상세히 살펴보면 다음과 같다.

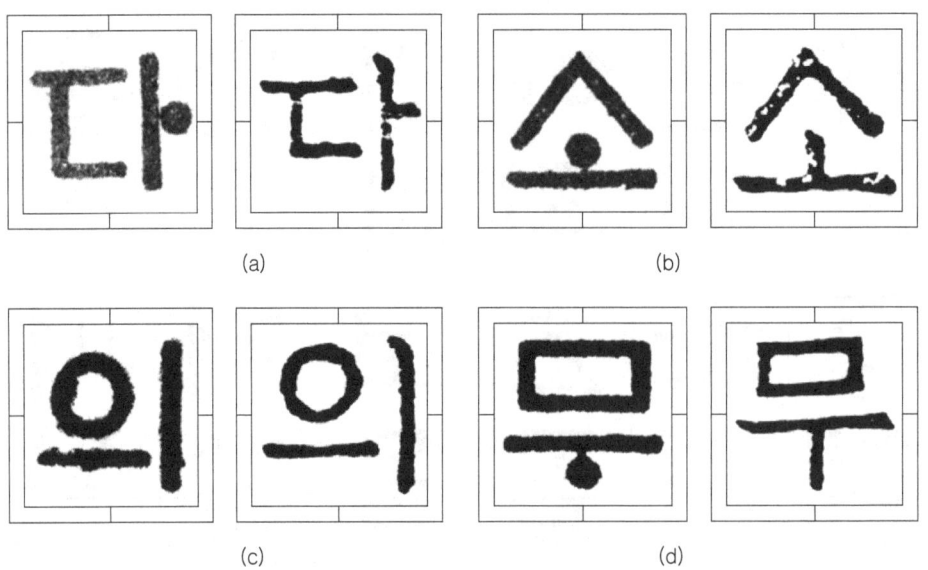

〈그림 4-64〉 해례본(각 좌측)과 《육조법보단경언해》(각 우측) 글자 비교

제4장 15세기 문헌별 글꼴 분석 _ 173

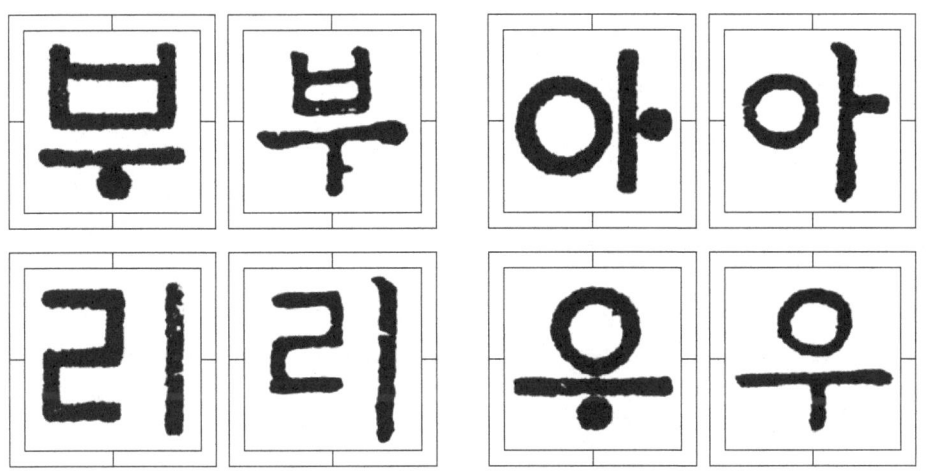

<그림 4-65> 해례본(각 좌측)과 ≪육조법보단경언해≫(각 우측) 글자의 비교

〈그림 4-64〉에서 (a)의 'ㄷ'은 위쪽 가로획이 좌측으로 길게 돌출된 형태가 남아있으며, (b)의 'ㅅ'은 큰 변화가 없음을 보여준다. 또한 (c)의 '의' 역시 세리프를 제외하고는 전체적인 글꼴이 해례본과 거의 동일함을 볼 수 있다. (d)에서 '무'의 'ㅁ'도 크기 비례에는 다소 차이가 있으나 해례본과 형태가 유사하다.

이 외에도 많은 부분에서 해례본 글자 형태가 남아 있으나 변화된 글꼴도 적지 않다. 먼저 위의 (a)에서 보는 바와 같이 'ㄷ'의 크기가 현대 궁서체와 비슷하게 변화되었으며, (d)에서 보이는 'ㅁ'도 'ㅜ'와 비교해 볼 때 그 폭이 다소 좁아졌음을 볼 수 있다. 뿐만 아니라 이 시기에 〈그림 4-65〉의 '부, 아, 리, 우' 자와 같이 거의 완벽한 현대의 명조체 글꼴로 표현된 글자들도 쉽게 찾아 볼 수 있어 앞으로 한글 글꼴이 어떠한 방향으로 변화될 것인지 가늠할 수 있게 해준다.

해례본을 비롯하여 ≪석보상절≫, ≪월인천강지곡≫, ≪월인석보≫ 등에서와 같이 한자에 비해 한글자가 두드러져 보였던 것과는 다르게 ≪육조법보단경언해≫의 한글자는 한자와 조화를 이룰 수 있도록 한자와 유사한 굵기로 가늘어

174 _ 5. 육조법보단경언해

진 점획과 절제된 세리프로 표현하고 있다.

　목활자의 특성상 ≪육조법보단경언해≫의 글자들은 〈그림 4-66〉에 나타난 '럴, 르, 세, 의, 혜, 희' 자에서와 같이 동일한 글자에 모양이 조금씩 다른 것이 적지 않게 발견된다. 하지만 이들은 모두 동일인의 필체로 추측되며 근본적인 글꼴과 서체에는 변화가 없다.

〈그림 4-66〉 ≪육조법보단경언해≫에 나타난 서로 다른 글꼴

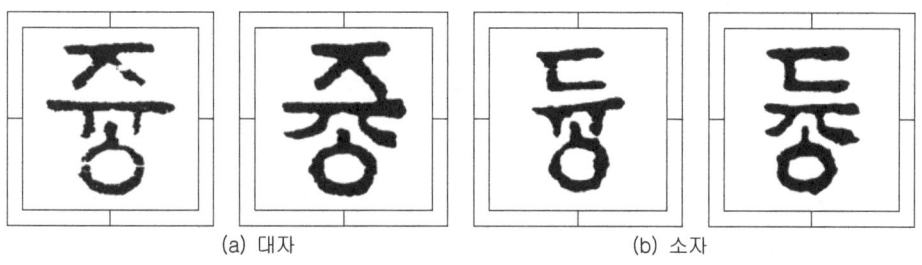

<그림 4-67> ≪육조법보단경언해≫에 나타난 '즁, 듕' 자

이 문헌에서 볼 수 있는 특이한 글자 유형으로, 〈그림 4-67〉에서 보는 것과 같이 초·중·종성이 연서로 이루어진 글자에서 'ㅠ' 아래 'ㅇ'이 올 때 'ㅠ'의 아래 두 개의 점을 좌우로 벌려 표기하고 있다는 점이다. (물론 그렇지 않은 글꼴도 보인다.) 이러한 형태는 훈민정음에서 규정하고 있는 한글 자소의 본래 모습에서 새로운 변화를 시도한 것으로서, 보수성이 강한 활자체에 이러한 자소의 변형된 모습이 등장했다는 것은 이미 이러한 글자가 당시 문자생활에 널리 사용되고 있었던 것으로 추측해 볼 수 있다.

이와 같이 인경목활자를 통해 나타난 다양한 글꼴과 자소의 형태 변화는 한글 창제 이후 한글 글꼴에 변화를 주기 위한 시도가 끊임없이 계속되었으며, 앞으로도 계속 될 것임을 말해 준다. 물론 이러한 변화는 글꼴의 효율적인 면, 즉 필기의 편리성과 시각적 아름다움, 가독성 등을 염두에 둔 방향으로 이루어져야 할 것이다.

(4) 자소의 특징

이미 〈그림 4-63〉의 대표글자에서 보았듯이, 전반적인 자소의 특징은 해례본 글꼴에 비해 초·종성 자음의 크기가 작아지면서 현대 궁서체와 흡사한 형태로 변화된 점이다. 이로 미루어 이 당시 일반 생활에서의 한글자 필체는 이미 현대 궁서체와 유사한 형태를 보이고 있었을 것으로 추측된다.

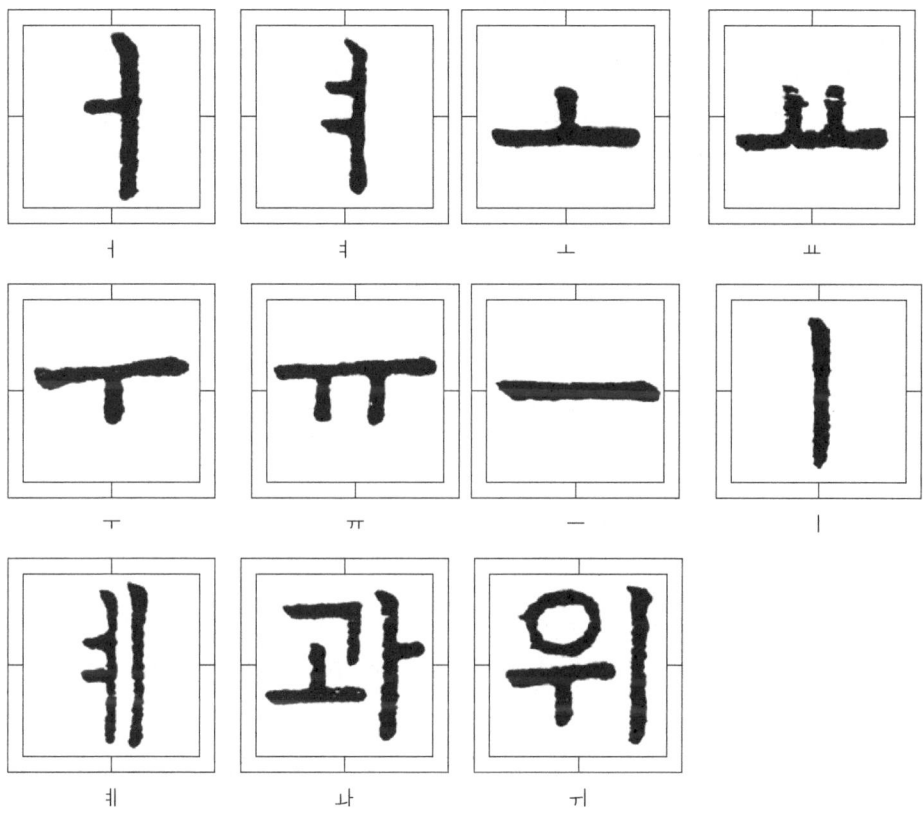

<그림 4-68> ≪육조법보단경언해≫에 나타난 자소

　자소 가운데 변화가 눈에 띄는 것은 'ㄱ, ㅋ'과 'ㅂ' 그리고 'ㅅ' 등이다. 먼저 <그림 4-67, 68, 69>에서 보는 것과 같이 'ㄱ, ㅋ'은 세로획 끝 부분이 미약하나마 왼쪽으로 구부러져 있음을 볼 수 있다. 이는 해례본 글꼴 원칙과 필기의 효율성 사이에서 갈등한 결과라고 생각되며, 앞으로 글꼴 원칙보다는 필기의 효율적인 면을 더욱 중시하게 되면서 점차 획이 더욱 큰 각도로 왼쪽으로 구부러지게 될 것임을 예고하고 있다.

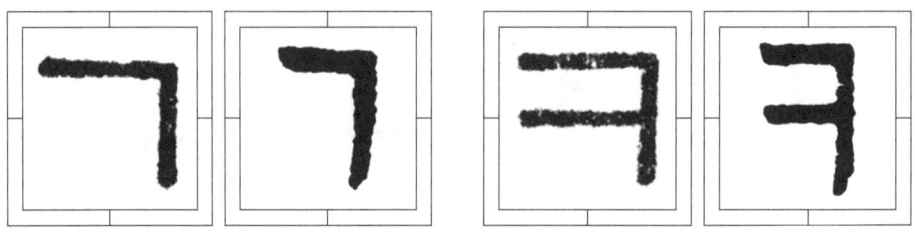

<그림 4-69> 해례본(각 좌측)과 ≪법보단경≫(각 우측)의 자소 비교

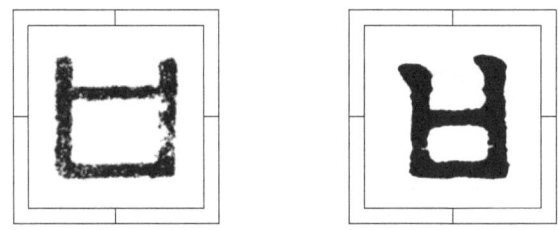

<그림 4-70> 해례본(좌)과 ≪법보단경≫(우)의 'ㅂ' 비교

또한 <그림 4-70>에서 보는 것과 같이 'ㅂ'에서 중간 가로획이 초기에 비해 내려와 있으며, 좌측 세로획이 우측 세로획보다 약간 짧게 표기되어 있음을 알 수 있다.

'ㅂ'의 중간 가로획이 아래로 위치가 변화된 것은 좌우 세로획에 세리프가 생기면서 자소의 판별력을 높이기 위한 것으로 보이며, 좌측 세로획이 짧은 것은 한자의 영향을 받은 것으로 생각된다. 다만 이 시기에 해례본 글꼴의 'ㅂ' 자소 형태에 대한 인식이 남아있어 보다 과감한 세리프 처리를 하지 못한 것으로 보인다.

초성 'ㅅ'의 표기에 있어서도, <그림 4-71>에서 보는 것과 같이 좌우 획의 기필 부분이 접필되는 원칙에서 벗어나 좌측 획이 약간 위로 올라가면서 기필 부분에 세리프가 표현된 경우가 빈번하게 나타난다. 그러나 좌획이 구부러졌다거나 세리프가 명료하게 표현되지 않아 아직까지 보다 과감한 변화는 이루어지지 않고 있다. 이에 비해 종성 'ㅅ'에서나 'ㅈ, ㅊ'의 좌우 사획은 기필 부분이 접필되어 있어 아직 변화의 조짐이 보이지 않고 있다. 그러나 이 시기에 있어서 'ㅗ, ㅛ, ㅜ, ㅠ' 등의 상하 점은 더 이상 제한됨이 없이 글꼴에 어울리도록 길이를 조절하고 있는 것을 볼 수 있다.

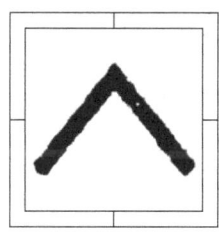 

<그림 4-71> 해례본(좌)과 ≪법보단경≫(측)의 'ㅅ' 비교

(5) 점획의 특징

〈그림 4-72〉에서 보면, 세리프가 아직 제 모습을 갖추지 못하고 있음을 알 수 있다. 즉 가로·세로획에서는 세리프가 제법 형태를 갖추어 나타나지만 'ㅁ, ㅇ' 등과 같이 획과 획이 만나는 부분에서나 점 등에서는 세리프를 찾아보기 어렵다.

또한 기·수필 부분과 행필 부분의 굵기 변화도 그리 크지 않으며 수필에서 예리한 수침 형태도 보이지 않는다. 이러한 모습들은 인경목활자가 산세리프 한글자에서 벗어나 한자 해서체 형태로 변화되어가는 과정에 있음을 의미하는 것이다. 그러므로 ≪육조법보단경언해≫의 한글자에 나타난 세리프는 아직까지는 한자 해서체에 비해 지극히 절제된 모습을 보이고 있다.

180 _ 5. 육조법보단경언해

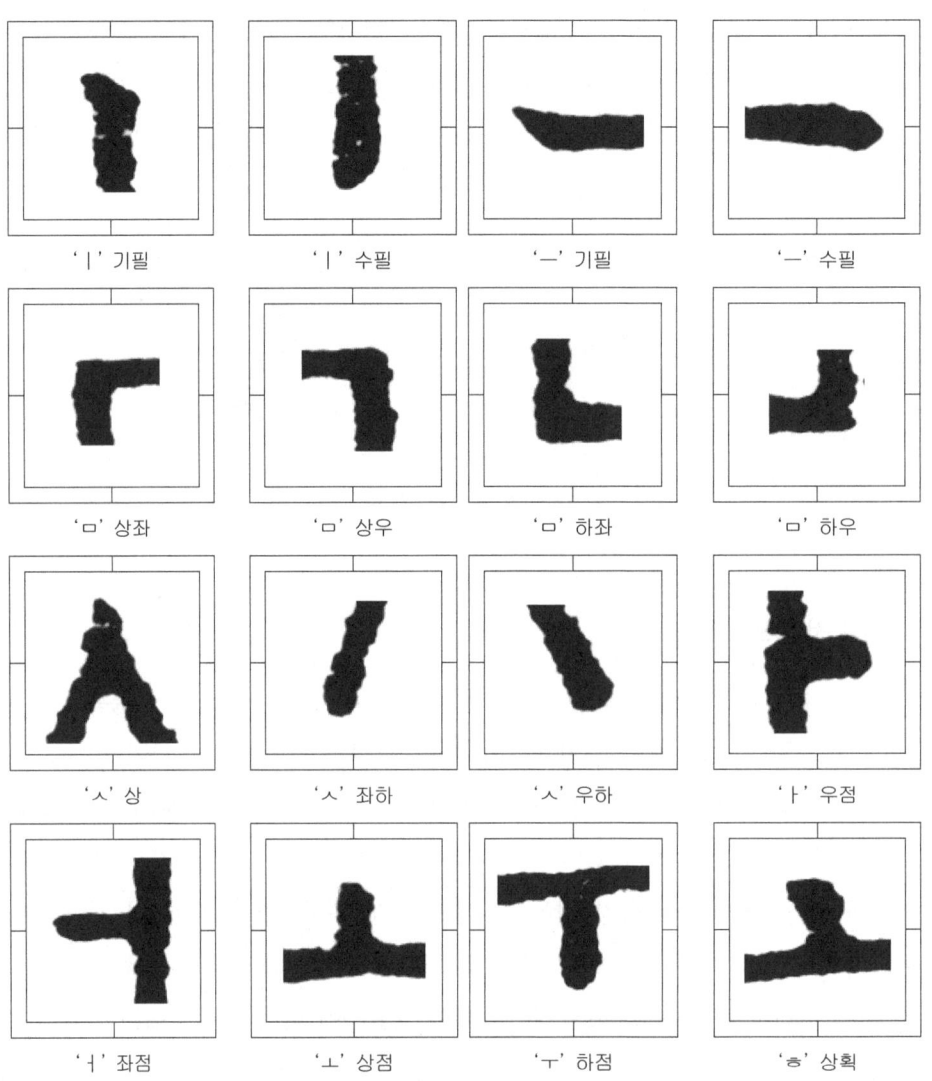

<그림 4-72> ≪육조법보단경언해≫에 나타난 점획

(6) 요약

위에서 분석한 ≪육조법보단경언해≫의 글꼴, 자소, 점획에 대한 내용을 요약하면 다음 〈표 4-5〉와 같다.

〈표 4-5〉 ≪육조법보단경언해≫ 글꼴 분석 요약

구 분		내 용
글 꼴		인경목활자를 사용함. 한자와 조화를 이루는 글꼴로서, 아직 해례본 글꼴이 적지 않게 남아있으며 부분적으로 거의 완성된 현대 궁서체도 나타남.
자소	자소 구조	'ㄱ, ㅋ'의 세로획이 미미하게 좌측으로 둥글게 구부러지려는 조짐이 있음. 'ㅂ'에서 좌측 세로획이 짧아지고, 중간 가로획이 약간 아래로 내려옴. 초성 'ㅅ'의 우획이 약간 내려와 표기되기도 했으나, 종성 'ㅅ'과 'ㅈ, ㅊ'의 좌우 획의 기필 부분은 접필되어 있음. 'ㅗ, ㅛ' 등의 위쪽 점은 글꼴에 따라 그 길이를 자유롭게 조절하고 있음.
	자소 크기 비례	초·종성 자음은 해례본 글자와 현대 궁서체의 중간 정도 크기를 보이는 경우가 많으나 대체로 해례본 글자의 영향을 크게 벗어나지 못함.
점획	세리프의 유무	있음.
	세리프의 형태	붓에 의한 세리프가 아직은 극히 절제된 형태로 나타남. 기·수필이 만나는 접필 부분에서는 세리프가 나타나지 않음. 수필에서 수침이 나타나지 않으며 원필로 표기됨.
	점획의 굵기	대체로 문헌에 사용된 한자 점획의 굵기와 비슷함. 굵기 변화가 크지 않음.
	점획의 구조	특징적인 것이 없음.

제5장

16세기 문헌별 글꼴 분석

1. 여씨향약언해(呂氏鄕約諺解)

(1) 문헌 소개

≪여씨향약언해≫의 원전은 ≪여씨향약≫이다. 이 문헌은 중국 북송말(北宋末)에 합서성 감전현에 살고 있었던 여씨 문중에 도학으로 이름을 떨친 대충·대방·대약·대감 등 네 형제가 여씨 가문뿐 아니라 향리 전체를 교화하고 선도하기 위하여 엮은 일종의 규약집이었다. 그 후 주자가 이 ≪여씨향약≫의 내용을 가감 증보하여 ≪주자증손여씨향약≫이라 하였다.[1]

≪여씨향약언해≫는 중종 13년(1518)에 경상도 관찰사로 있었던 김안국이 그 곳의 인심 풍속을 교화하기 위해 ≪정속언해≫와 함께 ≪주자증손여씨향약≫을 원문에 구결로 토를 달고 이를 한글로 번역하여 간행한 을해자 활자본 1책으로서, 단순히 언해만 한 것이 아니라 우리의 실정에 맞게 내용을 더하거나 빼어 다시 쓴 것이다.

그 내용은 덕업상권·과실상규·예속상교·환난상휼 등에 관한 향약이며, 조선왕조가 유학으로서 국시(國是)를 삼고 건국한 뒤에 그 중요한 실천 규범의 하나로 삼았던 것이 이 ≪여씨향약언해≫이다.

이 책을 간행할 때 사용했던 을해자 한글자는 강희안의 필체로서 '강희안 한글자'라고도 한다. 이 활자로 간행된 문헌 가운데 지금까지 밝혀진 것을 보면

---

[1] 본 문헌 소개는 ≪여씨향약언해≫ 영인본(단국대학교, 1976)에 수록된 이희승과 박병채의 해제를 참조하였음.

본 ≪주자증손여씨향약언해≫ 2종을 비롯하여, ≪금강경언해≫(1464), ≪구급방언해≫(1466), ≪주역전의강녕전구결≫(1466), ≪찬주분류두시언해≫(1480), ≪금강반야파라경삼가해언해≫(1482), ≪영가대사증도가남명선사계송언해≫(1482), ≪중용언해≫(1590), ≪맹자언해≫(1590), ≪소학언해≫(1587), ≪논어대문구결≫(1546~1567), ≪남화진경대문구결≫(1608) 등 매우 많은 것들이 전한다.

여기서는 일석 이희승의 소장본 ≪주자증손여씨향약언해≫를 단국대학교 출판부에서 1976년에 영인한 책을 사용하여 글자를 추출하였다.

(2) 판면 구성의 특징

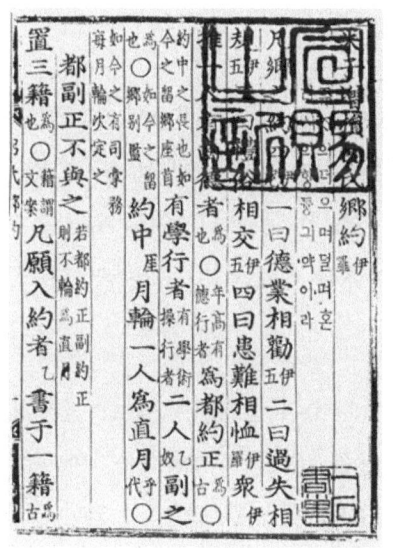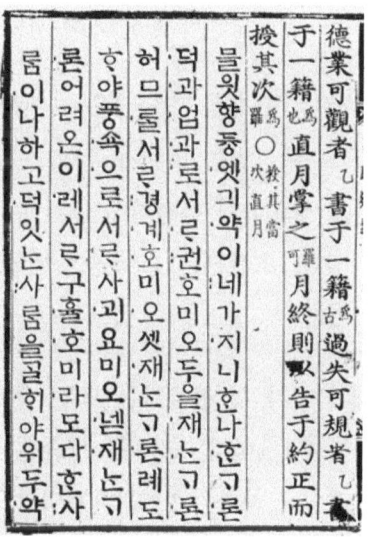

<그림 5-1> ≪여씨향약언해≫일석본의 일부

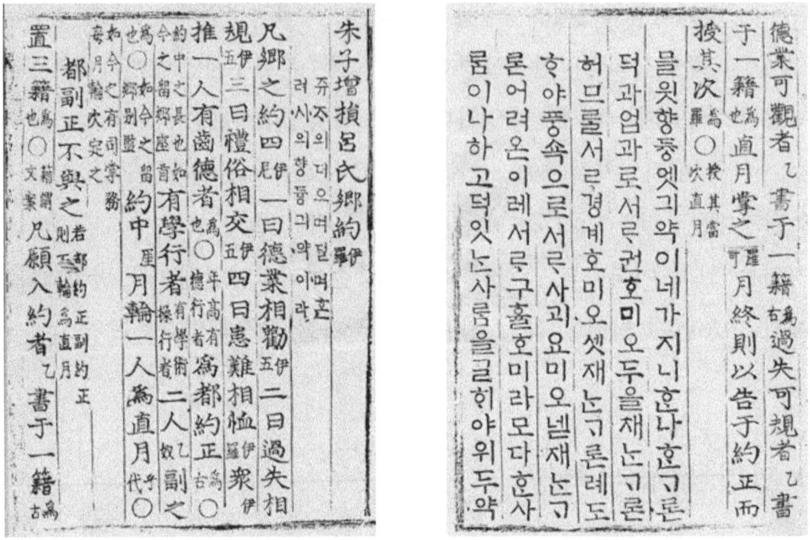

1. 여씨향약언해

<그림 5-2> ≪여씨향약언해≫초간본(추정)의 일부

여기서 분석 대상으로 삼은 ≪여씨향약언해≫ 판본은 만력 2년(1574)에 복각된 것으로 추정되는 16세기 후반 문헌이지만 〈그림 5-1, 5-2〉에서 볼 수 있듯이 초간본을 정교하게 복각하여 초간본과 거의 동일한 글꼴을 보이고 있음을 확인할 수 있다. 초간본은 1455년에 만들어진 을해자 한글자를 사용하여 1518년에 쇄출하였다.

을해자 한자 및 한글자는 모두 강희안(1417~1464)의 글씨이며, 한글 글자의 크기는 1.2×1.1cm이다. 글자의 모습은 ≪석보상절≫이나 ≪동국정운≫에 나타난 기하학적인 글자와는 달리 한자의 해서체와 같이 매우 부드럽고 유연한 모습을 보인다.

≪여씨향약언해≫의 책 크기는 34.6×21.7cm이며, 반장은 23.5×16.5cm이고, 사주쌍변으로 행과 행 사이에 계선이 있다. 또한 첫 면만 10행으로 되어 있고 그

뒤로는 모두 9행이며 원문은 매행 18자, 언해는 1자 내려 조판하여 매행 17자로 되어 있다. 주·구결은 작은 글자 쌍행, 판심은 흑구로 상하내향화문어미이다. 본문은 41쪽이며 권말에 '월단집회독약지도' 1쪽이 더해져 있다.

(3) 글꼴의 특징

《여씨향약언해》와 같이 을해자 한글자로 쇄출된 문헌 가운데 《소학언해》, 《대학언해》, 《중용언해》, 《맹자언해》, 《논어언해》 등은 한호자로 쇄출되었다고 주장하는 경우도 있다(손보기, 2000;305).

그러나 〈그림 5-3〉 대표글자에서 발췌한 〈그림 5-4〉의 '각, 던, 쇼' 자에서 보는 것과 같이 이들 문헌의 글꼴이 을해자 한글자로 쇄출된 《여씨향약언해》 한글자와 동일하다는 것이 확인되었다.

한호자는 1580년에 만들어진 것으로 알려져 있고 1590년에도 을해자로 문헌을 쇄출한 것으로 본다면 어느 한쪽이 잘못 알려진 것이거나 또는 이전부터 사용해 오던 을해자에 1580년에 한호자를 일부 추가하여 제작하면서 후대에 '한호자'로 고쳐서 이름을 붙인 것이 아닌가 생각된다.

1455년에 제작된 을해자는 세조가 즉위하면서 사이가 좋지 않았던 안평대군의 글씨를 자본으로 하였던 경오자를 녹이고 강희안의 글씨로 다시 주조한 것으로 알려지고 있다.

을해자는 해례본이 쇄출된 이후 한글 필사형 활자체(세리프체)로는 최초로 만들어진 것으로 추정되고 있는데, 1446년 해례본 출간 이후 채 10년도 되지 않은 시점에 만들어진 활자임에도 불구하고 〈그림 5-3〉의 대표글자에서 보는 것과 같이 해례본 글자와 비교할 때 글꼴 및 서체가 매우 획기적으로 변화된 것

1. 여씨향약언해

을 확인할 수 있다. 이 글자는 1496년에 만들어 ≪육조법보단경언해≫ 등을 쇄출한 인경목활자보다 41년이나 먼저 만들어졌으나 그 보다 훨씬 부드럽고 아름다운 글꼴을 보이고 있다.

가	각	고	곡	과	권
날	니		노	더	던
두	려		로		므
를	미	만	버	법	보
세	쇼	아	와	완	용
우	위	의	제	죄	쥬
종	차	츠	코	티	피
혜	회	몬	임	넙	엇

<그림 5-3> ≪여씨향약언해≫ 대표글자

제5장 16세기 문헌별 글꼴 분석 _ 189

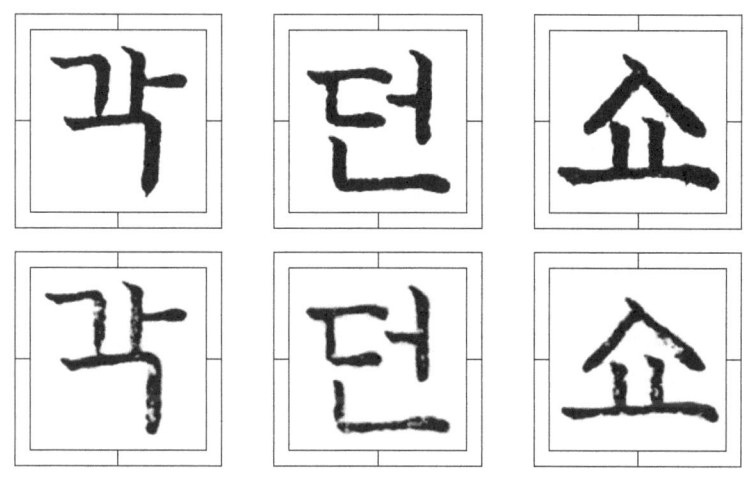

<그림 5-4> ≪여씨향약언해≫(상)와 ≪소학언해≫(하)의 글꼴 비교

<그림 5-5> 인경목활자(상)와 을해자(하)의 비교

<그림 5-5>에서 보는 것과 같이 을해자 한글자는 인경목활자보다 세리프가 일관된 형태로 매우 선명하고, 기하학적인 해례본 글자와는 달리 대체로 자·모

의 크기 비례와 위치를 글꼴의 균형에 맞추어 적절하게 필사하고 있으며, 부분적으로는 인경목활자보다 현대 궁서체에 더 가까운 형태를 보이고 있어 목활자와 금속활자의 차이를 감안한다고 하더라도 인경목활자보다 더욱 진보된 모습이다.

필사와는 다르게 판본용 서체가 보수성이 강하다는 점을 감안할 때 훈민정음 반포 후 9년 만에 을해자 한글자가 판본체로 등장했다는 것은 당시 문자 생활에서는 한자 해서나 초서 또는 행서 등과 같은 한자 서체를 모방한 한글 필체가 이미 일반화되어 있음을 말해 주는 것이다.

이와 같이 글꼴과 서체의 대담한 변화에도 불구하고 〈그림 5-3〉의 대표글자에서 보듯이 글꼴의 균형이나 조화로움 면에서 볼 때, 일부 글자에서 세리프가 과장되게 표현되거나 해례본 글자 형태를 해서체 유형에 그대로 적용하면서 자소의 크기 비례가 조화롭지 못한 것도 보인다. 산세리프체이면서 기하학적으로 표기된 해례본 글꼴을 세리프체인 해서체로 바꾸어 표현하다보니 글자의 조형성에 무리가 따를 수밖에 없었을 것이다.

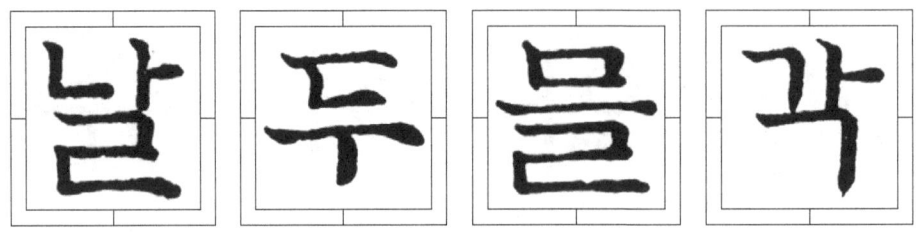

〈그림 5-6〉 《여씨향약언해》에 나타난 '날, 두, 믈, 각' 자

〈그림 5-6〉의 '날, 두, 믈, 각' 자에서 보는 것과 같이 '날'의 'ㄹ' 끝 부분 세리프, '두'에서 'ㅜ'의 오른쪽 세리프는 다소 과장된 듯한 느낌이 들며, '믈'의 'ㄹ'과

'각'의 'ㄱ'은 글자 전체적인 조형성을 고려할 때 크기 비례가 조화롭지 못한 느낌을 준다. 여기서 '믈'의 'ㄹ'과 '각'의 'ㄱ'의 크기 비례는 해례본 글꼴 개념에 의한 것이다.

<그림 5-7> ≪여씨향약언해≫에 나타난 '듕' 자

또한 <그림 5-7>과 같이 'ㅠ'와 'ㆁ'이 중·종성으로 올 때 'ㅠ'의 아래 획을 좌우로 벌려 놓은 형태를 볼 수 있다. 이는 을해자 한글자 제작 후 40여 년 후에 제작된 인경목활자에서도 나타난 글꼴로서 당시로서는 그 활용이 이미 일반화된 것으로 보인다.

(4) 자소의 특징

<그림 5-8>에서 보는 것과 같이 초성 'ㄱ, ㅋ'에서 세로획이 곧게 아래로 그어져 있어 해례본 글꼴의 영향이 남아있다. 이는 인경목활자보다 구부려 쓰려는 의지가 덜한 것으로 판단된다.

'나'의 초성 'ㄴ'에서 가로획의 끝 부분이 약간 위로 향하고 있어 자소 중심의 글꼴에서 글자 중심의 글꼴로 변화하기 위한 조짐이 나타나고 있으나 아직 수필 부분이 회봉되어 있는 모습을 볼 수 있다. 이러한 것은 'ㄹ'의 하단 가로획에서도 나타난다.

192 _ 1. 여씨향약언해

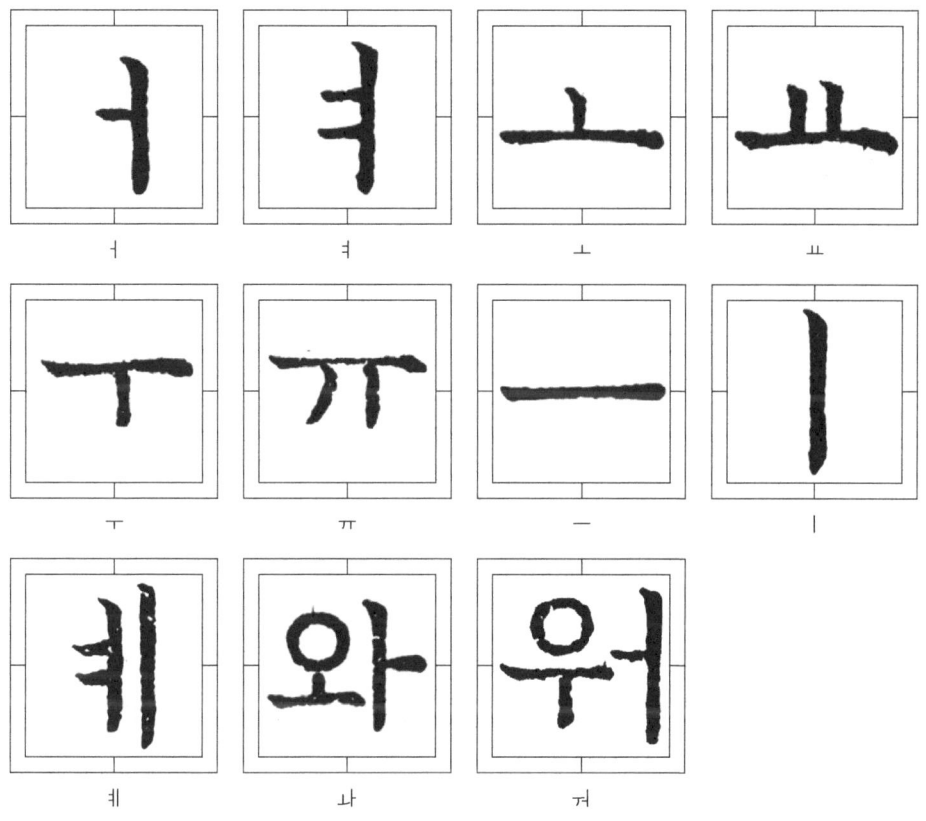

<그림 5-8> ≪여씨향약언해≫에 나타난 자소

'ㅅ'에 있어서도 좌획의 상단이 선명한 세리프로서 우측 획과 구분되도록 하고 있으며, 우획의 기필 위치도 좌획보다 다소 밑으로 내려와 있어 해례본 글꼴에서 점차 벗어나고 있음을 볼 수 있으나 우측 획의 모습과 길이에서는 아직 해례본 글꼴의 형태가 남아 있다.

또한 'ㅅ, ㅈ, ㅊ'에서 좌우 획이 모두 현대의 명조체나 궁서체와 같이 구부러지지 않고 길고 곧게 그어져 있으며, 'ㄱ, ㅋ'의 세로획도 아래고 곧게 내려 그어진 것도 해례본 글꼴의 영향이 남아 있다는 것을 의미한다. 그러나 'ㅠ'에서 아래의 두 개 획이 곧게 내려 그어져 있지 않고 좌측 획이 좌측을 향해 굽어진 것은 당시로서는 글꼴의 균형과 조화를 위한 큰 변화로 생각된다.

(5) 점획의 특징

〈그림 5-9〉 점획의 모습에서 볼 수 있듯이, 을해자 한글자의 점획 가운데 특히 중성 모음의 가로획은 기필과 수필이 강조된 형태로서 그 범위가 비교적 넓고 행필 부분이 좁으면서 가늘게 처리되어 상대적으로 획의 굵기 변화가 크게 나타나는 경우가 많다.

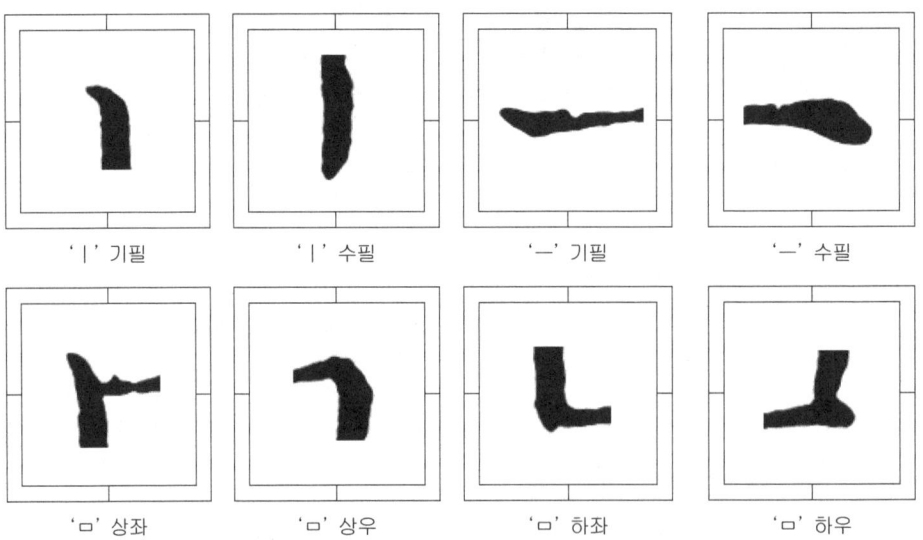

제5장 16세기 문헌별 글꼴 분석 _ 195

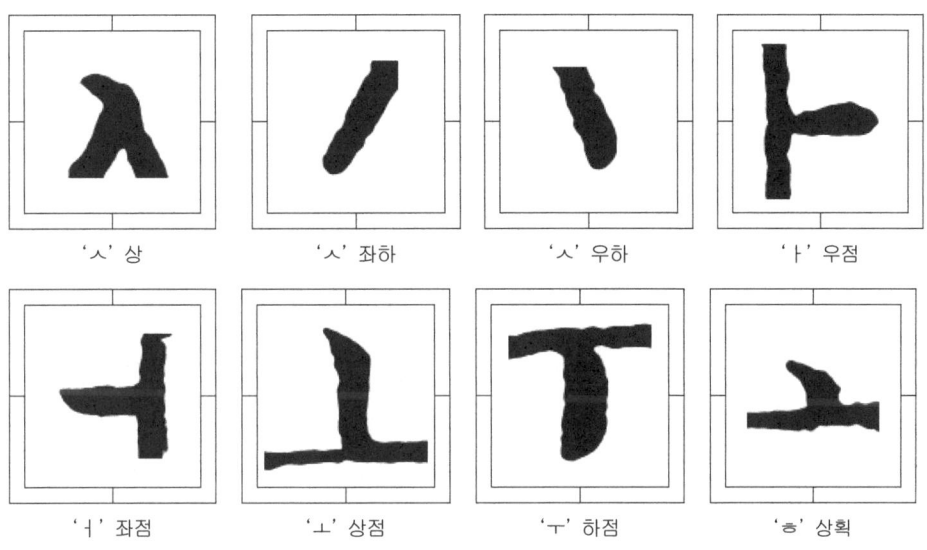

<그림 5-9> ≪여씨향약언해≫에 나타난 점획

〈그림 5-10〉의 글자 가운데 '고, 로' 자의 'ㅗ' 가로획과 '곤, 두'의 'ㅗ, ㅜ' 가로획, 그리고 '들' 자에서 그러한 현상을 볼 수 있다. 특히 〈그림 5-11〉에서 '들'의 'ㅡ'에서 보면, 기필과 수필이 차지하는 부분이 각각 약 1/4이 되고, 행필 부분이 약 1/2을 차지하고 있음을 볼 수 있다.

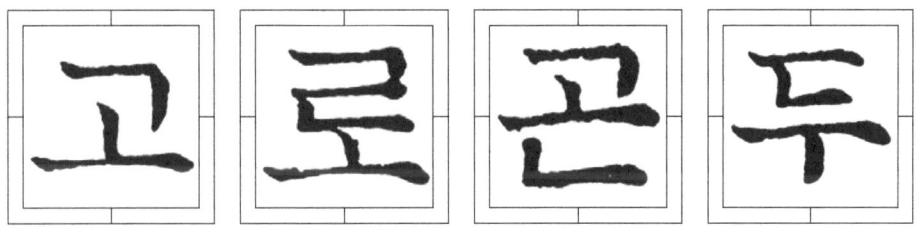

<그림 5-10> ≪여씨향약언해≫에 나타난 '고, 로, 곤, 두' 자

1. 여씨향약언해

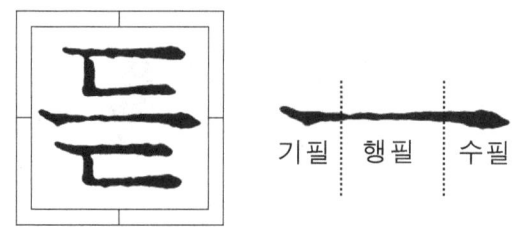

<그림 5-11> ≪여씨향약언해≫에 나타난 '듣' 자 'ㅡ'의 분석

뿐만 아니라 〈그림 5-9〉에서 보듯이 'ㅁ'의 네 모서리와 같이 획의 기·수필이 만나는 부분에서도 정확하게 세리프가 나타나고 있으며, 'ㅅ' 좌획의 기필 부분과 같이 다소 과장된 듯한 세리프도 보이고 있어 을해자 한글자에서는 세리프 적용과 활용이 거의 토착된 것으로 보인다.

또한 'ㅏ, ㅣ' 등과 같은 모음 세로획 수필은 예리하지 않은 수침을 보이고 있으나 'ㅅ, ㅈ, ㅊ' 등의 자음에서 좌획의 수필 등은 원필로 표현되어 있어 아직 해례본 글꼴 영향에서 완전하게 벗어나지 못한 점도 보인다.

(6) 요약

위에서 분석한 ≪여씨향약언해≫의 글꼴, 자소, 점획에 대한 내용을 요약하면 다음 〈표 5-1〉과 같다.

〈표 5-1〉 ≪여씨향약언해≫ 글꼴 분석 요약

구 분		내 용
글 꼴		을해자 한글자 활자체임. 자·모음의 크기 비례와 위치를 글꼴의 균형에 맞추어 적절하게 처리하고 있음. 해례본 글꼴이 보이고 있으나 한글 궁서체에 매우 근접한 글꼴도 적지않게 나타남. 산세리프 해례본 글꼴을 세리프형 해서체에 적용하면서 글꼴의 조화가 이루어지지 않은 경우가 많음.
자소	자소 구조	초성 'ㄱ, ㅋ'의 세로획이 곧게 내려 그어져 있으며 좌측으로 구부려 쓰려는 의지는 인경목활자보다 약함. 초성 'ㄴ, ㄹ'의 하단 가로획이 약간 위로 향하고 있어 자소 중심에서 글자 중심으로의 변화 조짐이 나타남. 'ㅅ, ㅈ, ㅊ'의 좌우 획은 곧게 긋고 있어 해례본 글꼴의 영향이 남아 있으나 좌획의 기필이 우획 기필보다 위에 있음. 'ㅠ'의 아래 좌획이 좌측으로 구부러져 있음.
	자소 크기 비례	글자에 따라 완벽한 현대 궁서체의 형태를 보이는 글자도 있으나 대체로 해례본 글꼴과 현대 궁서 글꼴의 중간 정도의 크기 비례를 보이고 있음. 글자에 따라 해례본 글꼴의 영향이 그대로 남아 있는 자소도 있음.
점획	세리프의 유무	있음.
	세리프의 형태	세리프가 일관된 형태로 매우 선명함. 대체로 현대 궁서체나 한자 해서체와 유사한 세리프를 보이고 있음. 특히 가로획에서 기필과 수필이 크고 과장되게 표현된 경우가 많음. 모음 세로획의 수필은 예리하지 않은 수침 형태를 보임. 자음의 수필이 예리한 수침이 아닌 원필로서 해례본 글꼴 영향이 많이 남아 있음.
	점획의 굵기	세로획은 굵기 변화가 크지 않음. 가로획에서는 기·수필이 크고 굵음에 따라 좌우는 굵고 중심부는 가늘게 표현된 경우가 많음.
	점획의 구조	큰 특징이 없음.

2. 졍속언해(正俗諺解)

(1) 문헌 소개

《정속언해》는 원나라의 왕일암이 쓴 《정속편》을 중종 13년(1518)에 김안국이 《여씨향약언해》 등과 함께 1권의 목판본으로 간행한 것이다.[2]

김안국·김정국 두 형제가 간행한 《이륜행실도》에 실린 강혼의 서문과, 《중종실록》 등에 나타난 기록을 보면, 김안국이 경상도 관찰사로 있을 때 정치와 교화 등에 관한 11종의 책을 경주와 안동 등 5개 읍에서 간행하였는데 이 가운데 향속을 바르게 하기 위해 한글로 풀어쓴 책이 《정속언해》라 밝히고 있다. 이들 기록에 의하면 《정속언해》는 김안국이 경상도에서 간행한 책과, 김안국의 상주를 받아들인 중종이 이 책을 찬집청(撰集廳)에 내려 교정·간행한 중간본 등 2종류의 다른 책이 있을 수 있다.

현존하는 《정속언해》로는 대구 계명대학 이원주 교수가 소장한 것과, 서울대 규장각·일사문고·가람문고·고려대 중앙도서관 등에 소장되어 있는 것, 그리고 또 다른 책으로 일사문고 등에 소장된 것 등 모두 세 종류가 있다. 이 가운데 이원주 교수 소장본을 보면, 존경각 소장의 《여씨향약언해》와 유사한 판식과 언해 및 표기법을 보이고 있다. 즉 매 면이 10행으로 동일하며, 한 행의 글자 수가 존경각본이 한문은 19자, 한글은 21자 내외인데 비하여 이 책에서는

---

[2] 본 문헌 소개는 《정속언해》 영인본(홍문각, 1984)에 수록된 홍윤표의 해제를 참조하였음.

한문이 21자, 한글은 23자 내외로 되어 있다.

　표기에 있어서도 모두 중철이 나타나 있으며, 방점이 있다. 이와 같은 특징은 존경각본 ≪여씨향약언해≫뿐만 아니라 1518년 김안국에 의하여 함께 간행된 ≪이륜행실도≫에도 공통으로 나타남으로써 이원주 교수 소장본인 ≪정속언해≫가 1518년의 원간본일 가능성을 높여주고 있다. 뿐만 아니라 판심어미인 상하흑어미들의 간격이 일정치 않은 점이나 1행 자 수가 동일하지 않은 점, 조잡하게 새긴 글자 등으로 미루어 이 ≪정속언해≫가 지방에서 간행된 것임을 말해준다. 또한 내용 중 '후에사'를 '훼사'로 표기한 점으로 미루어 남부지방인 선산에서 김안국이 간행한 것임을 추측할 수 있다.

　규장각 등에 소장된 ≪정속언해≫는 이원주 교수 소장본을 충실히 따른 책으로서 거의 수정 없이 그대로 옮겨 놓고 있으며, 언해문에서는 표기법을 부분적으로 수정하였으나 그 문맥은 동일하게 하고 있어서 언뜻 보기에는 복각 수정본으로 여겨질 정도이다. 이 규장각본은 표기법으로 미루어 17세기 후반에서 18세기 중반에 간행된 것으로 추측된다.

　여기서는 초간본으로 추정되는 이원주 교수 소장본의 ≪정속언해≫ 복사물을 활용하여 글꼴을 분석하였다.

(2) 판면 구성의 특징

　이원주 교수 소장본의 ≪정속언해≫는 사주쌍변에 반엽광곽이 세로 가로 각각 27×19.5㎝이고, 유계에 매 면 10행으로 되어 있다. 주석은 쌍행으로 한문 원문은 매행 21자, 한글은 매행 22~26자로 되어 있다. 판심은 흑구에 상하내향흑어미이며, 서명 '정속'과 장차가 어미 사이에 있다.

이 ≪정속언해≫는 판각 상태가 나쁘며 쇄출 상태나 보존 상태도 좋지 못할 뿐만 아니라 문헌이 훼손되어 종이를 덧대고 다시 쓴 부분이 많이 보인다. 다시 쓴 내용은 거의 원본을 그대로 필사하기는 했으나 글꼴은 본래의 것과 전혀 달라 글꼴 분석에는 참고할 수 없다. 그러므로 여기서는 훼손되지 않은 지면에서 비교적 글꼴이 충실하게 재현된 것을 추출하려고 노력하였으나 워낙 쇄출 상태가 좋지 않아 글꼴이 고르지 못할 뿐만 아니라 같은 글자라도 그 형태가 크게 달라 본래 자본의 형태를 추정하기에 어려움이 많다.

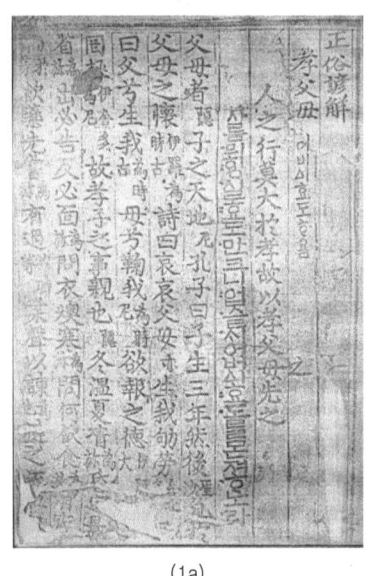 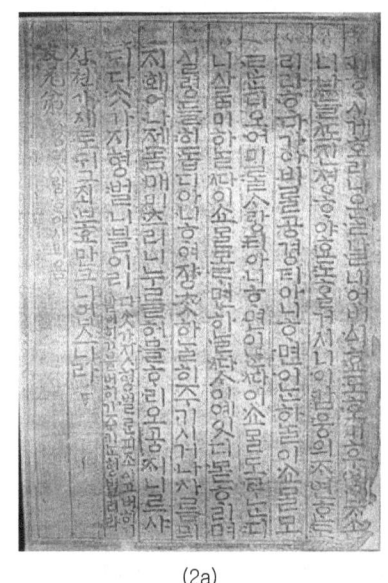

(1a)　　　　　　　　　　(2a)

<그림 5-12> ≪정속언해≫(이원주 교수 소장본)

〈그림 5-12〉에서 (1a)의 우측 상단 제목 부분은 훼손되어 종이를 덧댄 후 다시 쓴 것이며, 아래 좌측 부분 역시 훼손된 상태이다. 또한 (2a)에서도 좌측 상단 부분의 글자는 다시 쓴 것으로서 본래의 글꼴과 크게 다르다는 것을 희미하게나마 확인할 수 있다.

(3) 글꼴의 특징

<그림 5-13> ≪정속언해≫ 대표글자

2. 정속언해

≪정속언해≫는 매 행마다 글자 수가 크게 달라 글자의 크기 변화도 매우 심하게 나타난다. 또한 판각과 쇄출 상태가 좋지 못한 이유도 있겠으나 〈그림 5-13〉 대표글자에서 볼 수 있듯이 전체적인 글꼴도 일정하게 표현되지 못하고 있다.

뿐만 아니라 〈그림 5-14〉에서 보는 것과 같이 동일한 글자라도 그 형태 차이가 심해 특성을 한마디로 표현하기 어렵다.

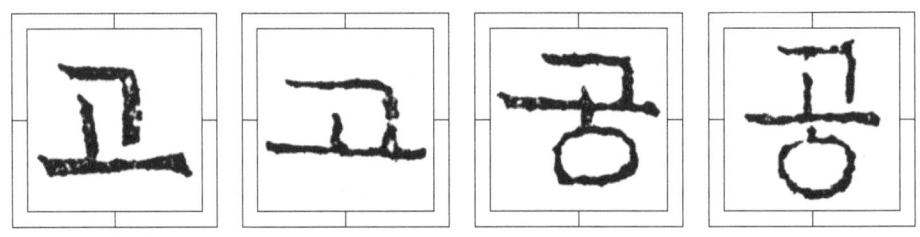

<그림 5-14> ≪정속언해≫에 나타난 '고, 공' 자

〈그림 5-15〉에서 보듯이 동일한 '뎌' 자에서 일반적인 시각으로 볼 때 (a)가 가장 안정된 글꼴로 볼 수 있겠으나 ≪정속언해≫에 나타난 글꼴의 출현 빈도는 (b)나 (c)가 더 높다.

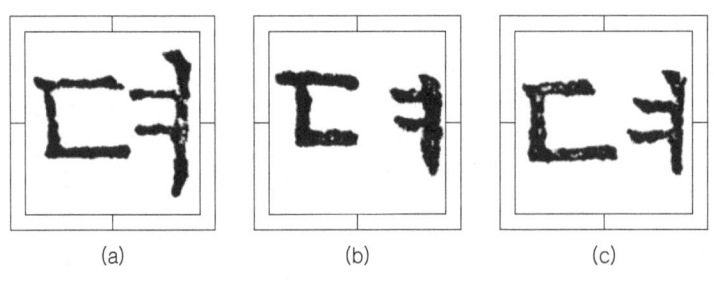

<그림 5-15> ≪정속언해≫에 나타난 '뎌' 자

이와 같이 동일한 글자이면서 형태가 다양하게 나타나는 근본 원인은 이 문헌이 지방에서 간행된 것으로서, 이 당시(16세기 초)의 상황이 기하학적 해례본 글꼴에서 해서체 글자로 전환되는 과정에 있는 시기이므로 필사자가 아직 필사의 원칙과 틀을 확립하지 못했기 때문이라 생각된다. 당시에는 중앙과 지방의 문화적 차이가 매우 커서 지방에서 출간한 것들은 중앙의 서적에 비해 조잡한 것이 매우 많았다.

≪정속언해≫는 이와 같이 글꼴이 거칠고 고르지 못한 단점은 있으나 정교하고 절제된 글꼴을 보이는 중앙 판본과는 다르게 글꼴에 꾸밈이 없어 실제 당시 문자생활에 사용되고 있는 필체의 일면을 엿 볼 수 있는 특징을 갖고 있다. 또한 〈그림 5-13〉 대표글자에서 '과, 논, 완' 자에서 보는 것과 같이 자소간의 접필이 빈번히 나타나고 있어 미미하나마 해례본 글자나 을해자 한글자, 또는 인경목활자와 같이 자소 중심이 아닌 글자 중심의 글꼴로 변화되고 있음을 알 수 있다.

≪정속언해≫에 나타난 글자의 폭은 부분적으로 심한 변화가 보이기는 하지만 대체로 일정한 편이다. 이에 비해 높이는 그 변화의 정도가 매우 심하다. 〈그림 5-15〉의 '뎌' 자와 같이 동일한 글꼴에서도 높이가 크게 다른 경우도 자주 눈에 띄지만 특히 글꼴의 구조적 특성에 따라 변화가 매우 심하게 나타나고 있다. 즉, '니, 그' 등과 같이 비교적 점획이 단순한 글자는 높이가 매우 낮은 반면, '를, 화' 등과 같이 점획이 복잡한 글자는 높게 쓰고 있다.

〈그림 5-16〉 ≪정속언해≫에 나타난 다양한 글자 높이

〈그림 5-16〉에서 '오, 리, 어, 그' 등의 글자는 '를, 화'에 비해 높게는 1/3 정도, 낮게는 1/2 이하의 높이를 보이고 있음을 알 수 있다. 이렇게 함으로써 높은 글자 1자 간격에 낮은 글자 2자, 또는 높은 글자 2자 간격에 낮은 글자 3자가 들어가도록 필사하고 있다. 그러나 같은 글자에서도 높이가 현저히 다른 경우가 많이 보이는 것으로 보아 글꼴의 구조적 특성만으로 글자의 높이를 조절한다거나 그 외의 어떤 특별한 의도를 갖고 글자의 높이를 조절하고 있는 것은 아니라고 생각된다. 다만 의도적으로 글자를 각 행의 끝에 정확하게 맞추기 위해 높이를 조절한 예는 찾아 볼 수 있다.

(4) 자소의 특징

아래 〈그림 5-17〉의 자소에서 볼 수 있듯이 ≪정속언해≫에 나타난 자소들도 쇄출 상태가 좋지 못해 정확한 특성을 밝히기 힘들다. 그러나 'ㅂ, ㅍ' 정도를 제외하고는 해례본 자소의 모습을 상당히 닮아 있음을 볼 수 있다. 그러나 전반적인 글꼴 구조로 미루어 이것은 해례본 글꼴을 따른 것이 아니라 필사자의 필체 특성에 의한 것이라고 생각된다.

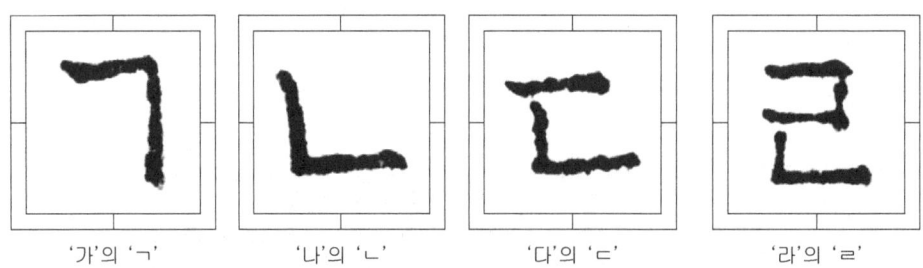

'가'의 'ㄱ'   '나'의 'ㄴ'   '다'의 'ㄷ'   '라'의 'ㄹ'

제5장 16세기 문헌별 글꼴 분석 _ 205

2. 정속언해

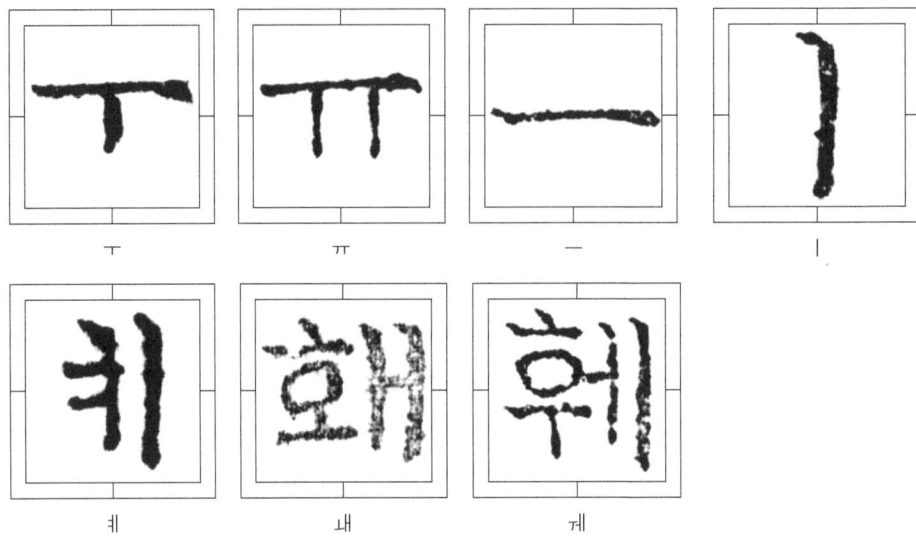

<그림 5-17> ≪정속언해≫에 나타난 자소

이 문헌에 나타난 글자 중 비교적 쇄출 상태가 양호하고 글꼴이 고르며, 필사자의 필체가 잘 나타난 부분을 보면 <그림 5-18>과 같다.

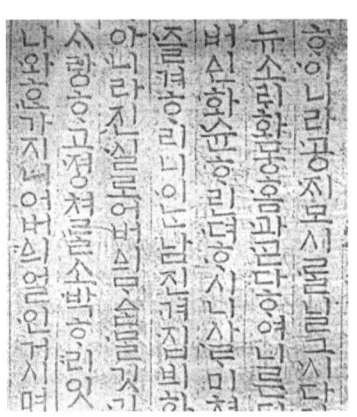

<그림 5-18> ≪正俗諺解≫의 부분(6a)

〈그림 5-18〉에서 볼 수 있듯이 글꼴은 일정치 않으나 대체로 1496년에 인경 목활자로 쇄출한 ≪육조법보단경언해≫와 1455년에 제작된 을해자 한글자로 1518년에 쇄출한 ≪여씨향약언해≫에서 볼 수 있는 정형화된 글꼴과는 다르게 자면을 최대한 활용하여 자음 자소를 크게 처리한 독특한 필체의 세리프가 있는 한글자임을 알 수 있다. 실제로 〈그림 5-19〉에서 보는 것과 같이 ≪정속언해≫의 글꼴이 ≪육조법보단경언해≫나 ≪여씨향약언해≫의 글꼴보다 대체로 자음의 크기가 클 뿐만 아니라 각각의 글자 우측 모음과의 간격도 최대한 벌려놓고 있음을 확인할 수 있다. 이로 인해 중성 모음의 크기는 상대적으로 작게 표현되고 있다.

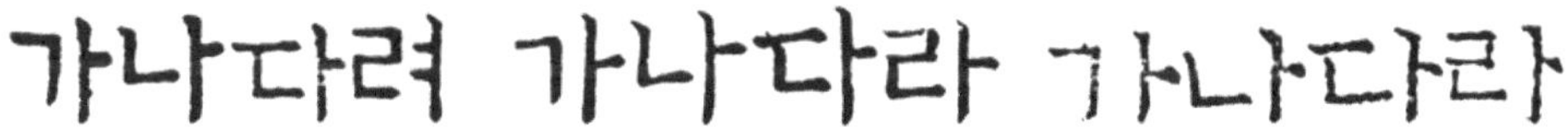

가나다려 가나다라 가나다라

≪육조법보단경언해≫   ≪여씨향약언해≫   ≪정속언해≫

〈그림 5-19〉 ≪육조≫, ≪여씨≫, ≪정속≫의 한글 글꼴 비교

이와 같이 자면을 최대한 활용하면서 자음 자소를 크게 표기했다고 하여 해례본 글꼴의 영향이 남아 있는 것으로 보아서는 안 될 것이며, 이는 글자 내의 자소의 위치와 형태로 보아 앞에서 밝힌 것과 같이 해례본 영향에서 벗어난 필사자의 필체 특성으로 보아야 할 것이다.

그러나 초·종성 자음의 크기 비례를 보면, 〈그림 5-20〉과 같이 초성 자음의 가로 크기보다 종성 자음이 크게 표기된 것이 많이 보인다. 이러한 것은 해례본 글꼴의 영향을 완전히 벗어나지 못한 과도기적인 상황에서 보이는 글꼴이다.

<그림 5-20> ≪정속언해≫에 나타난 '근, 곡' 자

　이와 같이 ≪정속언해≫의 글자들은 해례본 글꼴에 비해 초·종성 자음의 크기를 다소 융통성 있게 표현하면서 해례본 글꼴의 기하학적 정적인 균형미 대신 변화를 통한 동적인 균형미를 보여주고 있다.

　〈그림 5-21〉에서 보면, '받' 자의 자소 크기와 위치, 특히 받침 'ㄷ'은 해례본 글꼴의 영향이 남아있으며, '그, 고' 자는 해례본 글꼴의 흔적은 거의 사라졌다고 보아야 한다. 특히 '고' 자에서 초성 'ㄱ'의 세로획 수필 부분을 확연하게 좌측으로 구부러지도록 필사한 것은 ≪육조법보단경언해≫나 ≪여씨향약언해≫에서도 찾기 어려운 경우로서, 글자 중심의 글꼴에 보다 가깝게 접근하고 있다는 것을 보여주는 예이다.

<그림 5-21> ≪정속언해≫에 나타난 '받, 그, 고' 자

　≪정속언해≫에서 획이 구부러지는 경향은, 〈그림 5-17〉의 'ㅅ, ㅈ, ㅊ'에서는 뚜렷하게 나타나지 않으나 아래의 〈그림 5-22〉의 '쇽, 옷, 죵, 치' 자에서는 뚜렷

하게 보이고 있다. 이러한 현상은 'ㅅ'에서 그 출현 빈도가 조금 높을 뿐 'ㅈ, ㅊ'에서는 쉽게 발견되지 않는다. 그러나 판본에서 이와 같이 구부려 쓰는 표기가 나타난 것으로 미루어 실제 생활에서는 이미 널리 쓰이고 있음을 추측할 수 있다.

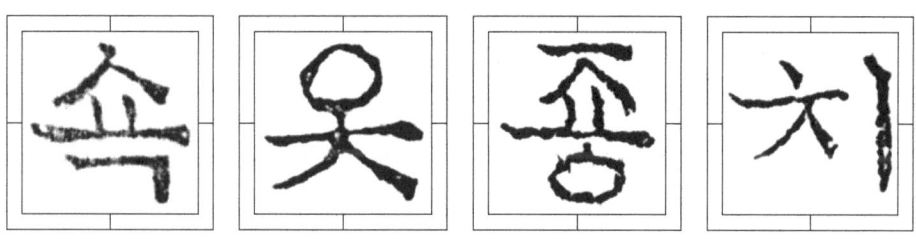

<그림 5-22> ≪정속언해≫에 나타난 '쇽, 옷, 즁, 치' 자

<그림 5-23> ≪정속언해≫에 나타난 '거, 겨' 자

극히 일부이기는 하나 <그림 5-23>과 같이 '거, 겨'와 같은 글자에서 초성 'ㄱ'의 세로획이 미약하나마 좌측으로 구부러져 필사한 형태도 볼 수 있다. 'ㄱ, ㅅ, ㅈ, ㅊ'에서 뿐만 아니라 초성 'ㅋ'의 세로획, 초성 'ㄴ, ㄹ'의 하단 가로획 등도 구부러져 표기된 것이 발견된다.

210 _ 2. 정속언해

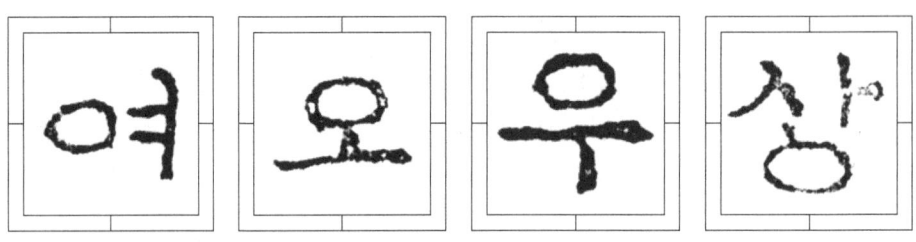

<그림 5-24>　≪정속언해≫에 나타난 '여, 오, 우, 상' 자

또한 해례본 글꼴에서 정원으로 표기되었던 'ㅇ'의 경우도 변화된 모습을 볼 수 있다. <그림 5-24>에서 나타난 'ㅇ'은 뚜렷한 타원으로서 필사자가 의도적으로 표현한 것으로 생각된다. ≪월인석보≫나 ≪육조법보단경언해≫, 혹은 ≪여씨향약언해≫에서도 간혹 이와 같이 타원으로 처리한 듯한 'ㅇ'을 발견할 수 있으나 그것은 의도적이라기보다 필사에 의한 오차라고 보아야 할 것이다.

<그림 5-25>　≪정속언해≫에 나타난 '슈, 슌, 유' 자

<그림 5-25>의 '슈, 슌, 유' 자와 같이 중성 모음 'ㅠ'의 좌측 점이 우측 점보다 약간 짧고 휘어있는 것을 볼 수 있으며, <그림 5-26>의 '됴, 효' 자에서와 같이 'ㅛ'에 있어서도 점의 길이와 형태가 변화된 것이 발견된다.

<그림 5-26> ≪정속언해≫에 나타난 '됴, 효' 자

이와 같이 변화된 'ㅛ, ㅠ'가 자주 나타나는 편이지만 변화되지 않은 형태의 것들도 적지 않게 보이고 있다. 참고로 ≪석보상절≫에서 'ㅛ, ㅠ'의 상·하단 점은 동일한 길이로 나란히 표기되었으며, ≪여씨향약언해≫의 을해자에서는 'ㅠ'의 변화만이 뚜렷하게 보였을 뿐이다.

<그림 5-27> ≪정속언해≫에 나타난 '듕' 자의 형태

'듕' 자 'ㅠ'의 하단 점획의 경우, ≪육조법보단경언해≫나 ≪여씨향약언해≫에서는 좌우로 벌려 자소간 변별력을 높이고 있으나 ≪정속언해≫에서는 <그림 5-27>에서 보는 것과 같이 그러한 시도가 나타나지 않고 있어 점획을 좌우로 벌린 'ㅠ'의 형태는 중앙 판본 문헌에서만 나타나는 것이 아닌가 추측해 볼 수 있다.

2. 정속언해

(5) 점획의 특징

〈그림 5-28〉에서 보면, ≪정속언해≫의 글자들은 대체로 세리프가 선명하게 보이고 있으나 일관성은 없는 듯하다.

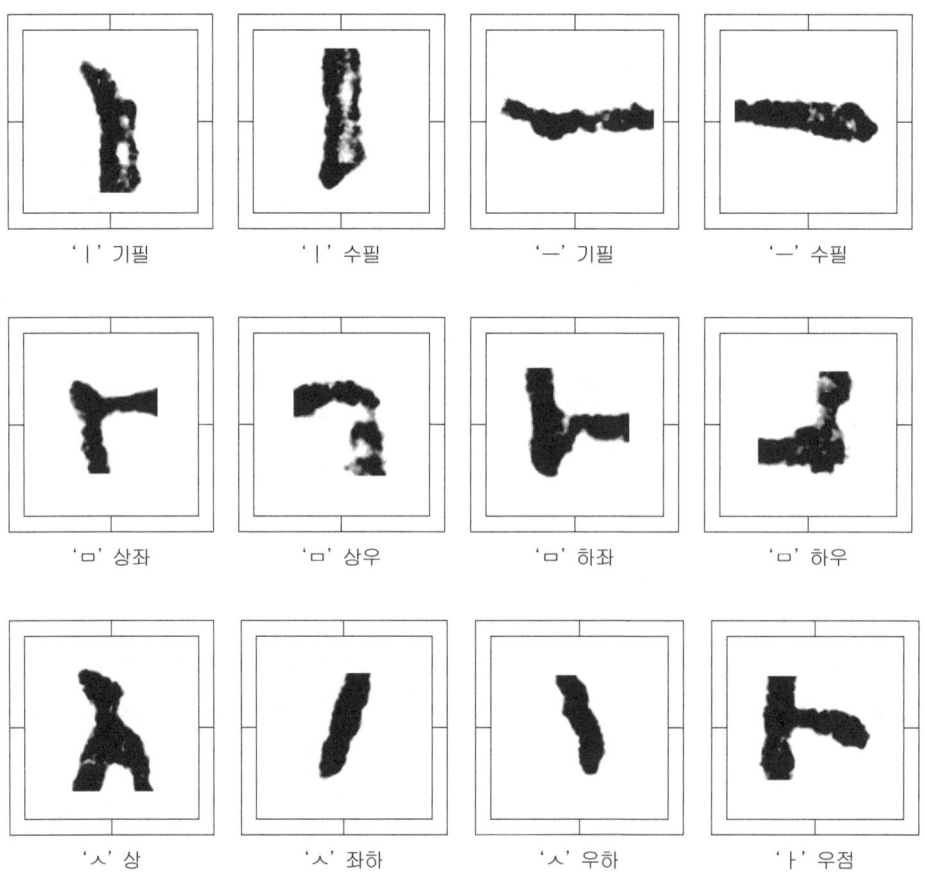

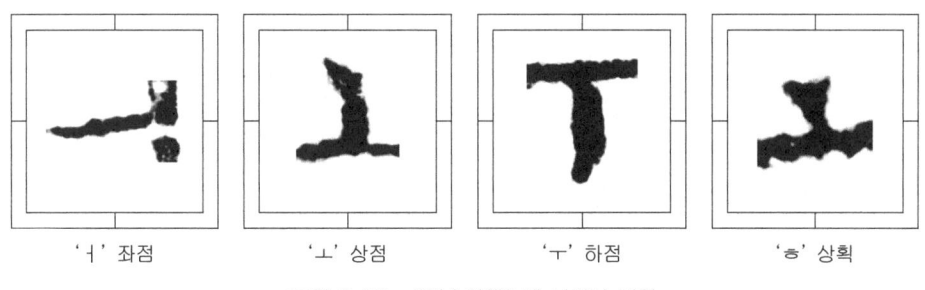

'ㅓ'좌점   'ㅗ'상점   'ㅜ'하점   'ㅎ'상획

<그림 5-28> ≪정속언해≫에 나타난 점획

앞에서 보여주는 점획들은 비교적 균형 잡힌 글자들에서 추출한 것이므로 세리프의 형태가 안정되어 있지만 그렇지 않은 글자들이 더 많다.

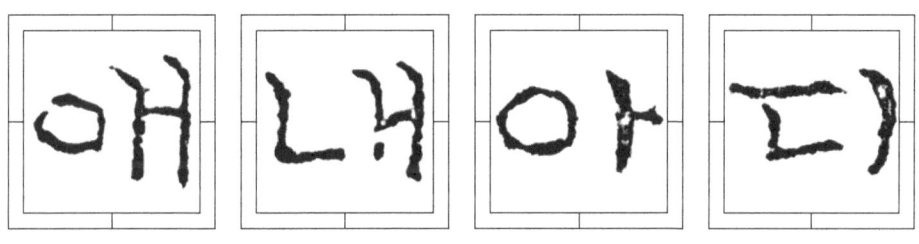

<그림 5-29> ≪정속언해≫에 나타난 '애, 내, 아, 디' 자

〈그림 5-29〉의 '애, 내' 자에서 볼 수 있듯이 'ㅐ'의 세로획 기필 형태와 같이 약간 길게 과장된 듯한 세리프도 눈에 띄며, '아, 디' 자의 'ㅏ, ㅣ'와 같이 세로획이 구부러진 독특한 세리프도 보이지만 전체적으로는 앞에서 제시한 〈그림 5-15〉의 '뎌' 자와 같이 세리프 부분을 제외하고는 굵기가 거의 일정한 모습을 보이고 있다. 60쪽에 불과한 ≪정속언해≫ 한 문헌에서 이와 같이 다양한 유형의 세리프가 보인다는 것은 각각의 한글 자소에 대한 세리프 표현 기준이 없었기 때문으로 생각된다.

점획의 굵기는, 쇄출 상태가 고르지 못하며 분석 자료가 본래의 목판에서부터 쇄출, 복사 등의 과정을 거치면서 글꼴에 많은 왜곡이 있었을 것으로 생각되어 한마디로 확언할 수 없는 상황이다. 다만 쇄출 상태로 미루어 위의 〈그림 5-13〉의 대표글자 가운데 '원, 나, 배, 보, 욕, 우, 츠, 몯, 깃' 등의 글자에서 보여주는 점획의 굵기나 이보다 조금 굵은 정도가 이 문헌의 일반적 형태가 아닌가 추측해 볼 수 있다.

    점획의 형태와 구조에 있어서는, 위의 〈그림 5-29〉에서 '아, 디' 등과 같이 내려 긋는 획이 왼쪽으로 구부러지면서 점차 가늘어지는 특이한 경우가 적지 않게 보인다.

(6) 요약

위에서 분석한 ≪정속언해≫의 글꼴, 자소, 점획에 대한 내용을 요약하면 다음 〈표 5-2〉와 같다.

〈표 5-2〉 ≪정속언해≫ 글꼴 분석 요약

구 분		내 용
글 꼴		글자의 크기와 형태의 변화가 매우 심하여 일정한 글꼴의 틀을 가늠하기 어려움. 자소 간의 접필 현상이 빈번히 나타남으로써 글자 중심의 글꼴을 나타냄. 글자의 폭은 대체로 일정하나 높이는 글자의 구조에 따라 차이가 매우 심하게 나타남.
자 소	자소 구조	'ㅂ, ㅍ' 등 일부 자소를 제외하고는 대부분 해례본 자소의 모습을 닮아 있으나 이는 필체 특성에 의한 것으로 보임. 극히 일부 초성 'ㄱ, ㅋ'에서 세로획의 구부러진 현상이 나타남. 초성 'ㄴ, ㄹ' 하단 가로획의 구부러짐 현상이 보임. 'ㅅ, ㅈ, ㅊ'의 좌측 사획의 구부러짐 현상이 가끔 보임. 'ㅇ'이 의도적인 타원으로 나타남. 'ㅛ, ㅠ'에서 상·하 2개 점의 길이와 방향이 각각 달리 표기됨. '듕' 자 'ㅠ'의 하단 점이 좌우로 벌어지지 않음.
	자소크기 비례	초·중성이 병서로 이루어진 글자에서 초성 자음이 크게 나타나며, 상대적으로 중성모음이 작게 표기되고 있음. 초·중·종성이 연서로 표기된 글자에서 초성 자음보다 종성 자음이 크게 표기된 경우가 보임. 해례본 글꼴과 비교할 때 초·종성 자음의 크기가 대체로 작게 표현됨.
점 획	세리프의 유무	있음.
	세리프의 형태	선명하게 나타나고 있으나 일정하게 통일된 형태를 갖추지 못함. 세로획 기필에서 인위적으로 과장된 세리프가 자주 보임.
	점획의 굵기	글자에 따라 굵기의 변화가 매우 심함. 비교적 가늘고, 행필 부분의 굵기가 일정함.
	점획의 구조	'ㅏ, ㅣ' 등과 같은 세로획이 휘어진 경우가 빈번히 나타남.

3. 장수경언해(長壽經諺解)

(1) 문헌 소개

여기서 참조한 ≪장수경언해≫의 원제는 ≪불설장수멸죄호제동자다라니경(佛說長壽滅罪護諸童子陁羅尼經)≫으로서 경북대출판부에서 원색사진판으로 영인한 것이다. 이 문헌의 간행 시기는 정확하게 알 수 없으나 16세기 전반에 쇄출된 것으로 추측된다. 목판본으로 쇄출된 이 문헌은 본문의 앞부분과 뒷부분이 각각 2장씩 떨어져 나갔으며, 17세기에 이 부분을 붓으로 내용을 적어 표지와 함께 추가한 후 다시 제본한 것으로 보인다.[3]

본래 ≪장수경≫은 인도 승려 불타파리(佛陁波利)가 한문으로 번역한 것으로서, ≪불설장수멸죄호제동자다라니경≫은 석가가 문수사리보살에게 모든 중생의 죄를 없애고 오래 사는 법을 말한 불경으로, 여기서 석가는 과거에 보광정견여래가 전도에게 말한 내용을 상기하면서 장수멸죄의 의미를 설명하고 있다.

(2) 판면 구성의 특징

≪장수경언해≫의 크기는 30.1×20.8cm로 79장이 현존하며 총 87장 혹은 88장으로 추측된다. 사주 쌍변, 반곽 약 20.9×16.1cm, 유계, 9행 15자이며 언해문은

---
[3] 본 문헌 소개는 남권희(2000)의 내용을 참조한 것임.

작은 글자로 한 행 내 두 줄로 처리되어 있다. 판심은 주로 상하대흑구와 상하내향흑어미로 나타나 있으며 제1장~8장은 상하대흑구가 없다. 또한 제19, 20장의 아래 흑어미에 한자 '修(수)'의 좌측 부수에 해당하는 모양의 각수 표시가 새겨져 있다.

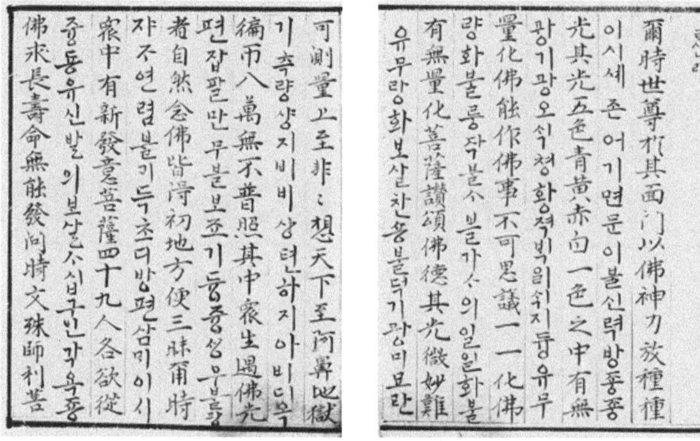

<그림 5-30> ≪장수경언해≫의 본문(2a, 2b)

<그림 5-31> ≪장수경언해≫의 본문(13a, 13b)

218 _ 3. 장수경언해

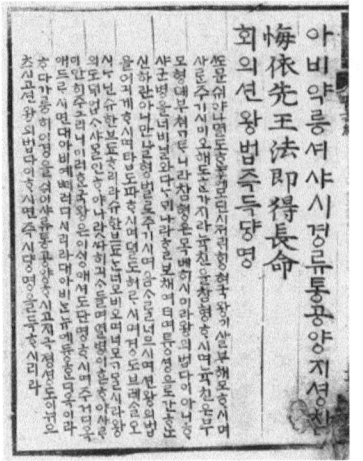

<그림 5-32> ≪장수경언해≫의 본문(63a, 63b)

본문의 구성을 보면, 한문 원문 한 행 다음에 한글 음 한 행씩 번갈아 가면서 쓰여 있으며, 이러한 형태로 한 단락이 끝나면 그 단락의 작은 한글 언해문이 한 행 내 두 줄로 1자 내려 적고 있다. 그러므로 이 문헌에서 큰 글자는 주로 한자 음을 표현하고 있어 '브, 츠, 카' 등과 같이 한자 음이 없는 글자가 나타나지 않아 대표글자 추출이 불가능했다.

앞의 '(1) 문헌 소개'에서도 말했듯이 이 문헌에서는 1a~2b, 80a~81b가 각각 필사되어 있으며, 3a~16b는 목판면으로서 판각된 서체의 변화가 매우 심하게 나타나고, 이후 17a~79b까지는 대체로 일정한 서체의 흐름을 보이고 있다. 〈그림 5-30〉의 2a, 2b는 필사된 면의 모습이며 〈그림 5-31〉의 13a, 13b는 전반부 서체 중 일부 면의 모습이고 〈그림 5-32〉의 63a 63b가 이 문헌의 대부분을 차지하고 있는 후반부 서체가 나타난 면이다. 이들 서체에 대해서는 '(3) 글꼴의 특징'에서 다시 논의하겠다. 이 문헌의 한글 음 부분에서는 구두점을 사용하고 있어 한문 내용을 끊어 읽을 수 있도록 하고 있다.

(3) 글꼴의 특징

〈그림 5-33〉의 대표글자에서 볼 수 있듯이 ≪장수경언해≫에 나타난 전체적인 한글 글꼴 특징은 균형이 잡히지 않아 자소의 안정이 이루어졌다고 보기 힘들다.

〈그림 5-33〉 ≪장수경언해≫ 대표글자

또한 한 문헌 내에서 동일인의 필체로 추측되기는 하지만 적어도 세 종류 정도의 서체가 나타난다.

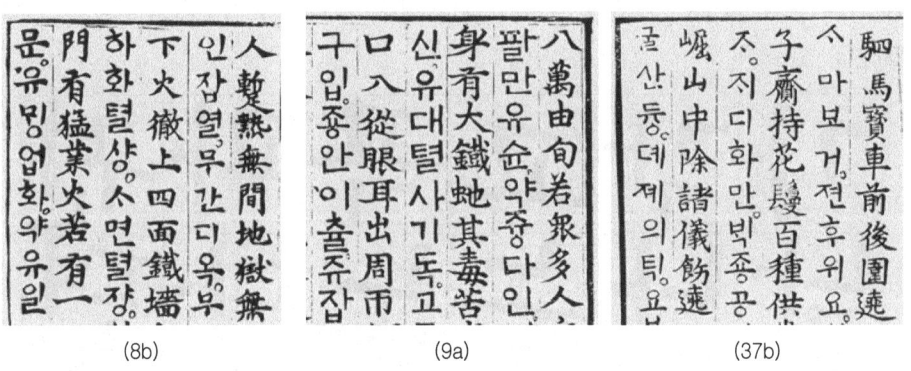

<그림 5-34> ≪장수경언해≫의 본문 일부분

위의 <그림 5-34>에서 보면 (8b)는 대체로 점획의 굵기가 굵으면서 기필과 수필의 굵기 변화가 매우 큰 반면 (9a)에 나타난 글자는 세리프가 거의 나타나지 않는 산세리프 유형의 글자로서 점획의 굵기 변화가 거의 없음을 볼 수 있다. 이에 반해 (37b)에 나타난 글자는 점획의 굵기가 (8b)에 비해 굵지 않으면서 굵기 변화도 그리 심하지 않은 세리프체임을 볼 수 있다. 이를 좀 더 구체적으로 살펴보면 다음과 같다.

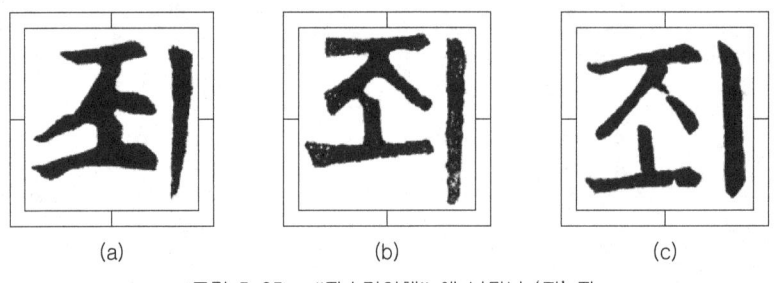

<그림 5-35> ≪장수경언해≫에 나타난 '죄' 자

제5장 16세기 문헌별 글꼴 분석 _ 221

〈그림 5-35〉의 (a)는 8b에 나타난 글자이며 (b)와 (c)는 각각 (9a)와 (37b)에 나타난 글자이다. 여기서 알 수 있듯이 전반적으로 글꼴의 구조나 필체로 보아서는 동일인의 필체임을 추측할 수 있으나 대체로 (a)와 (c)는 세리프체의 모습을, (b)는 산세리프체의 모습을 보이고 있다.

여기서 대표글자 선정은 본문 중 가장 많은 부분을 차지하고 있는 (c) 유형에서 추출하였다.

전반적으로 자간은 글자의 수를 맞추기 위해 일정한 간격을 유지하고 있으며, 글자의 폭과 높이도 급격한 변화없이 대체로 일정하게 나타나고 있다. 그러나 위의 대표글자에서 보는 것과 같이 점획의 표현과 처리가 매우 불규칙하고 불안정하여 전체적으로도 단정하지 못하게 보인다.

전반적인 글꼴의 구조를 보면, 위의 〈그림 5-33〉 대표글자와 〈그림 5-36〉의 '법' 자에서 보듯이 해례본 글꼴에 비해 대체로 초·종성 자음의 크기가 현대 궁서체와 유사하게 작게 표현되어 있으며, 특히 대표글자의 '냑' 자나 〈그림 5-36〉의 '약' 자와 같이 초·중성은 병서로, 종성 자음은 하단에 위치한 글꼴의 경우 종성 자음이 초성 밑에 위치하는 경우가 빈번히 나타난다. 그러나 대표글자의 '권' 자와 〈그림 5-36〉 '현' 자에서 볼 수 있듯이 종성 자음이 'ㄴ'일 경우에는 글자의 우측으로 치우쳐 표기한 경우가 대부분이다.

 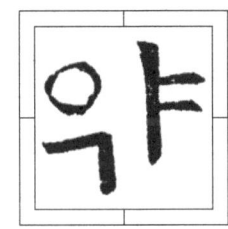 

〈그림 5-36〉 《장수경언해》에 나타난 '법, 약, 현' 자

한 가지 특이한 것은, 〈그림 5-37〉의 '력, 일, 작' 자에서 볼 수 있듯이 17세기에 직접 필사한 것으로 추측되는 문헌 전반부의 한글 글꼴에서도 대표글자의 '낙' 자나 〈그림 5-36〉의 '약' 자와 같이 초성 자음 밑에 종성 자음이 위치한 글자가 매우 빈번하게 보인다는 점이다.

<그림 5-37> 《장수경언해》에 나타난 필사체 '력, 일, 작' 자

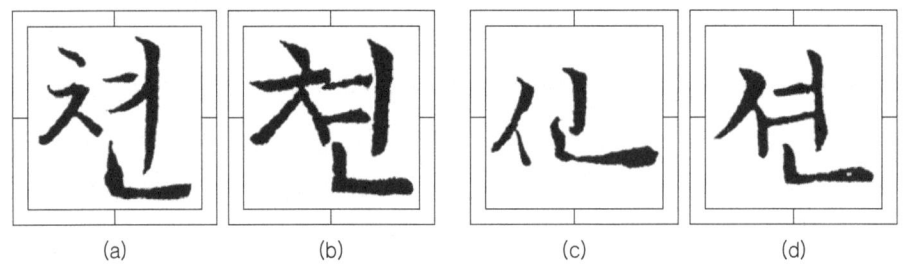

<그림 5-38> 《장수경언해》에 나타난 '쳔, 신, 션' 자

뿐만 아니라 〈그림 5-36〉의 '현' 자와 같이 종성 자음이 'ㄴ'인 경우 우측으로 치우쳐 필사한 글자도 매우 자주 나타나고 있다. 〈그림 5-38〉에서 (a)의 '쳔' 자와 (c)의 '신' 자는 필사한 글자이며, (b)의 '쳔' 자와 (d)의 '션' 자는 목판본에 나타난 글자로서 이들 글자 모두 종성 'ㄴ'의 표현뿐만 아니라 글꼴 역시 유사하게 표현되어 있다. 문헌의 여러 정황으로 미루어 17세기에 쓰였다고 추측되는 필사 글자가 무려 1백 년 전에 쇄출된 판본 글꼴과 매우 유사하게 나타난 것이

단순히 우연인지, 또는 후대에 필사하면서 원본의 필체를 일부러 모방한 것인지, 아니면 이러한 유형의 필체가 이 시기에 흔히 쓰이고 있었는지에 대해서는 좀 더 깊이 있는 연구가 필요할 것이다.

<그림 5-39> ≪장수경언해≫에 나타난 '파' 자

이 문헌에서, 동일한 글자이면서 글꼴이 크게 다른 경우는 많이 발견되지 않는다. 물론 목판본으로서 글꼴이 모두 동일할 수는 없겠지만 〈그림 5-39〉의 '파' 자에서 보는 바와 같이 대체로 일정한 글꼴을 보이고 있다.

특이한 글꼴로서, 15세기 ≪육조법보단경언해≫와 ≪여씨향약언해≫에서 몇몇 글자들이 'ㅠ' 아래에 'ㅇ'이 올 때 글자의 변별력을 높이기 위해 'ㅠ'의 세로점 두 개를 양쪽으로 벌려 표기했던 것이 〈그림 5-40〉 ≪장수경언해≫의 '듕, 튱' 자에서 그대로 재현되고 있다는 점이다. 뿐만 아니라 '뉵, 슈' 자에서 볼 수 있듯이 이에 영향을 받아 과잉 표기된 현상이 보이기도 한다.

   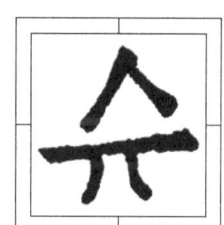

<그림 5-40> ≪장수경언해≫에 나타난 '듕, 튱, 뉵, 슈' 자

또한 본 분석에 참고한 원색 영인본 58b에서 보면 한자 '聞(문)'의 음으로 〈그림 5-41〉과 같은 한글자가 나타난다. '몬'과 '문'이 함께 표시되어 있는 듯한 이 글자는 영인 작업에서 생긴 문제인지 또는 '문' 자의 오각인지 확실하지 않으나 필자가 보기에는 오각인 듯하다.

<그림 5-41> ≪장수경언해≫에 나타난 '문' 자

(4) 자소의 특징

아래 〈그림 5-42〉에서 볼 수 있듯이, ≪장수경언해≫에 나타난 글자에서 초성 자음 'ㄱ'의 세로획은 대체로 수직으로 내려 긋고 있으며, 초성 자음과 중성 모음간의 접필이 이루어지지 않은 경우가 대부분이다.

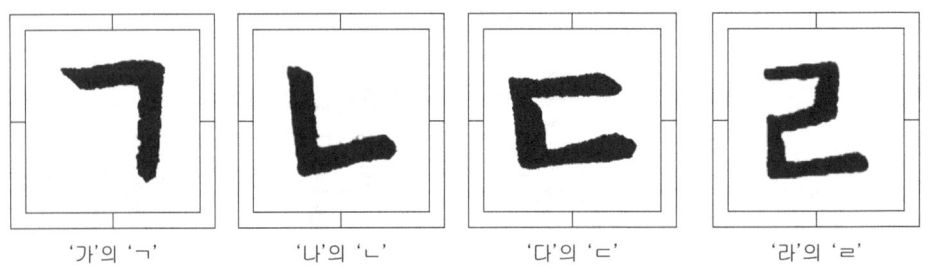

'가'의 'ㄱ'   '나'의 'ㄴ'   '다'의 'ㄷ'   '라'의 'ㄹ'

제5장 16세기 문헌별 글꼴 분석 _ 225

<그림 5-42> ≪장수경언해≫에 나타난 자소

초성 자음 'ㅅ'은 대체로 획이 가늘고 좌우 획 상단이 서로 맞닿아 있으며, 'ㅇ'은 다른 자소보다 가늘게 표기된 경우가 많다. 'ㅈ'에서 좌측 획이 상단 가로획의 중간에서부터 시작되는 경우가 많으나 아래 〈그림 5-43〉에서 '쟝, 즉' 자와 같이 극히 일부 글자에서는 가로획 우측 끝에서 시작되는 경우도 확인된다. 그러나 'ㅊ'에서는 이러한 모습이 보이지 않는다.

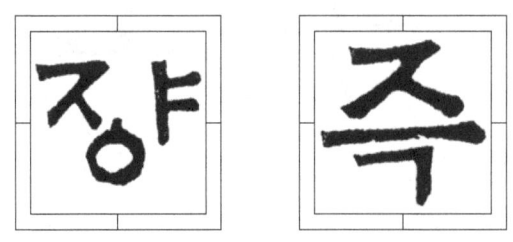

<그림 5-43> ≪장수경언해≫에 나타난 '쟝, 즉' 자

위의 〈그림 5-42〉에서 볼 수 있듯이 'ㅌ'은 'ㄷ'의 내부에 가로획을 더하여 표기하고 있다.

모음의 형태적 특성을 결정짓는데 중요한 단서를 제공하는 'ㅡ, ㅣ'에 대한 상하좌우의 점은 크기와 모양이 다양하게 변화하고 있음을 위의 모음 자소 'ㅛ, ㅠ' 등의 모습에서 확인된다. 이들 점은 함께 하는 가로 또는 세로획에 접필되어 있는 경우가 대부분이지만 〈그림 5-44〉의 '녀, 려, 텬' 자에서 보는 것과 같이 극히 일부 모음에서 분리되어 있는 경우도 볼 수 있다.

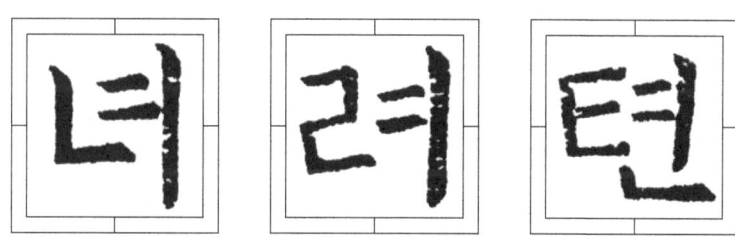

〈그림 5-44〉 ≪장수경언해≫에 나타난 '녀, 려, 텬' 자

〈그림 5-45〉 ≪장수경언해≫에 나타난 '권, 원' 자

또한 〈그림 5-45〉의 '권, 원' 자에서 보는 것과 같이 중성 모음 'ㅝ'에서 'ㅓ'의 왼쪽 점이 항상 'ㅜ'의 가로획 위쪽에 위치하고 있음을 볼 수 있다.

자소의 형태는 전반적으로 안정되어 보이지 않으나 자음 자소의 크기 비례는 현대 명조체나 궁서체에 근접하게 나타나고 있다.

(5) 점획의 특징

≪장수경언해≫에 나타난 한글자는 〈그림 5-46〉의 'ㅣ' 획의 기·수필 모습에서 보는 것과 같이 대체로 세리프가 있기는 하지만 굵기의 변화가 크지 않다.

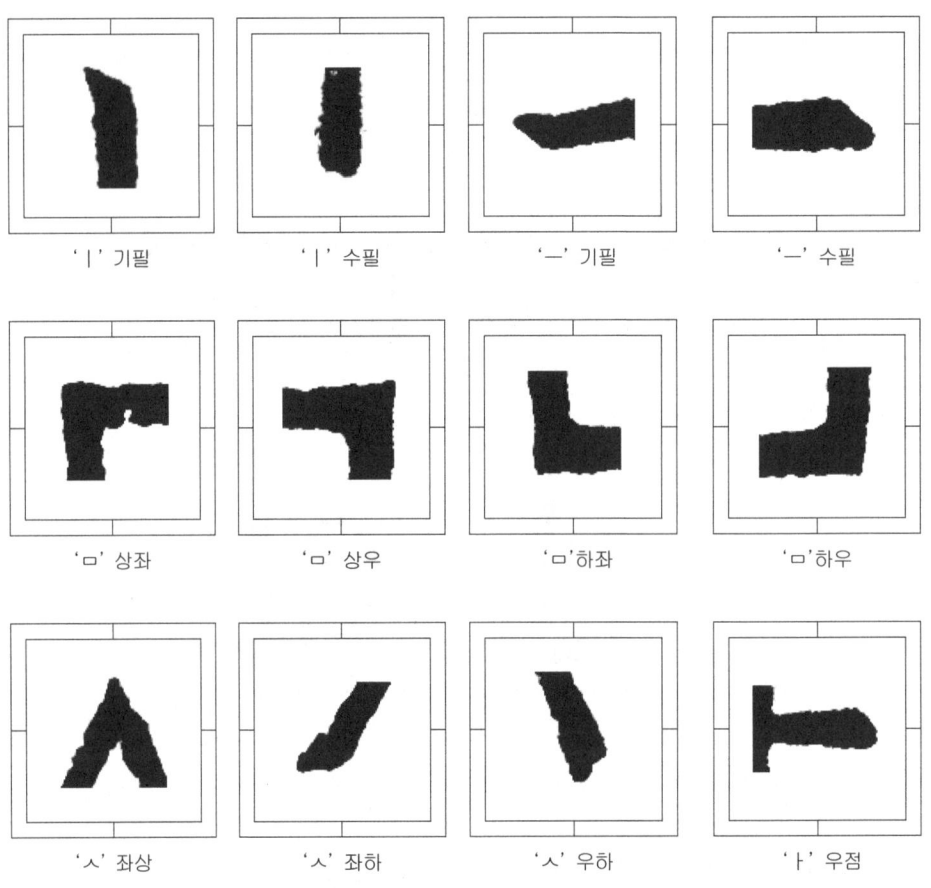

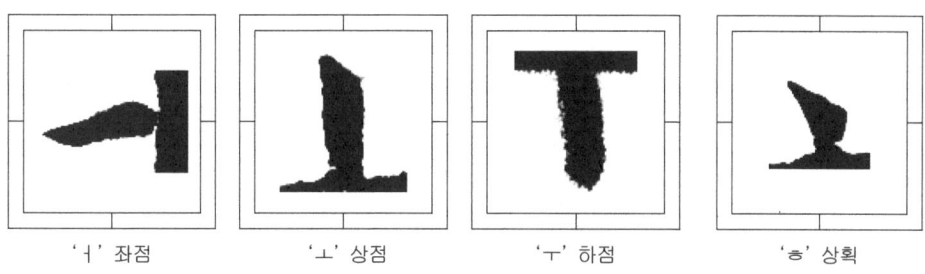

<그림 5-46> ≪장수경언해≫에 나타난 점획

뿐만 아니라 일반적으로 세로획에 비해 비교적 세리프가 선명하게 나타나는 'ㅡ' 획의 기·수필에서도 역시 세리프가 두드러지게 표현되어 있지 않음을 볼 수 있다. 'ㅁ, ㅅ' 등의 자소에서 기·수필 접필 부분의 세리프 역시 선명하게 드러나지 않고 있다. 다만 〈그림 5-47〉의 '차, 현' 자에서 볼 수 있듯이 'ㅎ, ㅊ'의 상단 획은 비교적 세리프가 선명하게 나타나고 있다.

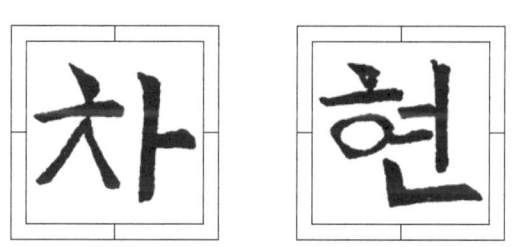

<그림 5-47> ≪장수경언해≫에 나타난 '차, 현' 자

획의 굵기를 보면, 그 하나하나에는 큰 변화가 없으나 〈그림 5-48〉의 '심, 야' 자에서와 같이 획 마다 굵기 변화가 비교적 심한 편이다. 특히 'ㅅ, ㅇ'의 획 굵기는 다른 자소에 비해 대체로 가늘게 표기되어 있는 경우가 많다.

 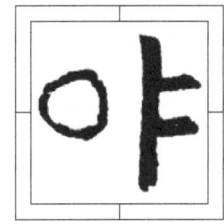

<그림 5-48> ≪장수경언해≫에 나타난 '심, 야' 자

(6) 요약

위에서 분석한 ≪장수경언해≫의 글꼴, 자소, 점획에 대한 내용을 요약하면 다음 〈표 5-3〉과 같다.

〈표 5-3〉 ≪장수경언해≫ 글꼴 분석 요약

구 분	내 용
글 꼴	안정되지 못하여 자소의 조화와 균형이 이루어지지 못함. 적어도 세리프체 두 종류와 산세리프체 한 종류 등 세 종류의 서체가 나타나고 있으나 동일인의 필체로 추측됨. 글자의 폭과 높이가 대체로 일정함. 종성 자음이 하단에 위치한 '약' 자 등에서 종성 자음이 초성 바로 밑에 위치한 경우가 많으나 종성 'ㄴ'의 경우는 우측으로 치우친 경우가 많음. 같은 글자들의 글꼴이 크게 차이나지 않음. '듕' 자와 같이 'ㅠ'와 'ㅇ'이 연서로 올 때 'ㅠ'의 하단 세로 획이 좌우로 벌어지는 경우가 간혹 나타나며, '늌, 슈, 튱' 등에서도 이러한 현상이 과잉표기로 나타남.

구 분		내 용
자소	자소 구조	초성 'ㄱ'에서 세로획이 대체로 수직으로 내려 긋고 있음. 초성 자음과 중성 모음 사이에 접필이 이루어지지 않는 경우가 대부분임. 초성 자음 'ㅅ'은 대체로 획이 가늘고 좌우 획 상단 기필 부분이 접필됨. 'ㅈ'에서 좌측 획이 상단 가로획의 중간에서부터 시작되는 경우가 많으나 우측 끝에서 시작되는 경우도 간혹 나타남. 'ㅌ'은 'ㄷ'의 내부에서 가로획을 더하여 표시하고 있음. 'ㅛ, ㅠ' 등에서 상하 점의 크기와 모양이 단순히 곧게 그어지지 않고 다양하게 변화되고 있음. 극히 일부에서 'ㅡ, ㅣ'가 포함된 모음의 상하좌우 획이 'ㅡ, ㅣ'와 접필되지 않는 경우가 보임. '권, 원'에서 'ㅟ'의 'ㅓ' 좌측 점이 'ㅜ'의 가로획 위쪽에 위치함.
	자소 크기 비례	해례본 글꼴에 비해 초·종성 자음의 크기가 매우 작게 표현되고 있음. 이는 현대 궁서체나 명조체에서 표현되는 크기 비례와 유사함.
점획	세리프의 유무	부분적으로는 나타나지 않는 경우도 있으나 대체로 세리프가 표현됨.
	세리프의 형태	특별히 강조되거나 두드러지게 표현되지 않음.
	점획의 굵기	부분적으로 굵기 변화가 심한 경우도 있으나 대체로 한 자소 내에서는 점획의 굵기 변화가 심하지 않음. 자소에 따라서 굵기 차이가 심하게 남. 특히 'ㅅ, ㅇ'의 획이 가늘게 표현된 경우가 많음.
	점획의 구조	특이 사항 없음.

4. 무예제보(武藝諸譜)

(1) 문헌 소개

≪무예제보≫는 선조 31년(만력 26년, 1598)에 한교에 의하여 간행된 문헌으로 현재까지 알려진 16세기 마지막 한글 문헌으로 알려져 있다.[4] 이 외에도 이 문헌은 임진왜란 이후 최초로 간행된 새로운 문헌이면서 최초로 언해된 병학서(兵學書)로 알려지고 있다.[5]

이 문헌은 그 존재가 잊혔다가 1993년 9월 11일 당시 강원대학교 체육교육과 강사였던 박기동에 의해 국립중앙도서관 비도서 자료실에서 마이크로필름으로 재발견되어 연구·분석이 시작된 것으로서 원본은 프랑스 파리 국립도서관에 소장되어 있는 것으로 알려지고 있다.

≪무예제보≫ 발문의 기록을 보면, 이 문헌은 선조 27년(1594)에 왕의 명에 의해 훈련도감의 제조지휘였던 한교가 명나라 장군인 허국위에게 여러 차례에 걸쳐 물어가면서 중국의 ≪살수제보≫를 번역, 1598년 10월에 간행한 것으로 되어 있다.

우리나라의 전통적인 무예는 고대로부터 궁시가 위주로 되어 왔으나 임진왜란 때의 자극으로 단병[창, 검, 권 등]의 필요성을 느낀 선조가 척계광이 지은 ≪기효신서≫를 보고 도보(圖譜)로 만들게 함으로써 ≪무예제보≫가 간행되었다.

---
[4] 이에 대한 보다 상세한 내용은 김동소(1997, 2000), 박기동(1995)을 참조할 것.
[5] 본 문헌 소개는 김동소(2000)를 참조하였음.

제5장 16세기 문헌별 글꼴 분석 _ 233

　박기동(1994, 1995)에 의하면, 이 ≪무예제보≫는 정조 때 간행된 ≪무예도보통지언해(武藝圖譜通志諺解)≫의 저본이 된 것으로 추정된다고 했으나 김동소(2000)는 ≪무예도보통지언해≫의 저본으로 ≪무예제보번역속집≫(1610, 광해군 2년)도 추가되어야 할 것으로 판단하고 있다.
　여기서는 국립중앙도서관 소장 마이크로필름 복사물을 사용하여 글꼴을 추출하고 이를 바탕으로 분석을 시도하였다.

(2) 판면 구성의 특징

　이 문헌은 병사들이 각종 무기를 들고 무술을 연마하는 동작을 그림과 함께 설명한 목판본 1권 1책으로서, 권수제와 판심제 모두 '무예제보'로 되어 있으며, 판심은 상하백구내향화문흑어미로 되어 있다.
　반곽은 22.5×14.9㎝이며, 사주는 쌍변, 유계, 원문은 10행 20자, 언해 부분은 1자를 내려 적고 있어 19자이다. 협주는 쌍행이며, 목록 1엽과 본문 59장이며 이 가운데 24장이 언해된 내용이 필사되어 있다. 원문 부분에는 〈그림 5-49〉에서 보는 것과 같이 무예의 동작을 표현한 그림이 있다. 또한 〈그림 5-50〉에서 볼 수 있듯이 언해 부분에서 나타난 한자 밑에는 작은 글자로 한글 음을 넣고 있다.

 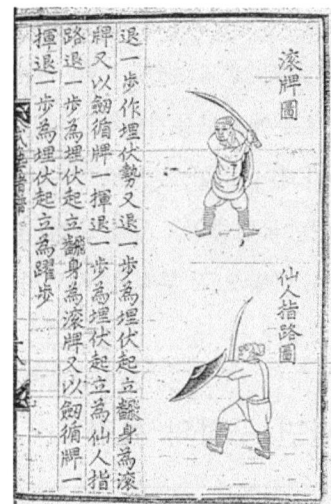

<그림 5-49> ≪무예제보≫의 본문 일부(1)

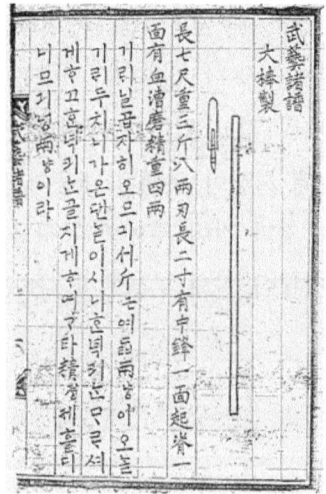

<그림 5-50> ≪무예제보≫의 본문 일부(2)

(3) 글꼴의 특징

가	긴	고	꾼	파	
벽	나		노	더	언
두	러	열	로		므
믈	미	만	바	번	브
셰	소	아	와	원	
우	뒤	의	졔	와	두
즉	차	츄	코	텨	피
혀	훤	믈	몸	잡	밧

<그림 5-51> ≪무예제보≫ 대표글자

〈그림 5-51〉 대표글자에서 볼 수 있듯이, ≪무예제보≫에 나타난 한글 글꼴은 대체로 초·종성 자음의 크기 비례가 해례본 글꼴에 비해 현저하게 작아지면서 현대 시각으로 보았을 때에도 손색없는 뛰어난 균형감과 안정되고 일관된 구조를 나타내고 있다. 〈그림 5-52〉의 '바, 와' 자와 같이 ≪무예제보≫ 글자와 현재의 신명조체 글자 비교에서 이러한 글꼴 특성이 더욱 뚜렷하게 드러나고 있다.

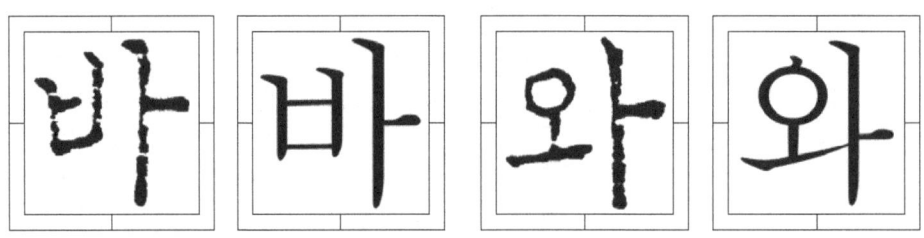

<그림 5-52> ≪무예제보≫와 현대 신명조체 '바, 와' 자의 비교

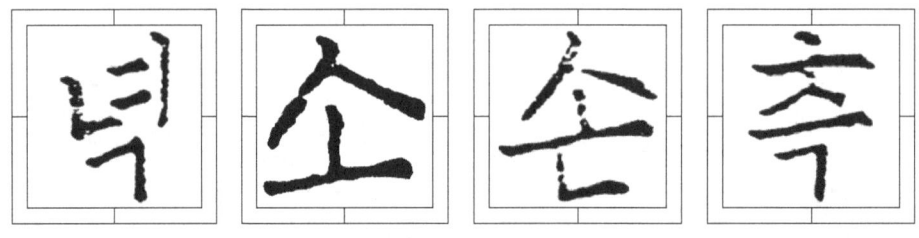

<그림 5-53> ≪무예제보≫에 나타난 '녁, 소, 손, 측' 자

물론 〈그림 5-53〉의 '녁, 소, 손, 측' 자와 같이 일부 초·종성 자음 자소의 크기와 형태에 필사자의 개성이 강하게 드러나거나 크기 비례가 적절치 못한 글자들도 간혹 눈에 띈다. 특히 종성 자음의 경우 위의 '녁, 손, 측' 자에서 보듯이 유난히 작게 표현하면서 자면의 좌우 중앙에 표기하는 경우가 많이 나타난다.

그러나 대부분 〈그림 5-54〉의 '두' 자에서 보듯이 같은 글자에서 글꼴의 변화가 크지 않으며, 점획의 굵기와 자소의 크기 비례 등이 일관되게 표기되고 있어 필사자가 한글 필사에 매우 능숙했음을 알 수 있다.

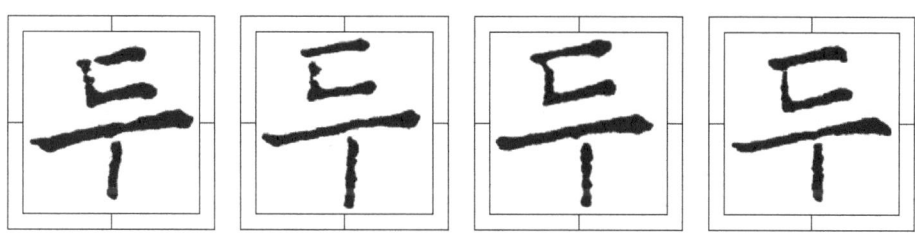

〈그림 5-54〉 ≪무예제보≫에 나타난 '두' 자

이와 같이 현대의 명조체와 매우 유사한 ≪무예제보≫ 자소의 크기 비례와 글꼴 구조는 이 당시 이미 해례본 글꼴의 영향에서 많은 부분 벗어나 한자 글꼴 구조를 모방한 한글 판본용 글꼴이 확고하게 자리 잡았음을 말해주는 것이다. 다시 말해, 한글 명조체 글꼴 틀을 보여주는 을해자 한글자가 1455년에 제작되었고 ≪무예제보≫는 그로부터 약 150년이 지나 쇄출되었으므로 이 시간 동안 한글 글꼴은 더욱 다듬어지고 일관된 글꼴의 틀을 갖출 수 있었던 것으로 생각된다. 다만 판본용 글자로서 글꼴의 구조가 정형화되지 못하고, 〈그림 5-55〉의 '휜' 자의 종성 'ㄴ'과 같이 극히 일부에서 글꼴의 혼란이 나타나는 경우가 보이도 한다.

이 문헌에 나타난 한글자는 대체로 가로획이 우측으로 올라간 정자체로 표기되고 있으며, 글자 크기가 일정하고, 글자와 글자 사이의 간격도 비교적 균일하게 나타나고 있다.

238 _ 4. 무예제보

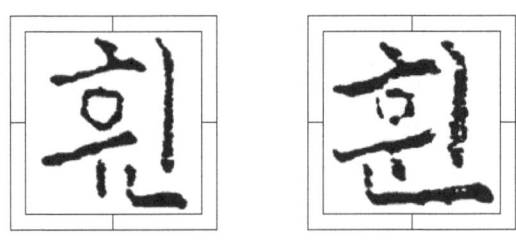

<그림 5-55> ≪무예제보≫에 나타난 '휜'자

(4) 자소의 특징

앞의 '(3) 글꼴의 특징'에서도 밝혔듯이 ≪무예제보≫에 나타난 한글 글꼴은 구조적으로 완숙하고 균형잡힌 형태를 보이고 있다.

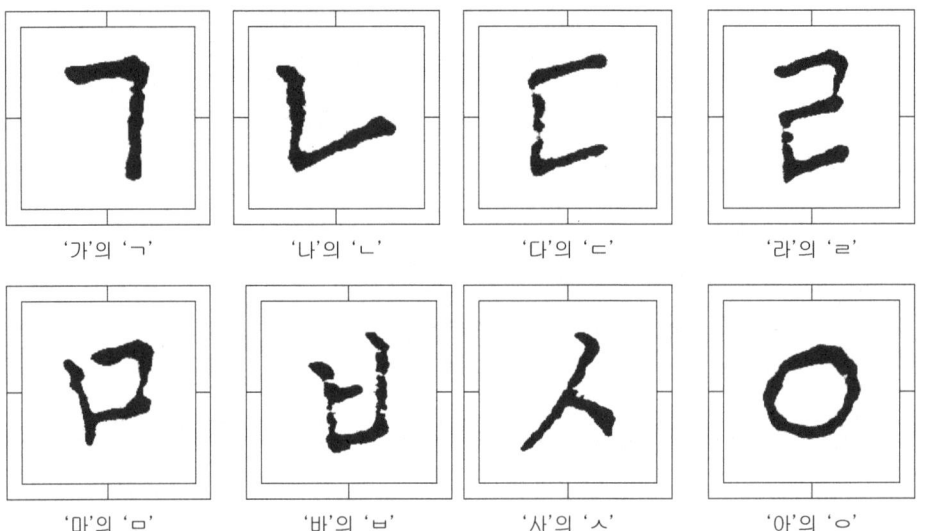

'가'의 'ㄱ'   '나'의 'ㄴ'   '다'의 'ㄷ'   '라'의 'ㄹ'

'마'의 'ㅁ'   '바'의 'ㅂ'   '사'의 'ㅅ'   '아'의 'ㅇ'

제5장 16세기 문헌별 글꼴 분석 _ 239

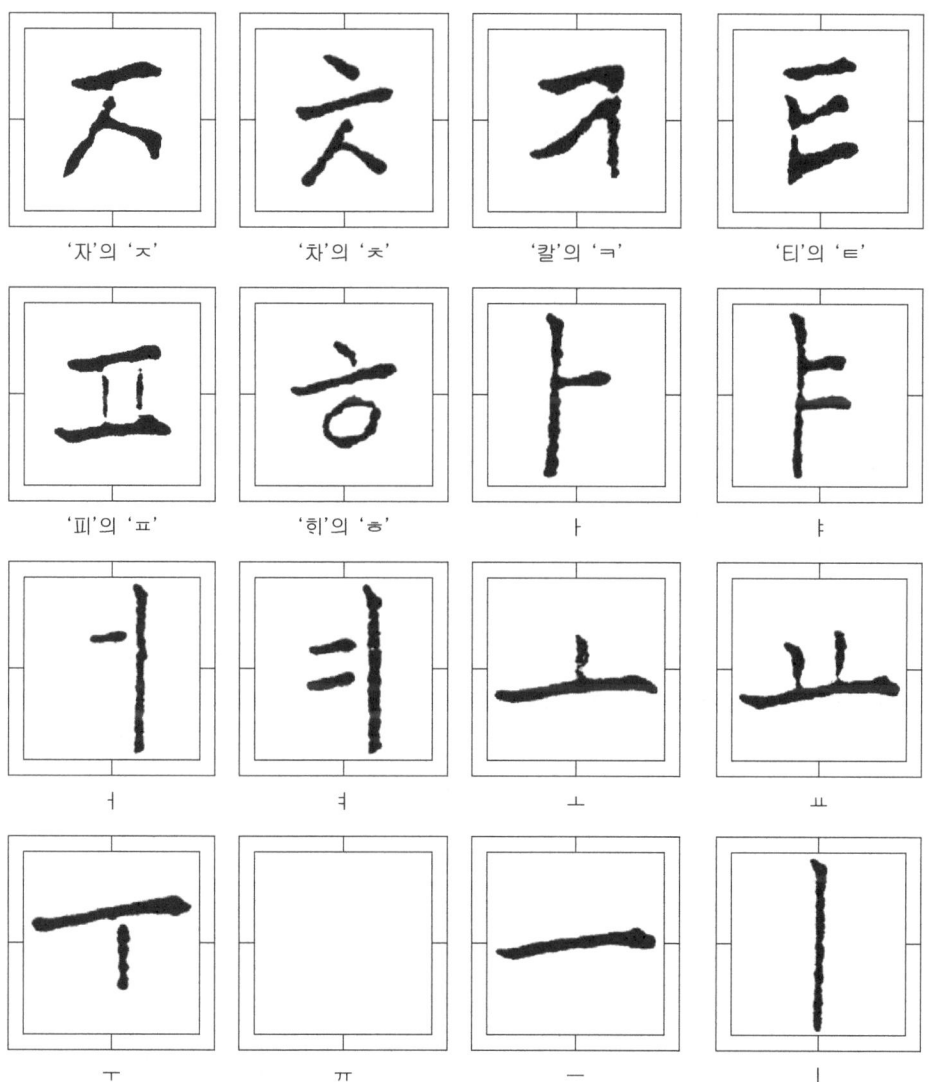

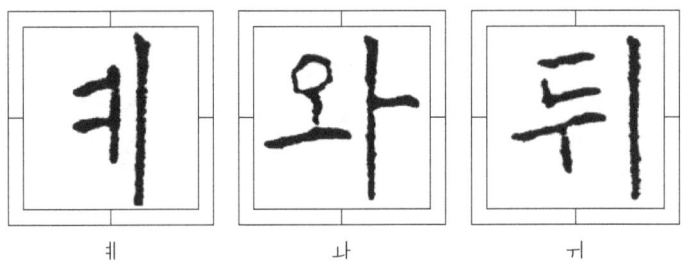

<그림 5-56> ≪무예제보≫에 나타난 자소

이러한 글꼴 특성은 특히 초·종성 자음의 크기와 형태에 의해 결정되는 것으로서 ≪무예제보≫에 나타난 한글 자소의 크기와 위치 및 형태가 매우 뛰어난 감각으로 필사되어 있음을 말해주는 것이다. 자소의 형태에 있어서도 〈그림 5-56〉에서 보는 것과 같이 전반적으로 가로획의 일관된 기울기와 자소간의 균일한 크기 비례를 보이고 있다.

그러나 〈그림 5-57〉의 '긴, 소, 즉, 측' 자 등에서 볼 수 있듯이 초성 자음 'ㄱ, ㅋ'의 경우 세로획을 수직으로 내려 긋는 것과, '소' 자와 같이 자소가 위아래로 연결되어 있는 글자에서 초성 자음 'ㅅ, ㅈ, ㅊ'이 비례적으로 크게 필사되어 있는 점, 그리고 빈번하게 나타나지는 않으나 종성 자음 'ㄴ'이 크게 필사된 것 등에서 부분적으로 해례본 글꼴의 영향이 아직 남아 있음을 볼 수 있다.

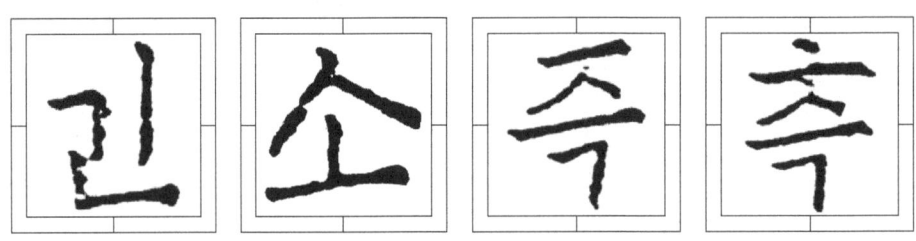

<그림 5-57> ≪무예제보≫에 나타난 '긴, 소, 즉, 측' 자

또한 〈그림 5-58〉의 '나, 낫, 니' 자 등과 같은 유형의 글자에서 유독 초성 'ㄴ'의 하단 가로획을 우측 모음과 연계되도록 우측을 높이면서 길게 표기하여 접필이 되거나 이에 가깝게 처리하고 있는 경우가 많다.

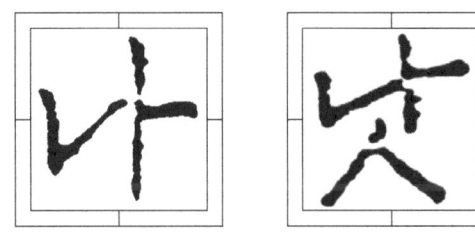

<그림 5-58> ≪무예제보≫에 나타난 '나, 낫, 니' 자

이에 반하여 일부 'ㄷ, ㄹ, ㅌ' 등에서는 〈그림 5-59〉에서 보는 것과 같이 하단 가로획 오른쪽이 다소 올라간 듯한 느낌이 들기는 하지만 동반하는 오른쪽 모음과 접필이 되었다거나 연계된 듯한 느낌이 적어 자소의 독립성이 유지되고 있는 등 해례본 글꼴의 영향이 완전히 사라지지 않았음을 알 수 있다.

'ㅅ'의 경우 〈그림 5-60〉에서 보는 것과 같이 우획이 좌획의 중간 부분에서 시작되고 있고, '셔' 등과 같이 우측 모음의 점이 좌측에 있을 때에는 'ㅅ'의 우획이 좌측으로 구부려져 표기되고 있는 경우가 빈번히 나타난다.

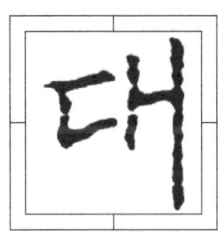

<그림 5-59> ≪무예제보≫에 나타난 '대, 라, 티' 자

242 _ 4. 무예제보

<그림 5-60> ≪무예제보≫에 나타난 '셔' 자

또한 〈그림 5-61〉의 '자, 치' 자에서 보는 것과 같이 초성 자음 'ㅈ, ㅊ'의 경우 좌측 획의 기필 부분이 상단 가로획의 중앙부에서 시작된 경우와 우측 끝에서 시작된 경우가 함께 나타나고 있다. 이는 판본체와 필기체의 혼용으로 생각된다.

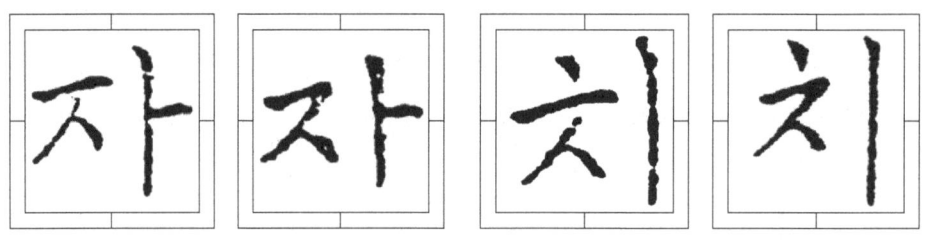

<그림 5-61> ≪무예제보≫에 나타난 '자, 치' 자

<그림 5-62> ≪무예제보≫에 나타난 '코, 크' 자

이 외에 〈그림 5-62〉의 '코, 크' 자에서 볼 수 있듯이, 초성 자음 'ㅋ'에서 하단 가로획이 유난히 우측으로 올려 필사된 경우도 빈번히 발견된다. 물론 수평으

로 그어진 경우도 적지 않다.

  모음 자소의 경우에서도, 위의 〈그림 5-56〉의 자소에서 볼 수 있듯이, 전반적으로 현대 명조체 모음 구조와 흡사한 점이 많다. 다만 'ㅓ, ㅕ, ㅜ' 등과 같이 'ㅡ, ㅣ'의 좌측과 아래에 점이 있는 경우, 동반하는 세로 및 가로획과 점이 접필되지 않는 경우가 적지 않게 나타난다.

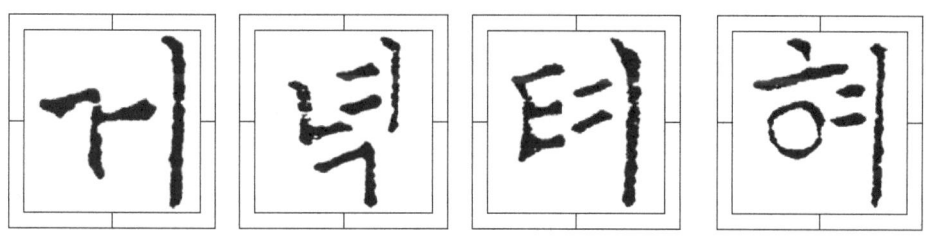

〈그림 5-63〉 ≪무예제보≫에 나타난 '거, 녁, 텨, 혀' 자

  특히 〈그림 5-63〉의 '거, 녁, 텨, 혀' 자 등에서 볼 수 있듯이 세로획 'ㅣ'의 좌측에 점이 있는 모음들은 우측 세로획과 분리되어 있는 경우가 매우 빈번히 나타난다.

(5) 점획의 특징

  〈그림 5-64〉에서 볼 수 있듯이, ≪무예제보≫에 나타난 글자 점획의 기·수필에는 세리프가 표현되고는 있으나 특별히 굵게 강조됨이 없이 행필에 연속하여 자연스럽게 나타나고 있다.

244 _ 4. 무예제보

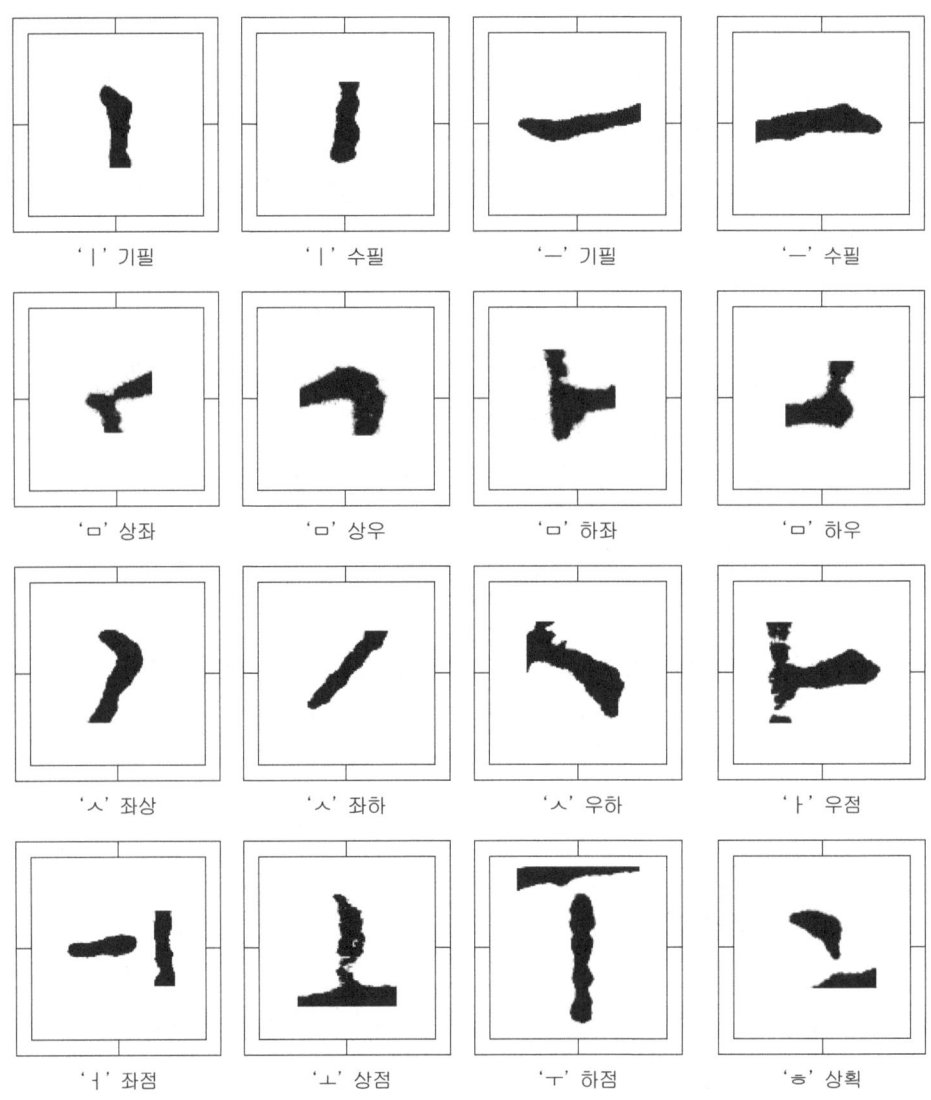

<그림 5-64> ≪무예제보≫에 나타난 점획

세리프가 뚜렷하지 않은 점획들이 대체로 그러하듯이 ≪무예제보≫ 글자 역시 점획의 굵기 변화가 크지 않으며 수필의 수침 형태 역시 대부분 예리하게 표현되지 않고 있다. 그러나 위의 자소 'ㅁ'의 세리프에서 볼 수 있듯이 획의 기·수필이 만나는 부분과 꺾이는 부분에서의 세리프는 강하지는 않으나 확실하게 표현되고 있음을 알 수 있다.

전반적인 점획의 굵기는 〈그림 5-65〉의 '야' 자 비교에서 볼 수 있듯이, 현대의 명조체 정도로 나타나고 있다.

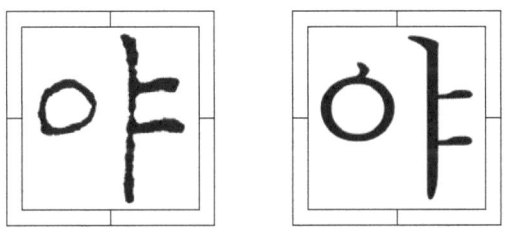

〈그림 5-65〉 ≪무예제보≫글자와 현대 명조체의 점획 굵기 비교

하나의 자소 내에서 점획과 점획은 대체로 접필이 되어 있으나 〈그림 5-64〉에서 'ㅓ'의 좌측 점이나 'ㅜ'의 아래 점에서 보듯이 접필되지 않은 경우도 적지 않게 보인다.

(6) 요약

위에서 분석한 ≪무예제보≫의 글꼴, 자소, 점획에 대한 내용을 요약하면 다음 〈표 5-4〉과 같다.

〈표 5-4〉 ≪무예제보≫ 글꼴 분석 요약

구 분		내 용
글 꼴		대부분의 글자들이 해례본 글꼴에 비해 초·종성 자음의 크기 비례가 현저하게 작아지면서 현대 명조체와 같이 균형감과 안정된 구조를 보이고 있음. 종성 자음의 경우 유난히 작게 표기하면서 자면 좌우 중앙에 위치시키는 경우가 많이 나타남. 한글 글꼴이 현대적 감각으로 다듬어져 표현됨.
자 소	자소 구조	초성 자음 'ㄱ, ㅋ'의 세로획을 수직으로 내려 긋고 있음. 초·중성이 병서로 되어 있는 글자에서 초성 'ㄴ'이 우측 중성 모음과 접필되는 경우가 많이 나타남. 'ㅅ'에서 우측 획이 좌측 획의 중간에서부터 시작됨. '셔' 자 등에서 'ㅅ'의 우측 획이 좌측으로 구부러지는 경우가 많음. 'ㄷ, ㅌ'의 상단 가로획이 좌측으로 돌출된 모습을 거의 찾아 볼 수 없음. 초성 'ㅈ, ㅊ' 등에서 좌측 사획이 상단 가로획의 중앙 또는 우측에서 시작되는 형태가 모두 나타남. 초성 'ㅋ'의 하단 가로획이 우측으로 올려 필사한 경우가 많음. 'ㅓ, ㅕ'에서 'ㅣ'의 좌측에 위치한 점이 가로·세로획과 접필되지 않는 경우가 많음.
	자소 크기 비례	초·중성이 연서로 되어 있는 글자에서 초성 'ㅅ, ㅊ' 등은 해례본 글꼴의 영향이 남아 다소 크게 표기되고 있음. 종성 'ㄴ'의 경우 간혹 크게 표기되어 해례본 글꼴의 영향이 남아 있음. 그 외 초·종성 자음의 크기는 현대 명조체와 유사한 크기 비례를 보이고 있음.
점 획	세리프의 유무	있음.
	세리프의 형태	특별히 굵게 강조 되지 않고 자연스럽게 표현됨. 'ㅁ'에서 획이 만나는 곳과 꺾이는 곳에서는 대체로 세리프 특징이 선명하게 나타남.
	점획의 굵기	현대 명조체와 유사한 굵기임. 점획의 굵기 변화가 심하지 않음.
	점획의 구조	특이 사항 없음.

제6장

17세기 문헌별 글꼴 분석

1. 언해두창집요(諺解痘瘡集要)

(1) 문헌 소개

≪언해두창집요≫는 선조의 명에 의하여 어의 허준이 선조 34년(1601)에 시작하여 선조 41년(만력36, 1608)에 내의원에서 상하 2권 2책의 목판본으로 간행해 낸 의서로서, 세조 때 내의 임원준의 ≪창진집≫을 개편하여 언해한 것이다. 임원준은 세종 28년 부사정으로 의서 찬집관이 되어 성종 때까지 내의원 제조를 지냈고 의방에 정통하여 ≪신찬구급간역방≫을 저술한 명의였다. 두과 의방서로는 이 ≪창진집≫이 유명하여 당시 의과 학습 때에 교과서로 채택되기도 하였다. 이후 허준의 언해본인 ≪언해두창집요≫가 간행되면서 전문적인 치료 방법이 널리 보급되었던 것이다.

이 외에도 두창에 관련된 저서가 세종 때 언해되어 간행하였다고 하나 전하지 않으며, 중종 때 김정국이 편찬한 ≪촌가구급방≫에 소아두창방이 실려 있다. 이 소아두창방은 중종 13년에 김안국이 언해하여 다른 저서와 함께 간행되었다. 당시 두창은 치료가 매우 어려운 병으로서 역대 국왕들도 이의 치료법 개발과 보급에 많은 관심을 갖고 있었던 것이다.

≪언해두창집요≫는 서울대 규장각, 가람문고 등에 소장되어 있으며, 1973년에 가람문고 소장본을 아세아문화사에서 ≪언해두창경험방≫ ≪언해납약증치방≫ ≪언해구급방≫ 등의 의서들과 함께 합본하여 영인하였으나 그 목록과 발문은

제6장 17세기 문헌별 글꼴 분석 _ 249

빠져 있다. 영인본에서 권상 23a가 빠져 있고, 권상 26b에는 글자가 떨어져 나갔으며, 권상 31b에는 붓으로 가필한 부분이 보인다.

이 책에서는 이 아세아문화사의 영인본을 참고하여 글꼴을 분석하였다.

(2) 판면 구성의 특징

≪언해두창집요≫ 본문은 목판본으로 권상은 69장 138면으로 되어 있으며, 권하는 71장 142면으로 되어 있다. 판면은 유계, 매면 11행, 한 행에 한글 한자 모두 20자로 되어 있으며, 언해문은 1자간 내려서 쓰고 있다. 또한 한문에는 작은 글자로 협주가 있으나 언해문에는 협주가 없다.

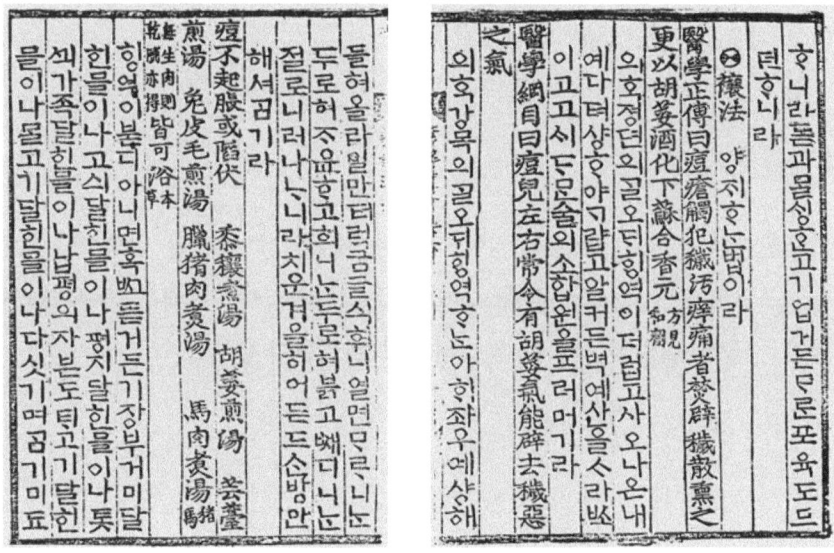

<그림 6-1> ≪언해두창집요≫의 본문 일부

쇄출 상태는 좋지 않으나 글꼴을 추출하는데 어려움이 없다. 그러나 상권에서 상태가 특히 좋지 않은 부분이 눈에 많이 띈다.

이 문헌 본문 판면에서 특이한 점은, 본문 중 작은 제목이나 문장 앞에 〈그림 6-2〉와 같은 다양한 기호를 사용하고 있다는 점이다.

〈그림 6-2〉 ≪언해두창집요≫에 사용된 각종 기호

이들 기호 가운데 대체로 'O'는 병의 증상 앞에, '◐, ◑'는 동일한 기호로서 큰제목 앞이나 증상 일 수 앞에, '●' 역시 발병 일 수나 처방법 등의 앞에, '◉'는 처방 제목 앞에 붙이고 있으나 형태에 따라 그 용도를 명확하게 구분하지 않고 사용한 곳도 눈에 띈다.

(3) 글꼴의 특징

본래 판본의 필적은 확인할 길이 없으나 쇄출되어 영인된 결과물을 통해서 볼 때 〈그림 6-3〉에서 보는 바와 같이 한글 글꼴과 크기가 매우 불규칙한 부분이 많아 글꼴의 일반적 특성을 정리하기가에 어려움이 많다.

<그림 6-3> ≪언해두창집요≫ 본문 일부

그러나 〈그림 6-4〉에서 보는 것과 같이 대체로 일정한 점획의 굵기와 기·수필 부분의 완곡한 세리프에 의해 전반적으로 부드러운 느낌을 준다.

1. 언해두창집요

<그림 6-4> ≪언해두창집요≫ 대표글자

이 문헌이 간행되기 전, 역시 중앙에서 간행된 16세기 문헌과 비교할 때 글꼴의 균형이나 일관성 등은 오히려 퇴보한 듯한 인상을 준다. 그러나 판면 전체를 놓고 볼 때에는 불규칙한 글자의 점획들이 어우러지면서 독특한 조형성을 나타내는 특징을 갖고 있다.

판면의 특성을 살펴보면, 일반적으로 목판본이 그렇다고 하지만 동일한 글자임에도 글꼴에 매우 큰 차이가 나고 있음을 볼 수 있다.

<그림 6-5> ≪언해두창집요≫에 나타난 '서' 자

글자의 폭은 급격하게 변화된 모습은 보이지 않고 있으며 글자의 높이와 글자 사이의 간격도 한 행 내에서 글자의 수를 맞추기 위해 큰 변화를 주지 않았다.

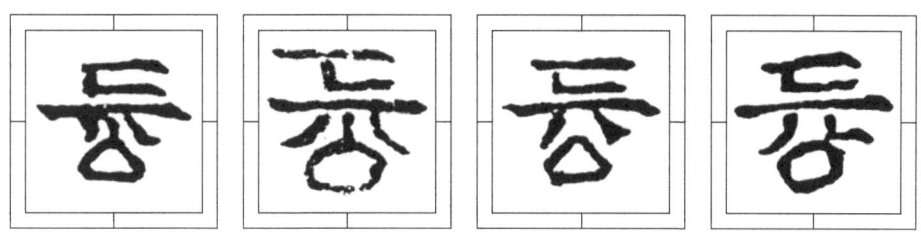

<그림 6-6> ≪언해두창집요≫에 나타난 '듕, 등' 자

254 _ 1. 언해두창집요

〈그림 6-6〉에 보이는 '듕' 자의 경우, 여기서도 이전의 문헌에서 나타난 것과 같이 'ㅠ'의 아래 두 점을 다양한 형태로 벌리고 있으며, 이의 영향을 받아 '듕' 자도 같은 형태로 과잉 표기하고 있다.

이와 같이 'ㅠ'의 아래 두 점을 단순히 벌려 표기한 것이 아니라 좌점은 짧고 우점을 벌린 것, 좌우 점을 모두 벌린 것, 좌점은 구부리고 우점은 꺾은 것 등 다양한 형태로 표기하고 있다.

(4) 자소의 특징

〈그림 6-7〉 자소의 모습에서 볼 수 있는 자소 하나 하나의 형태는 해례본 글꼴의 흔적이 거의 남아 있지 않으며 자소에 따라서는 붓글씨체로서 상당히 균형 잡힌 경우도 볼 수 있다. 그러나 이 문헌에 나타난 글자 가운데 해례본 글꼴의 영향이 남아 있는 것도 있으며 이를 간추려 보면 다음과 같다.

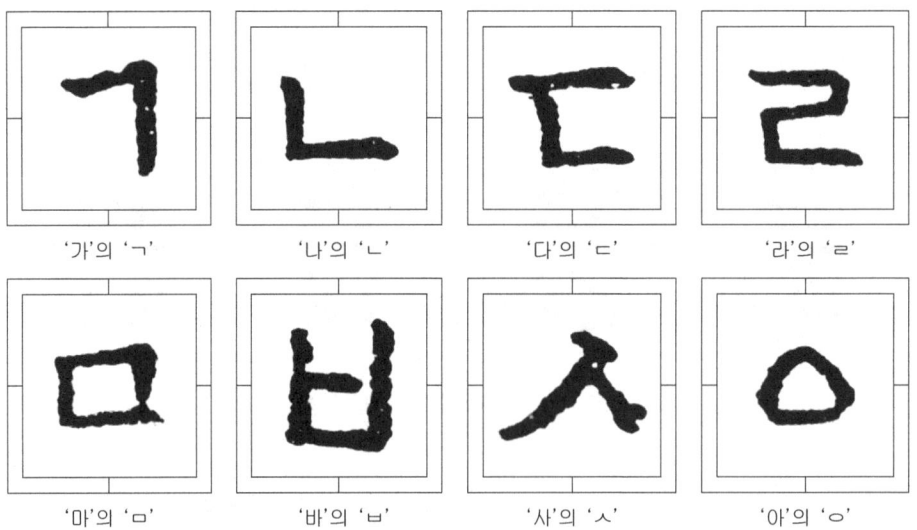

제6장 17세기 문헌별 글꼴 분석 _ 255

256 _ 1. 언해두창집요

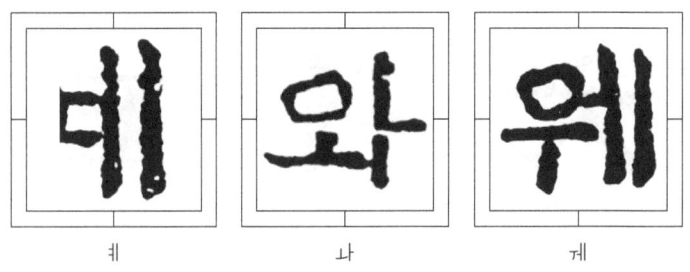

<그림 6-7> ≪언해두창집요≫에 나타난 자소

첫째, 'ㄷ, ㅈ, ㅊ, ㅍ' 등의 초성 자음이 비교적 크게 표기되어 있다. 〈그림 6-8〉의 '독, 죄, 초, 탕, 푼, 흑' 자에서 그러한 형태를 확인할 수 있다.

<그림 6-8> ≪언해두창집요≫에 나타난 '독, 죄, 초, 탕, 푼, 흑' 자

그러나 〈그림 6-9〉의 '근, 문, 븐' 자에서와 같이 'ㄱ, ㅁ, ㅂ' 등의 초성 자음은 비교적 작게 표기하는 경우가 빈번히 나타나고 있어 글꼴변화가 계속되고 있음을 보여주고 있다.

 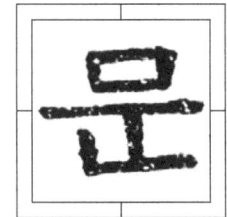 

<그림 6-9> ≪언해두창집요≫에 나타난 '근, 문, 븐' 자

둘째, 'ㄱ'의 우측 획은 대체로 곧게 내려 긋고 있다. 〈그림 6-10〉의 '기' 자와 같이 초성 'ㄱ'의 세로획에서 회봉과 허회한 형태 모두 보이고 있으나 획이 좌측으로 뚜렷이 굽어진 경우는 찾을 수 없다. 그러나 'ㅅ, ㅈ, ㅊ' 등의 좌측 획은 뚜렷하게 좌측으로 구부러진 모습이 자주 보인다.

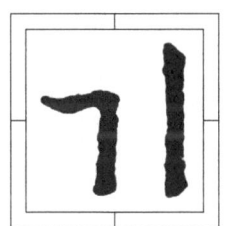 

<그림 6-10> ≪언해두창집요≫에 나타난 초성 '기' 자

셋째, 해례본 글꼴과 같이 초·중성의 병서 글꼴에 있어서 초성 자음을 중성 모음과 연계할 의도가 전혀 나타나지 않는다. 〈그림 6-11〉의 '나, 다, 러, 터' 자에서 보는 것과 같이 초성 자음 'ㄴ, ㄷ, ㄹ, ㅌ'의 하단 가로획 수필 부분이 위로 굽어져 있다거나 중성 모음과 접필되는 등의 연계성 표현이 전혀 나타나지 않고 있다. 이러한 경우 현대 글꼴에서는 접필되어 있다.

258 _ 1. 언해두창집요

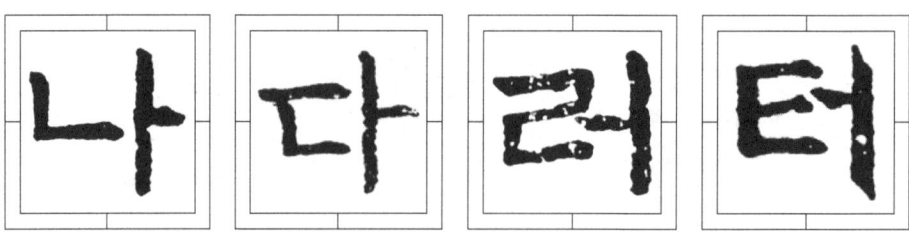

<그림 6-11> ≪언해두창집요≫에서 초성 '나, 다, 러, 터' 자

넷째, 'ㄷ, ㅌ'의 첫 획이 좌측으로 두드러지게 돌출되어 있는 경우가 대부분이다. 〈그림 6-12〉의 '다, 독, 타, 탕' 자에서 이를 확인할 수 있다. 이러한 점은 이전의 문헌에서도 흔히 보이는 현상으로서, 이 돌출된 부분은 후일 세리프로 바뀌게 된다.

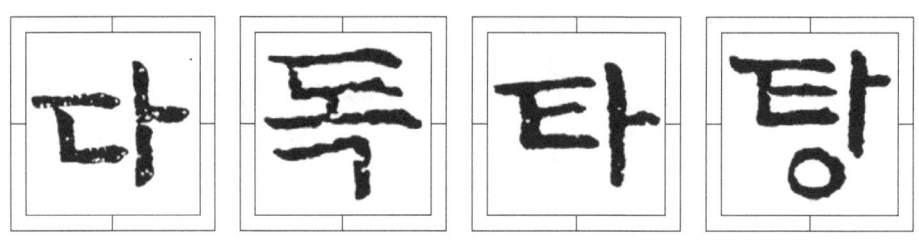

<그림 6-12> ≪언해두창집요≫에서 초성 '다, 독, 타, 탕' 자

앞에서 〈그림 6-4〉의 대표글자 가운데 '원, 난, 민' 자 등에서 보듯이 종성 'ㄴ'이 대부분 크게 표기되었다거나, 'ㅢ, ㅟ' 등의 이중모음에서 'ㅡ, ㅜ'가 'ㅣ'와 접필되지 않은 점 등도 해례본 글꼴의 영향이 남아있는 것이다.

'ㅇ'의 경우 정원으로 표기된 경우가 많으나 상황에 따라 타원으로 처리한 경우도 가끔 확인된다.

특이한 것은 〈그림 6-13〉의 '아, 의, 헌' 자와 같이 원을 삼각 형태로 필사한 경우가 많이 보이고 있다는 점이다. 이러한 형태는 정원을 그리는 것보다 훨씬 손쉬울 것으로 보여 필사의 효율성을 높이기 위한 것이 아닌가 생각된다.

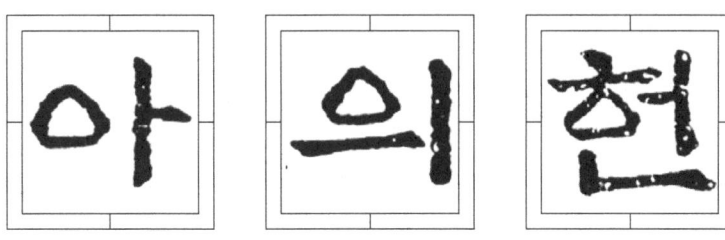

<그림 6-13> ≪언해두창집요≫에서 '아, 의, 헌' 자

이 외에 <그림 6-14>의 '싸' 자에서 보는 바와 같이 '싸'에서 앞의 'ㅅ'과 뒤의 'ㅅ'이 서로 엇갈려 필사한 형태가 보이기도 하며, '섯, 원' 자에서와 같이 'ㅓ'의 좌측 점이 우측 'ㅣ'와는 떨어지고 초성 자음과 접필된 경우도 여러 곳에서 보이고, '섯'에서 볼 수 있듯이 'ㅅ, ㅈ, ㅊ' 등의 자소에서 좌측 획이 유난히 길게 표기된 것도 많이 보인다.

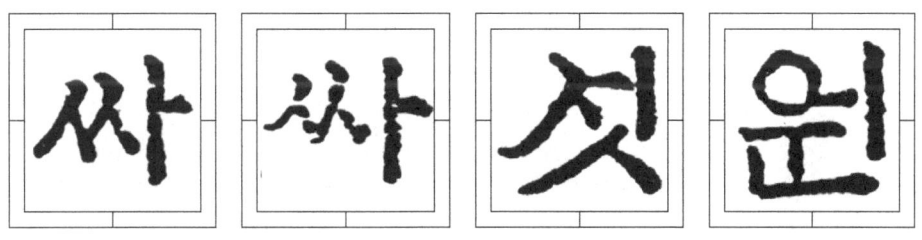

<그림 6-14> ≪언해두창집요≫에 나타난 '싸, 섯, 원' 자

260 _ 1. 언해두창집요

(5) 점획의 특징

〈그림 6-14〉와 〈그림 6-15〉의 점획에 나타난 세리프를 보면, 대체로 수필과 기필의 형태에 일정한 형식을 갖추지 않고 있어 그 형태가 매우 불규칙하다.

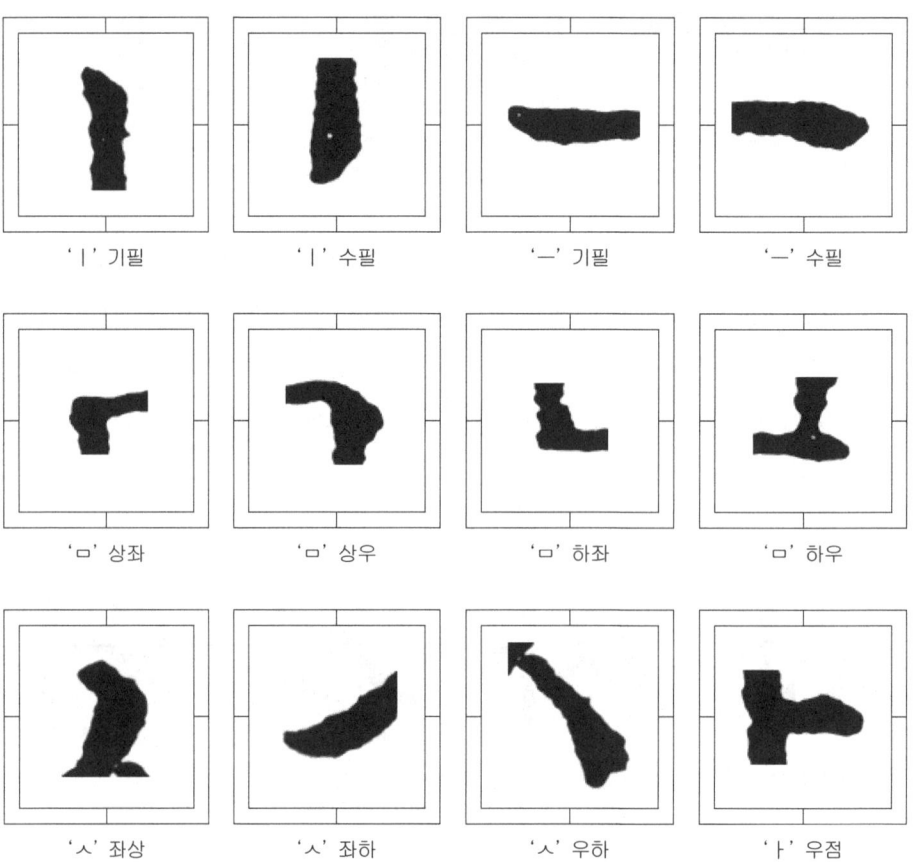

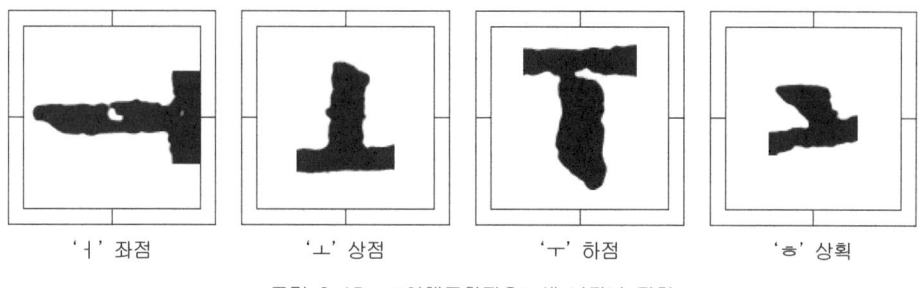

<그림 6-15> ≪언해두창집요≫에 나타난 점획

또한 한자 해서체와 유사한 세리프 글자가 있는가 하면, 그리듯이 만들어낸 글자가 보이기도 한다. 전체적으로 볼 때는 세리프체와 산세리프체가 섞여있다.

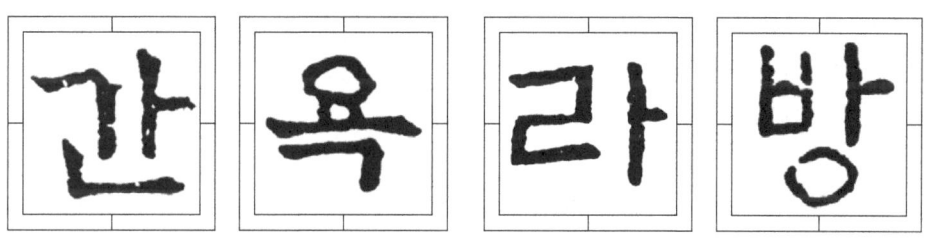

<그림 6-16> ≪언해두창집요≫에 나타난 '간, 욕, 라, 방' 자

위의 <그림 6-16>의 글자에서 '간, 욕'은 대체로 세리프의 형태가 명확하고 일정하게 표현되어 있으면서 균형이 잡힌 글꼴을 나타내고 있으나 '라, 방'은 전혀 다른 모습을 보이고 있는 등 ≪언해두창집요≫에서는 이 두 종류의 글꼴 형태가 거의 반씩 나타나고 있다. 그러므로 위에서 나타낸 점획의 대표적인 형태들은 문헌 내용 중에서 선명하고 균형 잡힌 글자에서 추출한 것으로서 모든 글자가 그와 같은 세리프 형태를 보이는 것은 아니다.

1. 언해두창집요

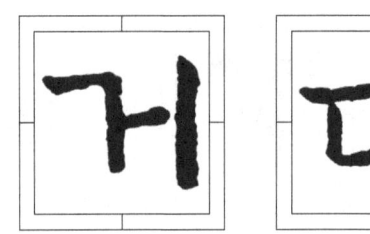

<그림 6-17> ≪언해두창집요≫에 나타난 '거, 다, 맛' 자

≪언해두창집요≫의 글꼴들은 〈그림 6-17〉의 '거, 다, 맛' 자에서 보는 바와 같이 대체로 기필과 수필이 크게 두드러지지 않으며, 행필의 굵기는 큰 변화 없이 일정한 경우가 많다. 〈그림 6-15〉의 'ㅁ'에서와 같이 획과 획이 접하는 부분에서도 세리프가 나타나는 경우도 있으나 〈그림 6-17〉의 '맛' 자의 'ㅁ'에서와 같이 선명하게 드러나지 않는 경우가 많으며, 각종 점에서도 역시 세리프가 두드러지지 않은 경우가 많다.

(6) 요약

위에서 분석한 ≪언해두창집요≫의 글꼴, 자소, 점획에 대한 내용을 요약하면 다음 〈표 6-1〉과 같다.

〈표 6-1〉 ≪언해두창집요≫ 글꼴 분석 요약

구 분		내 용
글 꼴		매우 불규칙하고 크기도 일정치 않아 글꼴의 일반적 특성을 판단하기 어려움. 전문서적으로서 문필가의 필체가 아니므로 글꼴이 매끄럽지 못하나 판면 전체를 통해 표현된 점획의 어울림은 독특한 조형적 미로 나타남. '듕, 듕'의 'ㅠ' 하단 점이 좌우로 벌어진 형태가 나타남.
자 소	자소 구조	'ㄱ'의 세로획이 좌측으로 휘지 않고 곧게 그어져 있어 해례본 글꼴의 영향이 남아있음. 'ㅅ, ㅈ, ㅊ' 등의 좌측 획이 유난히 길고 뚜렷하게 좌측으로 굽은 경우가 많음. 병서 글꼴에서 'ㄴ, ㄷ, ㄹ, ㅌ'의 마지막 획이 대체로 회봉하고 있음. 'ㄷ, ㅌ'의 첫 획이 좌측으로 두드러지게 돌출되어 있음. 'ㅢ, ㅟ' 등의 이중모음에서 'ㅡ, ㅜ'가 'ㅣ'와 떨어져 있는 경우가 많음. 'ㅇ'의 경우 삼각형태로 표기된 경우가 많음. 'ㅓ' 모음의 좌측 점이 'ㅣ'와 분리되고 초성과 접필되는 경우가 많음. 'ㅆ'의 앞뒤 'ㅅ'이 엇갈려 표기된 경우가 많음. 'ㅅ, ㅈ, ㅊ'에서 왼쪽 획이 특히 길게 표기된 경우가 많음.
	자소 크기 비례	초성 ㄷ, ㅈ, ㅊ, ㅍ 등은 해례본 글꼴의 영향이 남아 대체로 크게 나타나지만 'ㄱ, ㅁ, ㅂ'은 비교적 작게 나타남. 종성 'ㄴ'이 대부분 크게 표기되어 있음.
점 획	세리프의 유무	대체로 있음.
	세리프의 형태	형태는 일정치 않으나 세리프가 나타남.
	점획의 굵기	대체로 굵으며 굵기 변화가 심하지 않음.
	점획의 구조	일반적임.

2. 연병지남(練兵指南)

(1) 문헌 소개

이 책은, 이 문헌의 끝 부분 기록에 의하면 광해군 4년(만력 40년, 1612) 7월 상순에 서북 교련관 부사과 한교가 언해하여 편찬한 것으로 되어 있다. 목판본 1책으로 간행되었으며, 군사 조련에 지침이 되는 거기보대오규식(車騎步隊伍規式), 거기보합조소절목(車騎步合操小節目), 거기보대조절목(車騎步大操節目), 전거제(戰車制)에 대한 한문 원문과 언해 내용을 번갈아 가면서 수록하고 있는 병서이다. 이 가운데 '거기보합조소절목'의 마지막 부분과 '전거제'는 한문 원문만 기록되어 있으며, 서(序)와 발(跋)은 없다. 이러한 경우는 지방판에서 가끔 볼 수 있는 현상이다. 또한 내용 중 한문 원문의 협주는 언해가 되어 있지 않으나 별도의 한글 협주를 넣기도 하였고, 당시 함흥 지역어를 포함하고 있다.

이 문헌은 한국원(구 장서각)과 서울대 고도서본 등에 소장되어 있으며, 본고의 글꼴 분석은 장서각 소장본 복사물을 활용하였다.

(2) 판면 구성의 특징

총 72면으로 되어 있는 ≪연병지남≫은 사주쌍변, 유계, 11행, 16자로 되어 있고, 한문 협주는 22행 16자이며, 언해문은 1자 내려 적고 있다. 내용 구성은 한문 원문을 한 문장씩 먼저 적고 그 뒤에 언해문을 쓰고 있다.

두 문헌은 동일한 목판으로 쇄출되었으나 모두 쇄출 상태가 깨끗하지 못하다. 그러나 서울대학교 소장본 보다 국립중앙도서관 소장본이 비교적 선명하게 쇄출되어 글꼴 확인이 용이하므로 분석 자료로 선택하였다.

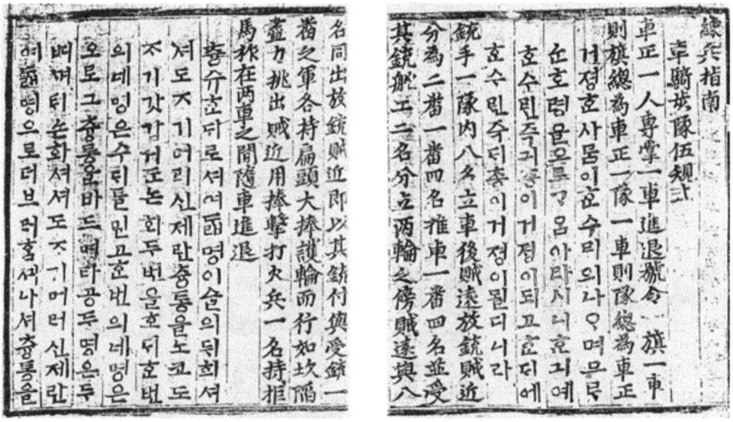

(a) 국립중앙도서관 소장본

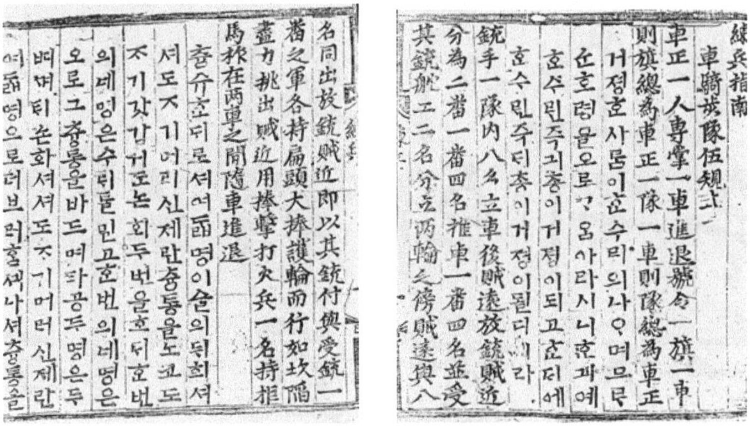

(b) 서울대학교 규장각 소장본

<그림 6-18> ≪연병지남≫ 본문 일부

(3) 글꼴의 특징

≪연병지남≫ 글꼴에 대한 전반적인 시각적 특성은, 거칠고 과장된 큰 세리프와 점획으로 인해 과격한 힘을 느낄 수 있는 독특한 형태이다.

<그림 6-19> ≪연병지남≫ 대표글자

뿐만 아니라 'ㅇ'의 표현조차도 곡선이 아닌 삼각형에 가까운 모습을 보이는 등 유연하고 부드러운 이미지는 전혀 찾아 볼 수 없는 특이한 글꼴을 갖고 있다. 이러한 특징은 이 책이 병서(兵書)로서 용맹함을 드러내기에는 매우 적합한 글꼴이 아닌가 생각된다.

한 행 내에서 일정한 글자의 수를 맞추기 위해 자간은 대체로 넓고 여유가 있으며, 이에 따라 글자의 크기와 높이도 대체로 일정한 편이다. 다만 〈그림 6-20〉의 '논' 자에서 보는 것과 같이 여타 다른 목판본과 마찬가지로 같은 글자이면서 형태가 다른 경우가 많으나 어떤 형태의 글자이든 ≪연병지남≫만의 글꼴 특징을 잘 나타내고 있다.

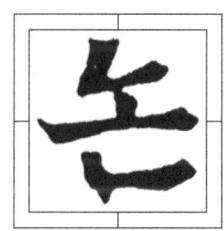

〈그림 6-20〉 ≪연병지남≫에 나타난 '논' 자

문헌의 쇄출 상태를 보면, ≪연병지남≫은 지방판으로서 중앙 판본과 같이 정교하게 판각되어있지 않고 위에서 언급한대로 대부분의 세리프를 다각의 곧은 선으로 판각해 놓았을 뿐만 아니라 쇄출 상태도 좋지 못해 본래의 필체를 정확하게 확인할 수는 없다. 그러나 문헌에 나타난 글자만으로 판단할 때 글꼴이 독특하지만 기본적인 필체는 현대의 한글 해서체와 흘림체의 중간 정도로 생각된다. 이러한 형태는 현대 궁서체와 같이 글자의 구조에 조화를 이루도록 자음의 크기가 비교적 작게 표기되어 있으며, 가로획이 오른쪽으로 약간 올라

268 _ 2. 연병지남

가 있는 글자들이 빈번하게 보인다거나, 자소 'ㅍ'이나 'ㅋ' 등이 흘림체로 필사된 점 등에서 찾을 수 있다.

　이와 같이 개성이 강한 필체이면서도 대체로 글자의 구조와 조화를 이루는 자소의 크기 비례와 적절한 위치, 일관된 점획의 처리 등으로 인해 비교적 안정된 글꼴을 보이고 있다.

(4) 자소의 특징

〈그림 6-21〉에서 보는 것과 같이 《연병지남》에 나타난 자소들 역시 매우 독특한 형태를 보이고 있다.

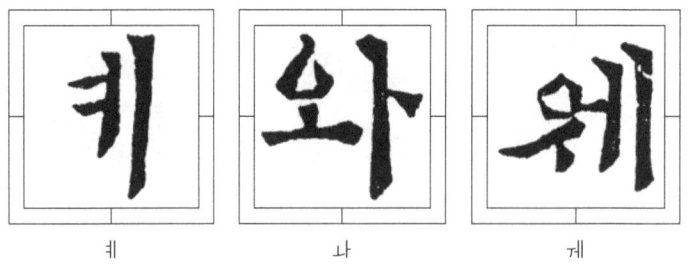

<그림 6-21> ≪연병지남≫에 나타난 자소

특히 'ㄴ, ㄷ, ㄹ, ㅈ, ㅊ, ㅋ, ㅌ' 등과 같은 자소의 가로획 오른쪽이 높게 솟아 있고, 특히 'ㄷ, ㅌ'의 아래 획은 다른 획보다 오른쪽으로 더 올라가도록 필사되어 있는 것을 확인할 수 있다. 이는 필기체를 그대로 받아들인 형태로 보인다.

또한 〈그림 6-22〉에서 보듯이 'ㅋ'은 반흘림으로 표기하면서 중간의 가로획을 지나치게 오른쪽으로 높이고 있으며, 'ㅍ'은 반흘림체로 표기된 경우가 많이 보인다.

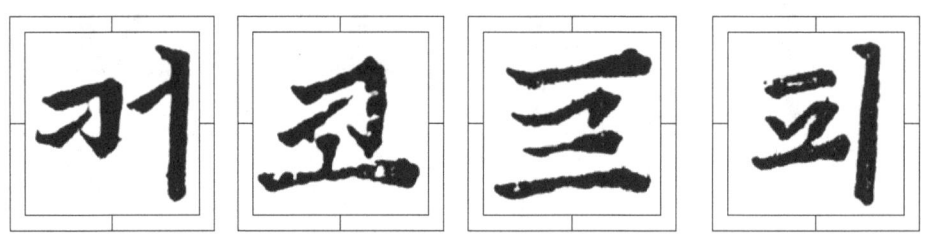

<그림 6-22> ≪연병지남≫에 나타난 '커, 코, 프, 피' 자

해례본 글꼴의 영향을 완전히 벗어난 것 중 가운데 하나는 자소들의 크기이다. 특히 자음이 글자 폭을 채우던 해례본 글꼴과는 달리 ≪연병지남≫ 글자들의 자음은 아래 〈그림 6-23〉의 '구, 도, 로, 북' 자에서 볼 수 있는 것과 같이 작게 표기되어 있어 크기 비례만으로 볼 때 현대 궁서체와 유사한 글꼴 구조를 보이고 있다.

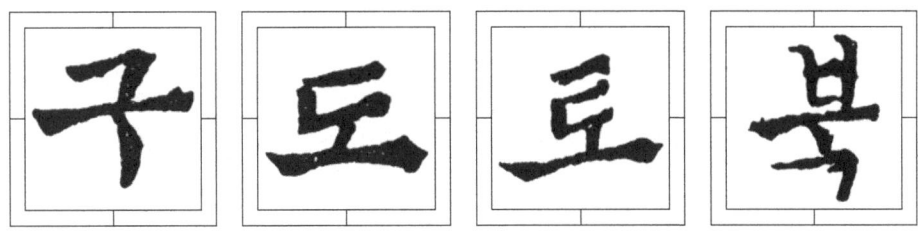

<그림 6-23> ≪연병지남≫에 나타난 '구, 도, 로, 북' 자

이전의 문헌에서 나타난 경우도 있지만 ≪연병지남≫에서도 〈그림 6-24〉의 '만, 안, 진' 자에서와 같이 종성 자음 'ㄴ'이 오른쪽으로 치우쳐 작게 표기되고 있어 해례본 글꼴과 전혀 다른 모습을 보이고 있다.

<그림 6-24> ≪연병지남≫에 나타난 '만, 안, 진' 자

그러나 앞에서 제시한 여러 글자에서 볼 수 있듯이, 초·중성이 병서로 된 글자에 있어서 초성 'ㄱ, ㅋ'의 세로획은 아직 해례본 글꼴의 영향을 벗어나지 못하여 곧은 선으로 거의 수직에 가깝게 내려 긋고 있음을 볼 수 있다. 다만 드물기는 하나 〈그림 6-25〉의, '기' 자와 같이 미약하게 구부러진 세로획이 나타나기는 한다.

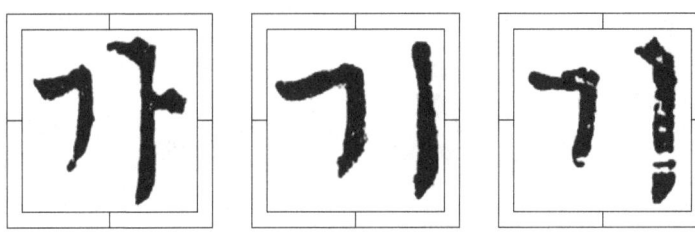

<그림 6-25> ≪연병지남≫에 나타난 '가, 기' 자

 이 문헌에서 초성 'ㄷ' 상단 가로획이 좌측으로 돌출된 모습은 찾을 수 없으며, <그림 6-26>의 '랑, 려, 울' 자에서 보는 것과 같이 'ㄹ'을 한자의 '巳(사)' 자와 유사한 형태로 필사하고 있는 경우가 빈번하게 보인다.

<그림 6-26> ≪연병지남≫에 나타난 '랑, 려, 울' 자

 <그림 6-19>에서 예시한 글자들에서도 나타났듯이, 자소 'ㅇ'을 'ㅿ'과 유사하게 표현하는 경우도 적지 않게 보이며, <그림 6-27>의 '호, 병, 츙' 자와 같이 아예 새로운 형태의 'ㅇ'을 만들어 낸 것이 아닌가 할 정도로 완전한 2개의 획으로 구성된 'ㅇ'도 나타나고 있다.

<그림 6-27> ≪연병지남≫에 나타난 '호, 병, 츙' 자

'ㅈ, ㅊ'에서는 좌측 획 기필이 상단의 가로획 중앙에 접필되어 내려 그어진 것이 있는가 하면 <그림 6-28>의 '죵, 졔, 쳥' 자에서 보는 것과 같이 우측 끝에서 접필된 것도 나타난다.

<그림 6-28> ≪연병지남≫에 나타난 '죵, 졔, 쳥' 자

앞의 대표글자나 자소 그림에서 볼 수 있듯이 'ㅌ'에서도 상단의 가로획이 아래 'ㄷ'과 분리되어 표기되는 경우가 빈번하게 나타나고 있다.

  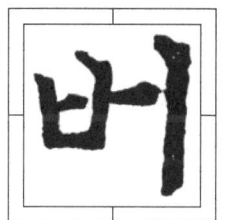 

<그림 6-29> ≪연병지남≫에 나타난 '군, 수, 버, 영' 자

〈그림 6-29〉의 '군, 수' 글자에서 보듯이 'ㅜ' 등의 아래 점을 'ㅡ'와 접필되지 않거나 접필되더라도 얕게 접필되면서 짧은 점으로 빠르게 수침으로 끝나고 있다. 또한 '버, 영' 자와 같이 'ㅓ, ㅕ' 등의 좌측 점 역시 짧고 날카롭게 표기되어 있으면서 'ㅣ'와 접필되지 않는 경우가 많이 나타난다.

〈그림 6-30〉의 '귀, 뒤' 자에서 보는 것과 같이 'ㅟ'의 아래 세로 점이 오른쪽을 향해 그어져 있어 자소 구조의 또 다른 면을 볼 수 있다. 이러한 유형은 이후 19세기 ≪태상감응편도설언해≫에서도 나타난다.

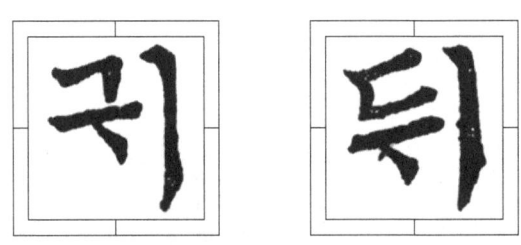

〈그림 6-30〉 ≪연병지남≫에 나타난 '귀, 뒤' 자

이 외에 ≪연병지남≫에서는 〈그림 6-31〉과 같은 글자들이 적지 않게 나타나는데, 이들은 획의 생략으로 보기 힘들며, 판본에서 글자의 획이 떨어져 나간 것으로 생각된다.

〈그림 6-31〉 ≪연병지남≫에 나타난 '민, 앎, 을, 입' 자

(5) 점획의 특징

〈그림 6-32〉의 점획의 모습에서 볼 수 있듯이, ≪연병지남≫에 나타난 세리프는 대부분 과격하게 보일 정도로 크고 굵으며 선명하게 나타나고 있다. 때에 따라서는 매우 과장된 점획의 표현으로 본래의 자소 모습이 왜곡된 경우가 나타날 정도이다.

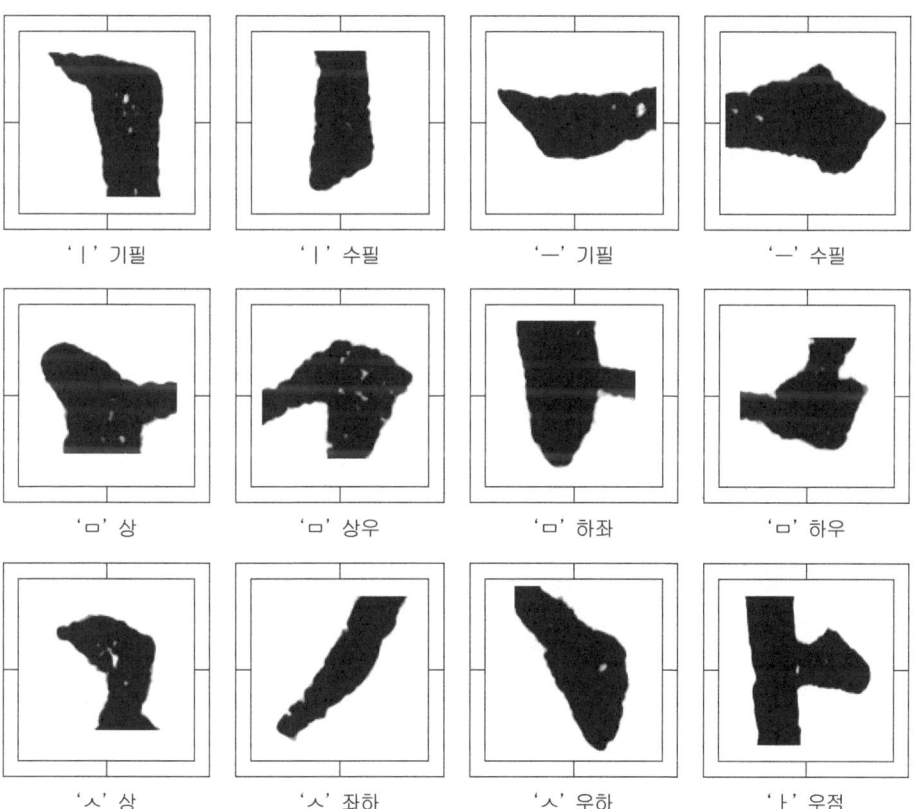

2. 연병지남

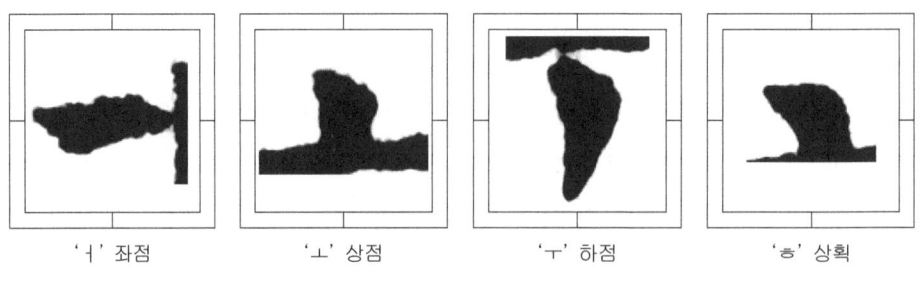

'ㅓ' 좌점   'ㅗ' 상점   'ㅜ' 하점   'ㅎ' 상획

<그림 6-32> ≪연병지남≫에 나타난 점획

<그림 6-33> ≪연병지남≫에 나타난 '군, 여, 니' 자

위의 <그림 6-33>의 글자 '군'에서 보는 것과 같이 특히 가로획에서는 기필 부분이 끝나면서 수필 부분이 시작되는 것과 같은, 행필 부분을 구분할 수 없거나 상대적으로 가늘고 짧게 표현되어 있는 등 대체로 크고 투박한 기·수필로 이루어져 있다. 그러나 세로획에서는 '여' 자에서 보는 것과 같이 짧고 큰 기필과 비교적 굵은 행필, 그리고 행필과 거의 같거나 조금 굵게 끝나는 수필로 이루어져 있다. 또한 '니' 자의 'ㄴ'에서 볼 수 있듯이 다소 과장된 세리프로 인하여 자소의 형태 재인(再認)에 혼란을 주는 경우도 이 문헌에서는 쉽게 볼 수 있다.

위의 <그림 6-32>에서 'ㅅ'의 획은 거의 완벽하게 현대 궁서체와 동일한 형태를 보이고 있으며, 모든 점획도 해례본 글꼴 흔적을 전혀 찾아 볼 수 없을 정도로 필사자의 개성있는 필체 특성을 명확하게 표현하고 있다.

(6) 요약

위에서 분석한 ≪연병지남≫의 글꼴, 자소, 점획에 대한 내용을 요약하면 다음 〈표 6-2〉과 같다.

〈표 6-2〉 ≪연병지남≫ 글꼴 분석 요약

구 분		내 용
글 꼴		다소 과장되고 각이 살아있는 세리프와 점획의 형태로 인해 과격함과 힘을 느낄 수 있는 독특한 필체로서 병서(兵書)의 이미지에 적합한 글꼴을 보이고 있음. 현대의 한글 해서체와 흘림체의 중간 정도의 글꼴임. 개성이 강하면서도 비교적 안정된 글꼴을 보임.
자 소	자소 구조	대체로 가로획 오른쪽이 올라가 있음. 초성 'ㄱ, ㅋ'의 세로획이 수직으로 내려 긋고 있으나 일부에서는 약하게 구부러진 모습이 보임. 'ㄹ'이 'ㅌ' 자와 유사한 형태로 표기된 경우가 많음. 'ㅇ'을 'ㅿ'과 유사한 형태로 표기한 경우가 많음. 'ㅈ, ㅊ'의 왼쪽 획이 상단 가로획의 중앙부 또는 오른쪽 끝에서 시작되는 경우가 모두 나타남. 초성 'ㅌ'에서 상단 가로획이 하단 'ㄷ'과 분리되는 경우가 많음. 'ㅜ, ㅓ, ㅕ' 등에서 점이 떨어져 표기되는 경우가 많음. 'ㅟ'에서 'ㅜ' 하단 점이 우측으로 향해 표기되어 있음.
	자소 크기 비례	초성 및 종성 자음이 비교적 작게 표기되어 해례본 글꼴과 확연히 구분됨.
점 획	세리프의 유무	있음.
	세리프의 형태	과격할 정도로 크고 굵어 가로획의 경우 기필과 수필로만 이루어진 것과 같은 획이 많음. 과장된 세리프로 인하여 자소의 형태 재인에 혼란을 주는 경우도 있음.
	점획의 굵기	가로획에서 기·수필은 크고 굵으나 행필은 가늘게 표현됨. 세로획에서는 크고 굵은 기필, 굵기가 비교적 일정한 행필, 행필보다 다소 굵은 수필로 이루어져 있음.
	점획의 구조	큰 특징 없음.

3. 가례언해(家禮諺解)

(1) 문헌 소개

《가례언해》는 주자가 가정의 예절을 모아서 엮어서 만든 《가례》를 신식이 언해하여 인조 10년(1632), 원성에서 목판본 19권 4책으로 간행한 것이다. 그 내용을 보면, 가묘지도(家廟之圖) 등의 그림과 도식이 있는 가례도와, 통례 관례 혼례 상례 제례의 내용이 들어 있다.[6]

현재 《가례언해》는 서울대 규장각(영본 1책), 가람문고(10권 4책), 경북대 도서관(영본 4책), 보성고(영본 2책), 연세대 도서관(10권 4책) 고려대도서관(10권 4책) 등에 소장되어 있다. 이 가운데 서울대 규장각의 영본 1책과 가람문고의 10권 4책은 동일한 목판을 사용하여 쇄출한 것으로서, 단지 규장각본이 초쇄본이고 가람문고본이 후쇄본인 것만 다르다. 규장각본은 아마도 10권 5책으로 분책되어 있었던 듯하다. 이는 가례언해범례, 가례도언해, 가례서언해, 가례언해 권1만이 1책의 영본으로 남아있기 때문이다. 이에 비해 가람문고본은 영본의 규장각본에 더해 권2를 더하여 1책으로 되어 있고, 권 3·4·5가 또 1책으로, 권 6·7·8이 1책으로 되어 10권 4책으로 나누어져 있다.

《가례언해》는 가족 명칭 등에 대한 당시의 어휘 자료도 풍부히 반영하고 있어서 어휘 연구에 중요한 자료를 제공해 주며, 당시의 강원도 원주 지역어를 엿볼 수 있는 자료로서 방언사 연구에 중요한 위치를 차지하고 있다.

---

6) 본 문헌 소개는 《가례언해》 영인본(홍문각, 1983)에 수록된 홍윤표의 해제를 참조하였음.

특히 한자어는 두 음절 이상으로 되어 있는 것은 어두음절에서나 비어두음절에서나 어느 음절은 한자로 그리고 어느 음절은 한글로 표기하고 있어서, 이 당시에 한자어가 국어화되어 가는 과정을 비교적 자세히 보이고 있다. 이러한 양식은 주로 17세기 초에 나온 문헌에서 주로 보이는 특징이다.

이 ≪가례언해≫는 서울대 규장각본 이외의 내용은 가람문고본을 사용하여 1983년에 홍문각에서 영인하였으며, 여기서는 이 영인본을 토대로 글꼴을 추출하였다. 그러나 규장각 권1은 비교적 쇄출 상태가 양호하여 글꼴이 정교하게 표현되어 있으나 가람문고본인 권2 이후부터는 상태가 좋지 못해 글꼴을 정확하게 파악하기 힘들다. 그러므로 여기서 분석하려는 글자들은 가급적 권1에서 추출하려고 노력했다.

(2) 판면 구성의 특징

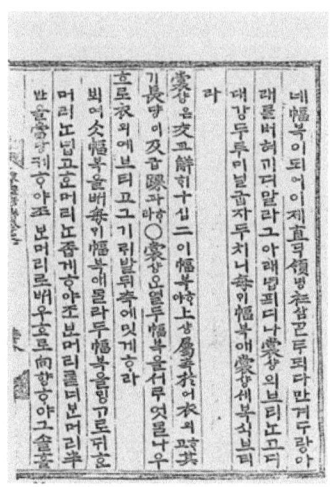

<그림 6-34> ≪가례언해≫의 본문 일부

280 _ 3. 가례언해

≪가례언해≫의 규장각본 크기는 33.7×21.6㎝이며, 가람문고본은 32.4×21.6㎝로서 사주쌍변에 반곽의 크기가 23.2×16.6㎝이고, 유계, 10행 24자이다.

판심은 상하내향화문흑어미, 어미 사이에 판심서명인 '家禮諺解卷之一…(가례언해권지일)'과 장차(張次)가 있다. 그리고 〈그림 6-34〉에서와 같이 특별히 해석할 필요가 있는 것은 판면 밖에 언해하여 놓았다. 또한 〈그림 6-35〉와 같이 권두에 위치한 가례도언해는 정교한 판각으로 여러 가지 가례에 관련된 그림을 보여주고 있다.

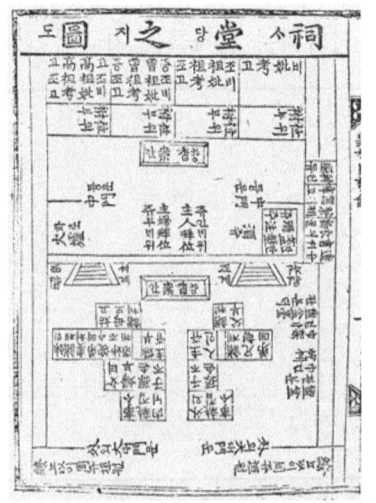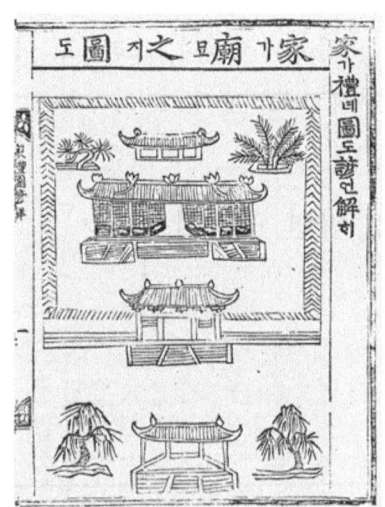

〈그림 6-35〉 가례도언해

본문의 형태는, 원문과 직해 부분은 24자로 행을 채우고 있으나 해설 부분은 1자 내려 23자로 쓰고 있으며, 보충 설명 부분은 2자를 내려 22자로 쓰고 있다. 문장 중에는 'ㅇ' 형태의 부호가 나타나는데, 이는 원문 문장의 끝과 그 언해가 시작되는 문장 사이와, 해설 부분에서는 강조할 단락 앞에 사용되고 있다. 또한 원문 끝의 'ᄒᆞ라', 'ᄒᆞ고', 'ᄒᆞ야' 등은 작은 글자 2행으로 되어 있다.

(3) 글꼴의 특징

<그림 6-36> ≪가례언해≫ 대표글자

3. 가례언해

≪가례언해≫ 글자 형태는 〈그림 6-36〉에서 대체적으로 보이고 있다.

앞의 표에서 '권, 논, 코, 희' 자 등과 같이 점획의 일관성이 결여되고 자소의 형태가 불안하며 자소의 위치가 조화롭지 못한 글자들이 보이고 있다. 그러나 명확하게 드러나지 않는 세리프에 굵기가 일정하면서 붓의 특성을 살린 모나지 않은 부드러운 점획의 형태로 전반적으로 안정된 모습을 보이고 있다. 자간과 글자의 높이도 대체로 균일하며, 글자의 폭 역시 일정하게 필사된 편이다. 해례본 글꼴 영향이 남아 있는 일부 글자를 제외하고 대부분의 글자들은 현대적 궁서체의 형태를 거의 갖추고 있다.

목판본은 같은 글자라도 형태 차이를 보이는 것이 일반적이나 ≪가례언해≫는 목판본임에도 불구하고 〈그림 6-37〉의 '그' 자에서 보는 것과 같이 비교적 일정한 형태를 유지하고 있을 정도로 글꼴이 일관되게 고르다.

〈그림 6-37〉 ≪가례언해≫에 나타난 '그' 자

일부 글꼴에서는 해례본 글꼴의 영향이 그대로 남아 있는 경우도 보인다. 특히 초성 자음 'ㄱ, ㅋ' 등과 종성 자음 'ㄴ' 등에서 이러한 현상이 뚜렷하게 나타나고 있다. 이에 대해서는 자소의 특징에서 상세히 논의하기로 한다.

(4) 자소의 특징

≪가례언해≫에 나타난 자소의 형태는 거의 현대 궁서체에 가까우며 해례본 글꼴의 흔적은 극히 일부 초·종성 자음에서만 보일 뿐이다.

284 _ 3. 가례언해

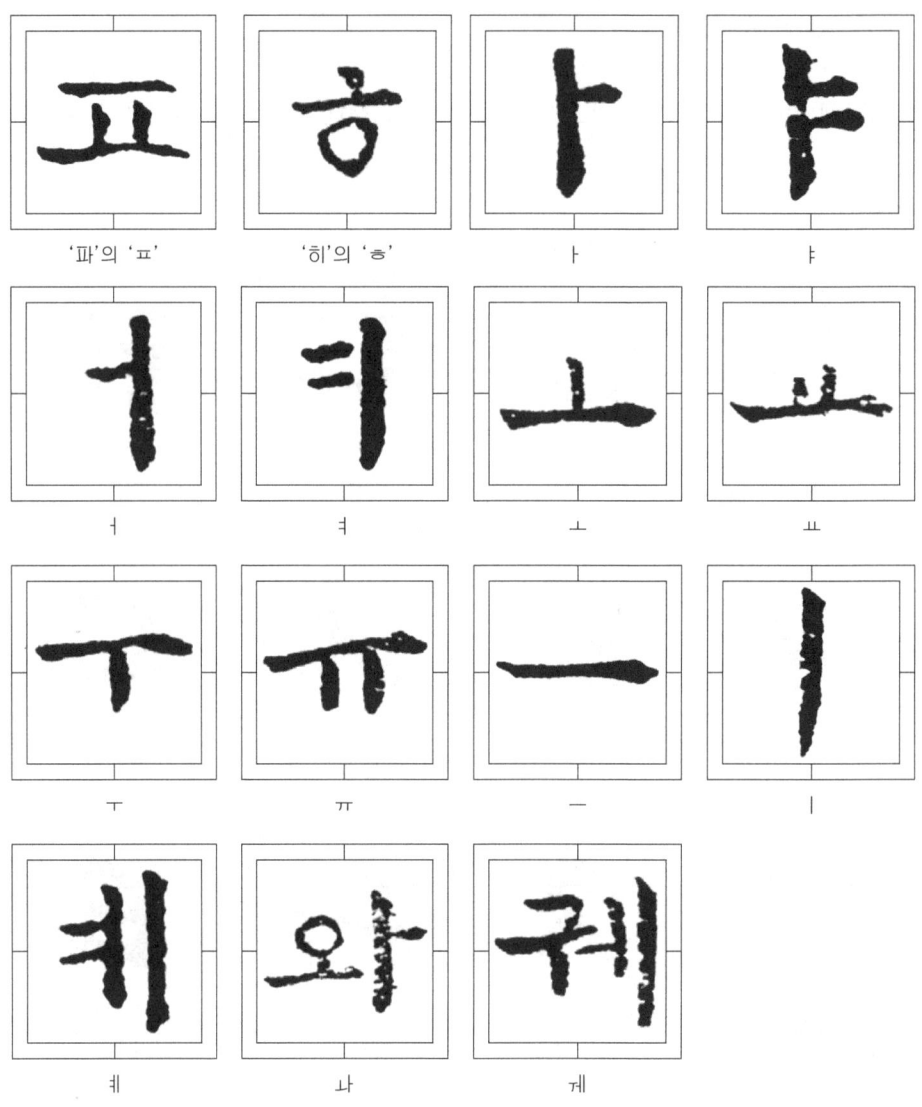

<그림 6-38> ≪가례언해≫에 나타난 자소

<그림 6-39> ≪가례언해≫에 나타난 '강, 케, 낸, 말, 엇, 초' 자

〈그림 6-38〉에서의 'ㄱ'과 〈그림 6-39〉의 '강, 케'의 'ㄱ, ㅋ'과 같이 세로획이 곧게 내려 그은 것과, '낸, 말, 엇'에서 종성 'ㄴ, ㄹ, ㅅ', '초'에서 초성 'ㅊ'이 비교적 크게 표기되어 있어 해례본 글꼴의 영향이 남아 있음을 알 수 있다. 그러나 그 외의 자소들은 글꼴의 균형에 맞추어 비교적 작게 표현되고 있다.

위의 〈그림 6-38〉에서 '라'의 'ㄹ'과 같이 자소 'ㄷ, ㅌ'에서도 하단 가로획의 오른쪽 끝이 중성 모음을 향해 삐쳐 올라간 경우도 보인다. 〈그림 6-40〉의 '라, 딘, 닷, 티'에서 그러한 모습을 볼 수 있다. 물론 초성 'ㄷ, ㄹ'이 모두 그러한 것은 아니다.

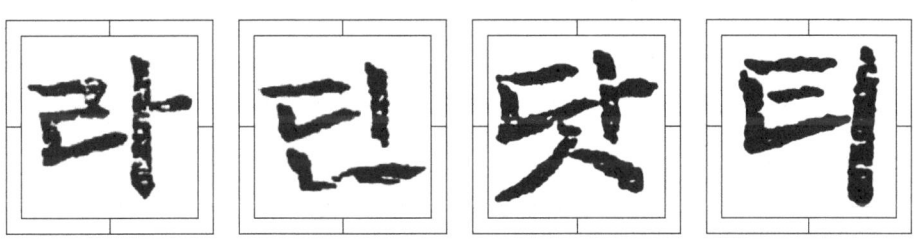

<그림 6-40> ≪가례언해≫에 나타난 '라, 딘, 닷, 티' 자

이 가운데 〈그림 6-38, 6-40〉의 초성자음 'ㄹ'의 모습은 그 출현 빈도 낮으나 초성 자음 'ㄷ, ㅌ'의 경우는 빈번히 나타나고 있다. 필기체가 많이 도입된 ≪연병지남≫ 글자에서도 이러한 형태를 볼 수 있다.

초성 자음의 이러한 형태는 필기체의 영향으로 인한 것이지만 결과적으로 판본용 글자에서 초성 자음과 중성 모음간의 긴밀한 연관성을 나타냄으로써 한글 창제 초기의 자소 중심에서 글자 중심으로 글꼴의 변화가 일어난 것을 의미하며, 그 결과 글꼴의 형태적 조화와 인식률을 높이는데 기여하고 있다. 그 외 대부분의 자소들은 거의 현대적 궁서체의 틀을 갖추고 있다.

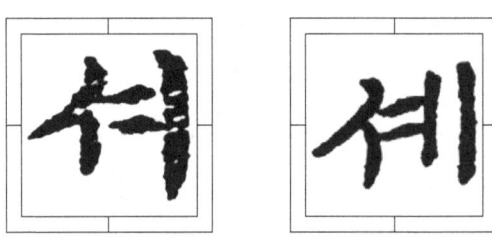

〈그림 6-41〉 ≪가례언해≫에 나타난 '셔, 셰' 자

일부이기는 하나 〈그림 6-41〉의 '셔, 셰'에서 볼 수 있듯이 'ㅕ, ㅖ'와 함께하는 초성 자음 'ㅅ'의 우측 획이 좌측으로 굽어져 표기된 것을 볼 수 있다. 이것은 상단이 맞닿은 해례본 글꼴 'ㅅ'에서 우획의 시작부분이 아래로 내려오는 1차적 변화에 다시 우획이 좌로 굽어지는 2차적 변화로 볼 수 있다.

또한 ≪연병지남≫ 등 이전의 문헌에서도 나타난 바 있지만, 〈그림 6-42〉의 '티, 데' 자와 같이 'ㅌ'의 상단 가로획이 하단의 'ㄷ'과 분리되어 표기되는 경향이 있다. 이러한 자소의 형태 변화는 ≪훈민정음≫해례본에서 제시한 자소 'ㅌ'의 형태에서 크게 변형된 모습으로 후일 상단 가로획과 하단 'ㄷ'이 완전히 분리 표기되는 변화의 시작이 아닌가 생각된다.

<그림 6-42> ≪가례언해≫에 나타난 '티, 데' 자

<그림 6-43> ≪가례언해≫에 나타난 '궈, 궤' 자

그리고 〈그림 6-43〉의 '궈, 궤' 자에서 볼 수 있듯이, 이중모음 'ㅝ, ㅞ'에서 'ㅓ, ㅔ'의 좌측 점이 'ㅜ'의 가로획 아래로 내려온 글자가 보인다. 이러한 유형은 '궤'와 '궈'에서만 보이고 있으며, 그 외의 '워, 웨' 등의 글자에서는 'ㅜ'의 가로획 위에 위치하고 있다. 이러한 모습은 16세기 문헌인 ≪장수경언해≫와 다른 것으로서, 이것을 판본체의 변화로 보아야 할 것인지, 단순히 개인의 필사 습관인지 구분하기는 어렵다.

(5) 점획의 특징

〈그림 6-44〉에서 보듯이 ≪가례언해≫에 나타난 한글자 세리프는 이 문헌에 필사된 한자 점획과 같이 일정한 규칙에 의해 일관되거나 선명하게 드러나지 않고 있다.

288 _ 3. 가례언해

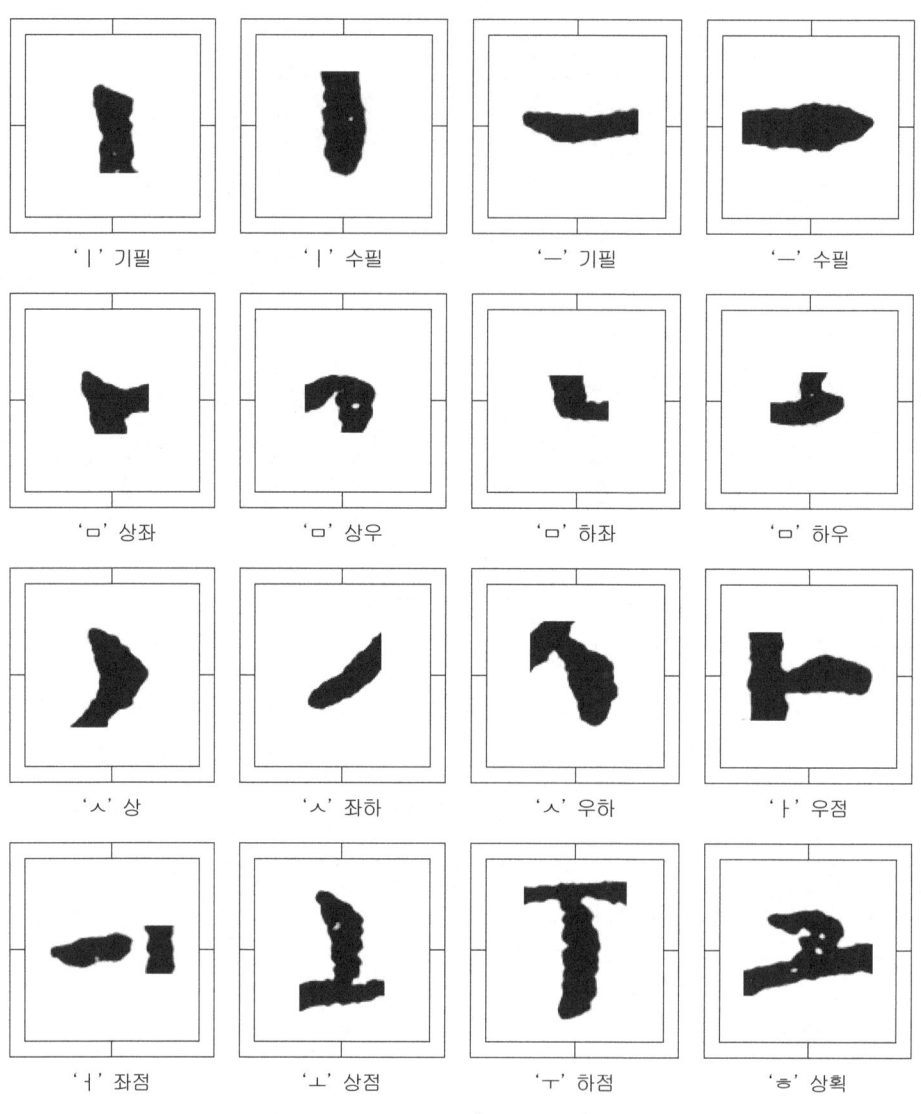

<그림 6-44> ≪가례언해≫에 나타난 점획

그렇다고 하여 세리프가 없는 것은 아니지만 〈그림 6-45〉의 '라, 비, 을' 자와 같이 의식적으로 강조하지 않고 있으며, 붓에 의한 자연스러운 형태로 표현되고 있다.

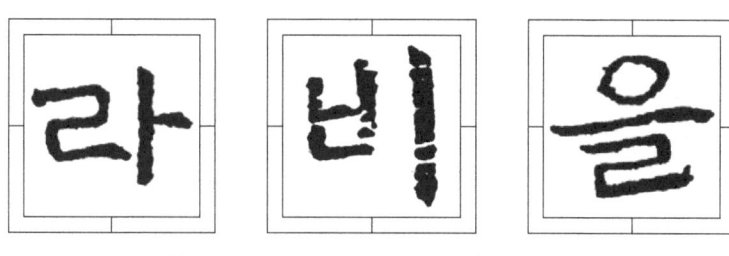

<그림 6-45> ≪가례언해≫에 나타난 '라. 비, 을' 자

'ㅁ'에서 획의 기·수필이 만나는 곳에서도 위의 〈그림 6-44〉에서와 같이 선명한 세리프가 보이는 경우도 있으나 아래의 〈그림 6-46〉의 '든, 례, 므' 자의 'ㄷ, ㄹ, ㅁ'과 같이 그렇지 않은 경우도 적지 않다.

<그림 6-46> ≪가례언해≫에 나타난 '든, 례, 므' 자

그러나 〈그림 6-47〉의 '든, 서' 자에서 보는 것과 같이 'ㅡ'나 'ㅅ' 등과 같은 몇몇 자소에서는 세리프가 선명하게 나타나는 경우가 있다. 이와 같이 판본용 정자체에서 세리프의 출현이나 형태가 불안정한 것은 필사자가 한글 정자체에 대한 세리프 체계를 아직 확립하지 못했기 때문이라고 생각된다.

290 _ 3. 가례언해

<그림 6-47> ≪가례언해≫에 나타난 '든, 서' 자

획의 굵기 변화는 위의 <그림 6-46>의 '든, 므' 자에서 'ㅡ'와 같이 세리프가 선명한 경우에는 행필이 가늘게 표현되고 있으나 그렇지 않은 경우는 굵기 변화가 크지 않으며 현대의 태명조체 정도의 이미지를 준다.

(6) 요약

위에서 분석한 ≪가례언해≫의 글꼴, 자소, 점획에 대한 내용을 요약하면 다음 〈표 6-4〉와 같다.

〈표 6-4〉 ≪가례언해≫ 글꼴 분석 요약

구 분		내 용
글 꼴		붓의 특성을 살린, 시각적으로 안정된 형태임. 대부분 현대 궁서체의 형태를 갖추고 있으나 일부 자음은 해례본 글꼴의 영향이 남아 있어 크게 표현됨.
자 소	자소 구조	'ㄱ, ㅋ'의 세로획이 곧게 내려 그어져 있음. 초성 'ㄹ, ㄷ, ㅌ' 등의 하단 가로획이 오른쪽으로 올라가 있어 우측의 중성모음과 자소 연계성이 뚜렷하게 나타남. 'ㅕ, ㅖ'와 함께하는 초성 'ㅅ'의 우측 획이 좌측으로 굽어져 필사된 경우가 나타남. 'ㅌ'의 상단 가로획이 하단 'ㄷ'과 분리되는 경우가 보임. 'ㅟ, ㅞ'에서 'ㅣ'의 좌측 점이 'ㅜ'의 가로획 아래에 위치한 '귀, 궤'자가 보임.
	자소 크기 비례	해례본 글꼴의 영향이 남아 있는 초성 'ㄱ, ㅋ, ㅊ', 종성 'ㄴ, ㄹ, ㅅ' 등은 비교적 크게 필사되어 있음. 그 외의 자소들은 현대 궁서체 정도의 크기 비례를 보임.
점 획	세리프의 유무	있음.
	세리프의 형태	일정한 규칙에 의해 일관된 세리프가 나타나지 않음. 의식적으로 세리프를 강조하지 않고 있으나 붓에 의한 자연스런 형태로 표현되고 있음. 대체로 기·수필이 만나는 곳에 세리프가 나타나고 있으나 그렇지 않은 곳도 많음. 가로획과 'ㅅ' 등에서는 세리프가 선명하게 나타나기도 함.
	점획의 굵기	태명조 정도의 이미지를 주며 대체로 일정함.
	점획의 구조	큰 특성 없음.

4. 마경초집언해(馬經抄集諺解)

(1) 문헌 소개

≪마경초집언해≫의 원본인 ≪마경≫은 인조(1623~1649) 때 이서가 마병(馬病)이 고치기 어렵다는 것을 염려하여 중국에서 전해온 ≪신편집성마의방≫과 마사문의 ≪마경대전≫ 등에서 말의 질병에 대한 중요한 것을 뽑아 4권으로 편집한 수의학서이다. 이것을 다시 중요한 부분을 발췌하여 원문 한자에 음과 토를 달고 한글로 언해하여 2권 2책으로 만든 것이 ≪마경초집언해≫이며, 판심에 '마경언해'라고 되어 있어 이 책을 ≪마경언해≫라 부르기도 한다.

이 책에는 편자의 이름이나 간행 연도를 알 수 있는 서문이나 발문은 없고 목록과 본문만이 들어 있다. 그러나 장유가 쓴 ≪계곡집≫ 권7에 들어 있는 '마경언해서'에 이서(1580~1637)가 편찬하였다는 기록이 있다. 그러므로 그의 생존 연대로 보아 인조 시기 중 1623~1637년 사이에 이루어진 것임을 추정할 수 있다.

≪마경초집언해≫는 상하 두 권으로 되어 있으며, 상권에는 논마유부모(論馬有父母), 상양마도(相良馬圖) 등 68항목이, 하권에는 48항목이 그림과 함께 수록되어 있다. 각 권의 앞에 목록이 나온 뒤에 본문이 있으며, 본문 구성은, 먼저 한문 원문에 한글로 주음과 토를 단 부분이 큰 글자로 되어 있고 이 원문 한 문장이 끝난 뒤에 'ㅇ' 부호를 넣은 뒤 작은 글자로 한 행에 2자씩 언해문을 쓰고 있다. 이는 다른 언해본이 단락을 적당히 나누어 원문을 계속 쓰고 난 뒤

언해문을 쓴 것과 다른 점이다.

≪마경초집언해≫는 규장각과 정신문화연구원, 이인영, 일사문고, 가람문고, 연세대 중앙도서관 소장본 등이 있다. 규장각 소장본(도서번호 규720)은 고활자본(현종실록자)이며 책의 크기, 사주변, 판심어미가 장서각 소장본(도서번호 3-333)과 유사하다. 장서각에 소장되어 있는 것은 도서번호 3-333과 3-334 두 개가 있는데 모두 1682년에 쇄출된 목판본이며 책명은 '마경쵸집언힌'이다. 이인영씨 소장본은 목판본으로서 "강희이십일년 십월십육일"(1682년)의 내사기가 있으므로 규장각 고활자본이 원간본이고, 목판본이 중간본인 것으로 추정된다. 일사문고(일사 고 636.089-Y 63m-v.1-2)와 가람문고(가람 고636.089-Y63m v.1-2), 연세대학교 중앙도서관에 각각 소장되어 있는 ≪마경초집언해≫는 모두 필사본이다. 장서각 3-334본, 즉 목판본은 홍문각에서 1983년에 영인되었고, 이 영인본을 본고에서 참조하였다.

(2) 판면 구성의 특징

여기서 글꼴 분석을 위해 참고한 장서각 목판본은 〈그림 6-48〉과 같이 큰 글자는 10행, 20자로, 작은 글자는 20행 40자로 되어 있으며, 한자 한 글자마다 바로 밑에 한글로 음을 달아 놓고 있다.

특이한 점은 음을 표시한 한글의 글자 크기가 한자와 같이 큰 글자로 되어 있다는 점이다. 음을 나타낸 한글자는 작은 글자로 표기하는 것이 일반적이다.

294 _ 4. 마경초집언해

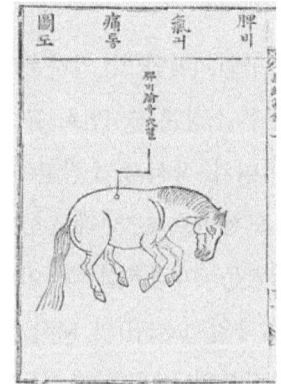
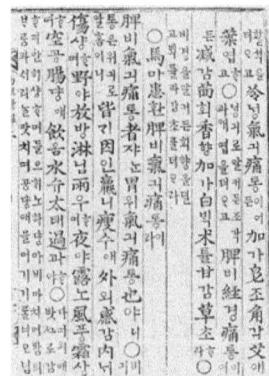

<그림 6-48> ≪마경초집언해≫(장서각 소장본) 본문 일부

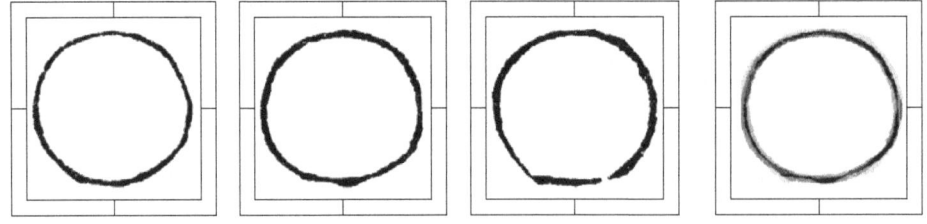

<그림 6-49> ≪마경초집언해≫에 나타난 'O' 부호의 비교

　문장 가운데 나타나는 'O' 부호는 그 크기가 모두 일정한 것으로 보아 그린 것이 아니라 도장 등으로 찍은 것이 아닌가 생각된다. 이는 <그림 6-49>에서 확인된다. 여기서 가장 오른쪽의 것이 왼편 세 개의 부호를 겹쳐 표현한 것으로서 정확하게 일치되고 있음을 확인할 수 있다.

　또한 이 문헌은 초간본인 활판본을 정교하게 복각한 것으로 보인다. 이는 <그림 6-50>의 '미, 환' 자의 글꼴 비교 결과로 알 수 있다. 각 글자의 가장 우측의 것이 서로 다른 곳에서 추출한 왼편 세 개의 글자를 겹쳐놓은 것으로서 이들 세 개의 글자 형태들이 거의 일치되고 있음을 볼 수 있다. 일반적인 목판

제6장 17세기 문헌별 글꼴 분석 _ 295

본 글자에서는 이와 같이 유사한 형태의 글자가 여러 곳에서 발견될 가능성이 거의 없다고 생각되며, 이 정도의 글꼴 일치는 원간본에서는 동일한 활자였음을 말해주는 것이다.

<그림 6-50> ≪마경초집언해≫에 나타난 '미, 환' 자의 비교

이 복각본에 나타난 글자 모습은 본래 활자본과 차이가 있을 것으로 보이나 <그림 6-50>에서와 같이 복각의 상태가 매우 정교하여 본래의 활자 글꼴과 크게 다르지 않을 것으로 보인다. 그러므로 이 문헌은 1682년에 간행되었으나 문헌에 나타난 글꼴은 17세기 전반(1623~1637)의 것으로 보아야 할 것이다.

(3) 글꼴의 특징

목판본 ≪마경초집언해≫에 나타난 글자의 형태는 <그림 6-51>에서 보는 바와 같이 가늘고 예리한 점획이면서 날카로운 세리프가 선명하게 드러난 경우가 많아 글자 판별력이 우수한 것이 특징이다. 또한 부분적으로 불안정한 글꼴 구조도 확인되고 있으나 전반적으로 볼 때 자모음의 크기와 위치가 글꼴의 구조에 알맞게 처리되고 있어 시각적으로 조화롭고 안정감을 주고 있다.

가	각	고	곡	과	원
난	니	논	뇨	뎌	단
두			류	윤	모
믈	미	밀	비	법	보
셰	쇼	아	와	왕	용
우	위	의	졔	좌	쥬
증	차	초		태	피
해	희		음	입	

<그림 6-51> ≪마경초집언해≫ 대표글자

이러한 유형의 글꼴은 16세기 ≪무예제보≫에서도 볼 수 있었으며, 전형적인 한글 궁서 판본체와는 또 다른 ≪마경초집언해≫ 유형의 판본체가 16세기부터 널리 활용되고 있었을 것으로 추측된다.

다만 〈그림 6-52〉의 '곡, 마' 자에서 보듯이 점획의 굵기가 조금 굵은 것과 가는 것 두 종류로 나타나고 있다. 한자의 경우에는 전반적으로 점획의 굵기가 일정하게 나타나 있는 것으로 보아서 이는 쇄출 과정에서 발생한 것이 아니라 판각 자체에서부터 생긴 현상으로 보인다. 이것으로 미루어 원간본 활자본에서부터 활자 서체가 다른 것으로 쇄출한 것으로 생각된다.

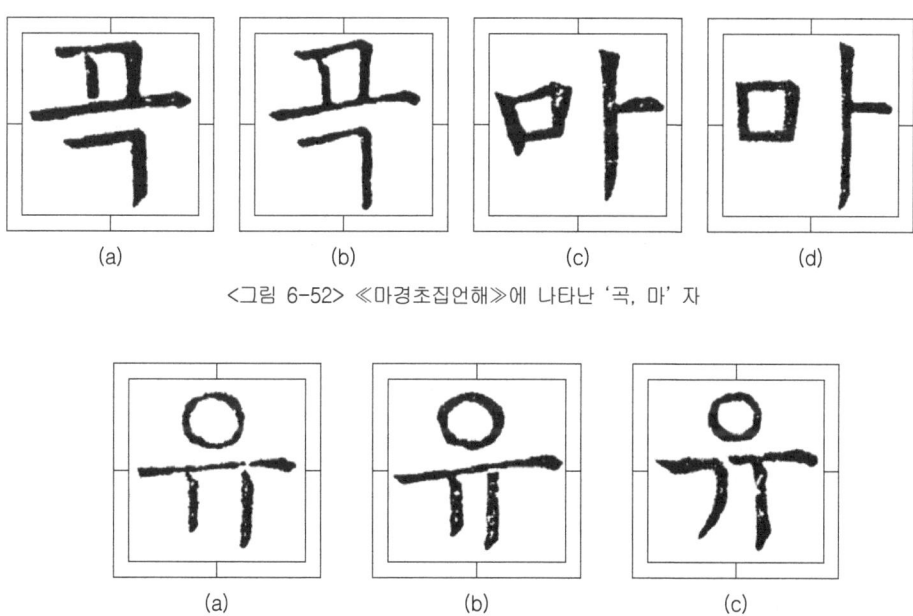

〈그림 6-52〉 ≪마경초집언해≫에 나타난 '곡, 마' 자

〈그림 6-53〉 ≪마경초집언해≫에 나타난 '유' 자

동일한 글자에 대한 글꼴 변화는 크지 않으나 〈그림 5-53〉의 '유' 자와 〈그림 6-54〉에서 보는 '태' 자와 같이 전혀 다른 필체가 보이기도 한다.

<그림 6-54> ≪마경초집언해≫에 나타난 '태' 자

이를 종합해 보면, 〈그림 52, 53, 54〉에서 '곡(b), 마(d), 유(a)'와 '마(c), 유(b), 태(a)' 그리고 '곡(a), 태(b)', '유(c), 태(c)'는 각각 동일인의 필체로 보인다. 그러므로 원간이 되는 활판본 쇄출 당시 적어도 네 종의 활자를 섞어 사용한 것으로 생각된다.

활판본을 복각한 목판본이므로 글자의 높이와 폭은 대체로 일정하게 나타나며 글자와 글자 사이의 간격도 겹침 없이 일정한 편이다.

(4) 자소의 특징

≪마경초집언해≫에 쓰인 한글 대자는 한자 음으로만 사용했기 때문에 '카, 코' 등과 같이 한자 음으로 흔히 사용되지 않거나 한자 음이 없는 한글은 나타나지 않는다. 그러므로 〈그림 6-55〉에서 볼 수 있듯이 'ㅋ'을 비롯한 몇몇 특별한 유형의 자소가 발견되지 않아 분석이 불가능하다.

〈그림 6-55〉에서 보듯이 이 문헌에 나타난 한글 자소들은 'ㄱ, ㄴ, ㄹ' 등 극히 일부를 제외하고 거의 해례본 글꼴의 모습을 찾을 수 없다. 즉 필기구와 한자 해서체의 영향을 많이 받아 자소의 형태가 본래의 모습에서 크게 변하였고 자음의 크기는 작아졌으며 모음은 이러한 자음의 크기와 조화로운 형태로 변형된 것이다.

제6장 17세기 문헌별 글꼴 분석 _ 299

300 _ 4. 마경초집언해

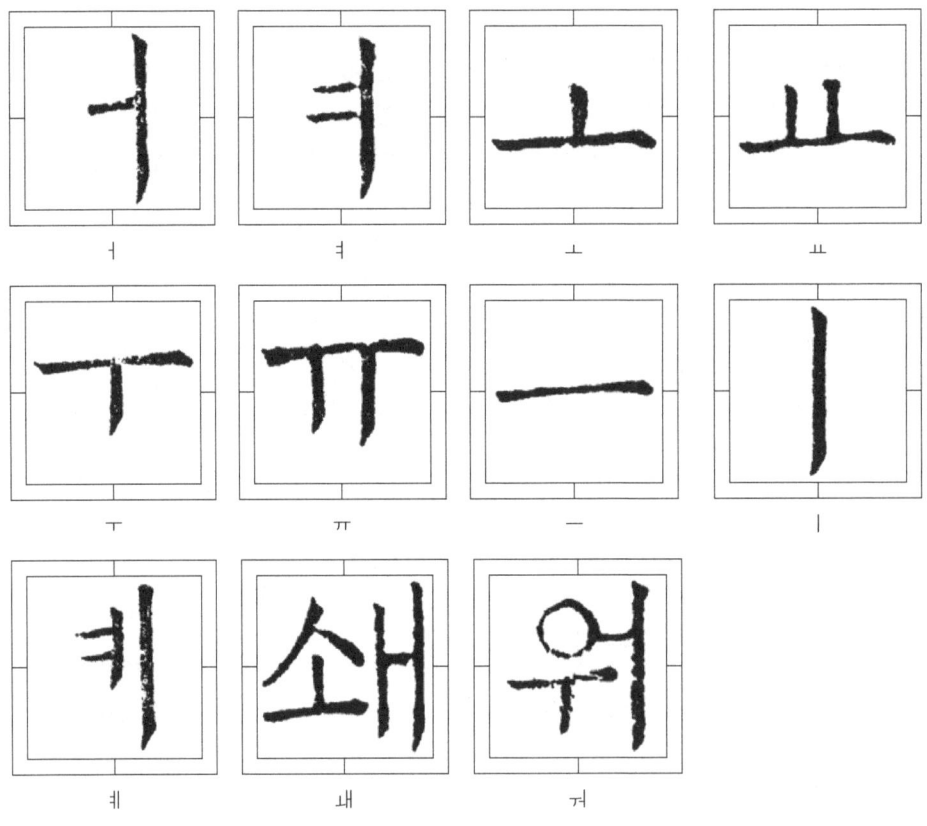

<그림 6-55> ≪마경초집언해≫에 나타난 자소

〈그림 6-56〉의 '거, 난, 월' 자에서 보는 것과 같이 초성 'ㄱ'의 세로획을 모두 곧게 내려 긋고 있어 아직도 해례본 글꼴의 모습이 남아 있으며, 종성 'ㄴ, ㄹ' 도 일부 글자에서 자소의 크기가 자면의 폭을 가득 채울 정도로 크게 표기하고 있어 부분적으로 해례본 글꼴의 영향이 남아 있음을 알 수 있다. 그러나 〈그림 6-57〉의 '마, 소, 우' 등에 나타난 자소는 그 모습에서나 크기 비례에서 볼 때 해 례본에서 제시한 자소의 형태 재인만 가능할 뿐이며, 그 형태는 해례본 글꼴의 자소에 비하여 크게 변형된 것을 알 수 있다.

<그림 6-56> ≪마경초집언해≫에 나타난 '거, 난, 월' 자

<그림 6-57> 해례본(상)과 ≪마경초집언해≫(하)에 나타난 '마, 소, 우' 자의 비교

〈그림 6-58〉에서 볼 수 있듯이 ≪마경초집언해≫에서 'ㄷ'의 상단 가로획의 좌측 돌출은 보이는 경우와 그렇지 않은 경우가 섞여 나타나고 있어 해례본 글꼴의 형태에서 완전히 벗어나지 못한 것으로 보인다.

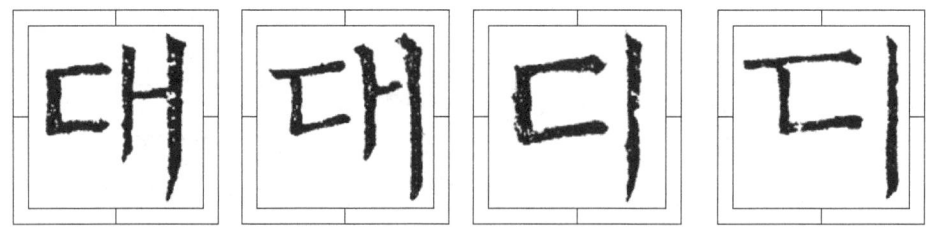

<그림 6-58> ≪마경초집언해≫에 나타난 '대, 디' 자

또한 〈그림 6-59〉의 '슈, 유' 자에서 볼 수 있듯이, 자음 'ㅠ'의 아래 두 개의 세로 점 중 왼쪽 점이 선명하게 구부러진 경우가 보이고 있어 새로운 자소의 형태로 변화되어 가고 있는 과정을 확인할 수 있다. 물론 을해자 한글자에서 이러한 현상이 나타났었으나 그 이후의 문헌에서 보다 발전된 형태가 보이지 않다가 ≪마경초집언해≫에서 다시 등장한 것이다.

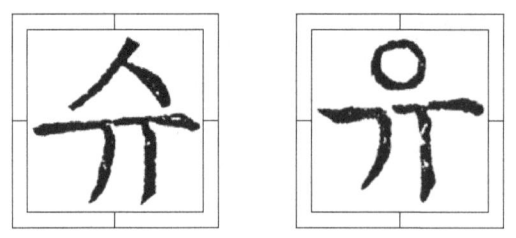

<그림 6-59> ≪마경초집언해≫에 나타난 '슈, 유' 자

이전의 문헌에서도 나타났지만, 〈그림 6-60〉의 '셕, 젼, 쳥' 자와 같이 초성 자음 'ㅅ, ㅈ, ㅊ' 등이 중성 모음 'ㅓ, ㅕ' 등과 함께 할 때 'ㅅ, ㅈ, ㅊ'의 좌측 획은 좌측으로 굽어 표기하였고 우측 획 역시 좌측으로 휘어 표기하면서 전체적인 글꼴의 균형을 유지하고 있다.

<그림 6-60> ≪마경초집언해≫에 나타난 '셕, 젼, 쳥' 자

그러나 'ㅓ, ㅕ' 등과 함께 하지 않는 <그림 6-61>의 '사' 자의 'ㅅ'에서도 그러한 현상이 보이고 있는데 이것은 위의 글자 등에 영향을 받아 과잉 표기한 것이 아닌가 생각된다.

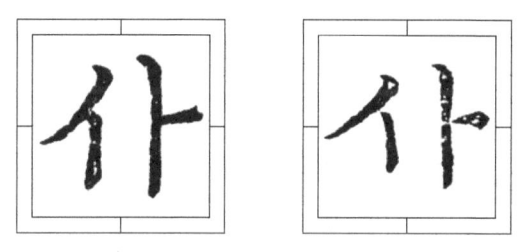

<그림 6-61> ≪마경초집언해≫에 나타난 '사' 자

이미 앞에서 분석한 문헌에서도 나타난 바와 같이, 그 출현 빈도가 극히 낮기는 하지만, <그림 6-62>의 '작, 견, 졔, 즉' 자와 같이 초성 자음 'ㅈ'에 있어서 좌측 획의 기필 부분이 상단 가로획의 우측과 맞닿도록 표기한 예가 그렇지 않은 경우와 함께 나타난다.

이러한 것이 서로 다른 필사자에 의해 나타난 현상인지 아니면 동일 필사자에 의해 나타난 것인지에 대해서는 확인할 방법은 없으나, 확실한 것은 ≪마경초집언해≫의 원간본이 간행될 당시인 17세기 전반에서도 'ㅈ'의 표기에 있어서 이 두 종류가 모두 사용되고 있었다는 사실이다.

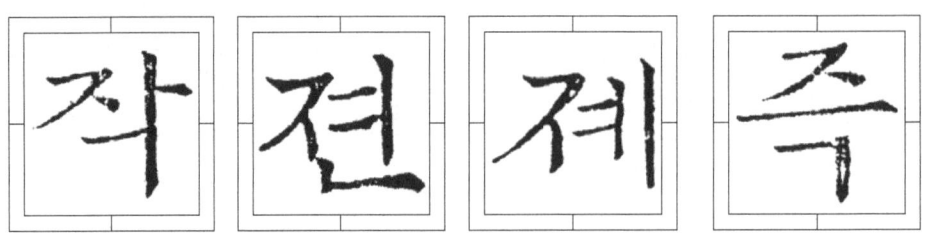

<그림 6-62> ≪마경초집언해≫에 나타난 '쟉, 젼, 졔, 즉' 자

〈그림 6-63〉의 '관, 니, 다, 태' 자 등에서 보는 것과 같이 초성 자음 'ㄴ, ㄷ, ㅌ' 이나 'ㅘ'에서 'ㅗ'의 하단 가로획이 'ㅏ, ㅣ, ㅐ' 등에 접필되도록 수침 형태로 표기하는 예도 간간이 발견된다. 이 문헌에서 이러한 유형의 자소 획은 대부분 회봉되어 원필 형태를 보이고 있다.

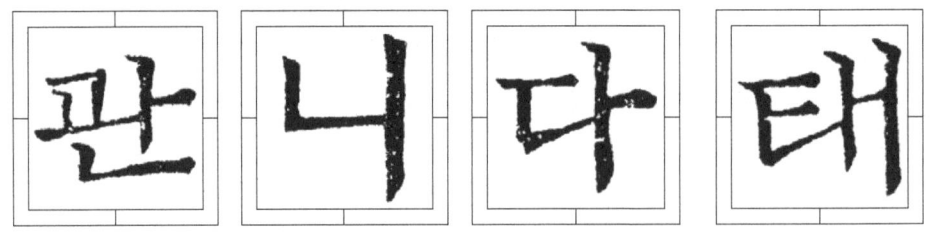

<그림 6-63> ≪마경초집언해≫에 나타난 '관, 니, 다, 태' 자

자소 'ㅇ'은 모든 글자에 정원으로 표기하려고 했으나 〈그림 6-64〉의 '엽, 온, 왕, 탕' 자와 같이 한 글자 내에서 다른 자소와 점획의 굵기가 조화롭지 못한 경우가 빈번하게 나타난다. 이러한 현상은 원을 붓으로 쓴 것이 아니라 미리 만들어 놓은 도장을 이용하여 찍어냄으로써 나타난 것이 아닌가 생각된다.

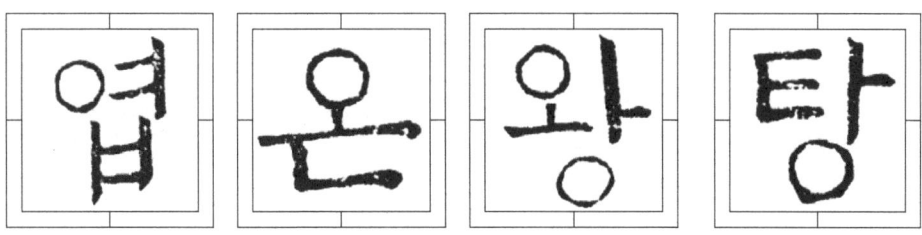

<그림 6-64> ≪마경초집언해≫에 나타난 '엽, 온, 왕, 탕' 자

이 외에도 〈그림 6-65〉의 '텸, 톄' 자와 같이 자소 'ㄷ'의 상단 가로획이 분리되거나 'ㅕ, ㅖ'의 좌측 점이 우측 'ㅣ'와 분리되면서 좌측 자음에 접필되어 표기된 형태도 볼 수 있다. 이러한 현상은 이 문헌뿐만 아니라 다른 여러 문헌에서도 볼 수 있는 것으로 당시 자소 형태에 대한 의식이 어떠했는지 확인할 수 있는 현상이다.

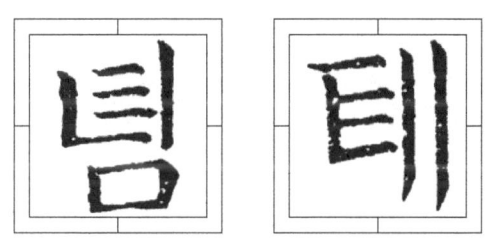

<그림 6-65> ≪마경초집언해≫에 나타난 '텸, 톄' 자

(5) 점획의 특징

〈그림 6-66〉의 점획 그림에서 볼 수 있듯이 ≪마경초집언해≫ 글자의 세리프는 대체로 두드러지지 않고 간결하게 표현되어 있으나 명확하게 나타나 있는 것이 특징이다.

306 _ 4. 마경초집언해

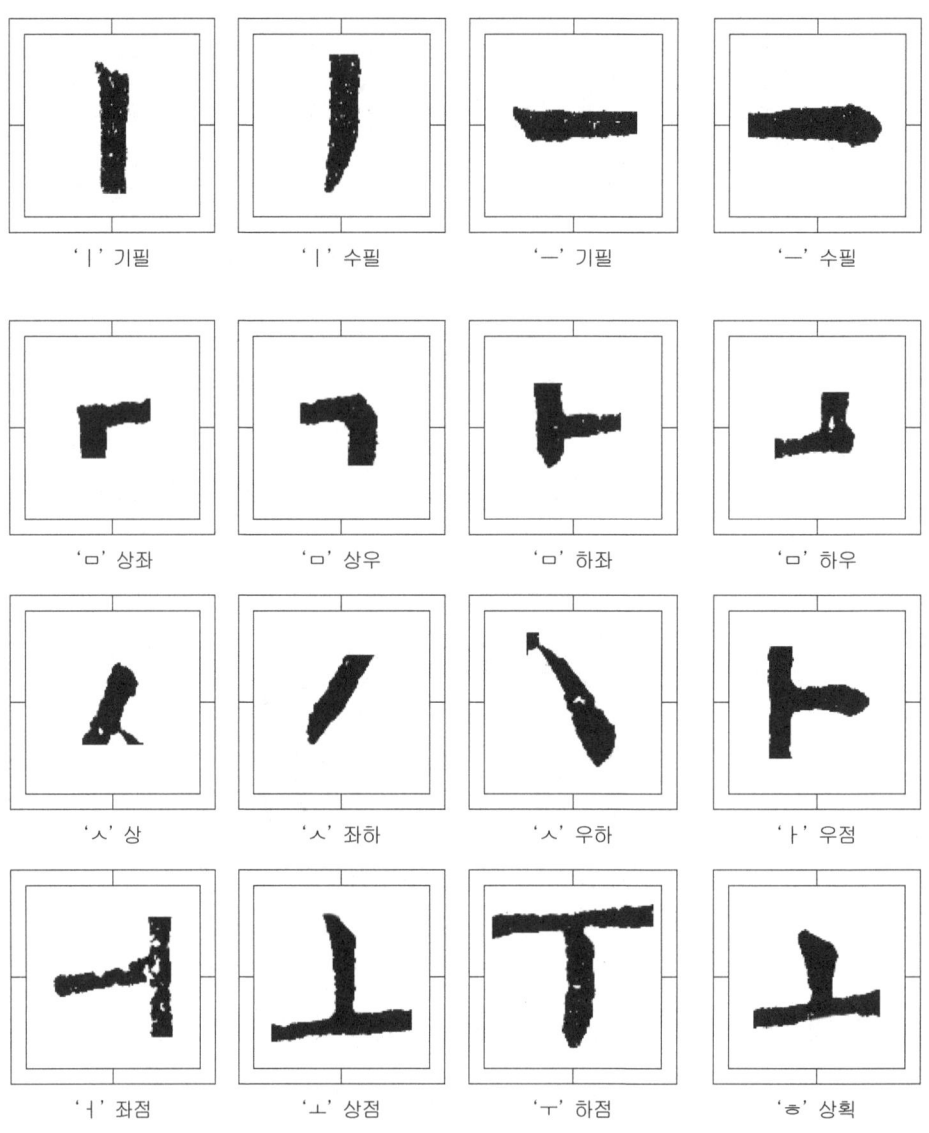

<그림 6-66> ≪마경초집언해≫에 나타난 점획

복각본으로서 세리프가 판각 과정에서 변형될 수도 있겠으나 이 문헌에 나타난 한자의 세리프가 매우 정교하게 표현된 점으로 미루어 판각 과정에서 한글 세리프가 심각하게 훼손되지 않은 것으로 보인다. 획의 굵기는 대체적으로 현대의 신명조체 정도이며, 〈그림 6-63〉에서와 같은 글자에서는 태명조 정도의 굵기를 보인다.

획의 굵기 변화를 보면, 가로획에서는 기필과 수필 부분에서 획의 굵기가 다소 굵어지는 현상은 있으나 그 변화가 심하지 않으며, 행필 부분에서도 획의 굵기는 큰 변화가 없다. 세로획에서는 대체로 기필과 수필 부분의 굵기 변화가 아주 미미하며, 특히 수필 부분은 수침으로 날카롭게 마무리하고 있어 예리함을 더해주고 있다.

자소 'ㅁ'에서 세리프는 비교적 선명하게 나타난 경우가 많으며, 'ㅅ'에서도 비교적 붓의 움직임이 글꼴에 나타나 있다. 그 외에 'ㅏ, ㅓ, ㅗ, ㅜ' 등의 점은 대체로 길게 표기되어 있으며, 'ㅊ, ㅎ'의 상단 획은 세로로 조금 길고 곧게 그어진 것이 많다.

(6) 요약

위에서 분석한 ≪마경초집언해≫의 글꼴, 자소, 점획에 대한 내용을 요약하면 다음 〈표 6-5〉와 같다.

〈표 6-5〉 《마경초집언해》 글꼴 분석 요약

구 분		내 용
글 꼴		1623~1637년에 제작된 활자본의 복각 목판본임. 16세기 《무예제보》에서도 이러한 글꼴을 볼 수 있음. 대체로 균형 잡혀있고 시각적으로 안정감을 줌. 획이 굵기가 가늘고 예리하여 글자 판별력이 우수함. 점획의 굵기와 필체가 다른 3~4 종류의 서체가 나타남. 글자의 폭과 높이가 대체로 일정함.
자소	자소 구조	초성 'ㄱ'에서 해례본 글꼴의 영향이 남아 있어 세로획이 곧게 표기됨. 초성 'ㄷ'의 상단 가로획 좌측 돌출 형태는 일부에서 나타남. 일부 'ㅠ'의 하단 좌측 점이 좌측으로 휘어져 표기됨. 초성 'ㅅ, ㅈ, ㅊ'에 'ㅕ'가 함께 할 때 초성 좌우 획이 좌측으로 무게중심이 옮겨가며, '사' 자에서도 그와 같은 'ㅅ'표기가 일부 나타남. 일부 초성 'ㅈ'에서 좌측 획이 상단 가로획 우측 끝에 이어져 표기됨. 초성 'ㄴ, ㄷ, ㅌ'의 하단 획의 끝이 우측 'ㅣ' 모음과 접필되는 경우가 나타나며, 'ㅘ'의 'ㅗ'에서 하단 가로획이 'ㅏ'와 접필되는 경우도 보임. 'ㅇ'이 도장으로 찍은 듯이 획이 가늘게 표현되어 있음. 'ㄷ'의 상단 가로획이 분리되어 있으며, 'ㅕ, ㅖ'의 좌측 점이 'ㅣ'와 분리됨.
	자소 크기 비례	비교적 초·종성 자음이 해례본 글꼴에 비해 크게 작아짐. 종성 'ㄴ, ㄹ' 등에서 일부 해례본 글꼴의 영향이 남아있어 크게 표기됨.
점획	세리프의 유무	있음.
	세리프의 형태	두드러지지 않고 간결하게 표현되어 있으나 명확하게 보이고 방필 유형으로 날카로운 느낌을 줌. 세로획에서 수필 부분은 수침으로 처리된 경우가 많음. 'ㅁ'에서는 세리프가 선명하게 나타난 경우가 많음.
	점획의 굵기	가늘고 예리한 점획을 보임. 기필과 수필 부분의 굵기 변화가 미미하고 행필 부분의 굵기 변화도 거의 없음.
	점획의 구조	특기사항 없음.

제7장

18세기 문헌별 글꼴 분석

1. 아미타경(阿彌陀經)

(1) 문헌 소개

≪아미타경≫에 대한 언해본은 1464년(세조 10) 세조가 번역하여 간경도감에서 처음으로 간행하였고, 이후 이의 중간본과 사찰에서 언해하거나 개인적으로 간행한 언해본이 20세기 초까지 다양하게 제작·간행되었다. 1464년에 간행된 간경도감본은 현재 전해지지 않고 몇 종의 중간본만 전하고 있다.[1]

---

1) 본 문헌 소개는 규장각(http://e-kyujanggak.snu.ac.kr)의 해제를 참조하였음.
   현재 규장각에 소장되어 있는 ≪아미타경≫ 언해본을 보면 다음과 같음.
   ① 가람 古 294.3355-Am57b, 鳩摩羅什(印) 역, 智顗(隋) 설, 世祖 언해, 1702년(숙종 28), 1권1책(30장), 목판본, 28.3×19.6cm.
   ② 古 1730-11A, 鳩摩羅什(印) 역, 智顗(隋) 설, 世祖 언해, 간년 미상 ⇒ 1702년(숙종 28), 1권1책(29장), 목판본, 29.5×19.5cm.
   ③ 一簑 古 294.3355-B872eh 鳩摩羅什(印) 역, 智顗(隋) 설, 世祖 언해, 간년미상 ⇒ 1702년(숙종 28), 1책(30장) ⇒ 1권 1책(29장), 목판본, 26.8×18.4cm.
   ④ 古 1730-11鳩摩羅什(印) 역, 智顗(隋) 설, 世祖 언해, 1753년(영조 29), 1책(29장) ⇒ 1권 1책(34장), 목판본, 29.5×19.5cm.
   ⑤ 一簑 古 294.3355-B872b 편자미상 ⇒ 鳩摩羅什(印) 설, 智顗(隋) 해, 世祖 언해, 1753년(영조 29), 권 1책(22장), 목판본, 29.6×19.6cm.
   ⑥ 想白 古 294.3355-B872a 鳩摩羅什(印) 역, 智顗(隋) 설, 世祖 언해, 간년미상 ⇒ 1753년(영조 29), 1권 1책(29장), 목판본, 29.7×19.5cm.
   ⑦ 古複 1730-11 鳩摩羅什(印) 역, 智顗(隋) 설, 世祖 언해, 간년미상 ⇒ 1753년(영조 29), 1권1책(29장), 목판본, 29.5×19.5cm.
   ⑧ 古 1730-11B鳩摩羅什(印) 역, 智顗(隋) 설, 世祖 언해, 간년미상, 1권 1책(29장), 목판본, 29.5×19.5cm.

이 책에서 분석한 문헌은 1464년 간경도감본을 1702년(숙종 28) 운흥사에서 복각·중간한 것으로서, 본문의 내용 구성을 보면, 책머리에는 '어제역해(御製譯解)'라 하여 세조가 직접 언해한 사실과, '천태지자(天台智者)', 즉 본문 주석은 지의(538~597)의 설을 따랐음을 밝히고 있다. 본문에서는 한글 구결이 나타난 한문 원문이 먼저 나오고 그 뒤에 한자에 토를 달고 언해 부분이 나타나며 뒤를 이어 주석이 나타나고 있다.

본문 끝부분에는 간경도감에서 ≪아미타경≫ 언해본을 간행할 당시의 간기가 있어 1464년 간경도감에서 쇄출했으며, 글씨는 충의교위좌위중부부사정(忠毅校尉左衛中部副司正)인 안혜가 썼음을 알 수 있다.

그 뒤에는 운흥사에서 중간할 당시 작성한 발원문과 간기가 있는데, 성수만세(聖壽萬歲)를 기원하고 이 공덕으로 인하여 미타(彌陀)를 보고 모두 정각(正覺) 성취를 발원하였고, 이연이 교정보았음을 적고 있다.

또 1702년(숙종 28) 여름 경상도 고성 와룡산 운흥사에서 간행했다는 것과 당시 사찰 주지가 신기였다는 것, 그리고 중간(重刊)을 위해서 시주(施主), 각자(刻字), 연판(鍊板), 철정(鐵釘) 등에 참여한 사람들의 명단을 적고 있다.

≪아미타경≫은 염불의 공덕으로 정토왕생할 수 있음을 강조하는 내용으로, 그 수행 방법이 쉬워 한·중·일 삼국에 널리 유행한 경전이다. 20세기 초까지도 새로이 한글로 번역·간행되어 ≪아미타경≫에서 말하는 염불수행 및 정토왕생이 근대에 이르기까지 지속적으로 유행했음을 알 수 있다.(강호선)

---

⑨ 古 1730-7 구마라집(印) 역, 1871년(고종 8), 1권 1책(12장), 목판본, 24×15.6cm.
⑩ 一簑 古 294.3355 B872bc 鳩摩羅什(印) 역, 崔錫舜 等 언해, 1905년(광무 9), 1권 1책(40장), 목판본, 31.8×20.2cm.
⑪ 古 1730-4 편자미상 ⇒ 鳩摩羅什(印) 역, 崔錫舜 等 언해, 간년미상 ⇒ 1905년(광무 9), 1권 1책(39장), 목판본, 29×18.7cm.
⑫ 一簑 古 294.3355-B872e 편자미상 ⇒ 鳩摩羅什(印) 역, 姜在喜 언해, 1905년(광무 9) ⇒ 1907년(융희 1), 1권 1책(52장), 목판본, 29.6×20.4cm.

1. 아미타경

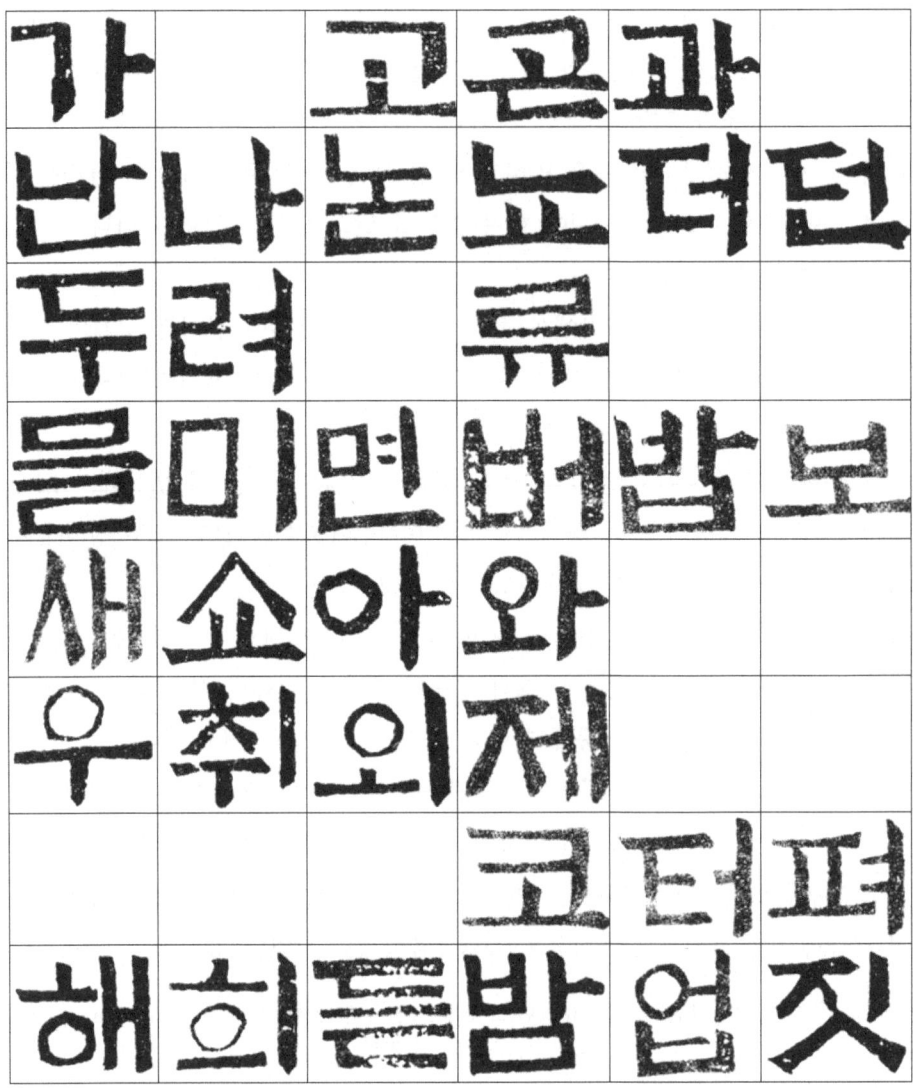

<그림 7-1> ≪아미타경≫ 대표글자

이 책에서 분석한 문헌은 앞에서도 밝혔듯이, 1464년 간경도감본을 1702년(숙종 28) 운흥사에서 복각·중간한 가람문고본(규장각, 가람古 294.3355-Am57b)을 2002년 홍문각에서 영인한 영인본을 사용하였다. 이 문헌은 18세기 초의 것이지만 그 글꼴과 서체에서는 15세기 중반의 특성이 거의 그대로 나타나 있다고 보아야 할 것이다.

그러므로 간행 년대 순으로 문헌을 다루고 있는 여기서는 일관성을 유지하기 위해 부득이 18세기에 포함하여 이 문헌의 글꼴을 분석하고 있으나 뒤의 통시적 분석 부분에서는 15세기 글꼴로 다루었다.

글꼴 추출에 있어서는, 문헌의 분량이 적고 본문 중 나타난 큰 글자의 종류가 다양하지 못하여 대표글자가 나타나지 않는 경우가 많으며 이러한 경우 만족할 수는 없으나 가급적 유사한 글자로 대신하였다. 이에 따라 ≪아미타경≫ 언해에 나타난 한글 글꼴 파악에 오류를 일으킬 위험이 있다고 판단되어 가급적 글꼴 해설 부분에서 대표글자 이외의 글자를 많이 제시하여 글꼴 특성을 가능한한 정확하게 파악할 수 있도록 노력하였다.

(2) 판면 구성의 특징

문헌의 크기는 29.5×19.5cm 목판본으로서, 1권 1책 29장으로 이루어져 있다. 책 본문 우측 여백 아랫부분에 가선희옥, 통정궁가, 수원비구 등의 시주자 명단을 적고 있으며, 표지 서명은 ≪佛說阿彌陀經(불설아미타경)≫, 판심은 '阿彌陀經(아미타경)'이다.

314 _ 1. 아미타경

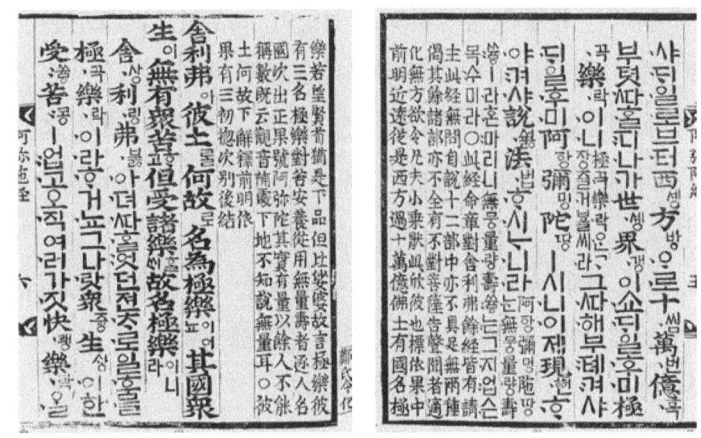

<그림 7-2> ≪아미타경≫언해의 본문 일부

본문 구성은, 유괘 8행 19자로 되어 있으며, 언해 부분은 1자간 내려쓰고 있고 방점이 나타나 있다. 해설 부분은 작은 글자 협주로 되어 있으며, 판심의 형태는 상하내향흑어미로 되어 있다.

(3) 글꼴의 특징

앞에서도 말했듯이 ≪아미타경≫언해에 나타난 글꼴은 ≪훈민정음≫ 해례본이 간행된 지 18년이 지난 1464년의 것으로 보아야 한다. 이는 ≪아미타경≫언해에 나타난 한글 글꼴이 ≪훈민정음≫ 해례본에 나타난 글꼴을 크게 벗어나지 못하고 있는 것을 통해서도 확인된다.

〈그림 7-1〉 대표글자에서 볼 수 있듯이 글자를 구성하고 있는 대부분의 자소들이 서로간 균형과 조화가 이루어지지 않고 있으며 자소의 굵기와 획의 방향이 일정하지 못하고 단순히 자소의 형태를 표현하는데 그치고 있어 서체의 일

관된 표현이 이루어지지 않고 있다. 이러한 예는 대표글자 가운데 '곤, 난, 뇨, 던, 취' 자 등을 통해 확인되며, 〈그림 7-3〉의 글자에서도 그러한 글꼴을 확인할 수 있다.

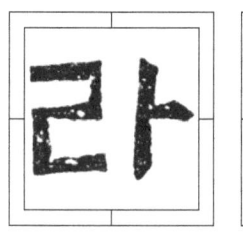   

<그림 7-3> ≪아미타경≫언해에 나타난 '라, 밥, 샤, 웨' 자

또한 대표글자에서뿐만 아니라 〈그림 7-4〉의 'ㄴ' 자에서 볼 수 있듯이 대부분의 글자에서 자소의 크기가 크게 표현되고 있어 해례본 글꼴의 영향이 많이 남아 있음을 확인할 수 있다.

  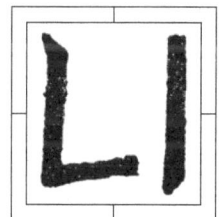

<그림 7-4> ≪아미타경≫ 언해에 나타난 'ㄴ' 자

이 외에 대표글자의 '난, 던, 면' 자에서 볼 수 있듯이 종성 'ㄴ'의 가로획 오른쪽 끝이 'ㅏ, ㅓ, ㅕ'의 세로획 위치보다 오른쪽으로 길게 그어져 있는 점과 '짓'에서 'ㅅ'의 오른쪽 획이 'ㅣ'보다 오른쪽으로 길게 벗어있는 것 등도 아직 해례본 글꼴 특성이 그대로 살아 있음을 보여주는 것이다.

316 _ 1. 아미타경

그러나 〈그림 7-5〉와 같이 '곤'의 초성 'ㄱ', '던'에서 'ㅓ'의 세로획, '려'에서 초성 'ㄹ' 등에서와 같이 자소의 크기 비례 변화가 해례본 글꼴과 비교할 때 크게 나타나고 있어 글자에 대한 자소의 균형 의식이 향상되고 있음을 알 수 있다.

<그림 7-5> ≪아미타경≫언해에 나타난 '곤, 던, 려' 자

또한 '과'에서 'ㄱ'과 'ㅗ', '논'에서 초성 'ㄴ'과 'ㅗ', '제'에서 'ㅈ'과 'ㅔ'의 뚜렷한 접필 현상이 나타나고 있어 모아쓰기 글꼴의 개념 역시 점차 나타나고 있음을 알 수 있다.

글꼴 특성을 종합해 보면, 대체로 글자의 균형과 조화보다 자소 표현에 충실한 모습을 보이고는 있으나 해례본 글꼴과 비교해 보면 글꼴의 균형이 다소 발전된 형태이다.

특이한 것으로서, 〈그림 7-6〉에서 보는 것과 같이 두 종류의 '쇼' 글꼴이 완전히 다르게 표현된 것을 볼 수 있다. 좌측 '쇼' 자는 거의 완벽한 세리프체로서 균형 잡힌 글꼴을 보이고 있는 반면 오른쪽 글자는 아직 해례본 글꼴의 영향이 적지 않게 남아 있다.

<그림 7-6> ≪아미타경언해≫에 나타난 '쇼' 자

한 사람에 의해 필사된 목판 문헌에서 이와 같이 그 진화의 정도가 큰 서로 다른 글꼴이 보인다는 것은 복각본으로서 원간본(1464)에서 훼손된 글자를 복각(1702)하면서 새롭게 필사해 넣은 것이 아닌가 생각된다. 실제로 좌측의 '쇼'자와 유사한 글꼴이 18세기 문헌에서 매우 자주 등장하고 있다.

'시, 취' 자 이외에도 15세기와 18세기 글꼴 특성이 함께 나타나는 글자들이 ≪아미타경≫언해에서 간혹 보이는데, 이 글자들은 복각하는 과정에서 17세기의 영향이 일부 첨가된 것이 아닌가 생각된다.

(4) 자소의 특징

318 _ 1. 아미타경

'지'의 'ㅈ'   'ᄎ'의 'ㅊ'   'ㅋ'의 'ㅋ'   '터'의 'ㅌ'

'퍼'의 'ㅍ'   '해'의 'ㅎ'   ㅏ   ㅑ

ㅓ   ㅕ   ㅗ   ㅛ

ㅜ   ㅠ   ㅡ   ㅣ

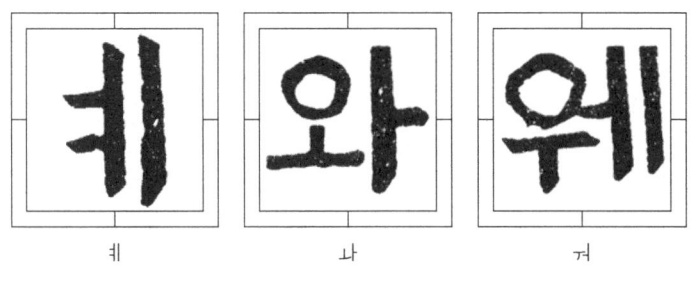

<그림 7-7> ≪아미타경≫언해에 나타난 자소

　대체적으로 자소의 크기, 특히 자음의 크기 비례는 해례본과 같지는 않으나 최대한 크게 표현하고 있다. 다만 글자의 균형과 조화를 위해 자소의 크기를 조절하려고 노력한 흔적이 보인다. 보다 구체적인 사항을 보면 다음과 같다.
　해례본의 'ㄱ'과 'ㄴ'에서는 가로획과 세로획의 길이가 동일하게 나타나 있으나 ≪아미타경≫언해에서는 자소의 위치에 따라 그 비례가 달리 나타나고 있음을 볼 수 있다. 즉 '가, 나'의 'ㄱ, ㄴ'에서 세로획이 두드러지게 길게 나타나 있는 것을 쉽게 볼 수 있으나, '곤, 난, 논, 던, 면' 등의 종성 'ㄴ'에서는 가로획이 훨씬 길게 그어진 것을 대표글자를 통해 확인할 수 있다. 이와 같이 글자 균형 감각을 의식한 자소의 형태 변화는 'ㄱ, ㄴ'뿐만 아니라 그 외의 모든 자소에서도 쉽게 찾을 수 있다. 다만 그 변화의 폭이 크지 않아 아직도 해례본 글꼴 구조를 크게 벗어나지 않고 있다. 그러나 이는 자소의 형상보다는 글자의 전반적인 균형을 중시하는 쪽으로 글꼴이 변화되고 있다는 것을 부분적이나마 보여주는 것이다.
　'ㄷ'에서 위쪽 가로획 시작 부분이 좌측으로 돌출되어 있는 점과 'ㄹ, ㅁ, ㅂ'을 볼 때 이들 자소는 해례본에서의 모습을 크게 벗어나지 않고 있다.
　다만 'ㅅ'에 있어서는 좌우 획의 상단이 한 지점에서 만나지 않고 우측 획의 시작점이 다소 밑으로 처져 있는 경우가 〈그림 7-8〉의 '샨, 소, 시' 등과 같이

320 _ 1. 아미타경

빈번히 나타나고 있어 자소의 구조적 변화가 부분적으로 나타나 있음을 알 수 있다.

<그림 7-8> ≪아미타경≫언해에 나타난 '샨, 소, 시' 자

'ㅇ'의 경우 모든 글자에서 정원으로 표현하고 있는 점은 해례본과 같으나 대표글자 '우, 희, 업'에서 보는 것과 같이 그 굵기가 유난히 가늘게 처리하고 있는 점이 특이하다. 이러한 현상은 <그림 7-9>의 '야, 오, 우' 등의 글자에서도 확인된다.

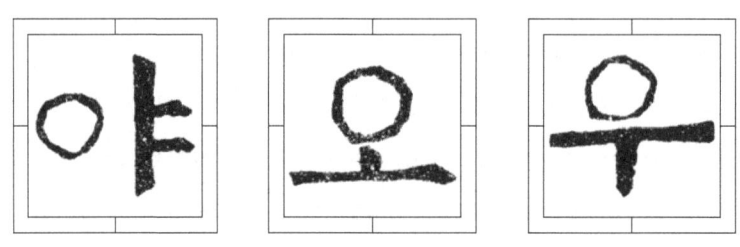

<그림 7-9> ≪아미타경≫ 언해에 나타난 '야, 오, 우' 자

(5) 점획의 특징

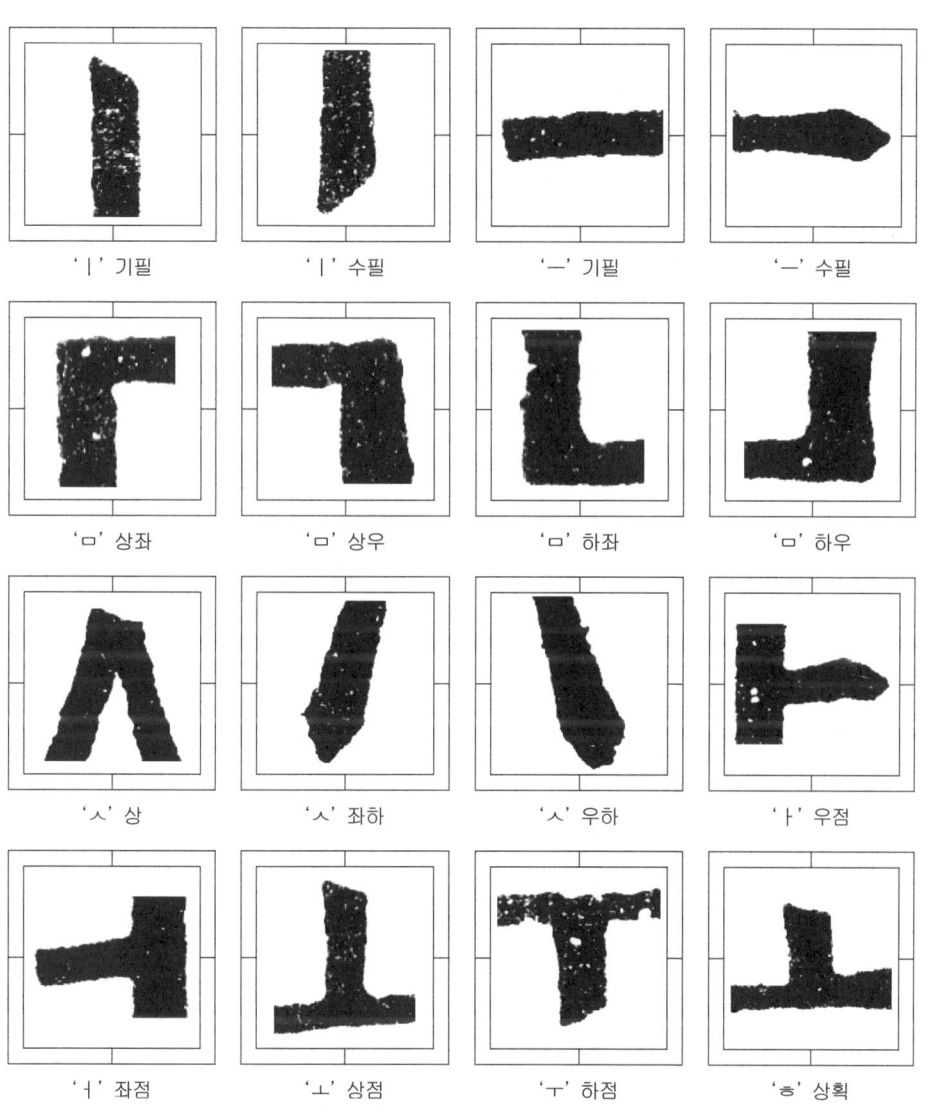

<그림 7-10> ≪아미타경≫언해에 나타난 점획

1. 아미타경

《아미타경》언해의 글자에서 보여주는 점획의 입·수필은 전반적으로 1459년에 간행된 《월인석보》보다 다소 진화된 세리프 형태를 보여주고 있다. 즉 《월인석보》가 단순히 막대형 획 기필 부분에 각을 세운 정도의 변형이라면, 《아미타경》언해는 이에 더하여 기필과 수필 부분에 보다 뚜렷한 획의 굵기 변화가 보인다. 두 문헌의 글자를 비교한 〈그림 7-11〉에서도 이러한 차이점이 확인된다.

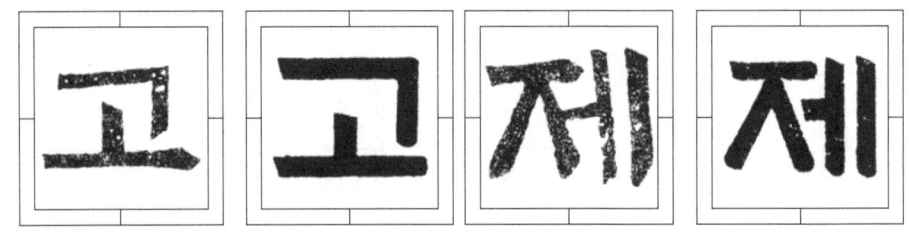

〈그림 7-11〉 《아미타경》언해각 (좌)와 《월인석보》각 (우) '고, 제' 글자 비교

여기서 보면, '고'의 'ㅗ' 가로획 수필 부분, '제'의 각 획 수필 부분에서 획의 굵기와 세리프 형태가 확연히 비교되고 있다. 뿐만 아니라 'ㅣ, ㅡ'의 수필에서 볼 수 있는 것과 같이 한자 획의 형태를 모방한 세리프가 보이고 있다.

그러나 〈그림 7-12〉의 '니, 비' 자와 같이 《아미타경》언해에 기록된 적지 않은 글자에서 《월인석보》에서의 점획과 매우 유사한 형태를 볼 수 있다.

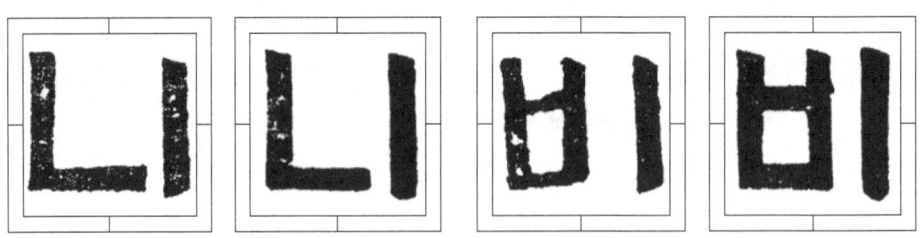

〈그림 7-12〉 《아미타경》언해각 (좌)와 《월인석보》각 (우) '니, 비' 글자 비교

뿐만 아니라 〈그림 7-13〉의 '나, 로' 자와 같이 해례본 글꼴과 유사한, 세리프가 전혀 보이지 않는 글자도 적지 않다. 이와 같이 여러 유형의 점획이 혼재하는 현상은 15세기 문헌을 18세기에 다시 복각하면서 생긴 문제로 보인다.

 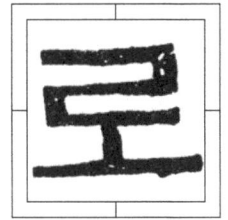

<그림 7-13> ≪아미타경≫언해에 나타난 '나, 로' 자

점획의 굵기는 그 변화가 커서 일률적으로 단정 지을 수는 없으나 대체로 가늘어지면서, 해례본이나 ≪월인석보≫와 같이 한자와 차별화되면서 두드러지게 보이도록 막대형으로 처리한 것과는 대조적으로, 한자와 조화를 이루도록 변화하고 있다.

이와 같이 ≪아미타경≫언해에 나타난 한글 점획은 필기구의 특성과 한자와의 조화를 이루기 위한 변화의 초기 단계에 있음을 보여주고 있다.

(6) 요약

지금까지 분석한 ≪아미타경≫언해의 글꼴, 자소, 점획에 대한 내용을 요약하면 다음 〈표 7-1〉과 같다.

〈표 7-1〉 ≪아미타경≫언해의 글꼴 분석 요약

구 분		내 용
글 꼴		1416년 글꼴으로 보아야 함.(복각본임) 서체의 일관된 표현이 이루어지지 못함. 자면을 가득 채우는 경우가 있어 해례본 글꼴의 영향이 많이 남아 있으나 부분적으로 초·종성 자소의 크기가 작아지는 모아쓰기의 개념이 나타남. 17, 8세기 글꼴이 일부에서 나타남.
자 소	자소 구조	'가, 나' 등에서 'ㄱ, ㄴ'의 세로획이, '곤, 난' 등에서 종성 'ㄴ'의 가로획이 유난히 길게 표기됨. 'ㄷ' 위쪽 가로획이 왼쪽으로 돌출되어 있으며, 그 외의 자소에서도 해례본의 영향이 많이 남아있음. 'ㅅ'의 우획 시작점이 좌획 시작점보다 다소 아래로 내려와 있음. 'ㅇ'은 정원으로 표현, '야, 오, 우' 등에서는 매우 가늘게 나타남.
	자소 크기 비례	해례본 영향이 많이 남아 있으나 글자의 균형을 위해 초·종성 자음의 크기 비례가 작아지는 경향이 나타남.
점 획	세리프의 유무	부분적으로 세리프가 나타나기는 하나 대체로 산세리프체에 가까움.
	세리프의 형태	≪월인석보≫와 유사한 형태이나 일부 기·수필 부분에서 굵기 변화가 나타남.(18세기 복각의 영향으로 추정됨)
	점획의 굵기	변화가 매우 심하나 대체로 해례본보다 가늘게 표현하면서 한자와의 조화를 이루려고 했음.
	점획의 구조	특별한 구조적 특징 없음.

2. 어졔내훈(御製內訓)

(1) 문헌 소개

《내훈》은 성종의 생모인 덕종비 소혜왕후(인수대비) 한씨가 부녀자들의 훈육과 행실에 필요한 내용만을 소학, 열여전, 여교, 명감의 네 책에서 뽑아 언행, 효친, 혼례(이상 1권), 부부(2권), 모의(母儀), 돈목(敦睦), 염험(廉驗)(이상 3권)의 7장으로 나누어 편찬한 책인데, 권두에 편자의 내훈서와 내훈 목록, 권말에 상의(尙儀) 조씨가 발을 붙였다. 그 중 발과 목록을 제외한 한문 본문에 한글로 토를 달고, 뒤이어 언해한 내용을 넣고 있다.

서문과 발문의 연대가 성종 6년(1475)이므로 그때 출판된 것으로 생각되나 현재 전하는 가장 오래된 것은 선조 6년(1573)의 내사본이다. 을해자로 된 이 문헌은 두 권이 상·하로 나뉘어서 3권 4책으로 일본 봉좌문고(蓬左文庫)에 소장되어 있다. 또한 광해군 3년(1611)에 훈련도감자로 쇄출한 것과, 효종 7년(1656) 목판본으로 간행된 중간본이 있으며, 3권 3책으로 되어 있으나 판마다 조금씩 다르다.

이 외에 영조 13년(1737)에 영조가 직접 어제내훈소지를 서문 뒤에 붙여 활자로 쇄출한 《어제내훈》이 있다. 이 책은 번역한 내용이 크게 달라 위의 것들과 완전히 다른 문헌으로 보아야 한다. 이 문헌에 사용된 활자에 대해 계유자 또는 무신자로 주장하는 경우도 있으나 무신자가 타당할 것으로 생각된다. 여

기서는 무신자의 다른 명칭인 '갑인자 한글자'로 부르기로 한다.[2)]

이 갑인자 한글자는 1668년에 제작된 것이므로 여기서 분석한 ≪어제내훈≫이 18세기(1737)에 쇄출되었다고 하더라도 조판에 사용된 갑인자 한글자는 17세기의 것이 된다.

여기서는 서울대 규장각 소장본인 영조 13년(1737)에 간행된 ≪어제내훈≫ 복사물을 사용하여 분석하였다. 이 문헌 앞에는 '건륭 2년 6월 24일 내사 병조판서 민응수 어제내훈 일건 명제사는 우승지 신이'라는 내사기가 있다.

(2) 판면 구성의 특징

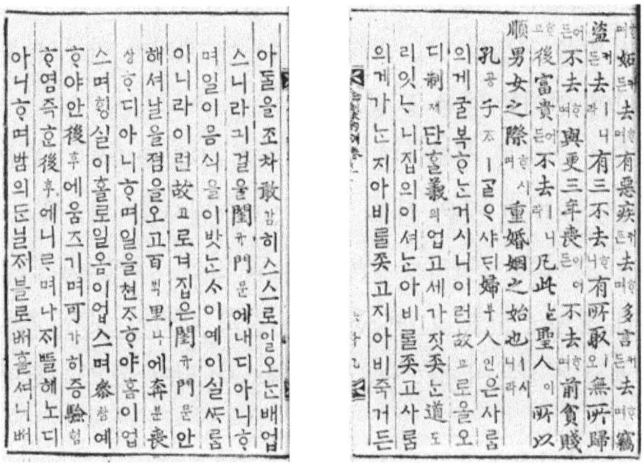

<그림 7-14> ≪어제내훈≫의 본문 일부

---

2) 계유자는 1573년에 제작된 것으로 '갑인자IV'라고도 부르며 한자와 함께 한글자를 만들었다는 기록은 찾을 수 없다. 그러나 무신자는 '갑인자VI', '교서관자'라고도 하며 1668년에 제작되었고 한글자(이를 '갑인자 한글자'라고 부르기도 함)를 함께 만든 것으로 확인되고 있다. 그러므로 ≪어제내훈≫에 사용된 한글 활자는 무신자가 타당할 것으로 본다.

≪어제내훈≫은 3권 3책으로 되어 있으며, 사주단변, 반곽 24.6×16.8cm, 유계, 반엽 10행 17자, 협주 20행 17자, 상하내향화문흑어미이고, 책의 크기는 31.5 ×20.7cm이다. 한글은 본문용 큰 글자와, 협주 및 원문 토에 작은 글자가 사용되었다. 한문 원문은 1행에 17자를 채우고 있으며 언해문은 1자 내려 조판하고 있다.

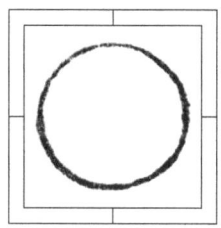

<그림 7-15> ≪어제내훈≫에 사용된 특수 기호

판면 조판 형태에 큰 특징은 없으나 간혹 본문이나 협주의 제목 또는 문장과 문장 사이에 <그림 7-15>와 같은 'ㅇ'형 기호가 사용되고 있으며, 이 외에 특수 기호가 사용된 경우는 찾을 수 없다. 이 'ㅇ'형 기호 역시 ≪마경초집언해≫에서 보았던 것과 같이 완벽한 정원을 보이고 있어 활자 제작 당시 특수한 기구를 사용하여 그려낸 것으로 생각된다.

(3) 글꼴의 특징

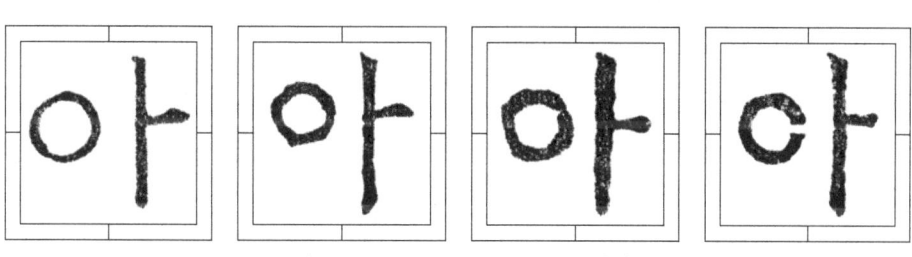

<그림 7-16> ≪어제내훈≫에 나타난 '아' 자

2. 어제내훈

활자본인 이 문헌에서도 다른 문헌과 마찬가지로 〈그림 7-16〉의 '아' 자 예와 같이 필체와 글꼴이 서로 다른 동일한 글자들이 많이 나타나고 있으며, 이들 글자 중 일부는 필사자가 다를 것으로 추측된다.

가	각	고	곡	과	권
난	냐	논	뇨	더	던
두	려	럴	류		므
믈	미	민	배	법	보
세	쇼	아	와	완	용
우	귀	의	제	죄	쥬
증	차	츠	쿄	터	펴
혜	희	몸	몸	입	깃

〈그림 7-17〉 《어제내훈》 대표글자

이러한 것은 〈그림 7-17〉 대표글자에서도 '럴, 미, 쇼, 귀, 쥬, 즁, 몯' 등의 글자가 그 외의 글자 형태와 필체가 다른 것에서도 확인된다.

또한 아래 〈그림 7-18〉의 '밧' 자에서와 같이 자소들의 크기와 위치 등 글꼴은 유사하지만 세리프의 형태와 점획의 굵기가 전혀 다른 글자도 보인다.

〈그림 7-18〉 《어제내훈》에 나타난 '밧' 자

왼쪽 '밧' 자는 다소 과장된 표현으로 강한 느낌을 주는 반면 오른쪽 글자는 정 반대의 느낌을 주고 있어 이들 '밧' 자는 필사자가 서로 다르다는 것을 확실하게 보여주고 있다. 〈그림 7-19〉의 '귀, 뒷, 주' 자는 위의 왼쪽 '밧' 자와 동일한 필체로 보인다.

〈그림 7-19〉 《어제내훈》에 나타난 '귀, 뒷, 주' 자

아래 〈그림 7-20〉의 '지' 자 역시 초성 'ㅈ'의 크기나 형태 그리고 중성 모음 'ㅣ'의 형태 등 전반적인 글꼴 구조가 크게 달라 이 경우도 서로 다른 필사자에

330 _ 2. 어제내훈

의해 쓰인 글자임이 확실하다.

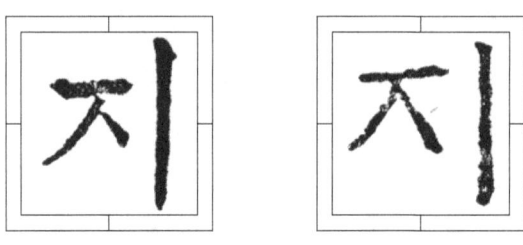

<그림 7-20> ≪어제내훈≫에 나타난 '지' 자

이와 같이 ≪어제내훈≫에 사용된 글자들의 형태와 서체가 매우 다양하게 나타나는 것은 갑인자 한글자에 한호 한글자와 강희안 한글자가 섞여 있는 것으로 추정하는 등 여러 종류의 활자로 구성되어 있기 때문이 아닌가 생각된다(손보기, 2000).

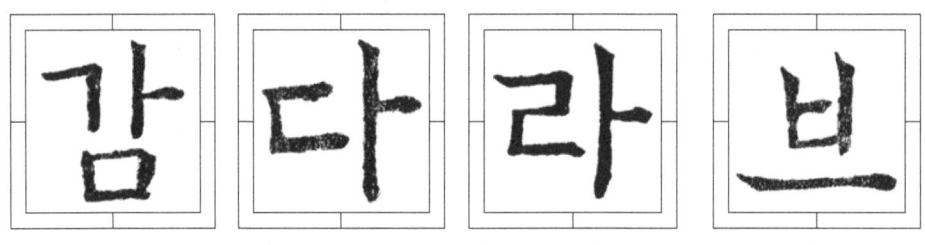

<그림 7-21> ≪어제내훈≫에 나타난 '감, 다, 라, 브' 자

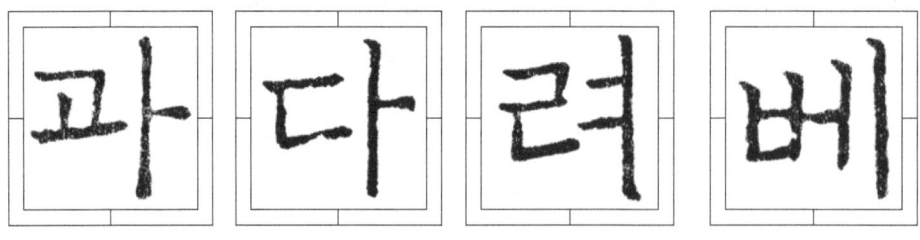

<그림 7-22> ≪어제내훈≫에 나타난 '과, 다, 려, 베' 자

이와 같이 여러 종류의 활자를 사용하여 조판하였음에도 불구하고 이 문헌에서는 〈그림 7-21〉에서 나타낸 '감, 다, 라, 브' 자와 〈그림 7-22〉의 '과, 다, 려, 베' 자 등 두 종류의 글자가 이 문헌의 한글 글꼴 대부분을 차지하고 있다. 그러므로 여기서는 이들 두 종류의 글꼴을 중심으로 대표글자를 추출하고 글꼴 분석도 이를 중심으로 시도하였다.

위의 〈그림 7-17〉의 대표글자에서 볼 수 있듯이 이들 활자들은 대부분 정사각형 자면을 기본으로 하여 글꼴이 이루어져 있으며, 글자의 크기도 대체로 일정하고 자간 역시 균일하여 내용을 읽는데 어려움이 없어 보인다. 다만 아래의 〈그림 7-23〉에서 보는 '겨, 업' 자와 같이 글자 폭은 큰 차이가 없으나 글자의 높이에 차이를 보이는 것들이 자주 나타나고 있다. 이와 같이 서로 다른 글자 높이는 글자뿐만 아니라 활자 자체에서도 차이가 날 것으로 추측된다. 이러한 현상은 역시 여러 종류의 활자를 섞어 조판하였기 때문으로 생각된다.

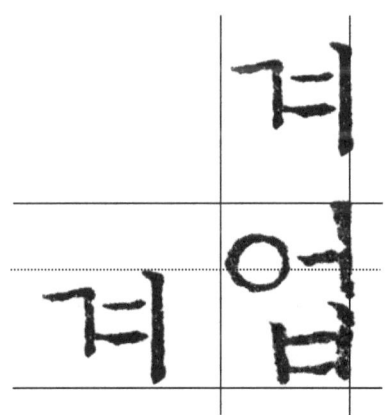

<그림 7-23> 《어제내훈》에 나타난 '겨, 업' 자의 크기 비교

이와 같이 여러 종류의 활자와 글꼴로 이루어진 《어제내훈》이지만 몇몇 자소의 형태를 제외하고는 자소의 크기 비례나 위치 등은 현대 궁서체나 명조체

와 매우 유사한 구조를 보이고 있다.

　해례본의 글꼴이 남아 있는 경우는 중성 모음 'ㅏ'와 종성 자음 'ㄴ'에서 찾을 수 있다. 모든 글자가 이에 해당되지는 않으나, 아래 〈그림 7-24〉의 '간, 만, 민' 자에서 볼 수 있듯이 중성 모음 'ㅏ'에서 우측 점의 오른쪽 끝 부분까지 글자의 범위로 간주하여 세로획 'ㅣ'가 왼쪽으로 치우쳐 있는 점과, 이에 따라 종성 'ㄴ' 이 좌우측으로 자면을 가득 채우면서 우측으로 길게 표기되고 있어 해례본 글꼴의 흔적이 보인다.

〈그림 7-24〉 ≪어제내훈≫에 나타난 '간, 만, 민' 자

　특이한 글꼴로 〈그림 7-25〉의 '쳐' 자를 볼 수 있다. 중성 모음 'ㅕ'의 좌측 두 개의 점 가운데 위의 것이 'ㅊ'의 가로획 위에 위치해 있으며, 이러한 형태는 이 문헌에 등장하는 대부분의 '쳐' 자에서 볼 수 있다.

〈그림 7-25〉 ≪어제내훈≫에 나타난 '쳐' 자

(4) 자소의 특징

〈그림 7-26〉의 자소 모습에서 보는 것과 같이 ≪어제내훈≫에 나타난 자소들은 비록 여러 종류의 필체가 섞여있기는 하지만 이들 대부분이 정형화된 형태를 보이고 있어 완벽하지는 않으나 판본용 글자로서의 틀을 갖추고 있음을 보여주고 있다.

334 _ 2. 어제내훈

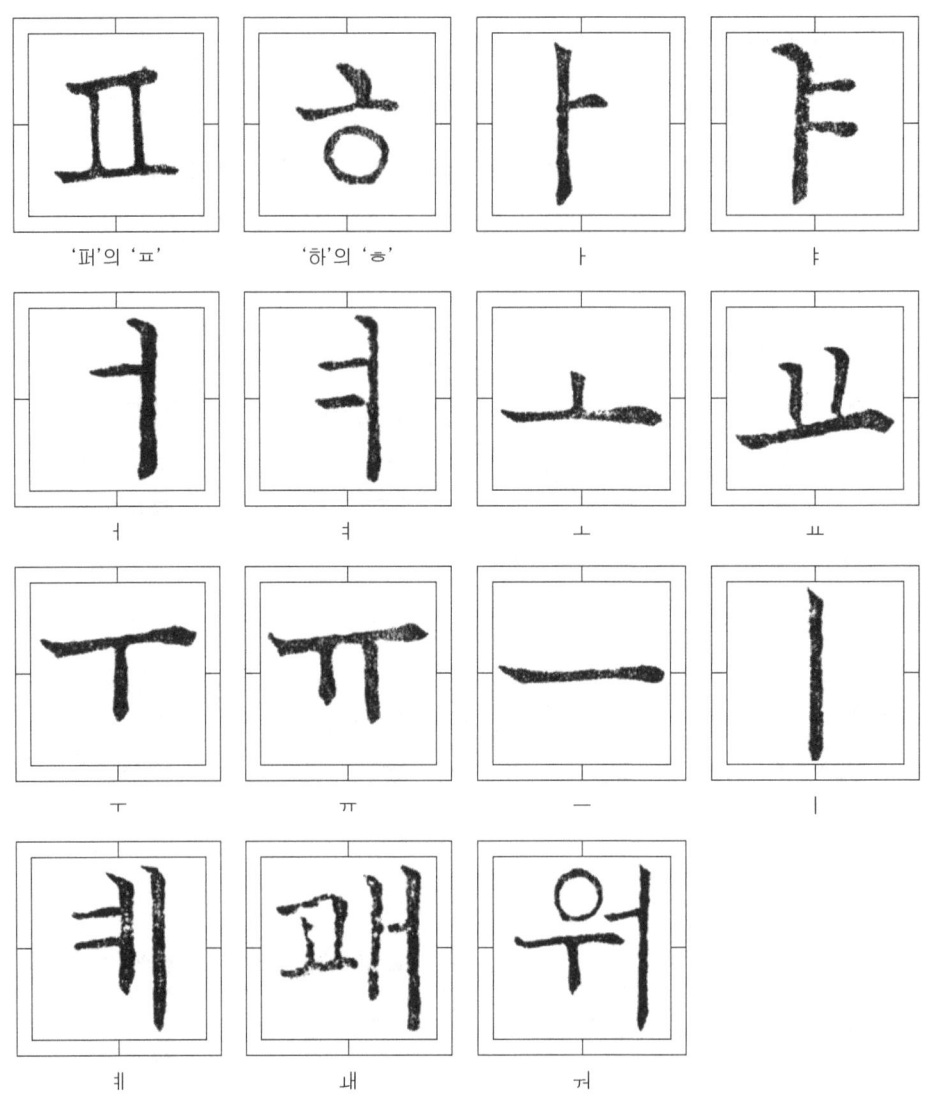

<그림 7-26> ≪어제내훈≫에 나타난 자소

부분적으로는 글자의 유형에 따라 차이를 보이고 있으나 초성 자음 'ㄱ'에서 세로획이 수직으로 필사되고 있어 아직 해례본 글꼴의 영향력이 남아 있음을 알 수 있다.

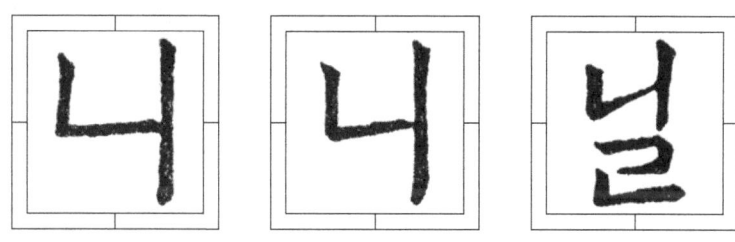

<그림 7-27> ≪어제내훈≫에 나타난 '나, 니, 닐' 자

초성 'ㄴ'의 형태는 <그림 7-26>에서와 같이 하단 가로획 우측이 약간 올라가면서 우측 중성 모음과 접필되지 않고 마무리된 경우가 있는가 하면 <그림 7-27>의 '니, 닐' 자와 같이 확실하게 접필된 경우도 보인다.

또한 초성 자음 'ㄷ'에서 상단 가로획의 좌측 끝이 돌출되지 않은 경우도 있으나 <그림 7-28>의 '도, 디' 자와 같이 돌출된 글자도 보이고 있으며, '스, 실' 자에서와 같이 초성 자음 'ㅅ'의 좌우 획이 곧게 표기되어 있어 역시 부분적으로 해례본 글꼴의 영향이 남아 있음을 알 수 있다.

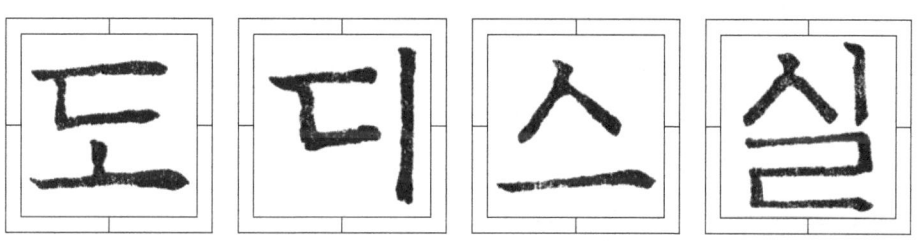

<그림 7-28> ≪어제내훈≫에 나타난 '도, 디, 스, 실' 자

그러나 이와는 다르게 〈그림 7-29〉의 '스, 저, 챠' 자의 초성 'ㅅ, ㅈ, ㅊ' 표기는 획의 구부러짐 현상이 뚜렷하게 나타날 뿐만 아니라 우측 획이 좌획 중간에서 시작되는 것이 확연히 나타나며, 우획의 수필 부분이 수침 형태로 날카롭게 끝나는 등 해례본 글꼴보다 현대 궁서체에 가까운 모습을 보인다. 이러한 자소의 차이는 필사자가 서로 다르기 때문인 것으로 추정된다.

〈그림 7-29〉 ≪어제내훈≫에 나타난 '스, 저, 챠' 자

이 외에 특징적인 것은, 중성 모음에서 점의 길이를 비교적 길게 표현함으로써 자소 판별력을 높인 점을 들 수 있겠다. 때에 따라 〈그림 7-30〉의 '쇼' 자의 'ㅛ'와 같이 지나치게 과장된 점획의 모습도 눈이 띈다.

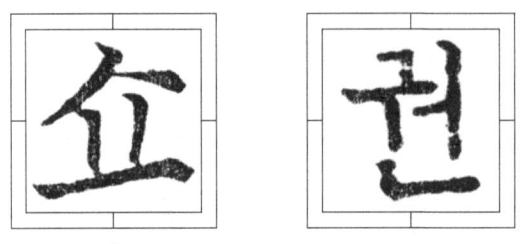

〈그림 7-30〉 ≪어제내훈≫에 나타난 '쇼, 권' 자

또한 위의 '권' 자와 〈그림 7-26〉에서의 '워' 자와 같이 'ㅝ'에서 'ㅓ'의 좌측 점의 표기가 '권'에서는 'ㅜ'의 가로획 아래쪽에, '웜'에서는 위쪽에 표기되어 있어

초성 자음의 종류에 따라 그 위치가 바뀌고 있음을 알 수 있다.

(5) 점획의 특징

아래 〈그림 7-31〉 점획의 모습에서 볼 수 있듯이 ≪어제내훈≫에 나타난 글자들의 세리프는 대체로 선명하게 드러나 있는 경우가 많으며, 특히 초성 'ㅁ'의 획과 획이 만나는 부분에서 보여주는 세리프의 모습은 다소 과장된 듯 선명하게 드러나 있다.

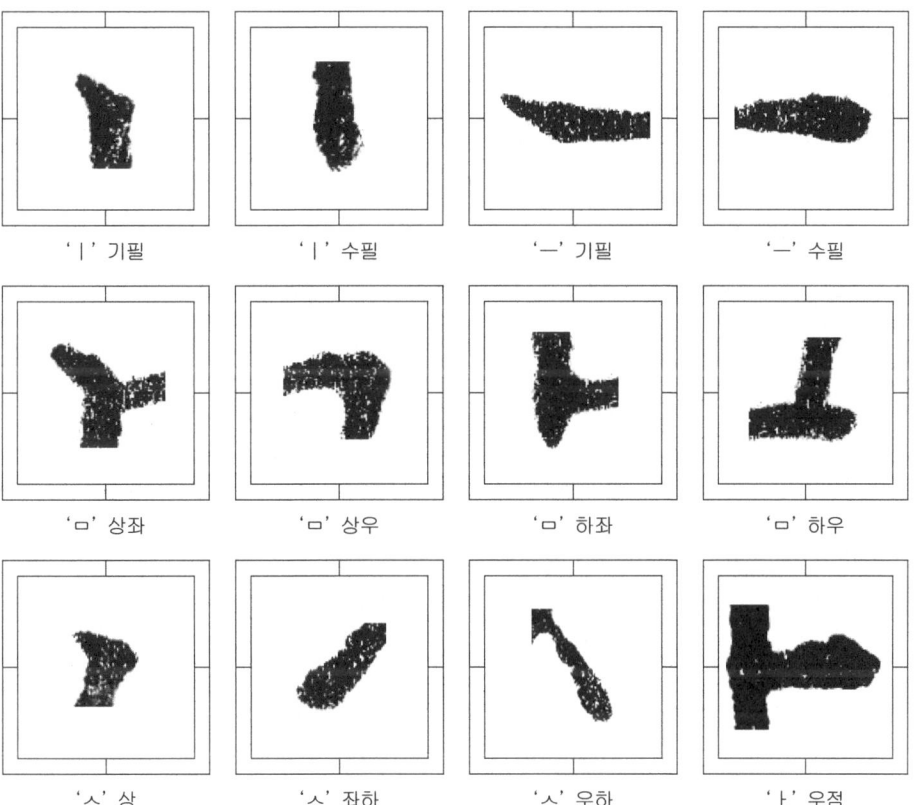

'ㅣ' 기필	'ㅣ' 수필	'ㅡ' 기필	'ㅡ' 수필
'ㅁ' 상좌	'ㅁ' 상우	'ㅁ' 하좌	'ㅁ' 하우
'ㅅ' 상	'ㅅ' 좌하	'ㅅ' 우하	'ㅏ' 우점

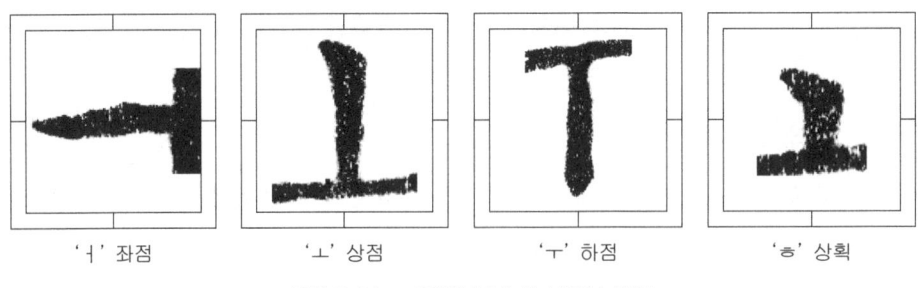

'ㅓ' 좌점　　　　'ㅗ' 상점　　　　'ㅜ' 하점　　　　'ㅎ' 상획

<그림 7-31> ≪어제내훈≫에 나타난 점획

　이러한 경우는 비단 'ㅁ'에서 뿐만 아니라 그 외의 획에서도 확인된다. 물론 이 문헌에 나타난 모든 글자들이 이러한 모습을 보이고 있는 것은 아니다.
　≪어제내훈≫에 나타난 글자들의 세리프는 <그림 7-32>의 세로획 기필에서 보듯이 매우 다양하게 표현되고 있다. 여기서 (a)와 (b)는 동일인의 필체로 생각되며, (b)와 (c)는 필사자가 서로 다른 사람인 것으로 보인다. (a)와 (b) 글자의 경우에는 비교적 세리프가 점획의 굵기보다 약간 굵거나 비슷하게 표기하고 있으며, (c)의 경우에는 세리프가 미약하게 나타나거나 아예 표현되지 않고 거의 막대형 산세리프체로 나타나는 경우이다. 그리고 (d)의 경우에는 특히 세리프가 강조된 형태로서 다른 유형의 글자보다 점획의 굵기도 굵어 돋보인다.
　<그림 7-31>에서 각종 점획의 모습은 (a)나 (b)에 속하는 글자에서 추출한 것으로 이 문헌에 나타난 것 중 비교적 많은 부분을 차지하고 있는 글자 형태이다.
　어떠한 경우이든 세로획에서는 기필과 수필 부분을 제외하고 행필 부분에서 획의 굵기 변화가 크지 않으며, 수필 부분에서 약간 굵어지면서 급하게 수침으로 끝나는 경우가 많다. 가로획에서는 위의 <그림 7-31>에서 나타났듯이 기필과 수필 형태가 선명하게 표현되고 있으며 행필 부분이 기·수필 부분에 비해 다소 가늘게 표기된 경우가 많다.

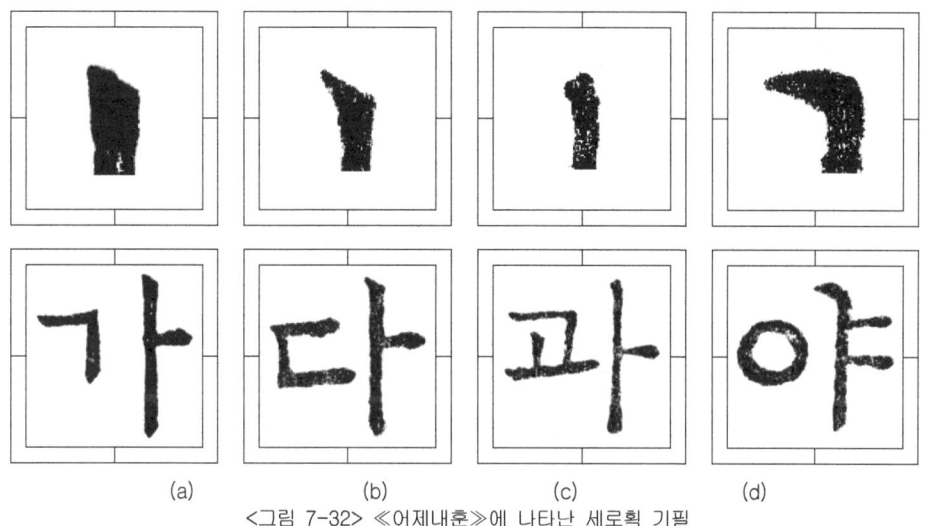

(a) (b) (c) (d)
<그림 7-32> ≪어제내훈≫에 나타난 세로획 기필

　전반적으로 점획의 굵기는 현대 명조체와 유사한 경우가 가장 많이 보이나 글자에 따라 세명조, 태명조 또는 견출명조체에 해당하는 굵기로 표현된 경우도 보인다.

(6) 요약

위에서 분석한 ≪어제내훈≫의 글꼴, 자소, 점획에 대한 내용을 요약하면 다음 〈표 7-2〉와 같다.

〈표 7-2〉 ≪어제내훈≫ 글꼴 분석 요약

구 분		내 용
글 꼴		갑인자 한글자로 쇄출되었음. 적어도 두 종류 이상의 활자를 사용하고 있어 글꼴의 특성이 일관되게 나타나지 않음. 기본적으로 정사각형 자면으로 이루어져 있으나 부분적으로 글자의 높이가 크게 차이나는 경우가 있음. 일부 글자에서 해례본 글꼴이 남아 있음.
자 소	자소 구조	대체로 정형화된 형태를 보이고 있어 완벽하지는 않으나 판본용 글자로서의 틀을 갖추고 있음. 초성 'ㄱ'은 해례본 글꼴의 영향이 남아 있어 수직으로 내려 필사되어 있음. 초성 'ㄴ'은 우측 중성모음과 접필된 경우와 그렇지 않은 경우가 모두 나타남. 'ㄷ'에서 상단 가로획이 좌측으로 돌출된 경우가 자주 보임. 'ㅅ, ㅈ, ㅊ'에서 좌측 획이 곧게 표기된 것과 굽은 형태 모두 나타나며, 굽어진 경우 수필이 수침 형태로 나타남. 또한 우점은 대부분 좌획의 중간에서 시작됨. 이중모음 'ㅟ'에서 'ㅓ'의 좌측 점이 '워'일 때에는 'ㅜ'의 가로획 위쪽에, '권'일 때에는 아래쪽에 위치하고 있음.
	자소 크기 비례	해례본 글꼴 영향에서 벗어나 글자 구조에 따라 자소의 크기에 변화를 주고 있음. 특히 자음 자소의 크기가 작게 나타남.
점 획	세리프의 유무	있음.
	세리프의 형태	다소 과장된 듯한 강하고 굵은 모양과 형태가 분명한 것, 그리고 가늘고 약한 것 등 여러 종류의 세리프가 나타남.
	점획의 굵기	글자에 따라 각각 현대의 명조체, 태명조체, 견출명조체 등에 해당하는 여러 유형의 점획 굵기를 보이고 있음. 하나의 점획 내에서는 굵기 변화가 크지 않음.
	점획의 구조	특기사항 없음.

3. 천의소감언해(闡義昭鑑諺解)

(1) 문헌 소개

현존하는 ≪천의소감언해≫는 크게 필사본과 목판본으로 나누어진다. 필사본은 영조 31년(1755) 12월에, 원경하·신만이 언해하고 원인손 등 6명이 교정에 참여하여 완성하였고, 목판본은 영조 32년(1756)에 인출되어 전국 7도로 보내져 각 도에서 다시 목판을 만들어 인출하였다.

≪천의소감언해≫는 18세기 경종·영조 양 대에 걸쳐 일어난 노소 당쟁의 결과 노론의 전제화가 성립되는 과정에서 소론의 집권 명분을 모조리 제거하고 노론의 집권 의미를 천명하기 위하여 편찬된 것이다. 처음 필사로 언해된 ≪천의소감언해≫는 대왕대비를 비롯한 궁내의 여인들에게 그 내용을 쉽게 읽어 알 수 있도록 하기 위해 만들어졌고, 후일 판본으로 인출된 것들은 이를 전국적으로 널리 알리기 위한 것으로 추측한다.

≪천의소감언해≫는 4권 4책으로 이루어져 있으며, 서울대학교 규장각에서 1종의 필사본과 4종의 목판본을 소장하고 있다. 목판본 4종 가운데 한 종은 권4만 남아 있으며 그 외의 것들은 모두 4권 4책으로 전하고 있다.[3] 여기서 목판본 가운데 한 종(규1118)만이 원간본이며 나머지 3종은 복각본으로 추정된다(정승철, 1990).

---

[3] 4종의 도서번호를 보면, 필사본은 '규2214'이며, 목판본은 '규1118', '규1119', '규3233', '규5437'로 되어있다.

여기에서 글꼴 분석을 위해 사용된 문헌은 복각본으로 추정되는 규장각 5437로서 이의 복사물을 사용하였다. 규장각 3233은 5437에 비해 복각 상태가 좋지 못하다

(2) 판면 구성의 특징

여기서 분석한 규장각 소장 목판본 ≪천의소감언해≫의 반곽 크기는 25.7×17.1cm(유 1a), 25.7×17.2cm(사 1a)이며, 사주쌍변으로 판심 서명은 '천의소감언해'로 되어 있다. 어미는 상하내향화문흑어미이며, 유계 10행 18자로서 주는 쌍행으로 되어 있다.

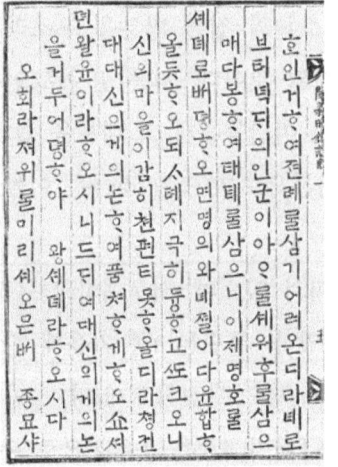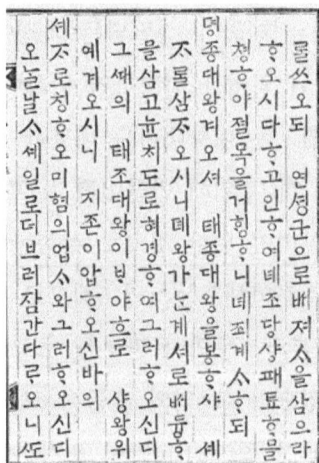

<그림 7-33> ≪천의소감언해≫의 본문 일부

제7장 18세기 문헌별 글꼴 분석 _ 343

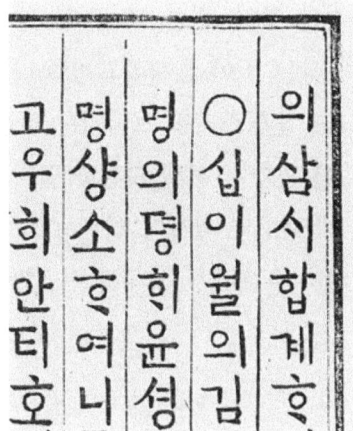

<그림 7-34> ≪천의소감언해≫의 본문 중 'O' 기호

내용은 순 한글로 되어 있으며 내용에 따라 본문을 1자 또는 2자 내려 쓰고 있고 임금 또는 세자를 칭하는 용어가 나올 때에는 행을 바꾸어 1자 올려 쓰고 있다. 또한 부분적으로 띄어쓰기가 되어 있으며, 〈그림 7-34〉에서 보는 것과 같이 본문 중에 드물게 'O' 모양의 기호를 사용하고 있다.

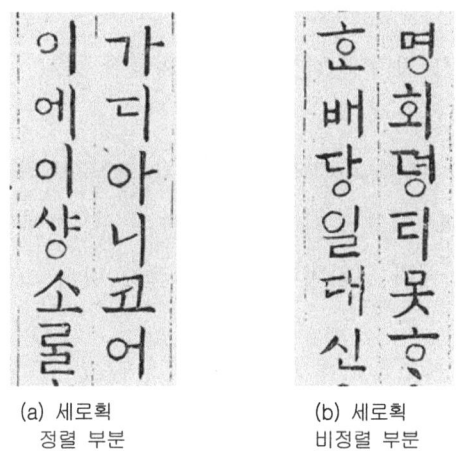

(a) 세로획　　　　　(b) 세로획
　정렬 부분　　　　　비정렬 부분

<그림 7-35> ≪천의소감언해≫의 본문 중 일부

〈그림 7-35〉에서 보는 것과 같이, 전반적으로 한 행 내에서 세로획의 정렬이 이루어진 곳과 이루어지지 않은 곳이 혼재하고 있으나 글꼴이 대체로 단정하고 틀이 잡혀 있어 판면이 크게 혼란스러워 보이지는 않는다.

한 행 내에서의 글자 수를 맞추기 위해 자간과 글자의 크기는 대체로 일정하게 유지하고 있으나 글꼴의 균형과 필사의 일관성에 있어서는 여러 가지 문제점을 안고 있다. 이에 대해서는 뒤에서 상세히 언급하기로 한다.

(3) 글꼴의 특징

〈그림 7-36〉의 대표글자에서 보는 것과 같이 ≪천의소감언해≫에 나타난 전반적인 한글 글꼴의 특징을 살펴보면 다음과 같다.

'가, 고, 냐, 두, 려, 류, 므, 미, 보, 세, 쇼 아, 와, 우, 위, 의, 쥬, 차, 터, 혜' 등과 같이 받침이 없는 글자들은 대체로 자소의 크기 비례나 위치 및 명확한 점획의 처리로 안정된 글꼴을 보이고 있으나 그 외의 초·중·종성으로 이루어진 글자들은 받침의 크기 비례와 위치 등이 조화롭지 못해 글꼴의 균형이 이루어지지 않는 경우가 많다.

목판본인 ≪천의소감언해≫ 역시 타 문헌과 마찬가지로 모양이 다른 동일한 글자가 흔히 나타난다. 예를 들어 〈그림 7-37〉의 '슈' 자에서 볼 수 있듯이 글자의 형태 변화뿐만 아니라 글자마다 자소의 크기 비례 변화 역시 매우 심하게 나타나고 있다.

제7장 18세기 문헌별 글꼴 분석 _ 345

가	각	고	곡	파	권
난	냐	논	뇨	더	틴
두	려	렬	류	륜	므
믈	미	민	배	법	보
셰	쇼	아	와	왕	용
우	위	의	제	죄	쥬
증	차	츠	코	터	퍼
혜	희		감	입	짓

<그림 7-36> ≪천의소감언해≫ 대표글자

346 _ 3. 천의소감언해

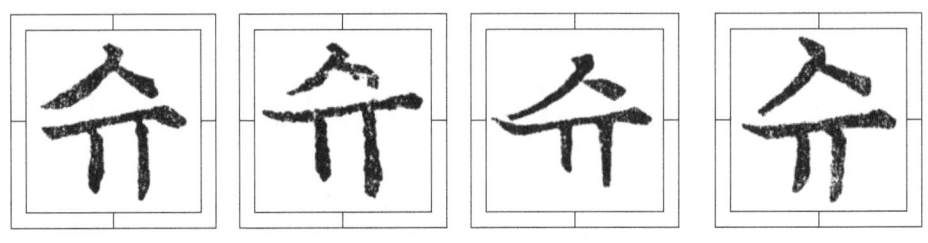

<그림 7-37> ≪천의소감언해≫에 나타난 '슈' 자

<그림 7-38> ≪천의소감언해≫에 나타난 '뉴, 므, 을, 즉' 자

뿐만 아니라 <그림 7-38>의 '국, 뉴, 막, 므, 밀, 을, 즉, 혹' 자에서 볼 수 있듯이 자소의 크기나 위치, 형태에 일관성이 없고 균형이 잡히지 않아 보편적인 글꼴 추출이 쉽지 않다. 그러나 다른 한편으로 보면, 이와 유사한 글꼴이 16세기 ≪장수경언해≫에서 보인 경우가 있어 이것이 복각에 의한 글꼴 왜곡이 아니라 필사체의 한 종류이거나 판본용 글꼴 가운데 한 유형으로 계속 사용되어 온 글자 형태일 수도 있다.

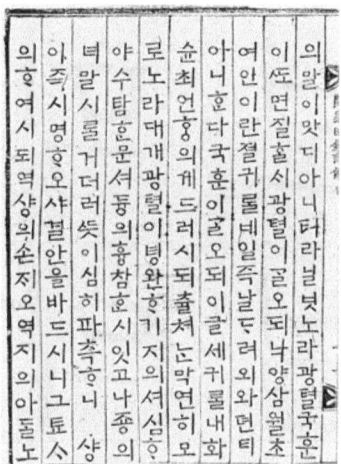

<그림 7-39> ≪천의소감언해≫ 이본의 본문 비교(좌:5437, 우:3233)

글자 높이와 폭 등의 크기 변화도 매우 심한 편이다. 이러한 현상은 본질적으로 필사자의 필체에도 문제가 있겠으나 부분적으로는 복각으로 인한 문제일 수도 있다. 예를 들어 다른 복각본을 비교해 보면 다음과 같은 차이를 알 수 있다. 〈그림 7-40〉의 '닐, 막, 의, 탐' 자는 규장각 5437과 3233 권4의 17b 면에서 동일한 글자를 발췌한 것이다.

이들의 비교를 통해서 알 수 있는 것은 동일한 원간본을 저본으로 하여 복각하였다고 하더라도 글꼴의 차이가 크게 난다는 점이다. 그러므로 비교적 복각 상태가 정교한 규장각 5437 문헌이라고 하더라도 원간본의 글꼴을 동일하게 재현했다고 할 수 없으며, 이 문헌에서 복각본의 의미는 글꼴의 정교한 재현보다는 단순히 내용을 전달하는 데 의의를 두지 않았나 생각된다.

<그림 7-40> 다른 ≪천의소감언해≫의 글자 비교(상:5437, 하:3233)

그러나 모든 글자가 그러한 것은 아니며, 앞의 〈그림 7-36〉 대표글자에서도 보았던 것과 같이 적지 않은 글자들은 필사자의 필체 특성이 확연히 나타나면서 균형잡힌 글꼴을 보이고 있다. 예를 들어 〈그림 7-41〉의 '니, 며, 슌, 시' 자와 같은 글자는 글꼴의 균형이 잡혀있고 세리프가 정교하게 표현되어 있으며 점획의 모습에서 필사자의 필체 특성도 추측해 볼 수 있다.

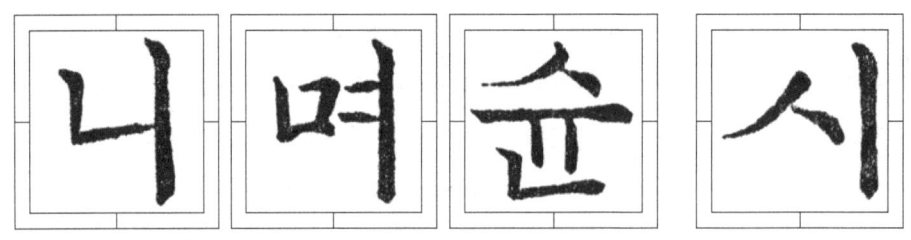

<그림 7-41> ≪천의소감언해≫에 나타난 '니, 며, 슌, 시' 자

이러한 균형 잡힌 글자들은 현대 궁서체에 상당히 근접하고 있으며 그 외의 글자들에서도 해례본 글꼴과 같이 자소가 자면을 가득 채울 정도로 크게 표기 되어 있거나 산세리프형으로 표현된 글자는 찾아 볼 수 없다.

(4) 자소의 특징

350 _ 3. 천의소감언해

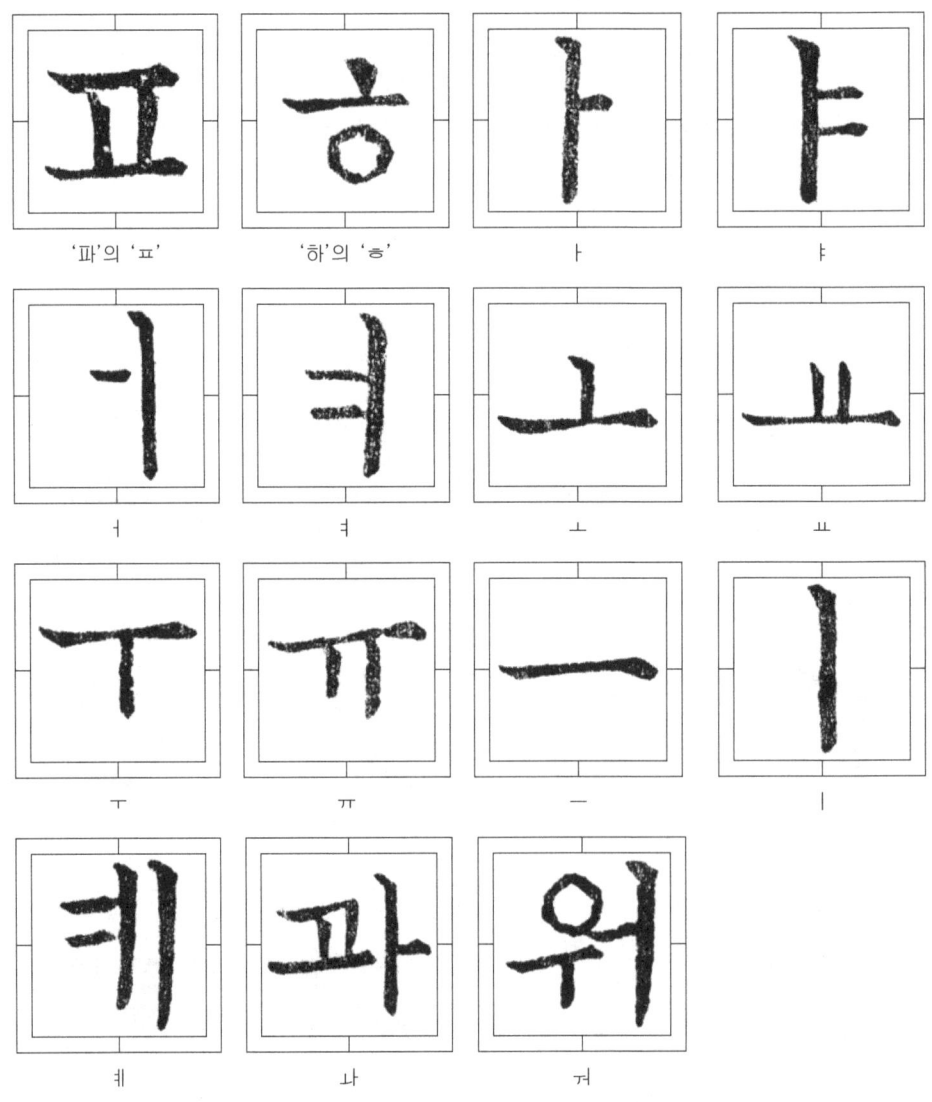

<그림 7-42> 《천의소감언해》에 나타난 자소

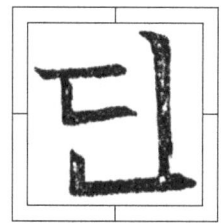

<그림 7-43> ≪천의소감언해≫에 나타난 '됴, 듸, 등, 딘' 자

〈그림 7-42〉에서 볼 수 있듯이 ≪천의소감언해≫에 나타난 자소들은 초성 'ㄱ'이 직각 형태로 표기되어 있다는 점, 〈그림 7-43〉의 '됴, 듸, 등, 딘'과 같이 'ㄷ'의 상단 가로획이 좌측으로 돌출되어 있는 경우가 빈번히 보인다는 점 등 극히 일부 형태를 제외하고는 해례본 글꼴의 흔적이 거의 남아 있지 않다.

초성 'ㄴ'에서 가로획의 끝이 오른쪽 모음과 접필된 경우가 보이며, 접필이 되지 않더라도 회봉되지 않고 수침 형태로 표기된 경우가 많다. 초성 자음 'ㅌ'도 〈그림 7-44〉의 '텽'과 같이 수침으로 표기되는 예가 보인다.

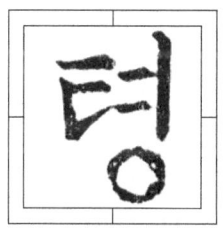

<그림 7-44> ≪천의소감언해≫에 나타난 '텽' 자

또한 〈그림 7-45〉의 '슈, 죵, 찬' 자와 같이 초성 자음 'ㅅ, ㅈ, ㅊ'에서 좌측 획의 길이가 유난히 길게 표기되어 있는 경우가 많이 보인다. 물론 그렇지 않은 경우도 적지 않게 보이며, 종성 자음에서는 이러한 현상이 거의 나타나지 않는다.

3. 천의소감언해

<그림 7-45> ≪천의소감언해≫에 나타난 '슈, 죵, 찬' 자

대부분의 'ㅈ' 하단 좌우 획은 상단 가로획의 중앙에서 시작되고 있는 데 반해 〈그림 7-46〉의 '쟝, 졔' 자와 같이 가로획의 우측 끝에서부터 시작되는 경우도 매우 드물지만 눈에 띈다. 이렇게 섞어 쓴 형태는 판본용 글자로서 필사의 원칙이 명확하게 확립되지 못한 상황에서 나타난 현상으로 보인다. 다른 한편으로는, 이러한 두 종류의 필사 형태가 정체로서 모두 쓰이고 있다는 것을 의미하기도 한다.

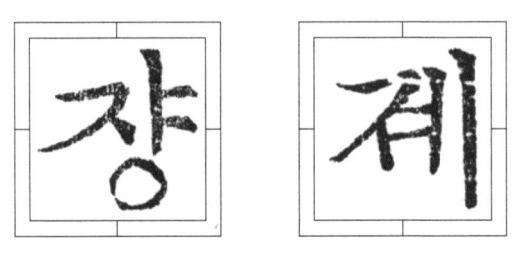

<그림 7-46> ≪천의소감언해≫에 나타난 '쟝, 졔' 자

17세기 ≪마경초집언해≫에서 보았던 것과 같이, 〈그림 7-47〉의 '뎐, 뎨, 텬' 자의 'ㅕ' 좌측 점이 'ㅣ'와 분리되어 표기된 경우가 빈번히 보인다. 자소 인지에 어려움이 있음에도 불구하고 점을 분리 표기한 의도는 명확히 알 수 없으나 하나의 자소에서도 점과 획을 분리된 개념으로 본 것이 아닌가 생각된다.

 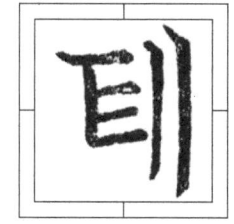 

<그림 7-47> ≪천의소감언해≫에 나타난 '뎐, 톄, 텬' 자

또한 자소 'ㅋ'에서 하단 가로획이 대부분 유난히 오른쪽으로 치켜 올라간 형태로 필사되어 있다. 이와 유사한 글꼴은 이미 17세기 문헌에서도 나타난 바 있다.

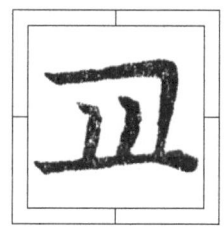  

<그림 7-48> ≪천의소감언해≫에 나타난 '교, 쇼' 자

'교, 쇼' 자의 표현에 있어서 <그림 7-48>에서 보는 것과 같이 'ㅛ'의 상단 점 두 개를 오른쪽으로 기울게 표기한 경우가 가끔 등장한다.

또한 <그림 7-49>의 '궤, 워' 자에서 볼 수 있는 것과 같이 이중모음 'ㅟ'에서 'ㅓ'의 좌측 점의 위치가 'ㅜ'의 가로획 위에 표기된 경우와 아래에 표기된 경우가 모두 보인다. '궤'에서와 같이 아래에 표기된 경우는 이전의 문헌에서도 나타나고 있음을 확인한 바 있다.

354 _ 3. 천의소감언해

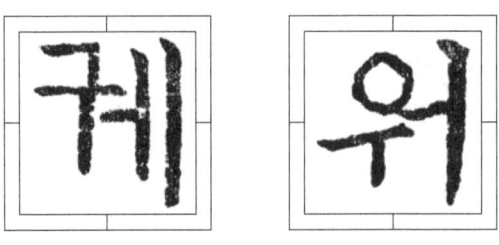

<그림 7-49> ≪천의소감언해≫에 나타난 '궤, 워' 자

<그림 7-50> ≪천의소감언해≫에 나타난 '슈, 유, 쥬' 자

〈그림 7-50〉의 '슈, 유, 쥬'에서 볼 수 있듯이 모음 'ㅠ'의 아래 두 점은 대체로 나란히 내려 긋고 있으며, 왼쪽 점이 약간 짧게 표기하고 있다. 이 문헌에서는 왼쪽 점획을 왼쪽으로 휘어 표기한 형태는 발견하지 못했다. 이 외에 대체적인 자소의 크기 비례는 현대 궁서체나 명조체와 유사하다.

(5) 점획의 특징

〈그림 7-51〉에서 'ㅡ, ㅣ'의 기필 및 수필 모습과 〈그림 7-52〉의 '니, 더, 시' 자를 통해 알 수 있는 것은 'ㅡ, ㅣ'의 기필과 수필의 세리프가 명확하게 표현되고 있다는 점이다. 특히 수필은 점차 굵게 표현하면서 수침으로 끝나고 있어 더욱 강한 이미지를 보이고 있다.

제7장 18세기 문헌별 글꼴 분석 _ 355

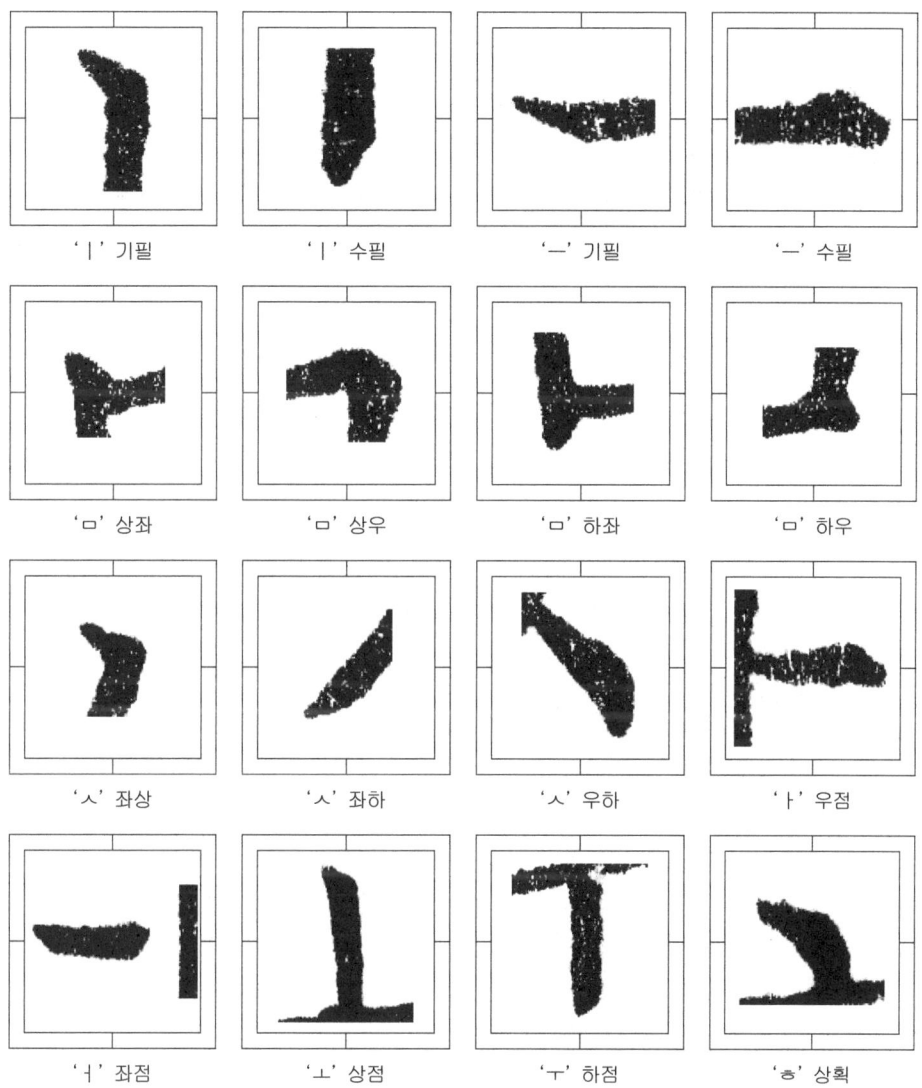

<그림 7-51> ≪천의소감언해≫에 나타난 점획

356 _ 3. 천의소감언해

<그림 7-52> ≪천의소감언해≫에 나타난 '니, 더, 시' 자

   가로획에 있어서도 〈그림 7-51〉에서의 모습과 〈그림 7-53〉의 '구, 그, 오' 자에서 볼 수 있듯이 기필 부분이 굵은 절획이나 다소 과장된 모습이며, 수필 부분도 비교적 굵게 회봉하고 있어 전체적으로 가로획도 세로획과 마찬가지로 굵기의 변화가 크고 강한 인상을 주고 있다.

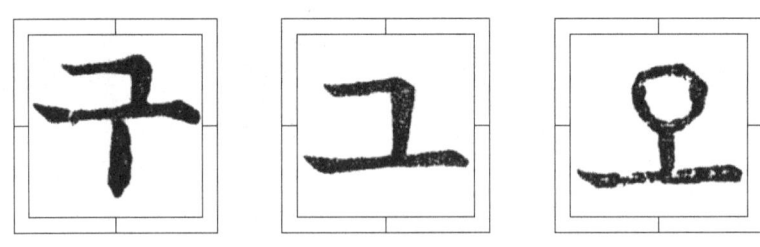

<그림 7-53> ≪천의소감언해≫에 나타난 '구, 그, 오' 자

   또한 〈그림 7-51〉에서 나타난 점획의 모습에서 볼 수 있는 것과 같이 'ㅁ'에 나타난 세리프도 대체로 선명하게 표현되고 있는 것 등으로 미루어 ≪천의소감언해≫에 나타난 점획의 형태는 대체로 기·수필은 굵고 힘 있게 강조된, 그러나 지나치지 않은 크기의 세리프를 명확하게 보이고 있다고 할 수 있다. 그 외에 각종 점은 가급적 길게 표현하고 있으나 대체로 일정한 굵기에 특별히 강조하거나 모양을 내지 않은 자연스러운 세리프 형태를 보이고 있다.

(6) 요약

위에서 분석한 ≪천의소감언해≫의 글꼴, 자소, 점획에 대한 내용을 요약하면 다음 〈표 7-3〉과 같다.

〈표 7-3〉 ≪천의소감언해≫ 글꼴 분석 요약

구 분		내 용
글 꼴		초·중성으로 이루어진 글자들은 대체로 균형잡힌 글꼴을 보이고 있음. 대체로 글꼴의 변화가 매우 심할 뿐만 아니라 자소의 크기 비례가 조화롭지 못하거나 형태에 일관성이 없는 글자가 많음. 16세기 ≪장수경언해≫ 글꼴과 유사한 점이 있음.
자소	자소 구조	초성 'ㄴ'의 획 끝부분이 'ㅏ, ㅣ' 등의 중성 모음과 접필되는 경우가 나타남. 'ㄷ'의 상단 가로획이 좌측으로 돌출된 경우가 많음. 'ㅅ, ㅈ, ㅊ'에서 좌측 획이 길게 표기된 경우가 많음. 'ㅈ'의 왼쪽 획이 상단 가로획 우측 끝에서 시작하는 경우가 있음. 'ㅋ'의 아래 가로획이 모두 유난히 오른쪽으로 치켜 올라감. 'ㅕ, ㅖ' 등에서 좌측 점이 그 우측 'ㅣ'와 분리된 경우가 많음. 'ㅛ'의 위쪽 두개 점이 오른쪽으로 기울어져 표기된 경우가 있음.
	자소의 구조	'궤'에서 'ㅔ'의 'ㅐ' 좌측 점이 'ㅜ'의 아래에 위치하고 있으나 '워'에서는 아래에 위치함. 'ㅠ'에서 두 개의 하단 세로 점이 나란히 아래로 그어져 있으나 왼쪽 점이 다소 짧게 표기됨.
	자소 크기 비례	일반적인 궁서체, 명조체와 유사한 크기를 갖고 있음. 해례본 글꼴의 영향이 거의 남아 있지 않음.
점획	세리프의 유무	있음.
	세리프의 형태	기·수필은 굵고 힘있게 강조되어 있으나 지나치지 않은 크기의 세리프를 명확하게 표현하고 있음. 기필 부분은 길게 다소 과장된 경우가 있음. 각종 점획은 일정한 굵기에 특별히 강조하거나 모양을 내지 않은 자연스런 세리프 형태를 보임.
	점획의 굵기	대체로 기필과 수필 부분이 약간 굵고 힘이 있음.
	점획의 구조	특별한 특징 없음.

4. 어졔훈서언해(御製訓書諺解) 외

(1) 문헌 소개

여기서는 ≪어제훈서언해≫, ≪어제경민음(御製警民音)≫, ≪어제백경원(御製百行源)≫을 함께 다루었다.

≪어제훈서언해≫는 영조가 영조 21년(1745) ≪어제상훈언해≫를 지은 지 11년 만에 자신의 많은 나이를 생각하고 또한 중국의 위무가 90세에 스스로 경계하는 시를 지었으며, 한무제가 이전의 과오를 뉘우치는 조서를 내린 사실들을 거울삼아 영조 자신도 후세 사람들에게 교훈이 되는 글을 남기려고 이 책을 만들었다.[4] 결국 이 책은 영조가 행실과 태도에 대하여 평소 생각하고 있었던 것을 정리하여 왕세자와 후세의 임금들에게 내린 일종의 교훈서이다. 이 문헌은 본래 영조 32년(1756)에 간행된 목판본인 한문본 ≪어제훈서≫를 언해한 것으로 보이며, 언해본 역시 한문본과 같은 해에 간행된 갑인자(1668년 제작) 활자본으로서[5] 1책 42장으로 되어 있다. 여기서 분석에 사용한 책은 서울대학교 도서관

---

[4] 본 문헌 소개는 ≪어제훈서언해≫ 등이 영인본(홍문각, 1982)에 수록된 전광현의 해제를 참조하였음.

[5] 이에 대해서 손보기(2000)에서는 다음과 같이 적고 있다.
'이 활자는 고르지 않은 편이고, 한호 한글자에서 만들어진 체와 강희안자체의 한글자가 섞여 있는 느낌을 준다. 이 활자로 찍혀진 ≪소학언해≫에서 보면 큰 자 17자 10줄, 2잎 꽃 마주 접지표로 되어 있다. 이 활자는 김좌명이 돌아간 뒤 같이 만들어진 한문자와 함께 교서관으로 옮겨져서 정부의 활자가 되었다.'

소장본으로 1982년 홍문각에서 영인한 것이다.

≪어제경민음≫은 백성들에게 주의를 시키는 일종의 조례나 규칙으로서 영조 38년(1762)에 역시 갑인자 활자로 간행된 책이다. 이 책의 내용은 영조 33년 (1757)에 내린 금주령이 제대로 시행되지 않자 그로부터 5년이 지난 후에 부모의 마음을 비유해 가면서 백성들에게 금주법을 지켜주도록 간곡하게 당부하는 순 한글로 이루어진 문헌이다. 일사문고에서 소장한 이 책은 교서관에서 간행·반포하였으며, 1책 10장의 소책자이다.

여기서는 일사문고본을 1982년 홍문각에서 영인한 책을 참조하였다.

≪어제백행원≫은 영조가 72세되던 해인 영조 41년(1765)에 간행된 책으로, 인간에게 있어서 효행이 모든 행동의 근원임을 강조하고 백성들로 하여금 이를 깨달아 실천에 옮기도록 권장한 내용이 담겨있다. 서울대학교 규장각 소장본을 보면, 한문본과 언해본이 합책되어 있으며 한자마다 그 음을 붙여 놓았다. 1책 21장으로 되어 있고, 이 문헌 역시 갑인자 활자본으로 1982년 위의 두 문헌과 함께 한 책으로 홍문각에서 영인하였다.

위의 세 문헌은 모두 동일한 갑인자 한글자로 쇄출되었고, 각각의 문헌 분량이 적으므로 함께 분석하기로 한다. 대표글자는 주로 ≪어제훈서언해≫에서 추출하였으며 이에 나타나지 않는 글자는 ≪어제경민음≫ ≪어제백행원≫의 순서로 추출하였다.

(2) 판면 구성의 특징

≪어제훈서언해≫의 크기는 세로 33.2cm, 가로 21.4cm이며, 상하쌍변으로 반엽광곽은 세로 25.6cm, 가로 17.4cm로 되어 있고, 10행에 1행 18자, 주는 쌍행,

4. 어제훈서언해 외

판심은 상하내향화문흑어미로 되어 있다. 본문 내용은 한글과 한자를 섞어 쓰고 있으며 한자 아래에는 작은 한글자로 음을 붙였다. 또한 본문 내용 중에 협주를 넣고 있다. ≪어제경민음≫의 크기는 세로 32.4cm, 가로 21.1cm이며, 사주쌍변, 반엽광곽은 세로 23cm 가로 14.8cm이고, 8행, 15자로 되어 있다. 판심은 상하내향화문어미로 되어 있다. ≪어제백행원≫은 크기가 세로 33.7cm, 가로 21.9cm이고, 사주쌍변, 반엽광곽은 세로 24.1cm, 가로 17.1cm이며, 10행 17자, 주쌍행, 판심은 상하내향화문어미로 되어 있다. 이들 3종의 문헌은 모두 중앙에서 쇄출한 활판본으로서 매우 정교하게 조판되었고 인출 상태도 양호한 편이다.

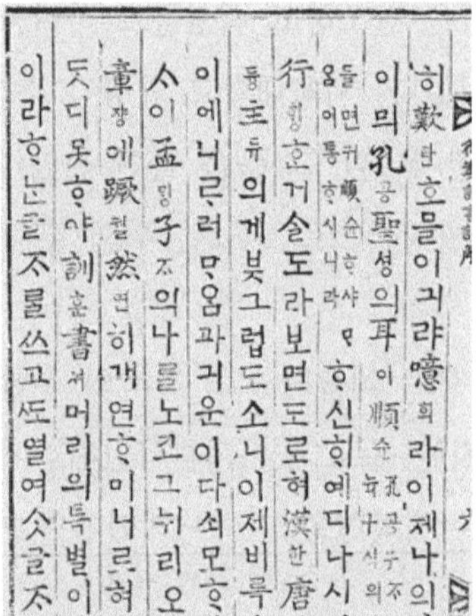

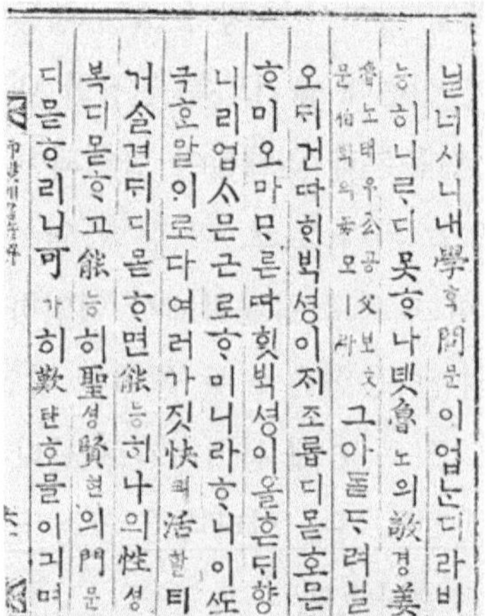

<그림 7-54> ≪어제훈서언해≫의 본문 일부

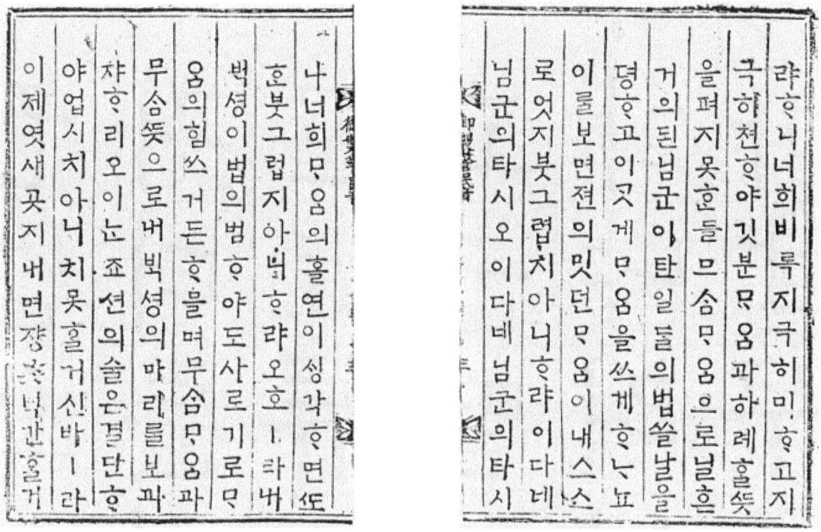
랴ᄒᆞ니너희비록지극히미ᄒᆞ고지
극히천ᄒᆞ야깃분ᄆᆞᄋᆞᆷ과하례ᄒᆞᆯ뜻
을펴지못ᄒᆞᆫ들ᄆᆞᄉᆞᆷᄆᆞᄋᆞᆷ으로닐흔
거의된님군이탄일돌의법쓸날을
뎡ᄒᆞ고이궃게ᄆᆞᄋᆞᆷ을쓰게ᄒᆞᄂᆞ뇨
이롤보면젼의밋던ᄆᆞᄋᆞᆷ이내ᄉᆞ스
로엇지붓그럽치아니ᄒᆞ랴이다네
님군의타시오이다네님군의타시

나너희ᄆᆞᄋᆞᆷ의ᄒᆞᆯ연이싱각ᄒᆞ면또
ᄒᆞᆫ붓그럽지아니ᄒᆞ랴오호ㅣ라내
빅셩이법의범ᄒᆞ야도사로기로ᄆᆞ
ᄋᆞᆷ의힘쓰거든ᄒᆞ믈며무ᄉᆞᆷᄆᆞᄋᆞᆷ과
무ᄉᆞᆷ뜻으로버빅셩의마리롤보파
쟈ᄒᆞ리오이ᄂᆞᆫ죠션의술은결단ᄒᆞ
야업시치아니치못ᄒᆞᆯ거신바ㅣ라
이제엿새곳지버면쟝ᄎᆞᆺ너간ᄒᆞᆯ거

<그림 7-55> ≪어제경민음≫의 본문 일부

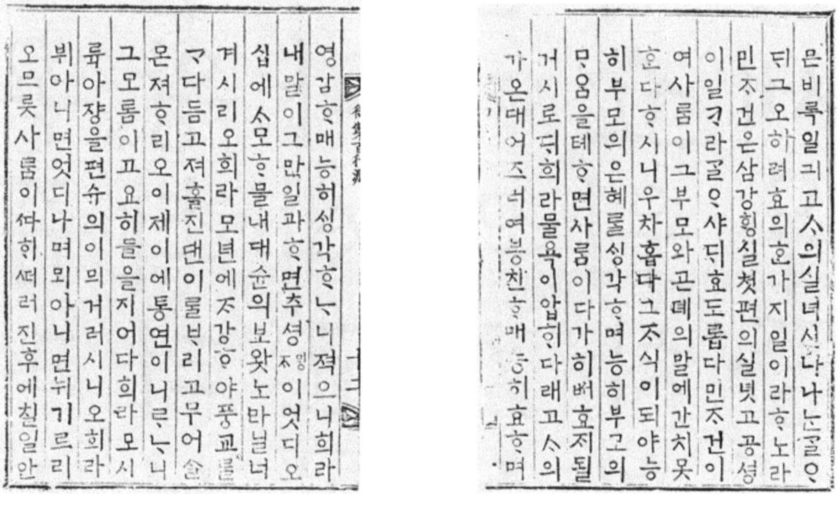
은비록일긔고ᄉᆞ의실녀신나나ᄂᆞᆫᄀᆞᆯᄋᆞ
되그오하려효의ᄒᆞᆫ가지일이라ᄒᆞ노라
민ᄌᆞ건은삼강힝실쳣편의실녓고공셩
이일ᄏᆞ라ᄀᆞᆯᄋᆞ샤되효도롭다민ᄌᆞ건이
여사름이그부모와곤뎨의말에간치못
ᄒᆞ다ᄒᆞ시니우차홉다그ᄌᆞ식이되야능
히부모의은혜롤싱각ᄒᆞ며능히부그의
ᄆᆞᄋᆞᆷ을테ᄒᆞ면사름이다가히벼효지될
거시로되희라물욕이압히다래고ᄉᆞ의
가온대어ᄌᆞ너여봉친ᄒᆞ매ᄒᆞ히효ᄒᆞ며

영감ᄒᆞ매능히싱각ᄒᆞᄂᆞ니젹으니희라
내말이그만일과ᄒᆞ면추셩ᄌᆞ이엇디오
십에ᄉᆞ모ᄒᆞ믈내대순의보왓노마ᄂᆞᆯ너
겨시리오희라모텬에ᄌᆞ강ᄒᆞ야풍교롤
ᄆᆞ다듬고져ᄒᆞᆯ진댄이롤ᄇᆞ리고무어ᄉᆞᆯ
몬져ᄒᆞ리오이제이에통연이니ᄅᆞᄂᆞ니
그모롬이ᄑᆞ요히들을지어다희라모시
륙아쟝을편슈의이의거러시니오회라
뷔아니면엇디나며뫼아니면뉘기르리
오므롯사롬이ᄡᅧ한ᄡᅧ러진후에칠일안

<그림 7-56> ≪어제백행원≫의 본문 일부

(3) 글꼴의 특징

가	각	고	곤	과	권
날	냐	눈	뇨	디	뎐
두	려	멸	류	룬	므
믈	미	면	배	법	보
셰	쇼	아	와	왕	용
우	위	의	졔	최	쥬
증	차	초	코	터	퍼
혜	희	몯	몸	닙	밧

<그림 7-57> ≪어제훈서언해≫ 등의 대표글자

〈그림 7-57〉의 대표글자에서 볼 수 있듯이 ≪어제훈서언해≫, ≪어제경민음≫, ≪어제백행원≫(이하 '≪어제훈서언해≫' 등)에 나타난 글자들은 몇 종류의 서로 다른 글꼴과 서체를 보이고 있다. 이것은 여러 글자가 섞여 있는 1668년에 제작된 갑인자 한글자로 조판되었기 때문이다. 이 갑인자 한글자는 이미 앞에서 분석한 ≪어제내훈≫에 사용된 것과 동일한 활자이다. 그러므로 〈그림 7-58〉에서 보는 '쇼' 자와 같이 일부 글자는 동일한 글꼴을 보이고 있으며, '터' 자와 같이 일부 글자는 전혀 다른 형태를 보이고 있다.

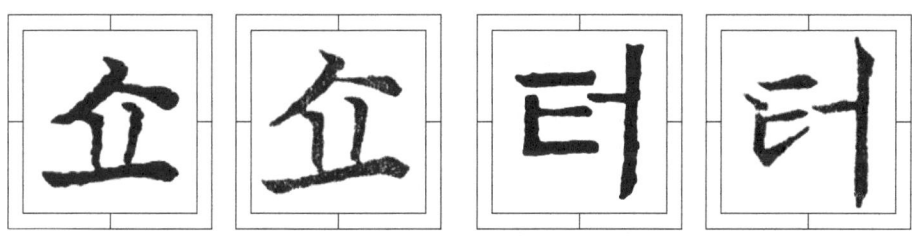

〈그림 7-58〉 ≪어제훈서언해≫ 등(각 좌)과 ≪어제내훈≫(각 우)의 글자 비교

그러나 ≪어제훈서언해≫ 등에서 보이는 한글자와 ≪어제내훈≫에 나타난 한글자에는 〈그림 7-58〉의 '쇼' 자와 같이 유사한 글꼴보다 '터' 자와 같이 형태가 서로 다른 글자들이 더 많이 보이고 있어 전반적인 글꼴에 대한 시각적 차이가 확연히 다르게 나타난다. 그러므로 동일한 활자를 사용했다고 하더라도 ≪어제내훈≫과는 별도로 ≪어제훈서언해≫ 등에 나타난 한글자 분석을 시도하여 갑인자 한글자에 대한 보다 정확한 이해를 돕고자 한다.

≪어제훈서언해≫ 등에 나타난 글자 가운데 일부는 〈그림 7-59〉와 같이 을해자 한글자와 유사한 이미지를 주는 경우가 있으나 전반적으로 을해자 한글자에 비해 자음의 크기가 작으며 점획의 모습이 날카롭고 예리하게 처리되는 등 그

364 _ 4. 어제훈서언해 외

형태가 같지 않은 것으로 보인다.

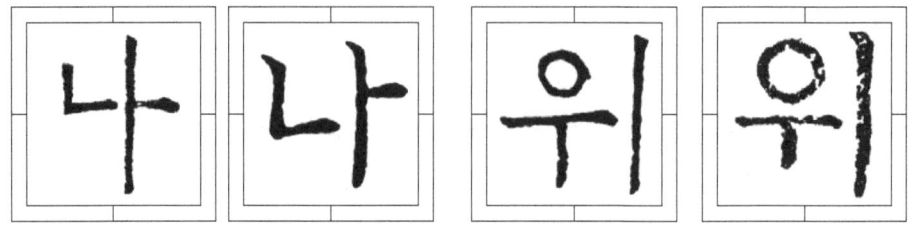

<그림 7-59> ≪어제훈서언해≫ 등(각 좌)과 을해자(각 우)의 비교

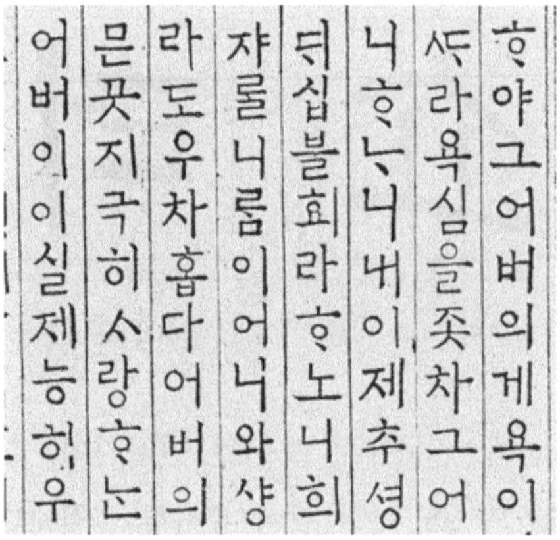

<그림 7-60> ≪어제백행원≫의 본문 일부

또한 <그림 7-60>의 ≪어제백행원≫ 본문 일부 그림에서 보듯이 가로획과 세로획이 대체로 수평과 수직을 유지하고 있으며 세로획의 정렬이 부분적이나마 이루어지고 있어 전반적으로 안정된 판면 형태를 보여주고 있다. 세로획은 'ㅓ, ㅣ, ㅢ, ㅐ' 등에서는 어느 정도 정렬되어 있으나 이들 세로획과 'ㅏ, ㅑ, ㅘ' 등의 세로획은 서로 근본적인 글꼴 구조의 차이로 인해 정렬되지 못하고 있음을 볼 수 있다.

≪어제훈서언해≫ 첫 장에는 〈그림 7-61〉과 같은 독특한 조판 형태도 보인다. 2행의 중간에 걸쳐 제목 '齊지室실編편錄녹 沁심都도藏장板판'과 머릿글자 '性성道도敎교'를 위치시키고 머릿글자 밑에 각각 두 줄로 그 의미를 적고 있다. 이와 같이 계선에 걸쳐 조판된 것은 일반 문헌에서는 손쉽게 찾아 볼 수 없는 형태이다.

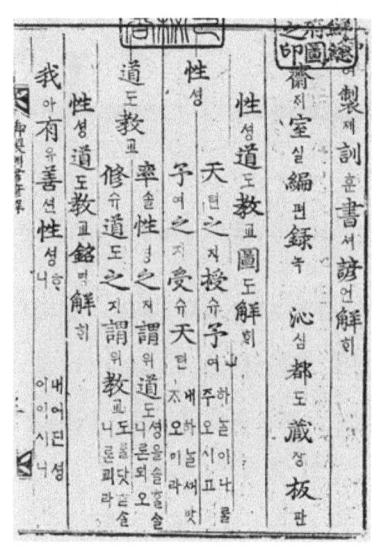

〈그림 7-61〉 ≪어제훈서언해≫의 독특한 조판

또한 같은 글자에 다른 글꼴이 매우 많이 확인된다. 〈그림 7-62〉의 '녜' 자와 같이 비슷한 글꼴로 나타나는 경우도 있으나 '소' 자와 같이 글꼴 특성과 필체가 다른 것들도 눈에 띈다.

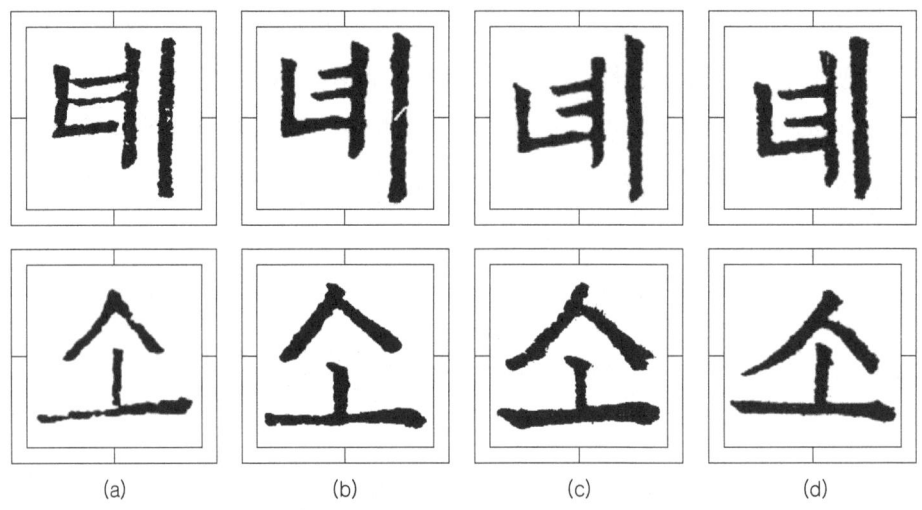

<그림 7-62> ≪어제훈서언해≫등에 나타난 '녜, 쇼' 자

'쇼' 자 (a)와 (d)를 보면 쇄출 과정에서 글꼴이 왜곡되었음을 감안하더라도 그 필체가 크게 다른 글자임을 확연히 알 수 있다. 이로 미루어 '녜' 자는 모두 동일인의 필체이며, '쇼' 자는 'ㅅ'의 형태나 전반적인 글꼴 구조로 보았을 때 (a)·(b)와 (c)·(d)가 각각 동일인의 필체로 추정된다. 또한 〈그림 7-63〉의 '매' 자를 보면 위의 '쇼' 자와 유사한 추측을 해 볼 수 있다.

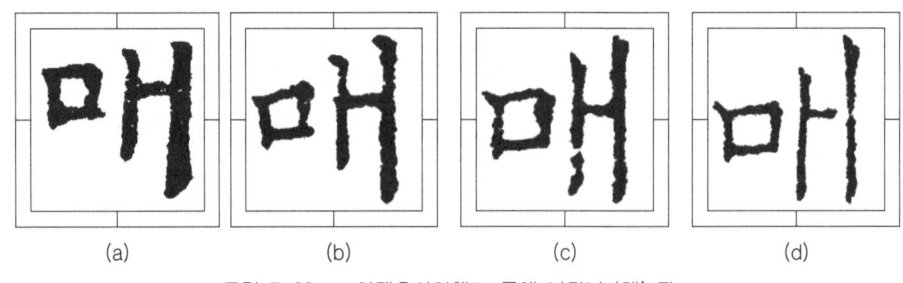

<그림 7-63> ≪어제훈서언해≫ 등에 나타난 '매' 자

위의 '매' 자에서 'ㅐ'의 형태와 'ㅁ'의 위치, 점획의 굵기 등 글꼴 구조와 점획의 모양으로 미루어 (a)·(b) 그리고 (c)·(d)는 각각 동일인의 필체라고 추측된다.

이로 미루어 이미 ≪어제내훈≫에서도 언급했듯이 갑인자 한글자는 적어도 필사자가 2인 이상으로 추측되지만 필사자가 누구이며 어떤 글자가 어떤 필사자에 의해 필사된 것인지는 알 수 없다.

이와 같이 여러 유형의 글자가 섞여 있기는 하나 최소한 ≪어제훈서언해≫ 등의 문헌에서는 손보기(2000)의 주장과 같이 강희안이 필사한 을해자 한글자가 섞여 조판·쇄출된 것으로 생각되지 않는다. 이는 비교 가능한 글자의 형태를 분석해 본 결과 글꼴의 이미지는 유사할는지 모르겠으나 이들 문헌에서는 해례본 글꼴의 영향이 많이 남아있는 을해자 한글자를 거의 찾아 볼 수 없기 때문이다.

(4) 자소의 특징

〈그림 7-64〉에서 보는 것과 같이 ≪어제훈서언해≫ 등에 나타난 한글 자소의 크기를 을해자와 비교해 보면 대체로 초·종성 자음의 크기가 작아지면서 글자의 조형성과 안정성은 전반적으로 향상되었다.

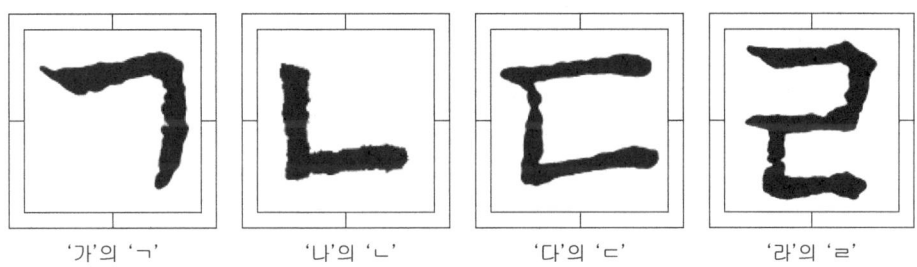

'가'의 'ㄱ'   '나'의 'ㄴ'   '다'의 'ㄷ'   '라'의 'ㄹ'

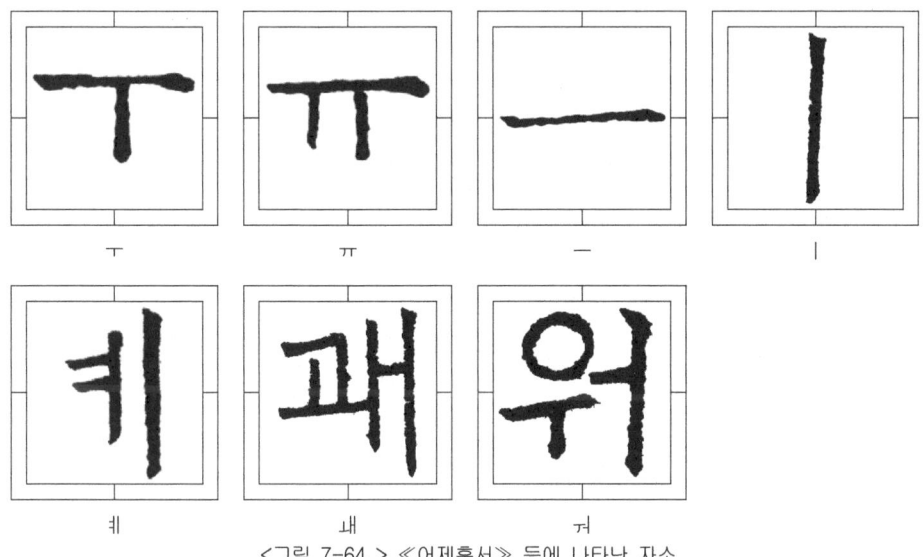

<그림 7-64> ≪어제훈서≫ 등에 나타난 자소

〈그림 7-65〉의 '고, 과' 자와 같이 초성 'ㄱ'이 중성 모음과 접필되면서 자소 결속력이 높아졌으며 이 역시 글자의 안정감 향상에 일조를 하고 있다. 이와 같이 초성 자음과 중성 모음의 접필된 모습이 빈번하게 나타나고 있다.

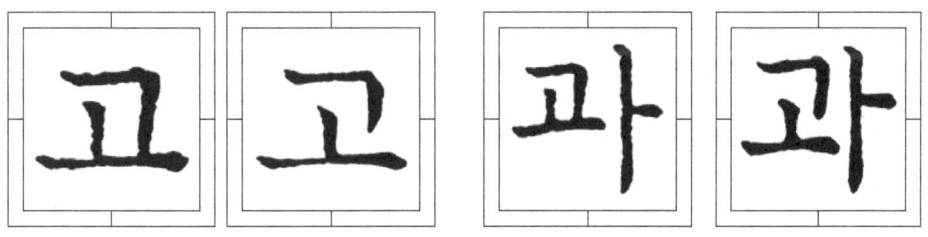

<그림 7-65> ≪어제훈서언해≫ 등의 자(각 좌) 을해자(각 우)의 비교

370 _ 4. 어제훈서언해 외

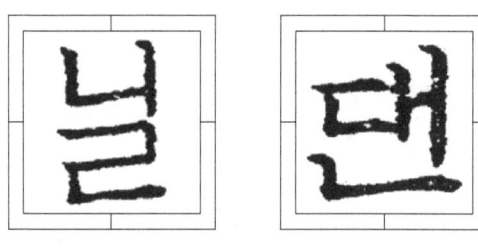

<그림 7-66> ≪어제훈서언해≫ 등에 나타난 '닐, 댄' 자

≪어제훈서언해≫ 등에 나타난 글자에서도 초성 'ㄱ'의 세로획은 뚜렷하게 좌측으로 굽어지지 않고 있고, <그림 7-66>의 '닐, 댄' 자에서 볼 수 있는 것과 같이 받침 'ㄷ, ㄹ'의 폭을 크게 표기하는 경우도 보이고 있어 부분적으로 아직 해례본 글꼴의 영향이 남아 있는 것으로 보인다.

또한 자소 'ㄷ, ㅌ'에 있어서 상단 가로획이 좌측으로 돌출되는 정도가 크게 줄어들었으며, 'ㅈ, ㅊ'에서 하단 획이 상단 가로획과 구분하여 'ㅅ'을 표기하듯이 필사한 점도 특기할 만하다. 또한 'ㅋ'의 하단 가로획은 이 전의 여러 문헌에서도 보았듯이 유별나게 우측으로 솟아 있으며, 모음에 있어서 초성 자음과 연관된 쪽의 점과 'ㅜ, ㅠ' 등에서 하단으로 내려 긋는 점을 유난히 길게 표기한 모습이 많이 보인다.

(5) 점획의 특징

<그림 7-67>에서 볼 수 있듯이 ≪어제훈서언해≫ 등에 나타난 점획은 대체로 짧고 간결하며 작고 각진 세리프를 갖고 있어 점획이 깔끔하고 예리하게 보인다.

제7장 18세기 문헌별 글꼴 분석 _ 371

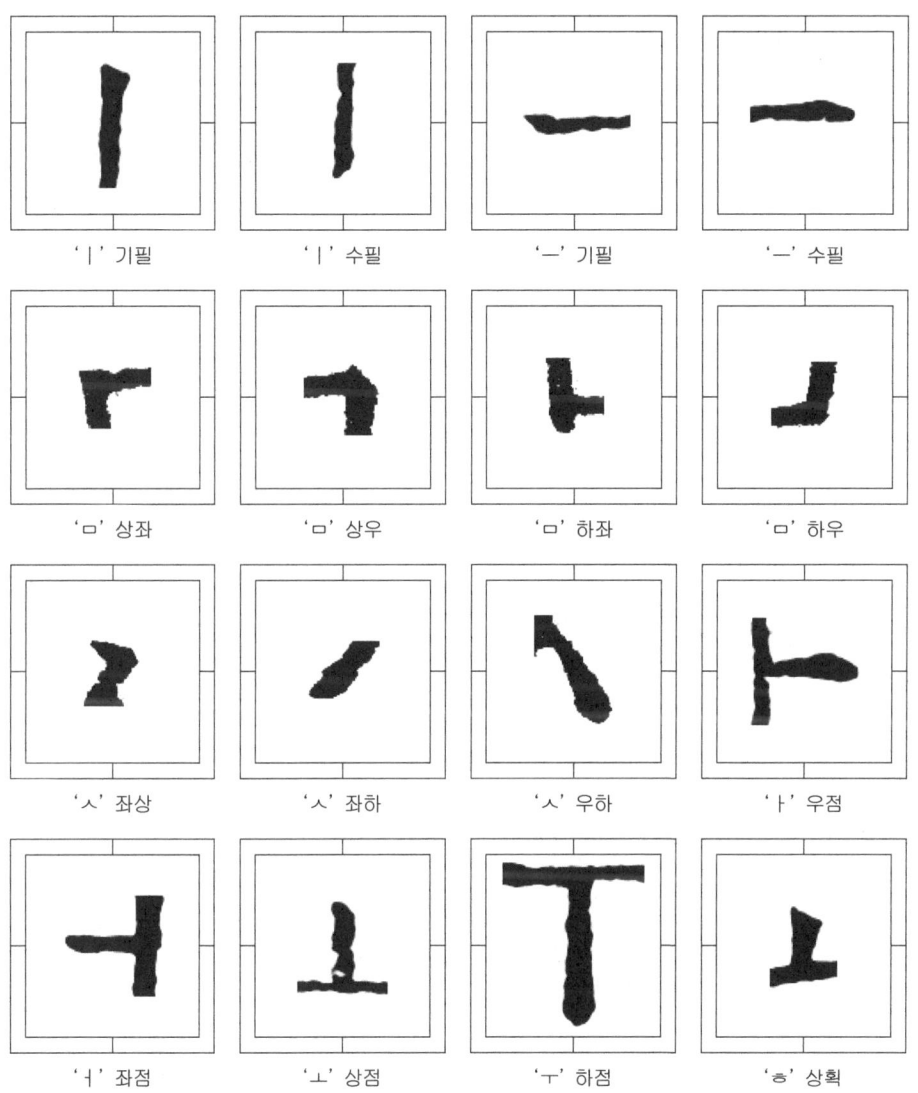

<그림 7-67> 《어제훈서언해》 등에 나타난 점획

특히 세로획과 가로획의 기·수필 부분에 나타난 세리프에서 이러한 특징이 잘 나타나 있음을 볼 수 있다. 그러나 이와는 다른 아래 〈그림 7-68〉의 (a)와 (b)같은 선명한 세리프가 자주 나타나고 있으며, 특히 세로획 기필에서 선명하게 잘 나타나 있다.

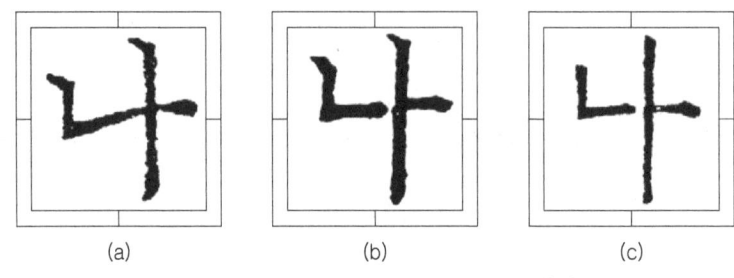

〈그림 7-68〉 ≪어제훈서언해≫ 등에 나타난 '나' 자

위의 '나' 자에서 'ㅏ'의 기필을 보면 (a)와 (b)는 선명하게 세리프가 나타나 있으나 그렇지 못한 (c)가 가장 빈번히 보이는 전형적인 형태이다. 여기서 세리프의 형태는 (a)와 (b)가 유사하게 나타나고 있으며 글꼴은 (b)와 (c)가 유사하다. 그러므로 세리프보다는 글꼴을 우선하여 (b)와 (c)가 동일인이며 (a)가 다른 필사자일 것으로 추측된다.

점획의 굵기는, 〈그림 7-64〉에서 보는 것과 같이 70~80% 정도가 매우 가늘게 쇄출되어 있고 그 외의 글자들은 을해자 정도의 굵기를 보이는 것이 많다. 획의 굵기 변화는 기필과 수필 부분을 제외한 행필 부분에서 대체로 일정하게 나타나고 있음을 볼 수 있다.

또한 'ㅁ'의 네 귀퉁이와 같이 획의 기·수필이 만나는 부분의 세리프는 대체로 명확하게 표현되고 있으며, 'ㅏ, ㅗ, ㅏ, ㅜ' 등에 나타난 대부분의 점 역시 세리프가 약하게 표현된 경우가 많음을 볼 수 있다. 그러나 'ㅎ'의 위 획은 대체로 선명하게 처리되고 있다.

(6) 요약

위에서 분석한 ≪어제훈서언해≫ 등의 글꼴, 자소, 점획에 대한 내용을 요약하면 다음 〈표 7-4〉와 같다.

〈표 7-4〉 ≪어제훈서언해≫ 등의 글꼴 분석 요약

구 분		내 용
글 꼴		갑인자 한글자 활자 사용. ≪어제내훈≫과 동일한 활자이나 글꼴이 다른 경우가 많음. 일부 글자들은 을해자 한글자와 유사하지만 전반적으로 을해자 한글자보다 날카롭고 예리하여 같지 않은 활자임. 가로·세로획이 수평·수직을 유지하고 있고, 부분적이나마 세로획이 정렬되어 있음. 실험적인 독특한 글꼴이 거의 없고 안정된 글꼴을 보여줌. 필체가 다른 2종 이상의 글꼴이 나타남.
자소	자소 구조	초성 'ㄱ'의 세로획은 뚜렷하게 좌측으로 굽어지지 않고, 받침 'ㄷ, ㄹ'의 폭이 크게 표기되어 해례본 글꼴의 영향이 남아 있음. 'ㄷ, ㅌ'의 상단 가로획의 좌측 돌출 정도가 크게 줄어들었음. 'ㅈ, ㅊ'에서 하단 획이 상단 가로획과 구분되어 'ㅅ'을 표기하듯 필사하고 있음. 'ㅋ'의 중간 가로 획은 유난히 우측으로 솟아 있음. 모음에 있어 초성 자음과 연관된 쪽의 점과 'ㅜ, ㅠ' 등의 하단 점이 유난히 길게 표기되어 있음.
	자소 크기 비례	대체로 초·종성 자음의 크기가 작아짐으로써 글자의 조형성과 안정감이 향상됨. 초성 'ㄱ'과 중성 모음 간의 접필이 많이 이루어짐으로써 자소 결속력이 높아졌음.
점획	세리프의 유무	있음
	세리프의 형태	대체로 작고 날카롭게 나타나고 있어 글꼴이 깔끔하고 예리하게 보임. 글자에 따라 을해자 한글자 유형의 세리프가 나타나기도 함.
	점획의 굵기	대체로 매우 가늘게 나타나고 있으나 글자에 따라 을해자 정도의 굵기를 보이는 것도 많음. 기필과 수필 부분을 제외한 행필 부분에서 획의 굵기 변화가 거의 없음.
	점획의 구조	특별한 구조적 특징 없음.

5. 지장경언해(地藏經諺解)

(1) 문헌 소개

여기서 분석 대상으로 삼은 ≪지장경언해≫는 영조 38년(건륭27년, 1762)에 함경도 문천에 있는 두류산 견성암에서 목판을 새겨 만든 것으로서 흔히 '두류산판'이라고 하며, 3권 1책 94쪽으로 되어 있다. 이 책은 불경인 '지장경'을 세종 중반 때 고승 학조(學祖)가 한글로 풀어쓴 것을 간행한 것이다.

이 책의 한문본 원본 제목은 ≪지장보살본원경(地藏菩薩本願經)≫이며, 이에 따라 ≪지장경언해≫도 그 본래 이름은 ≪지장보살본원경언해≫이다.

'지장경'은 석가가 이천궁에서 어머니 마야부인을 위해 설법한 내용을 기록한 것으로서, 그 내용은 지장보살이 중생들을 교화하고 죄를 짓고 고통 받는 중생들을 해탈하게 하려고 세운 서원을 13품으로 나누어 말하고 있다.

≪지장경언해≫의 원판은 간경도감에서 간행하였으나 전하지 않으며, 1596년(선조 2)에 쌍계사에서 간행한 복간본이 전해지고 있다. 그 이후 이 책을 참고하여 출간한 1762년(영조 38) '두류산본', 1765년(영조 41)에 경기도 경성 밖 종남산 무학당 아래 약사전(藥師殿)에서 간행한 '약사전본', 1791년(정조 15) 순천 송광사에서 간행한 것, 1879년(고종 16) 경기도 양주 천마산 보정사에서 간행한 것 등이 전해지고 있다. 이 책들은 서울대 규장각과 한국정신문화연구원 등에 소장되어 있다.

여기서는 문헌을 135㎜ 컬러 슬라이드 필름으로 촬영한 것을 다시 1200dpi 해상도로 스캔한 이미지 파일을 사용하여 글꼴을 추출하였다.

(2) 판면 구성의 특징

이 책은 첫머리에 순 한자로 된 '지장경언해서'가 한쪽에 9행 16자로 판이 짜인 형태로 4쪽에 걸쳐 있으며, 뒤이어 '지장보살본원경언해권샹'이 10행 16자로 판면을 구성하여 순 한글로 적고 있다.

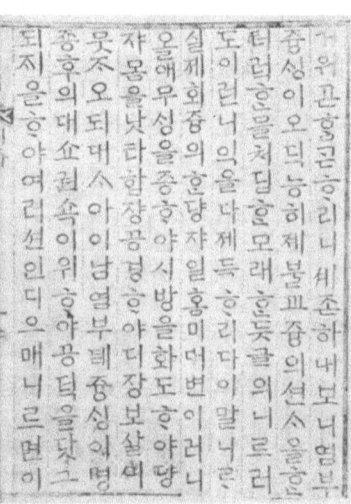

<그림 7-69> ≪지장경언해≫ 본문 일부

판심은 상하향화문흑어미이며, 행과 행 사이에 계선이 있고, 판면 가장자리는 한 가닥 선으로 둘러져 있다. 본문 판면의 체제는 모든 쪽이 동일하다.

(3) 글꼴의 특징

가	각	고	꼭	파	권
난	니	논	뇨	더	덥
두	려	럴	류		므
믈	미	민	배	법	보
셰	쇼	아	와	왕	용
우	위	의	제	죄	쥬
즁	차	츠	코	터	퍼
혜	희	몯	몸	압	갓

<그림 7-70> ≪지장경언해≫ 대표글자

18세기 문헌에 나타난 한글의 형태가 대부분 그렇듯이 ≪지장경언해≫에 나타난 한글 글꼴 중 많은 글자들이 상당히 균형 잡혀 빼어난 모습을 보이고 있다. 특히 전반적인 자소의 크기와 위치가 안정되고 세리프의 형태 역시 크거나 작지 않아 상당히 균형 잡힌 글꼴을 나타내고 있으며, 일관된 획의 방향은 통일된 균형감을 주고 있다.

다만 〈그림 7-70〉 대표글자 중 '가, 각, 난, 던, 류, 민' 등과 같이 초성 'ㄱ, ㄹ'이나 종성 'ㄴ' 등 몇몇 초·종성 자음의 크기와 위치가 아직도 해례본의 흔적이 일부 남아 있거나 글꼴과 균형을 이루지 못해 어색한 경우가 간간이 보인다. 〈그림 7-71〉의 '간' 자 역시 초성 'ㄱ'과 종성 'ㄴ'의 크기와 위치가 전체적인 글꼴 균형을 이루지 못하고 있다.

〈그림 7-71〉 ≪지장경언해≫에 나타난 '간' 자

또한 이 문헌은 목판본이므로 〈그림 7-72〉에서 네 개의 '럴' 자와 같이 동일한 글자라도 형태가 다르게 나타나고 있다. 그러나 글꼴의 구조적 특징은 이들 모두 크게 다르지 않다. 즉 초·종성 'ㄹ'의 크기 비례와 위치가 유사하며 중성 모음 'ㅓ'의 형태와 위치 역시 유사하다.

<그림 7-72> ≪지장경언해≫에 나타난 '럴' 자

다만 우측 두 개의 '럴' 자 초성 'ㄹ'의 크기와 위치가 좌측의 두 글자보다 작고 밑으로 쳐져 있으나 이는 단순히 글씨를 쓰면서 나타난 차이일 뿐 본질적인 글꼴의 변화라고 볼 수 없다. 이와 같이 일관되지 못한 글자 형태는 이 시기 문헌에서 흔히 나타나는 현상으로서 특기할 만한 것은 아니다.

(4) 자소의 특징

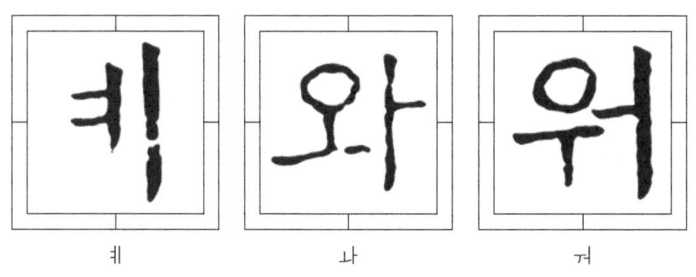

<그림 7-73> ≪지장경언해≫에 나타난 자소

　≪지장경언해≫ 자소의 크기 비례를 보면 〈그림 7-70〉의 대표글자 중 '럴, 류' 자에서 보는 것과 같이 자소 중심의 해례본 영향이 남아 있으나 현대 궁서체에 가까운 균형 잡힌 자소의 크기 비례를 보이는 경우가 더 많다.

　또한 이들 자소들은 단순히 해례본에서 보여준 자소에 붓글씨를 가미한 정도가 아니라 이를 응용한 흔적이 여러 곳에서 나타난다. 가장 두드러진 것이 'ㅅ, ㅈ, ㅊ' 등의 자음에서 오른쪽 경사진 획을 우측으로 부드럽게 꺾어 쓰고 있다는 점이다. 이러한 글자 형태 역시 한자 서체를 모방한 것으로 볼 수 있다.

　또한 'ㅌ'의 위쪽 가로획이 아래 'ㄷ'과 분리하여 쓰고 있는데, 이 역시 본래의 형태에서 크게 벗어난 모습이라 할 수 있다. 이러한 'ㅌ'의 모습은 18세기 중반부터 나타나고 있다.

　'ㄱ'에서 아래 가로획이 유난히 오른쪽 위로 치켜 쓴 것은 이미 16세기 말경부터 나타나기 시작한 것으로서 18세기 문헌에서 흔히 볼 수 있는 모습이다.

　그 밖의 자소를 보면, 초성 'ㄱ'에서 세로획은 아직 확연히 왼쪽으로 경사지게 내려 긋는 모습을 볼 수 없으나 〈그림 7-74〉의 '가, 간, 갓'에서와 같이 자소의 원형 유지와 필기의 편리성 사이에서 갈등하고 있음을 느낄 수 있다.

<그림 7-74> ≪지장경언해≫에 나타난 '가, 간, 갓' 자

초성 'ㄴ'의 모습은 현대 궁서체와 크게 다르지 않으며, 'ㄷ, ㄹ, ㅌ'에서 가로획 왼쪽 끝 부분이 유난히 튀어나온 것은 필사자의 필체로 볼 때 해례본에 나타난 자소의 원형을 유지하려는 의도보다 필사자의 필체 특성으로 보아야 할 것이다.

'ㅁ'은 명확하게 세리프가 나타나지 않는 경우가 많아 필사자의 필체가 부분적으로 정형화되지 못한 점이 보이며, 'ㅂ'은 좌우 세로획의 상단 높이가 다르게 필사하고 있으나 이는 이미 16세기 중반부터 나타난 현상이다.

'ㅇ'은 본래 정원(正圓)이었으나 이 문헌에서 필사자는 굳이 완벽한 원으로 그려야 한다는 부담감을 갖지 않고 대체로 편안하게 표현하고 있다. 또한 초성 'ㅎ'은 궁서체 자소로서 거의 완벽한 균형감을 보이고 있다.

모음은, 가로획이 약하게 우측으로 올려 쓴 형태이며, 대부분의 모음이 현대 궁서체와 다를 바 없는 거의 완벽한 균형감을 유지하고 있다.

<그림 7-75> ≪지장경언해≫에 나타난 '슈, 유, 쥬' 자

다만 〈그림 7-75〉의 '슈, 유, 쥬'에서 보는 것과 같이 'ㅠ'의 경우 글자에 따라 형태를 조금씩 다르게 표기하고 있는 점이 눈에 띈다. 이 가운데 '슈'에서 보이는 'ㅠ'가 가장 안정되어 보인다.

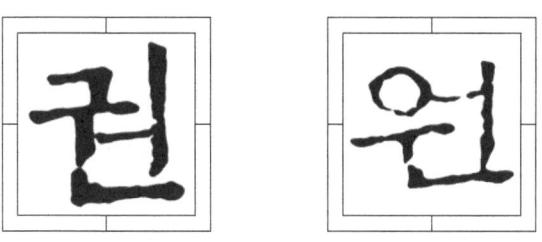

<그림 7-76> ≪지장경언해≫에 나타난 '권, 원' 자

이 외에 〈그림 7-76〉의 '권, 원'에서 'ㅓ'의 좌측 점획이 '권'에서는 'ㅜ'의 가로획 아래에, '원'에서는 위에 일관되게 표기하고 있다.

(5) 점획의 특징

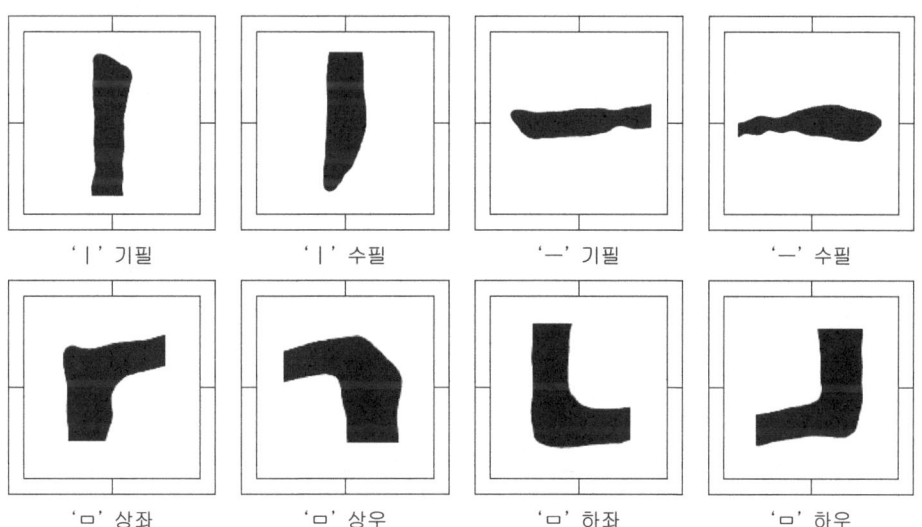

5. 지장경언해

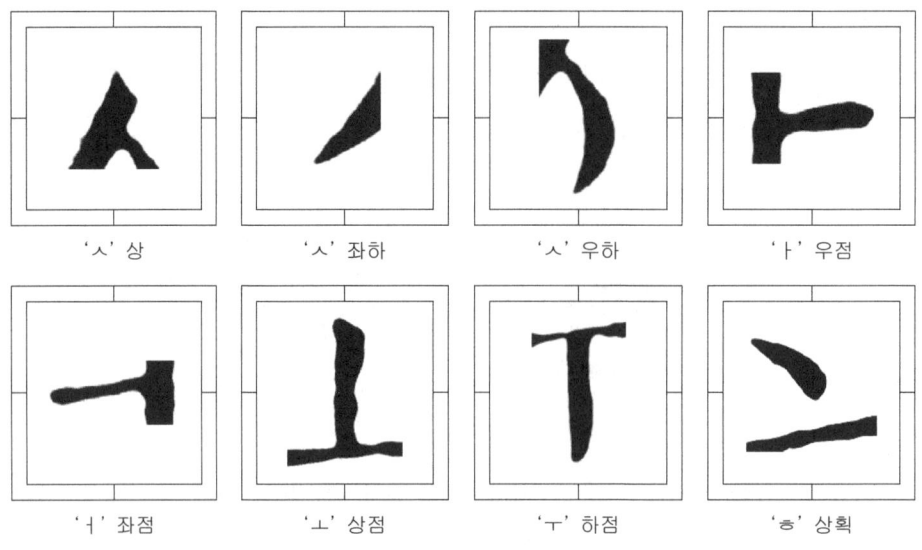

<그림 7-77> ≪지장경언해≫에 나타난 점획

≪지장경언해≫에 나타난 글자의 세리프는 대체로 선명하게 나타나있다. 몇몇 글자에서 세리프가 확연하게 드러나지 않고는 있으나 이 문헌의 글자는 세리프 사용에 매우 익숙한 필사자에 의해 쓰인 것이 확실하다.

〈그림 7-77〉의 점획 그림에 나타난 세리프는 전형적인 판본체 형태로서 대체로 날렵하고 두드러지지 않으며 자연스러운 모습을 보이고 있다. 다만 글자를 추출하는 과정에서 날카롭게 각진 부분이 부득이 뭉뚱그려져 둥글게 나타나고 있는 점을 감안할 때 이 문헌에 나타난 글꼴의 세리프는 위에서 보는 것 이상으로 매우 날카롭고 예리하다는 것을 추측할 수 있을 것이다.

점획의 굵기를 보면, 대체로 굵지 않으며 현대의 신명조체 정도의 느낌을 준다고 보면 적당할 것이다.

(6) 요약

위에서 분석한 ≪지장경언해≫의 글꼴, 자소, 점획에 대한 내용을 요약하면 다음 〈표 7-5〉와 같다.

〈표 7-5〉 ≪지장경언해≫의 글꼴 분석 요약

구 분		내 용
글 꼴		상당히 균형 잡혀 빼어난 모습임. 일관된 획의 방향으로 통일된 균형감 유지. 'ㄱ, ㄹ, ㄴ' 등 몇몇 초·종성 자음에서 해례본 흔적이 보이거나 균형을 이루지 못함. 목판본이라 동일한 글자라도 모양이 다르나 글꼴의 구조적 특징은 동일함.
자 소	자소 구조	'ㅅ, ㅈ, ㅊ' 등의 우측획이 우측으로 굽어졌음. 'ㅌ'의 상단 가로획이 분리됨. 'ㅋ'의 아래 가로획을 오른쪽 위로 치켜 씀. 초성 'ㄱ'의 세로획이 아직 확연히 굽어지지 않았으나 그 조짐이 나타남. 'ㄷ, ㄹ, ㅌ' 상단 가로획 왼쪽 끝 부분이 유난히 돌출되어 있으나 해례본 영향보다 필사자의 필체 특성으로 생각됨. 'ㅁ'의 형태는 아직 정형화되지 못했음. 'ㅂ'의 세로획 높이가 다름. (16세기 중반 이후 나타난 현상임) 'ㅇ'은 정원을 고집하지 않고 있음. 초성 'ㅎ'은 완벽한 균형감을 갖고 있음. 모음 가로획은 약하게 우측으로 올려 쓰고 있음. 대부분의 모음은 완벽한 균형 유지. 'ㅠ'의 경우 글자에 따라 조금씩 다른 형태 보임. '권'에서 'ㅓ'의 좌측 점획이 가로획 아래에, '원'에서는 위에 위치함.
	자소크기비례	'릴, 류'와 같이 초·종성에서 해례본 영향이 남아 있는 경우도 있으나 대체로 작아져 균형잡힌 형태임.
점 획	세리프의 유무	세리프 있음.
	세리프의 형태	전형적인 판본체로서 날렵하고 자연스러움.
	점획의 굵기	굵지 않으며 현대 신명조 정도의 느낌.
	점획의 구조	별다른 특징 없음.

6. 증수무원록언해(增修無冤錄諺解)

(1) 문헌 소개

≪증수무원록언해≫의 저본이 되는 ≪무원록≫은 중국 원나라 왕여가 송나라의 형사 사건 지침서들을 바탕으로 편찬한 법의학서이다. 우리나라에서는 조선조 세종 시기에 임금의 명을 받아 최치운이 주해하여 세종 22년(1440)에 ≪신주무원록≫을 간행하였으나 내용 이해가 힘들고 우리의 실정에 맞지 않는 점이 많아 실제 검시에 참고하기 어렵다는 것을 알고 영조는 구택규에게 명하여 ≪신주무원록≫의 내용 오류를 바로잡고 빠진 곳을 보충하게 하였으나 완성하지 못하고 그 아들인 구윤명이 이어받아 완성하였다.

영조는 이 내용을 토대로 서유린에게 율학별제 한종호 등 당시의 법률 전문가들과 함께 내용을 더욱 보완하여 언해하게 하였다. 그 결과 정조 16년(1792) 교서관에서 3권 2책의 ≪증수무원록언해≫가 목판본으로 간행된 것이다. 참고로, 구윤명이 보완한 ≪증수무원록대전≫도 정조 20년(1796) 역시 교서관에서 1책으로 간행되었다.

≪증수무원록언해≫는 검안의 대상이 되는 시체의 시기적인 변화로부터 사인의 규명에 이르기까지의 법의학적 감정을 필요로 한 각종 사항과, 검사 종류의 재료 또는 검안 서식의 수속 절차에 대한 기록까지 취급되어 있는 법의학적 재판의 전문서이다. 따라서 이 책은 법의학사를 연구하는 데 중요한 자료일 뿐만

아니라 18세기말의 국어를 연구하는 데에도 중요한 자료가 된다. 특히 권1 61 장부터 65장까지는 신체에 대한 그림과 그 명칭이 기록되어 있어 신체 어휘의 연구에 좋은 자료를 제공하여 주고 있다.

이 문헌은 서울대학교 규장각, 가람문고, 한국정신문화연구원(구 장서각 도서), 고려대 만송문고 등에 소장되어 있으며, 1983년 홍문각에서 영인하였고, 여기서는 이 영인본을 사용하여 글꼴을 추출하였다.

(2) 판면 구성의 특징

판면의 형태를 보면, 〈그림 7-78〉에서 보는 것과 같이, 사주쌍변, 유계, 10행 20자이며, 작은 글자는 20행 40자로 되어 있다. 또한 판심은 상하향백어미로 되어 있다.

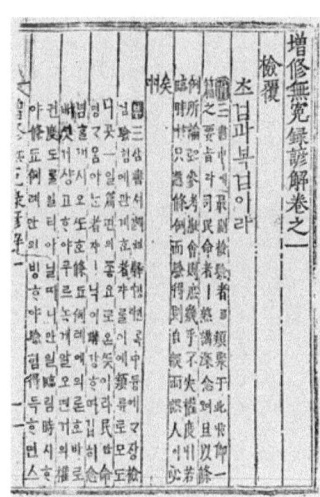

〈그림 7-78〉 《증수무원록언해》의 본문 일부(1)

388 _ 6. 증수무원록언해

　한문 원문에는 작은 한글자로 음이 달려 있고, 한글 언해문은 1자를 내려쓰고 있다. 또한 한문 원문으로 별도 추가 기록한 내용은 2자를 내려쓰고 있으며, 이에 대한 한글 작은 글자로 추가 기록한 언해 내용은 3자를 내려쓰고 있다. 그러나 문장 중에 나오는 추가 기록한 내용은 한문과 언해문 모두 본문과 같이 처리하고 있다. 특이한 것은, 〈그림 7-79〉에서 보는 것과 같이 한문 원문에서 큰제목은 행의 상단에 음각으로 처리하고 있으며, 한글 언해문에는 큰제목을 넣지 않았다. 또한 〈그림 7-80〉에서와 같이 한문 원문에서 작은 글자로 추가 기록한 내용의 처음에는 ▣ 기호를 넣었으며, 같은 언해문에서는 ▣ 기호를 넣고 있다. 이 외에 보충 설명에서도 각각 ▣와 ▣ 기호를, 문장이 끝나는 부분에서는 'ㅇ' 기호를 삽입하는 등 다양한 형태의 문자와 기호를 사용하여 내용을 쉽게 이해할 수 있도록 하였다.

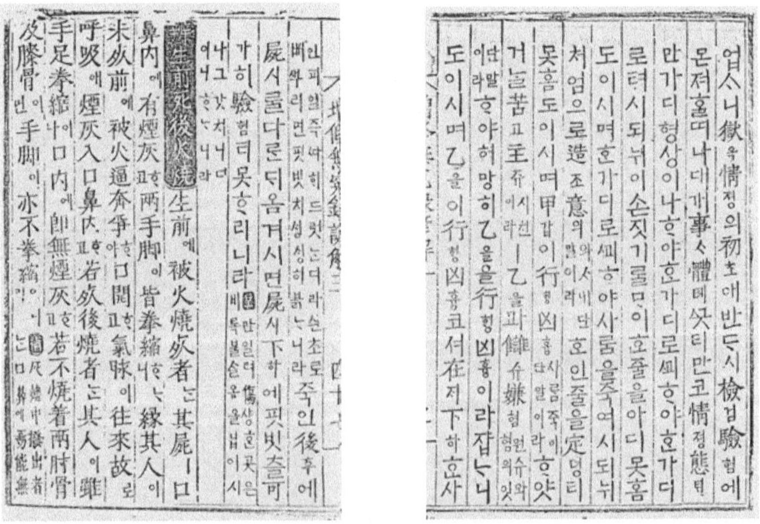

〈그림 7-79〉 ≪증수무원록언해≫의 본문 일부(2)

제7장 18세기 문헌별 글꼴 분석 _389

<그림 7-80> ≪증수무원록언해≫에 나타난 음각 제목(좌) 및 기호

≪증수무원록언해≫ 권1 47a부터 48b까지는 <그림 7-81>에서 보는 것과 같이 전혀 다른 서체가 나타나고 있다. 이 면에서는 행과 글자 수는 동일하나 판심이 상하하향흑어미로 다른 면과 형태가 다른 점으로 미루어 내용에 문제가 있었거나 혹은 소실된 두 장에 해당하는 내용을 후대에 다른 활자로 조판하여 쇄출한 후 삽입한 것으로 보인다. 이에 대한 글꼴 분석은 뒤에서 하기로 한다.

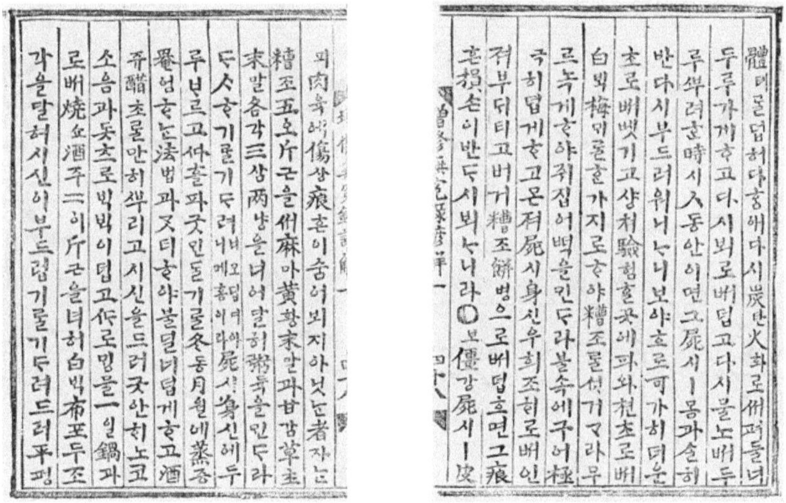

<그림 7-81> ≪증수무원록언해≫의 본문 일부(권1 48a, 48b)

6. 증수무원록언해

(3) 글꼴의 특징

가	각	고	곰	과	권
난	나	논	노	더	던
두	려	럿	로	쥰	므
믈	미	민	배	법	보
세	쇼	아	와	완	용
우	위	의	제	죄	주
증	차	츠	코	터	펴
혜	회		몸	업	갓

<그림 7-82> ≪증수무원록언해≫ 대표글자

〈그림 7-82〉의 대표글자에서 보여주듯이 ≪증수무원록언해≫에 나타난 한글 큰자의 형태는 가늘고 예리하게 각진 점획의 형태에 의해 산뜻하고 날렵한 느낌을 준다. 기·수필 부분과 예리하게 꺾이는 자음의 획에서 이러한 특징이 잘 나타나 있다. 현대 서체와 비교해 본다면 세고딕과 유사하지만 날카로운 세리프가 약하게나마 나타나고 있어 세리프체로서 세고딕보다 화려하게 보인다.

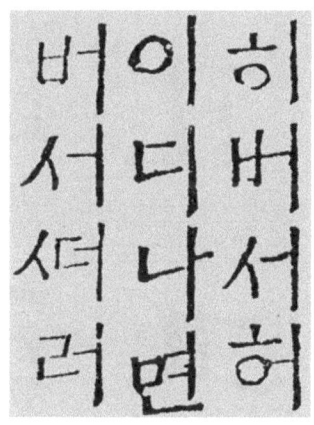

〈그림 7-83〉에서 보듯이 예리하고 날카로운 글꼴에 'ㅏ, ㅑ, ㅓ, ㅕ, ㅣ' 등의 세로획이 정렬되어 있어 언해된 부분의 판면이 전반적으로 깔끔하게 정리되어 보인다.

글자와 글자 사이의 간격은 일정한 편이며, 목판본인 관계로 동일한 글자라도 서로 다른 형태로 표기되어 있으나 숙련된 필사로 인하여 전반적으로 글꼴과 서체 표현이 균일한 편이다.

<그림 7-83>
≪증수무원록언해≫의
본문 일부

   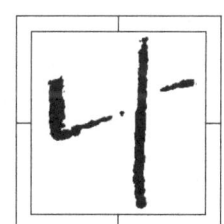

<그림 7-84> ≪증수무원록언해≫에 나타난 '나' 자

≪증수무원록언해≫에 나타난 모양이 다른 같은 글자의 유형을 보면, 〈그림 7-84〉의 '나' 자에서 볼 수 있듯이 점획이 굵은 것, 점획이 가는 것, 가로획이 오

른쪽으로 약간 올라간 것 등 크게 세 가지 유형으로 나타나고 있으며 모두 동일인의 필체로 보인다. 그러나 〈그림 7-86〉에서 보는 것과 같이 앞의 글꼴과는 전혀 다른 글자들도 보인다.

〈그림 7-86〉《증수무원록언해》의 글자 비교(상 : 본문, 하 : 권1 47a~48b)

위의 '고, 라, 우, 와' 자에서 볼 수 있듯이 〈그림 7-81〉 권1의 47a~48b에서 보이는 필체는 물론 글꼴에 있어서도 커다란 차이를 보이고 있다. 전반적으로 나타나는 예리하고 점획이 가느다란 글꼴과는 다르게 47a~48b의 글자는 점획의 굵기가 유난히 굵으며 가로획에서는 대체로 기·수필 부분을 크게 강조하고 있고 행필 부분은 가늘게 처리되고 있어 17세기 《연병지남》의 글꼴과 유사한 면을 볼 수 있다.

또한 일반적인 본문 글자에서는 'ㅏ'의 오른쪽 점이 대체로 약간 위로 치우쳐 위치해 있으면서 오른쪽 위로 경사지게 필사된 반면 47a~48b에 나타난 글자들은 상하 중앙에 위치해 있으면서 대체로 아래로 경사지게 나타나 있다.

'ㅇ'의 형태도 전형적인 본문 글자에서는 획의 굵기 변화가 크지 않은 정원으로 나타난 반면 47a~48b의 글자에서는 위쪽 기필 부분에 유난히 강조된 세리프가 있으며 획의 굵기 변화가 심한 가로로 긴 타원형 모습을 보이고 있다.

이와 같이 글꼴과 서체가 일반 본문 글자와는 전혀 다른 점으로 미루어 47a~48b의 글자는 다른 필사자에 의해 필사되어 판각된 것이 확실하다.

(4) 자소의 특징

〈그림 7-87〉에서 자소들의 가로획 오른쪽이 약간 올라간 형태를 보이고 있으며, 해례본 글꼴의 흔적은 초성 자음 'ㄱ'과 종성 자음 'ㄴ' 정도에서만 나타나고 있고 그 외의 자소들에서는 거의 찾아 볼 수 없다.

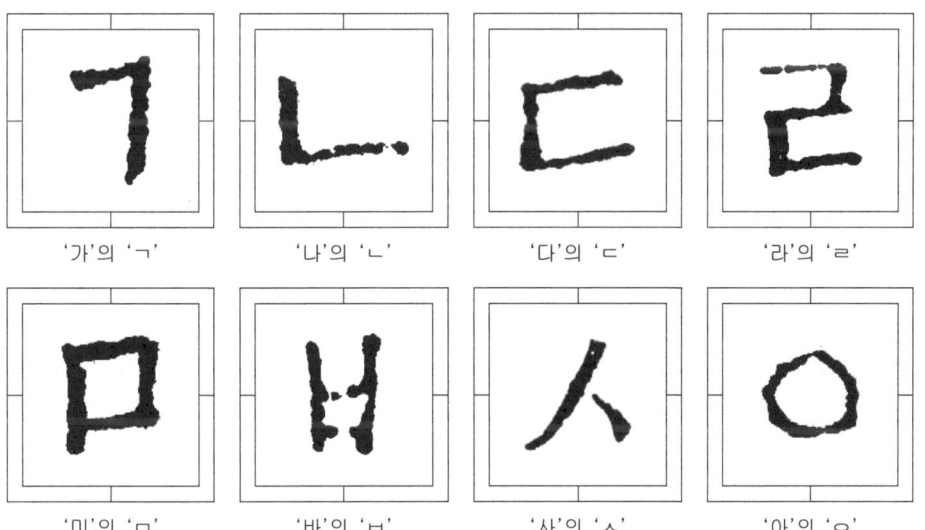

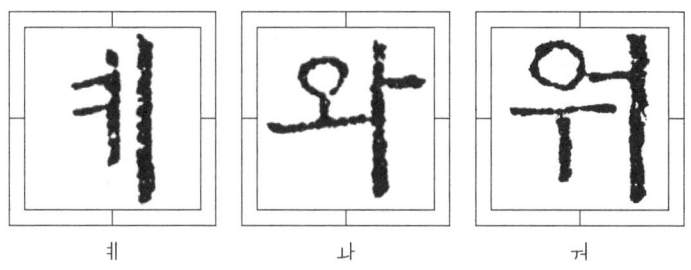

<그림 7-87> ≪증수무원록언해≫에 나타난 자소

먼저 초성 'ㄱ'을 보면, <그림 7-88>의 '가, 각, 검' 자에서 볼 수 있듯이 대체로 가로획은 오른쪽이 올라간 듯이 표기되고 있으나 세로획은 거의 수직으로 내려 긋고 있어 아직도 해례본 글꼴의 영향이 남아 있는 것으로 보인다.

<그림 7-88> ≪증수무원록언해≫에 나타난 '가, 각, 검' 자의 모습

또한 <그림 7-89>의 '니' 자와 같이 초성 'ㄴ'의 하단 가로획이 우측 중성 모음과 접필되어 자소 간의 결합력을 높인 경우가 빈번하게 보이며, '코' 자와 같이 대체로 자소와 자소가 접필되는 부분이 많고 점의 길이를 최대한 길게 표기함으로써 글자의 변별력을 높인 경우도 많이 보인다.

'련' 자에서 'ㅕ'의 좌측 점의 길이나 '소' 자에서 'ㅗ'의 위쪽 점의 길이에서 이를 확인할 수 있다.

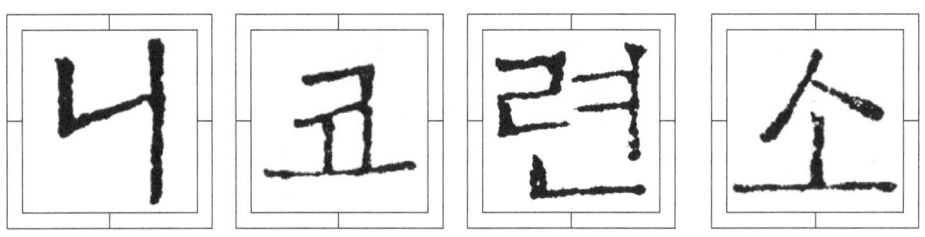

<그림 7-89> ≪증수무원록언해≫에 나타난 '니, 코, 련, 소' 자

자음 가운데 'ㅈ, ㅊ' 등은 유난히 왼쪽 획의 길이가 길게 표기된 경우가 많이 보이며, <그림 7-90>의 '섯, 져' 자와 같이, 초성 'ㅅ, ㅈ, ㅊ'이 'ㅓ, ㅕ' 등과 결합할 때 좌우 획을 왼쪽으로 틀어 중심을 이동시키면서 우측 획을 좌측으로 꺾어 표기하고 있다.

<그림 7-90> ≪증수무원록언해≫에 나타난 '섯, 져' 자

또한 이전의 여러 문헌에서도 흔히 나타난 것과 같이, 'ㅋ'의 안쪽 가로획을 오른쪽으로 두드러지게 높여 표기한 경우가 대부분이며, 특히 <그림 7-91>의 '티, 텨, 툐'에서 볼 수 있듯이 'ㅌ'에서 상단 가로획이 아래 'ㄷ'과 분리되어 표기되고 있다. 앞의 ≪지장경언해≫에서도 볼 수 있었던 이러한 변화는 초기 해례본 글꼴에서 보여준 'ㅌ'과는 전혀 다른 형태로서, 16세기부터 나타나기 시작하여 18세기에 들어 보편화된 것으로 보인다.

<그림 7-91> ≪증수무원록언해≫에 나타난 '티, 텨, 툐' 자

　이러한 'ㅌ'의 자소 형태 변화 요인은 필기의 효율성을 높이기 위한 것으로 보인다. 즉, 해례본에서와 같이 'ㄷ'을 쓴 후 상하 가로획 사이에 다시 가로획을 추가하여 'ㅌ'을 표기하는 것은 좌에서 우로, 위에서 아래로 필사하는 필기 원칙에 부합되지 못해 자연스러운 필사가 이루어지지 못했을 것이다. 이러한 문제점을 해소하기 위해 생각해 낸 것이 상단의 'ㅡ'를 긋고 내려와 'ㄷ'을 쓰는 형태라고 보아진다.

　모음에서 'ㅏ, ㅑ, ㅓ, ㅕ' 등의 점은 대체로 'ㅣ'의 상하 중심에서 조금 위로 올라가 오른쪽으로 약간 올려 표기하고 있으며, 'ㅡ, ㅗ, ㅛ, ㅜ' 등의 가로획도 대부분 오른쪽을 올려 긋고 있다.

<그림 7-92> ≪증수무원록언해≫에 나타난 '간, 만, 쥔' 자

　이와 같이 대부분의 자소가 해례본 자소와는 현저히 다른 형태로 변화된 모습을 보이고 있으나 유난히도 종성 자음 'ㄴ'은 <그림 7-92>의 '간, 만, 쥔' 자에

서 볼 수 있듯이 해례본 자소와 같이 거의 글자 폭 만한 크기로 표기되어 있는 경우가 종종 보인다.

이 외에 앞의 〈그림 7-87〉의 'ㅊ, ㅎ'에서 상단 획을 비교적 길고 수직으로 내려 긋고 있는 점도 특징으로 볼 수 있다.

이 문헌에 나타난 자소들의 크기 비례는 현대 명조체나 궁서체와 유사한 크기 비례를 보이고 있어 글꼴이 조화롭고 균형 잡혀 있다.

(5) 점획의 특징

〈그림 7-93〉에서 보는 것과 같이 점획은 대체로 가늘고 변화가 심하지 않은 굵기를 갖고 있으며, 획이 꺾이는 부분에서는 날카롭게 방향을 바꾸고 있다. 세리프의 형태는 점획의 굵기보다 약간 굵게 표기하는 정도로 두드러지지 않는다.

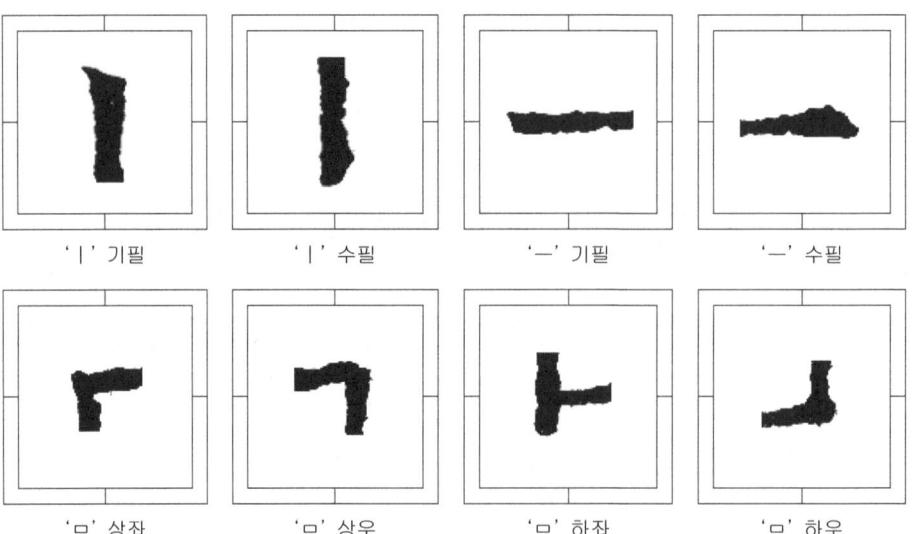

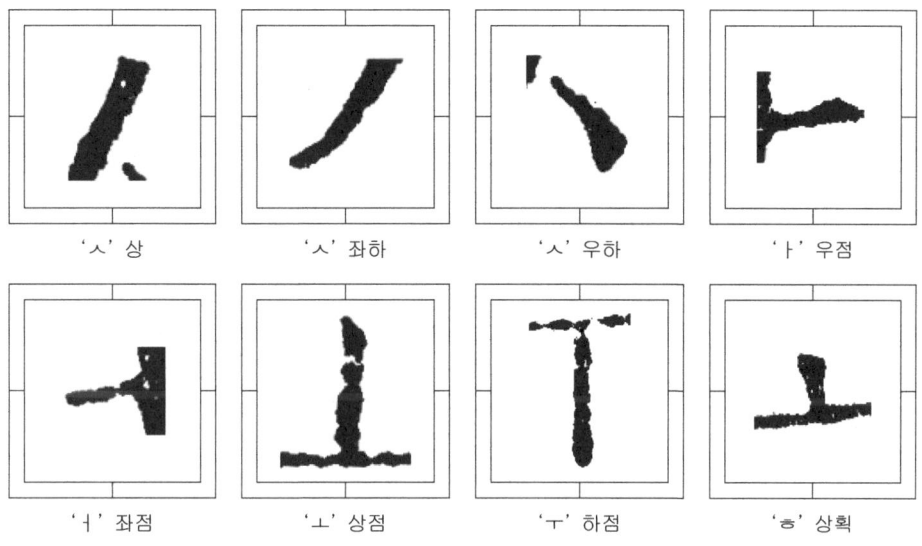

<그림 7-93> ≪증수무원록언해≫에 나타난 점획

세로획의 기필은 방필로 날카롭게 끊어 내리고 있으며 수필에서는 약간 굵고 뭉툭하게 끝내거나 별다른 변화없이 행필과 동일하게 내려오면서 수평으로 날카롭게 끊어지는 형태가 많다. 가로획은 기필과 수필 그리고 그 사이 행필의 굵기 변화가 세로획에 비해 큰 경우가 많으나 여기서는 가로획도 세로획과 비슷한 모습을 보이고 있어 기·행·수필의 굵기 변화가 거의 없다.

'ㅁ'에서 획의 접하는 곳에서는 세리프가 선명하게 드러나는 경우가 많으며, 특히 좌측 하단 모서리에서는 세로획이 유난히 밑으로 길게 그어진 특이한 모습을 보이고 있다.

'ㅅ'과 같이 좌우 획의 경우에도 세리프가 거의 나타나지 않으며 좌측 획은 아래로 내려오면서 점차 가늘어지는 경우가 많고 우측 획은 비교적 길게 그어져 있으나 원획의 형태로 마무리하고 있다.

이 외에 'ㅡ, ㅣ'와 함께하는 상하좌우의 점은 큰 특징은 없으나 'ㅜ'에서 아래 점이 비교적 길게 그어져 있는 경우가 많다.

(6) 요약

위에서 분석한 ≪증수무원록언해≫의 글꼴, 자소, 점획에 대한 내용을 요약하면 다음 〈표 7-6〉과 같다.

〈표 7-6〉 ≪증수무원록언해≫의 글꼴 분석 요약

구 분		내 용
글 꼴		가늘고 예리하게 각진 점획의 형태에 의해 산뜻하고 날렵한 느낌을 줌. 대부분의 가로획 오른쪽이 약간 올라간 형태로 필사되어 있음. 초·중·종성이 접필되는 경우가 많음.
자 소	자소 구조	'ㅁ'에서 좌측 세로획이 밑으로 길게 튀어나도록 그어진 특징이 있음. 'ㅅ'의 우측 획, 'ㅗ, ㅜ' 등의 상하 점 등이 두드러지게 길게 표현되는 경우가 많음. 초성 'ㅅ, ㅈ' 등과 중성 'ㅓ, ㅕ' 등이 함께할 때 초성의 좌우 획을 좌측으로 틀고 우측 획을 좌측으로 굽혀 중심을 좌측으로 이동시키고 있음. 'ㅋ'의 중간 가로획을 유난히 오른쪽을 높여 표기하고 있음. 'ㅌ'의 상단 가로획과 아래의 'ㄷ'을 완전히 분리하여 표기하고 있음. 'ㅊ, ㅎ'의 상단 세로획을 수직으로 곧고 길게 표기하고 있음.
	자소 크기 비례	초성 'ㄱ'과 종성 'ㄴ' 정도에서 해례본 글꼴의 영향이 남아 있으나 그 외의 자소들은 현대 명조체나 궁서체 자소 크기 비례와 유사함.
점 획	세리프의 유무	비교적 날카로운 형태의 세리프가 표현되고 있으나 두드러지게 드러나지 않는 세리프와 산세리프체 중간 정도의 모습임.
	세리프의 형태	기필은 방필로 날카롭게 끊어 내리고 있으며, 수필은 약간 굵고 뭉툭하게 끝내거나 행필과 동일한 굵기로 날카롭게 끊어지는 형태를 보임. 전반적으로 세리프가 강조되거나 두드러지지 않음.
	점획의 굵기	기필 부분의 세리프가 약간 굵게 표현되는 경향이 있으나 비교적 큰 변화가 없음.
	점획의 구조	큰 특징 없음.

7. 경신록언석(敬信錄諺釋)

(1) 문헌 소개

≪경신록≫이란 권선징악과 인과응보에 관한 내용이 담긴 도교의 문헌이다. ≪경신록언석≫은 ≪경신록≫에서 일부 발췌하고 ≪단계적(丹桂籍)≫이란 문헌에서 중요한 두 조목을 뽑아 언해하여 ≪경신록≫ 언해 내용을 앞에 싣고 ≪단계적≫에서 발췌하여 언해한 내용은 뒤에 실어 정조 20년(1796)에 경기도 양주에 있는 불암사에서 홍태운의 글씨로서 목판 1책으로 간행해 낸 책이다. 이 문헌은 서명과 각 경문의 제목만 한자로 썼을 뿐 모든 내용은 언해문만 실려 있다.

이 ≪경신록언석≫은 불암사판 이 외에 고종 17년(1880)에 고종의 명으로 출판된 다른 책이 있다. 표지 제목이 ≪경신록언해≫로 되어 있는 이 책은 불암사 판목을 그대로 사용하여 쇄출한 것이므로 표기나 판식 등에 차이점이 전혀 없다. 이 책의 판목은 아직도 불암사에 보존되어 있어서 이 판목을 쇄출하여 홍문각에서 영인한 바가 있다. 이를 다시 1986년에 태학사에서 영인하였으며, 본고에서는 이 태학사 영인본을 참고하여 글꼴을 분석하였다.

(2) 편면 구성의 특징

≪경신록언석≫은 목판본으로서 사주쌍변, 유계, 큰 글자 11행 21자, 작은 글자 22행 21자로 되어 있으며, 제목은 2자 내려쓰고 있고, 본문은 내용에 따라 1자를

_7. 경신록언석

내려쓴 경우도 있다.

　아래 〈그림 7-94〉에서 보듯이 본문 중 일부에는 의미 단락별로 띄어쓰기 된 부분이 보이며, 'ㅇ' 기호로 단락을 구분한 경우도 보인다.

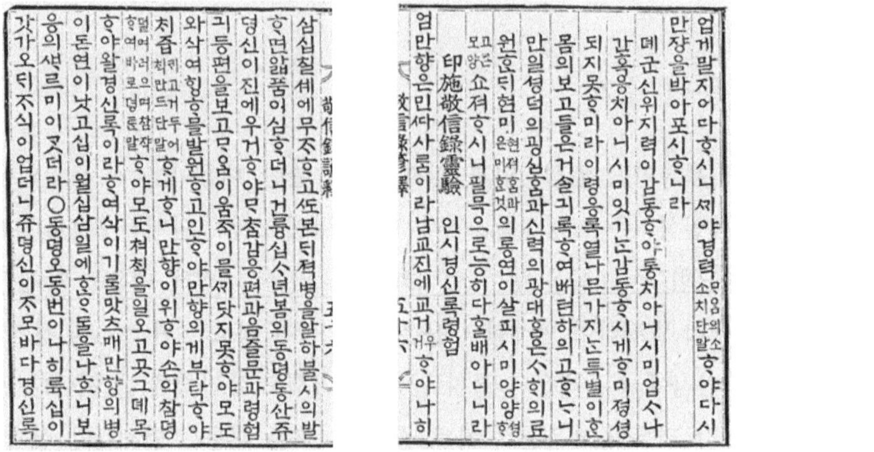

〈그림 7-94〉 《경신록언석》의 본문 일부(1)

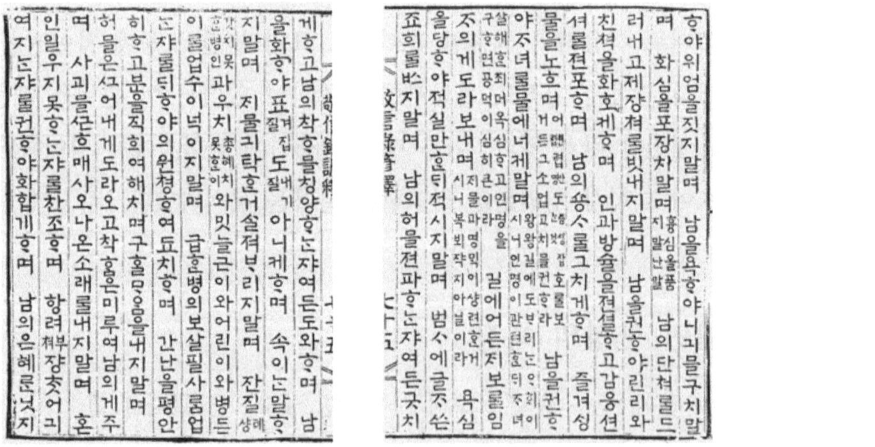

〈그림 7-95〉 《경신록언석》의 본문 일부(2)

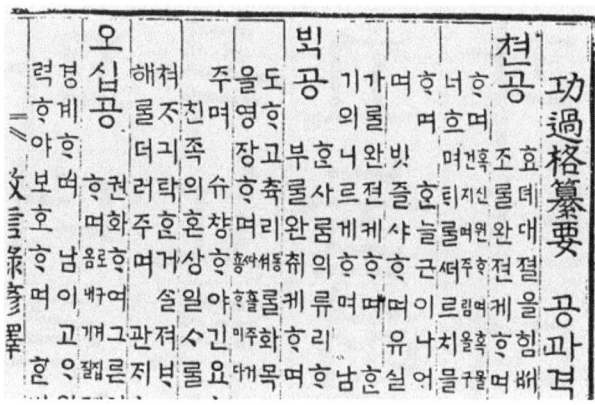

<그림 7-96> ≪경신록언석≫에 나타난 소소자

특이한 것은, <그림 7-95, 96>에서 보는 것과 같이 작은 글자보다 더 작은 글자(小小字)로 토를 달거나 보충 설명을 하고 있는 점이다. 이러한 글자는 이 책 본문 중 맨 뒤에 위치한 '부귀가비젼공덕'과 '공과격찬요'의 두 군데 내용 중에서만 나타난다.

이 문헌의 쇄출 상태가 매우 양호한 이유도 있겠으나 전체적으로 글자들이 좌우로 치우치지 않고 비교적 행 중앙에 가지런히 나열되어 있어 판면이 단정하게 보인다. 이러한 이유는 뒤에서 보다 상세히 논의되겠으나, 수직 수평으로 그어진 반듯한 점획에 두드러지지 않고 군더더기 없는 깔끔한 세리프로 인한 것으로 보인다.

(3) 글꼴의 특징

홍태운이 필사한 것으로 기록되어 있는 ≪경신록언석≫의 글꼴은 몇 가지 일정한 기준에 의해 필사되었다. 첫째는 가로획과 세로획이 대체로 길고 수평과

7. 경신록언석

가	각	고	곡	과	권
난	냐	눌	뇨	더	던
두	려	렬	류	륜	므
믈	미	민	배	법	보
세	쇼	아	와	왕	용
우	위	의	제	죄	쥬
증	차	츠	코	터	퍼
혜	희		몸	입	밧

<그림 7-97> 《경신록언석》 대표글자

수직을 유지하고 있다는 것이며, 둘째로 세로쓰기 체재에서 'ㅏ, ㅓ, ㅣ' 등의 세로획이 대체적으로 정렬되도록 각각의 글자 형태를 조절하여 맞추고 있다는 점, 셋째는 하나의 자소 구성 성분들이 접필되어 있다는 점 등이다.[1]

 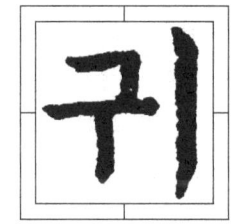 

<그림 7-98> ≪경신록언석≫에 나타난 '과, 귀, 셜' 자의 모습

〈그림 7-98〉의 '과, 귀, 셜' 자에서 보듯이 점획들이 수평 수직을 유지하면서 정렬된 이미지를 주고 있으며, '셜' 자의 'ㅕ'와 같이 가로 점을 길게 표현하고 있으면서 자소 하나 하나의 결합된 형태가 확실하게 드러나고 있어 그러한 느낌을 더욱 강조하고 있다.

이러한 글꼴 구조는 기하학적인 해례본 글꼴에 한자의 필법을 일부 도입한 독특한 한글 글꼴 구조로 볼 수 있다. 이러한 글꼴 특성에 〈그림 7-99〉에서 보는 것과 같이 세로획의 정렬이 더해져서 판면을 더욱 단정하게 보이도록 하고 있다.

<그림 7-99>
≪경신록언석≫의 본문 일부

---

1) 예를 들어 'ㅓ'의 경우 두 개의 구성 성분, 즉 왼쪽의 점 'ㆍ'과 세로획 'ㅣ'로 구성되어 있다고 본 것이다.

≪경신록언석≫에 나타난 홍태운의 한글은, 부분적으로 남아 있는 기하학적인 해례본의 글꼴 특성을 적절한 필법으로 표현하여 안정감과 아름다움, 그리고 높은 문자 변별력을 갖추고 있다.

목판본이라고 하지만 글자의 높이와 폭이 대체로 균일하며 〈그림 7-100〉의 '라' 자에서 보듯이 숙련되고 정형화된 필법으로 일관된 글꼴을 보이고 있어 같은 글자이면서 글꼴이 크게 차이나는 경우가 거의 없다.

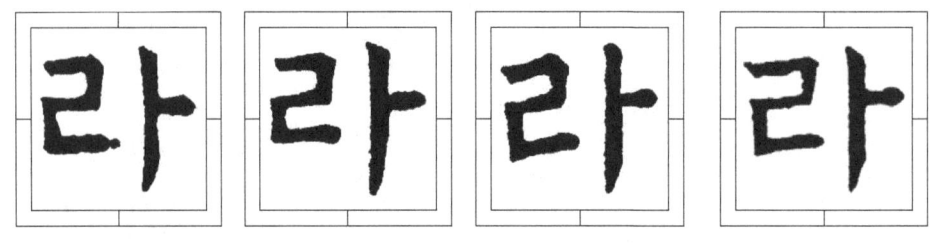

〈그림 7-100〉 ≪경신록언석≫에 나타난 '라' 자

(4) 자소의 특징

〈그림 7-101〉에서 볼 수 있듯이 자음의 크기 비례는, 대체로 자면을 채우는 해례본 글꼴의 형식에서 벗어나 각각의 글자 구조에 조화를 이루도록 크기를 작게 표기하고 있으나 부분적으로 해례본 글꼴의 영향이 남아 있다.

제7장 18세기 문헌별 글꼴 분석 _ 407

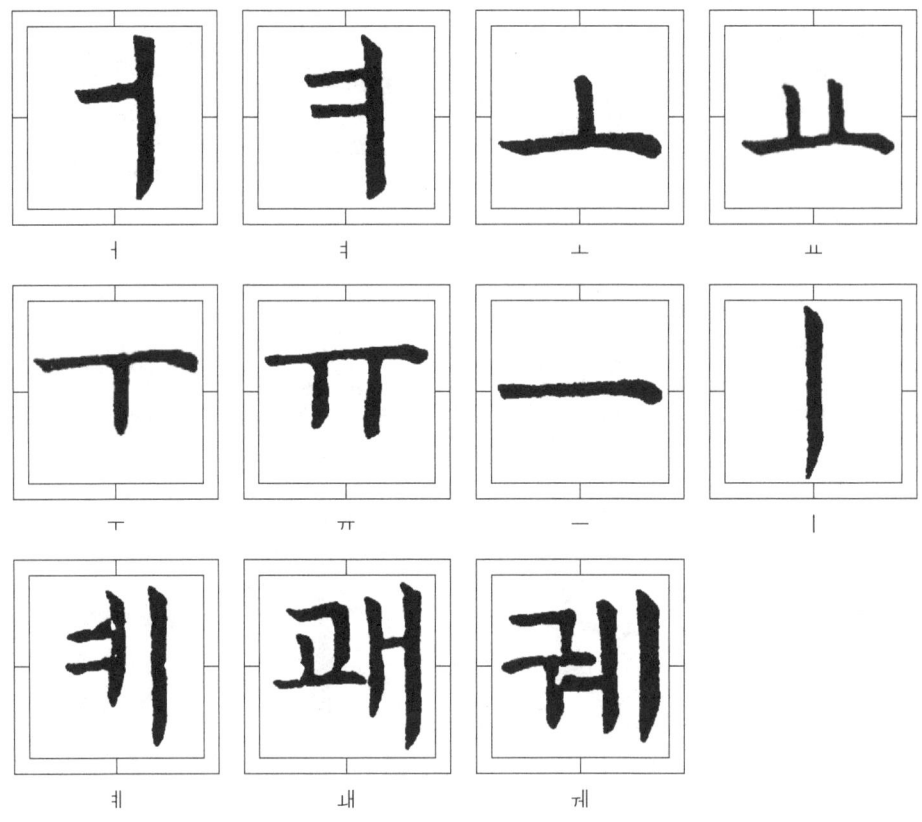

<그림 7-101> ≪경신록언석≫에 나타난 자소

〈그림 7-102〉에서 '말, 먹, 밋, 슌' 자의 받침 'ㄹ, ㄱ, ㅅ, ㄴ'은 그 자소의 폭이 자면의 폭을 거의 채우고 있어 해례본 글꼴의 모습을 엿볼 수 있다. 그러나 여기서는 이러한 형태가 한자 서체를 모방하여 응용한 독특한 한글 자소의 표현일 수도 있다.

<그림 7-102> ≪경신록언석≫에 나타난 '말, 먹, 밋, 슌' 자

≪경신록언석≫에 나타난 전반적인 글꼴 구조로 볼 때 이러한 자소의 모습은 해례본 글꼴의 영향이라기보다 한자 서체를 모방한 한글 서체의 응용된 모습이라고 해야 옳을 것이다. 물론 모든 글자에서 이러한 응용된 모습이 보이는 것은 아니지만 적지 않은 글자에서 이러한 형태가 나타나고 있다.

해례본 글꼴의 영향이 남아 있는 또 다른 형태를 보면, 〈그림 7-103〉의 '간, 기, 컨, 키' 자와 같이 'ㅏ, ㅑ, ㅓ, ㅕ' 등과 동반하는 초성 자음 'ㄱ, ㅋ'의 세로획이 모두 해례본 글꼴과 같이 수직으로 내려 긋고 있는 점과, 〈그림 7-104〉의 '남, 니, 디, 리' 자에서 볼 수 있듯이 'ㄴ, ㄷ, ㄹ'의 마지막 가로획이 우측의 모음과 접필되지 않도록 회봉하여 원필로 마무리하고 있는 글자들이 적지 않게 보이고 있는 점 등이다.

<그림 7-103> ≪경신록언석≫에 나타난 '간, 기, 컨, 키' 자의 모습

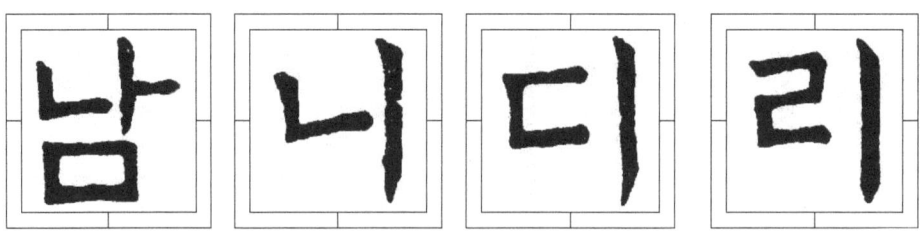

<그림 7-104> ≪경신록언석≫에 나타난 '니, 남, 디, 리'자

그러나 〈그림 7-105〉에서 보듯이 '니, 남' 등의 일부 글자에서 초성 자음 'ㄴ'과 중성 모음 'ㅏ, ㅣ' 등이 접필된 형태도 보이고 있다.

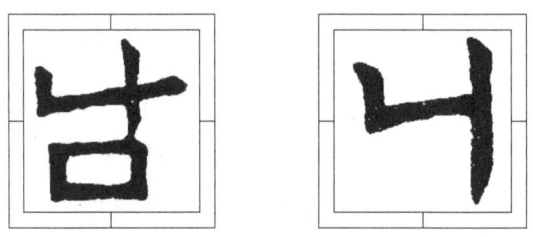

<그림 7-105> ≪경신록언석≫에 나타난 '남, 니'자

또한 〈그림 7-106〉에서 보는 것과 같이 자음 'ㅅ, ㅈ, ㅊ'의 좌측 획이 다소 길게 표현된 모습이 자주 나타나며, 특히 'ㅈ, ㅊ'에서 이러한 형태가 더욱 빈번히 보인다.

<그림 7-106> ≪경신록언석≫에 나타난 '사, 지, 치'자

특히 자소의 변화가 눈에 띄는 것은 〈그림 7-107〉의 '타, 탐, 텬' 자에서 볼 수 있는 'ㅌ'으로서, 상단 가로획이 하단 'ㄷ'과 완전히 분리된 형태로 표기되고 있다. 이러한 형태는 이미 ≪증수무원록언해≫등의 문헌에서 명확하게 표기되어 있었던 것으로 봐서 18세기에 일반화된 자소의 형태임을 다시 한 번 확인시켜 주고 있다.

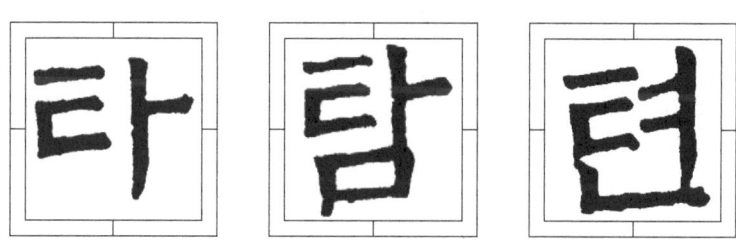

〈그림 7-107〉 ≪경신록언석≫에 나타난 '타, 탐, 텬' 자

〈그림 7-108〉 ≪경신록언석≫에 나타난 '궤, 원, 훼' 자

〈그림 7-108〉의 '궤, 원, 훼' 자에서 보는 것과 같이 이중모음 'ㅝ, ㅞ'에서 'ㅓ' 좌측 점이 'ㅜ'의 가로획 아래에 위치한 것과 위에 위치한 것이 함께 보인다. 대체로 위에 위치한 것이 많으나 유독 '궤' 자만 아래에 위치하고 있다.

(5) 점획의 특징

해례본 글꼴 구조를 응용한 독특하고 완숙한 모습을 보이고 있는 ≪경신록언석≫ 한글자는 보수적이기는 하나 자연스런 붓놀림에 의한 일관되고 선명한 세리프를 나타내고 있다.

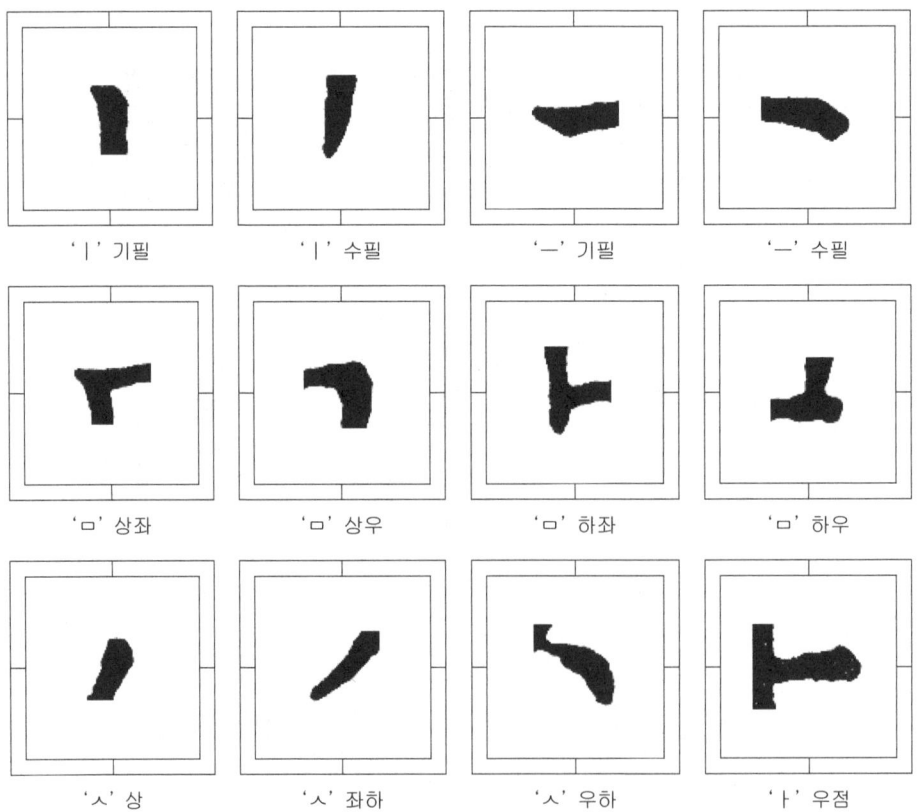

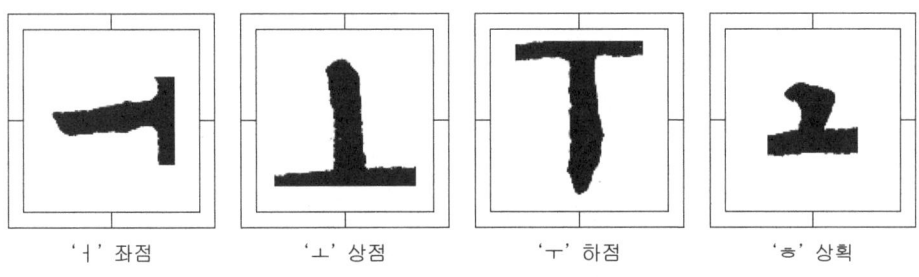

<그림 7-109> ≪경신록언석≫에 나타난 점획

〈그림 7-109〉에서 보는 것과 같이 'ㅣ, ㅡ'의 기·수필에서는 비교적 간결하고 절제된 세리프로 표현하고 있으나 초성 'ㅁ'에서 나타난 세리프는 매우 선명하게 드러나고 있다. 또한 모음 'ㅡ, ㅣ'에 덧붙여지는 상하좌우의 점은 모두 눈에 띄게 길게 표현하고 있어 모음으로 인해 발생할 수 있는 글꼴의 변별력과 가독성 문제를 해결하고 있다.

점획의 굵기는, 세로획은 대체로 기필과 행필은 거의 비슷하고 수필에서 수침으로 마무리하면서 굵기가 가늘어지며, 가로획에서는 기·행필은 비교적 가늘고 수필 부분의 마무리는 비교적 굵게 표현하고 있다. 전체적으로 현대 태명조체 정도의 점획 굵기를 보이고 있다.

(6) 요약

위에서 분석한 ≪경신록언석≫의 글꼴, 자소, 점획에 대한 내용을 요약하면 다음 〈표 7-7〉과 같다.

〈표 7-7〉 ≪경신록언석≫의 글꼴 분석 요약

구 분		내 용
글 꼴		가로·세로획이 대체로 길고 수평과 수직을 유지하고 있음. 글자간의 세로획이 대체로 정렬되어 있음. 자소 구성 요소들이 접필되어 있음. 기하학적인 해례본 글자의 글꼴 특성을 적절한 필법으로 응용·표현하여 안정감과 아름다움, 그리고 높은 문자 변별력을 갖추고 있음.
자 소	자소 구조	초성 자음 'ㄱ, ㅋ'의 세로획이 수직으로 내려 긋고 있어 해례본 글꼴의 영향이 남아 있음. 초성 자음 'ㄴ, ㄷ, ㄹ'에서 마지막 가로획이 우측의 모음과 접필되지 않도록 회봉하고 있는 경우가 많음. 'ㅅ, ㅈ, ㅊ'에서 우측 획이 짧게 표기된 경우가 많음. 'ㅌ'에서 상단 가로획이 하단 'ㄷ'과 완전히 분리된 형태로 표기됨. 'ㅟ, ㅞ'에서 'ㅣ' 좌측 점이 'ㅜ' 가로획 위에 위치하고 있으나 '궤'에서만은 아래에 위치하고 있음.
	자소 크기 비례	자음 자소는 전반적으로 자면을 채우는 해례본 글꼴의 형식에서 벗어나 각각의 글자 구조에 조화를 이루도록 조절하고 있음. 일부 종성 자음 'ㄱ, ㄴ, ㄹ, ㅅ'은 폭을 크게 잡고 있어 해례본 글꼴의 영향이 남아 있다고 할 수 있으나 독특한 필법에 의한 표현으로 볼 수도 있음.
점 획	세리프의 유무	있음.
	세리프의 형태	자연스런 붓놀림에 의한 세리프로서 비교적 간결한 형태로 매우 절제되어 있으나 선명하게 나타나 있음.
	점획의 굵기	세로획은 대체로 기필과 행필은 거의 비슷하고 수필에서 수침으로 마무리하면서 굵기가 가늘어지며, 가로획은 기·행필은 비교적 가늘고 수필 부분의 마무리는 비교적 굵게 표현하고 있음. 현대 태명조 정도의 굵기를 보임.
	점획의 구조	모음에서 상하좌우의 점을 길게 표현하고 있음.

8. 오륜행실도(五倫行實圖)

(1) 문헌 소개

≪오륜행실도≫는 1797년(정조 21년)에 정조가 심상규 등에게 명하여 ≪삼강행실도≫와 ≪이륜행실도≫의 두 책을 합하여 언해문에 수정을 가해서 간행한 책이다.[2] 이 책에 사용된 한자는 1795년에 제작된 정리동활자(整理銅活字)이며 한글자는 같은 시기에 만들어진 목활자로 추정된다(손보기, 2000:261). ≪오륜행실도≫는 모두 5권 4책으로 되어 있으나 소장본에 따라 5권 5책으로 되어 있기도 하다.

이 ≪오륜행실도≫는 초간 후 62년만인 철종 10년(1859)에 중간된 목판본이 있다. 이 중간본은 한문 원문과 함께 언해문의 모습은 초간본에 비해 조금도 달라진 것이 없다. 거의 복각을 하다시피 한 것이기 때문이다.

본문 내용을 보면, 우리나라와 중국의 역대 문헌에서 효자, 충신, 열녀, 붕우, 형제에 관계된 인물 150명을 선정하여 그림과 한문의 설명, 시, 찬을 붙여 놓았다. 삼강 중 효자 33인, 충신 35인, 열녀 35인과 이륜 중 형제 24인, 종족 7인, 붕우 11인, 사생 5인으로 모두 150인이 된다. 내용 구성을 보면, 권1에 효자, 권2에 충신, 권3에 열녀, 권4에 형제(뒤에 부종족이 붙어 있음), 권5가 붕우(뒤에 부사생이 붙어 있음)로 되어 있다.

---

[2] 본 문헌 소개는 ≪오륜행실도≫ 영인본(홍문각, 1990)에 수록된 홍윤표의 해제를 참조하였음.

≪삼강행실도≫와 ≪이륜행실도≫가 난상에 언해를 한 것에 비하여 이 ≪오륜행실도≫는 본문에 이어서 그대로 싣고 있다는 점이 크게 다르다.

이 ≪오륜행실도≫는 1972년에 이민수 선생의 해제와 현대어역을 붙여 을유문화사에서 영인하였으며, 1990년에는 홍문각에서도 영인하였다. 본고에서는 이 홍문각에서 영인한 책에서 글꼴을 추출하였다.

(2) 판면 구성의 특징

이 문헌의 크기는 32.3㎝, 19.3㎝이고 반엽광곽은 21.7㎝, 13.9㎝이다. 사주쌍변에 10행 20자이고 글자의 크기는 대자 1.1×1.4㎝, 소자 0.7×0.7㎝로서 한자와 한글 활자 크기는 같다.

원문 시와 언해 부분은 1자 내려 19자로 조판하고 있으며, 작은 글자 협주는 20행 40자로 되어 있다. 판심 어미는 상하향흑어미이며, 판심제는 '五倫行實圖(오륜행실도)'로 되어 있다.

본문 판면 구성은 〈그림 7-110〉의 (a)와 같이 한 편이 끝나면 (b)와 같이 먼저 목판에 새겨진 한 면을 차지하는 그림과 함께 제목이 나오며 뒤이어 (c)와 같이 동활자로된 한문 원문과 시가 나온 후 (d)와 같이 목활자로 된 언해문이 그 뒤를 잇는다. 언해문에서는 부분적으로 협주를 넣어 내용을 간략히 보충 설명하고 있다.

(a)

(b)

(c)

(d)

<그림 7-110> ≪오륜행실도≫ 본문 일부

<그림 7-111> ≪오륜행실도≫에 사용된 특수기호

본문 중 특수한 문장 부호는 보이지 않으나 한문 원문 말미에 시가 시작되는 부분에 <그림 7-111>에서 보는 것과 같이 상하 괄호 속에 '詩(시)' 자를 넣어 조판하고 있다.

(3) 글꼴의 특징

<그림 7-112>의 대표글자에서 볼 수 있듯이 ≪오륜행실도≫의 글꼴은 전반적으로 글자를 이루는 자소들의 크기 비례와 위치가 글꼴의 구조에 알맞도록 균형 잡혀 있으며, 일관된 크기와 형태를 유지하고 있는 등 활자체로서 거의 완성된 한글 궁서체를 보여주고 있다. 또한 점획과 세리프의 정형화된 표현 등은 판본용 활자체로서 기본적인 틀을 갖추고 있다.

가	각	고	곡	과	권
난	냐	논	뇨	더	턴
두	려	렬	류	룬	므
믈	미	민	배	법	보
세	쇼	아	와	왕	용
우	위	의	제	죄	주
증	차	초	코	터	펴
혜	희		몸	입	밧

<그림 7-112> ≪오륜행실도≫ 대표글자

그러나 목활자인 관계로 아래 〈그림 7-113〉의 '셔' 자와 같이 동일한 글자라도 글꼴에 다소 차이를 보이고 있으나 자소의 크기와 위치 및 점획의 형태 등 근본적인 구조는 대체로 일정하게 나타나고 있다.

<그림 7-113> ≪오륜행실도≫에 나타난 '셔' 자

특히 〈그림 7-114〉의 '갈, 날, 만, 삼' 자와 같이 글꼴의 구조적 특성과는 무관하게 15세기 해례본 글꼴과 같이 종성 자음을 자면의 좌우 중앙에 위치시킴으로써 글자의 균형이 적절하지 않은 경우도 간혹 볼 수 있다.

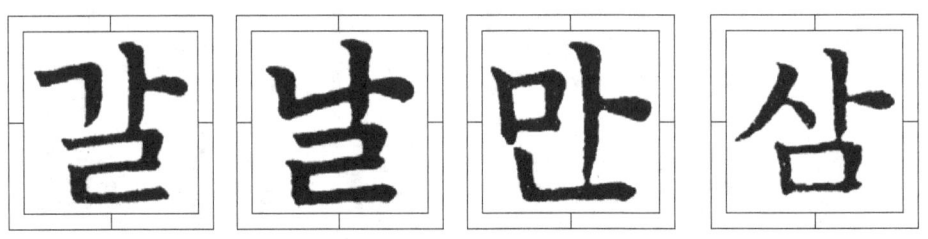

<그림 7-114> ≪오륜행실도≫에 나타난 '갈, 날, 만, 삼' 자

글자와 글자 사이의 간격은 〈그림 7-115〉에서 보는 것과 같이 목활자임에도 불구하고 매우 밀착되어 있는 것으로 미루어 자면(type face)이 활자의 몸체(body)와 거의 동일한 크기로 되어 있음을 알 수 있다.

<그림 7-115> ≪오륜행실도≫ 본문 일부

이 외에, 아래 <그림 7-116>에서 보는 것과 같이 당시는 아직 현대 한글자와 같이 'ㅏ, ㅣ' 등과 같은 세로획 정렬을 위한 글꼴의 구조적 틀이 확립되지 않아 전반적으로 글자가 정렬되어 조판된 느낌은 찾기 힘들다.

<그림 7-116> ≪오륜행실도≫ 본문 일부

(4) 자소의 특징

이미 '(3) 글꼴의 특징'에서도 언급했듯이, ≪오륜행실도≫에 나타난 글자에서 자소는 현대의 완성된 궁서체 크기 비례를 보이고 있으며, 자소의 모습도 역시 <그림 7-117>에서와 같이 한자 해서체의 점획 형태를 모방한 완벽하게 균형 잡힌 궁서체 자소의 형태를 보이고 있다.

422 _ 8. 오륜행실도

'가'의 'ㄱ'   ' 나'의 'ㄴ'   '다'의 'ㄷ'   '라'의 'ㄹ'

'마'의 'ㅁ'   '바'의 'ㅂ'   '사'의 'ㅅ'   '아'의 'ㅇ'

'자'의 'ㅈ'   '차'의 'ㅊ'   '키'의 'ㅋ'   '티'의 'ㅌ'

'파'의 'ㅍ'   '하'의 'ㅎ'   ㅏ   ㅑ

제7장 18세기 문헌별 글꼴 분석 _ 423

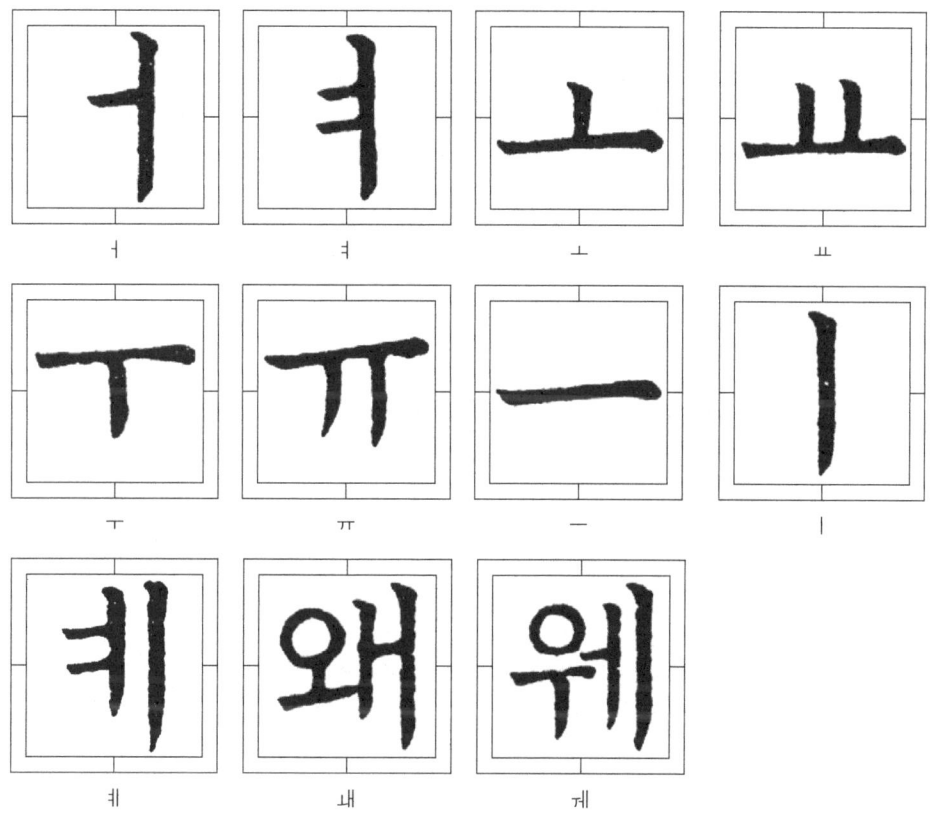

<그림 7-117> ≪오륜행실도≫에 나타난 자소

다만 <그림 7-118>과 같은 '가, 각, 계' 자 등과 같은 형태의 글자에서 초성 'ㄱ'의 세로획이 왼쪽으로 굽어 표기되고는 있으나 해례본 글꼴의 영향에서 완전히 벗어나지 못하여 아직 그 굽어진 정도가 미약하게 나타나고 있다.

424 _ 8. 오륜행실도

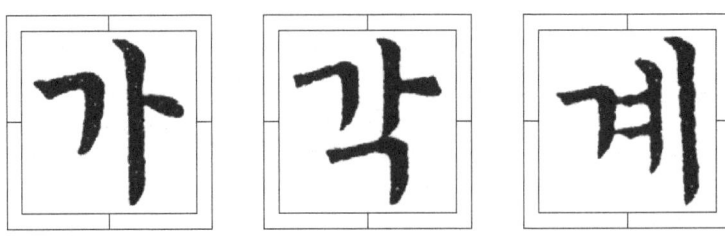

<그림 7-118> ≪오륜행실도≫에 나타난 '가, 각, 계' 자

<그림 7-119> ≪오륜행실도≫에 나타난 '닙, 디, 라' 자

    자소의 독립성이 강하게 나타났던 해례본 글꼴과는 달리 <그림 7-119>의 '닙, 디, 라' 자에서 보는 것과 같이, 초성 'ㄴ, ㄷ'이 우측의 중성 모음과 함께 할 때 하단 가로획이 중성 모음과 접필되도록 보다 길게 표기된 경우가 대부분이며, 초성 'ㄹ'의 경우도 '라' 자 등에서는 우측 중성 모음과 접필되는 경우를 빈번히 볼 수 있다. 이러한 현상은 자소 중심의 글꼴에서 글자 중심의 글꼴로 변화된 것을 의미한다.

    또한 초성 'ㅂ'에서 좌측 세로획이 우측 세로획보다 낮고 짧게 표기되고 있으며 초성 'ㅅ'에서 우측 획은 좌측 획의 중간에서 시작되고 있는 등 전형적인 현대 궁서체의 모습을 보이고 있다. 그러나 위의 글꼴 특징에서 나타냈듯이 '셔, 셰' 등에서 초성 'ㅅ'의 우측 획이 좌측으로 굽어진 것과 그렇지 않은 것이 함께 쓰이고 있다.

이 외에 초성 'ㅈ, ㅊ' 좌측 획이 모두 상단 가로획의 중앙에서부터 시작되는 전형적인 궁서체 정체를 보이고 있으며, 위의 〈그림 7-117〉 자소의 모습에서 보이는 것과 같이 좌측 획이 비교적 길게 표기된 경우도 빈번히 보이고 있다.

〈그림 7-120〉 《오륜행실도》에 나타난 '타, 텬, 토' 자

역시 〈그림 7-118〉의 자소의 모습에서 나타난 것과 같이 초성 자음 'ㅌ'에서 상단 가로획이 하단의 'ㄷ'과 분리된 모습을 보이고 있는 경우가 대부분이며 이러한 모습은 〈그림 7-120〉의 '타, 텬, 토' 자에서 보다 선명하게 볼 수 있다.

〈그림 7-121〉에서 보는 것과 같이 중성 모음 'ㅑ, ㅕ, ㅛ, ㅠ' 등에서 두 개의 점은 대체로 유사한 길이에 다소 길게 강조되어 나란히 표기된 경우가 많으나 'ㅠ'에 있어서는 아래 두 개의 점 가운데 왼쪽의 것이 왼쪽으로 약간 휘어져 표기된 경우가 보이고 있다.

〈그림 7-121〉 《오륜행실도》에 나타난 '냐, 셔, 쇼, 슈' 자

〈그림 7-122〉의 '권, 윈' 자에서 보는 것과 같이 중성 모음 'ㅝ'에서 초성에 'ㄱ' 이 올 때에는 'ㅓ'의 왼쪽 점이 'ㅜ'의 가로획 아래에 위치해 있으나 초성에 'ㅇ' 이 올 때에는 'ㅜ'의 가로획 위에 표기되고 있다. 특히 이러한 글자 유형에서 종 성 자음 'ㄴ'은 자면의 폭을 가득 채우도록 표기하고 있어 아직 변화하지 않은 해례본 글꼴의 모습을 확인할 수 있다.

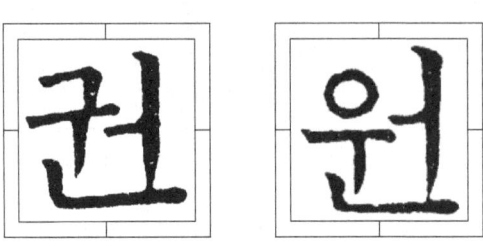

<그림 7-122> 《오륜행실도》에 나타난 '권, 윈' 자

(5) 점획의 특징

〈그림 7-123〉에서 보는 것과 같이 《오륜행실도》에 나타난 한글자의 세리프 는 해서체 한자에 나타나는 세리프와 같이 점획에 따라 정형화되어 있어 그 형 태가 일관성을 유지하고 있는 점이 특징이다.

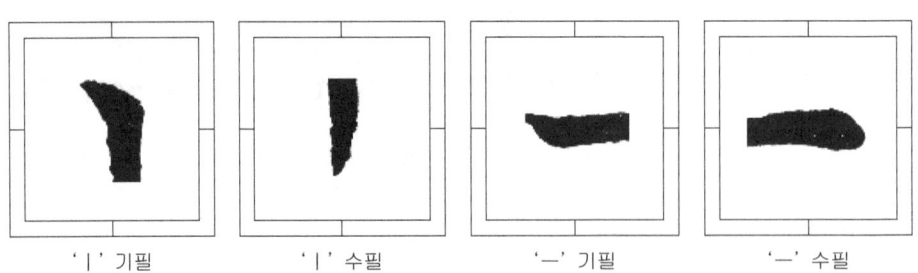

'ㅣ' 기필   'ㅣ' 수필   'ㅡ' 기필   'ㅡ' 수필

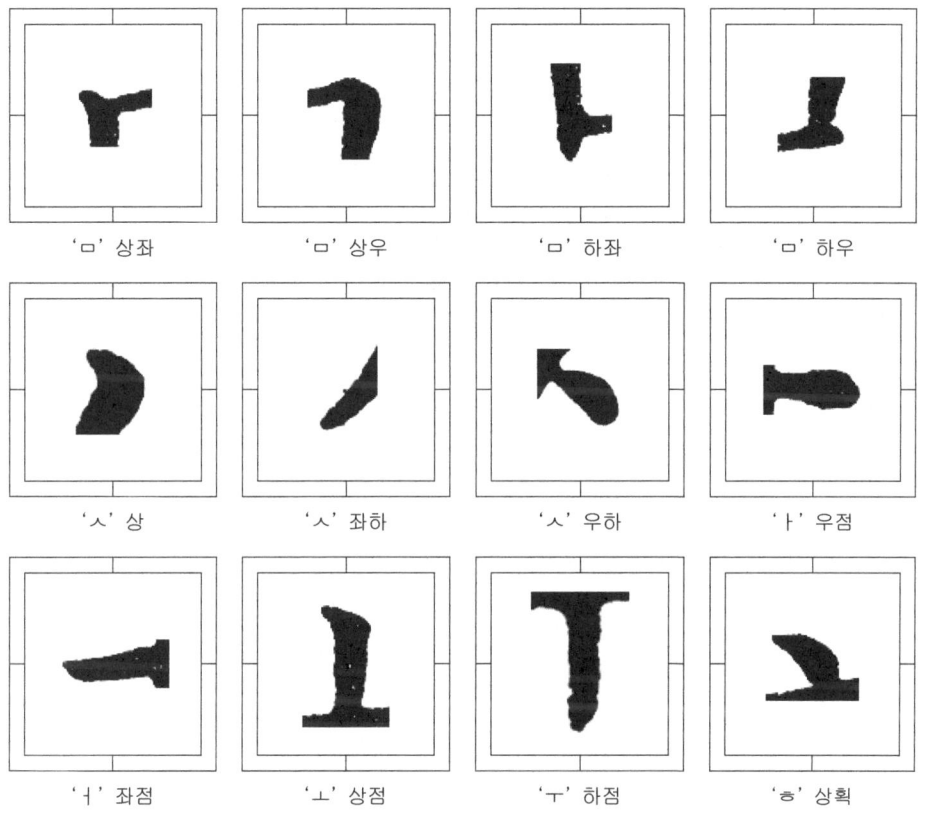

<그림 7-123> ≪오륜행실도≫에 나타난 점획

이러한 것은 <그림 7-124>의 '소, 쇼, 슈' 자에서와 같이 'ㅅ'의 좌우 획의 세리프 형태가 일정하게 유지되고 있는 것을 통해서도 확인된다.

또한 위의 <그림 7-123> 점획의 모습에서 세로획 'ㅣ'와 가로획 'ㅡ'의 기·수필에서 보여주는 것과 같이 ≪오륜행실도≫에 나타난 글자의 세리프는 대체로 크게 강조되지는 않으나 그 형상이 매우 뚜렷하게 나타나고 있으며, 점획의 굵기 비례도 적절하여 안정된 모습을 보이고 있다. 그 외에 획과 획이 만나거나 획

428 _ 8. 오륜행실도

이 꺾이는 부분에서도 비교적 세리프가 선명하게 드러나고 있음을 초성 'ㅁ'의 세리프 모습을 통해 확인할 수 있다.

<그림 7-124> ≪오륜행실도≫에 나타난 '소, 쇼, 슈' 자

(6) 요약

위에서 분석한 ≪오륜행실도≫의 글꼴, 자소, 점획에 대한 내용을 요약하면 다음 〈표 7-8〉과 같다.

〈표 7-8〉 ≪오륜행실도≫의 글꼴 분석 요약

구 분		내 용
자소	자소 구조	한자 해서체를 모방한 한글 궁서체의 완벽한 자소 형태를 보임. 특히 초·중성의 접필이 많이 나타나고 있음. 초성 'ㅂ'에서 좌측 세로획이 우측의 것보다 짧게 표기됨. 초성 'ㅅ'에서 항상 우측 획이 좌측 획의 중간에서 시작되며 '셔, 셰' 등에서 우측 점이 좌측으로 휘어져 표기되는 경우가 있음. 초성 'ㅈ, ㅊ'의 좌측 획이 모두 상단 가로획의 중앙에서 시작되며, 좌측 획이 비교적 길게 표기된 경우가 많음. 초성 'ㅌ'에서 상단 가로획이 하단 'ㄷ'과 분리 표기됨. 'ㅑ, ㅕ, ㅛ, ㅠ'의 점이 비교적 길고 나란히 표기되고 있으나 'ㅠ'에서 좌측 점이 좌측으로 약간 휘어져 표기되는 경우가 보임. 'ㅟ'에서 초성에 'ㄱ'이 올 때 'ㅓ'의 좌측 점은 'ㅜ'의 가로획 아래에 위치하지만 'ㅇ'이 올 때에는 위에 위치함.
	자소 크기 비례	자면의 폭을 채우는 종성 'ㄴ'을 제외하고는 초·종성 자음의 크기 비례가 대부분 현대 궁서체와 거의 동일한 형태임.
점획	세리프의 유무	있음.
	세리프의 형태	대체로 점획에 따라 정형화되어 있어 점획의 형태가 일관성을 유지하고 있음. 크게 강조되지 않으나 그 형상이 매우 뚜렷하게 나타나고 있음. 획이 만나거나 꺾이는 부분에서도 비교적 세리프가 선명하게 드러나고 있음.
	점획의 굵기	점획의 굵기 비례가 적절하여 안정된 모습을 보이고 있음.
	점획의 구조	큰 특징 없음.

제8장

19세기 문헌별 글꼴 분석

1. 태상감응편도셜언해(太上感應篇圖說諺解)

(1) 문헌 소개

　도교의 경전인 《태상감응편》은 송대 이창령이 《포박자》에서 초록한 것이며, 여기에 진덕수가 서를 붙였다. 원나라의 오견은 이 책에 그림을 넣은 도설을 지었다.
　우리나라에서는 1655년 명나라의 허남증이 7책으로 펴낸 《태상감응편도설》을 헌종 14년(1848)에 최성환이 재편집하여 간행하였고, 철종 3년(1852)에 만주어와 한자로 되어 있는 《선악소보도설》을 원전으로 하여 한자와 그림은 그대로 놔둔 채 만주어만 한글로 번역하여 인출하였으며, 고종 17년(1880)에 와서 내용과 표기법을 그대로 하여 다시 간행하였다. 이 때 인출된 문헌 몇 종이 남아있다.
　'태상'이라는 용어는 신인감응 사상 및 신군이 선은 상을 주고 악은 벌한다는 사상을 담은 것으로, 이 책을 통해 인간을 훈계하고 이러한 사상을 널리 알리려고 했다.
　《태상감응편도설》은 인·의·예·지·신으로 나누어진 총 5권 5책으로 구성되어 있으며, 내용은, 하나의 제목 아래 선과 악은 반드시 그에 따른 대가를 치르게 된다는 것을 그림을 곁들여 이해하기 쉽게 한문, 한글로 설명한 것으로서, 약 200여 편의 내용이 실려 있다.
　도교에서는 천상에 있는 사과지신이 이 세상에 있는 사람들의 선과 악에 대한 언행을 몰래 기록하고 있으며, 이로써 사람의 수명과 화복이 결정된다고 한다. 그러므로 이 문헌을 통해 유가의 윤리와 도덕을 기준으로 선행과 악행을 구분하여 제시함으로써, 사람들이 악행을 멀리하고 선행을 행하도록 유도하는 것이다. 이 책은 문체와 구성이 간결하며 내용이 통속적으로 되어 있어 이해하기 쉬워 오랫동안 중국 민간에 광범위하게 읽혀졌다.

여기서는 1880년에 목판본으로 인출된 규장각 소장본(奎4384)을 분석 대상 문헌으로 하였으며, 글자 추출은 원문헌의 복사물을 사용하였다.

이 문헌에는 〈그림 8-1〉과 같이 두 가지 유형의 정자체와 두 가지 유형의 흘림체가 나타나는데 본고의 분석 대상 글자들이 모두 판본용 정자체 또는 이에 가까운 글자들이므로 이 문헌에서 나타나는 반흘림자 및 흘림자는 타 문헌의 글꼴과 비교 분석하기에 어려움이 있어 분석 대상 글자에서 제외하였고, 두 종류의 정자(큰정자·정자)에 대해서만 분석하기로 한다.

(2) 판면 구성의 특징

이 책에 대한 서지적 사항을 보면 다음과 같다.

- 사주 : 단변
- 계선 : 제1권 틱상감응편 10선, 그 외 12선
- 자행 : 제1권 틱상감응편 - 대 17자 10행, 소 17자 20행
  '조거선'부터 '왕화'까지 - 한자 22자, 한글 약 16~19자, 12행
  '보우균'부터 권1 끝까지 - 한자 22자, 한글 약 16~21자, 12행
  제2권부터 권4까지 - 한자 22자, 한글 약 20~22자, 12행
- 어미 : 내향흑어미
- 반곽 : 22.8×17.7㎝

1. 태상감응편도설언해

본 문헌에 나타난 글꼴은 다음과 같이 크게 4종류로 구분해 볼 수 있다.
① 큰정자 : 권1(仁)의 목록 앞에 나오는 '틱샹감응편'의 글자
② 반흘림자 : 그 뒤로 나오는 '조거선'부터 '왕화'까지의 글자
③ 흘림자 : '보우균'부터 권1의 끝부분인 '누사덕'까지의 글자
④ 정자 : 권2부터 권4까지의 글자

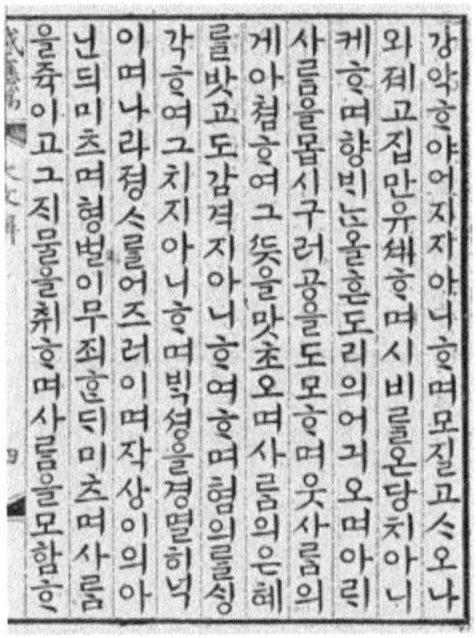

(a) 큰정자    (b) 정자

(c) 흘림자    (d) 반흘림자

<그림 8-1> ≪태상감응편도설언해≫ 본문 일부

≪태상감응편도설언해≫는 일반적인 판본에서 볼 수 있는 정형화되고 보수적인 글꼴이 아닌 필사본에서 볼 수 있는 글꼴을 포함하고 있다. 이와 같이 한 문헌에 몇 가지 형태의 글자가 보이는 것은 여러 가지 이유가 있겠으나 인출 시기를 맞추기 위해 정자로 필사하던 것을 부득이 흘림체로 써서 시간을 절약했던 경우도 있으며, 때에 따라서는 여러 사람이 나누어 필사하면서 필체가 서로 다른 경우도 있다. 이 문헌은 전자의 경우가 아니었겠는가 생각된다.

한 행 내에서 한자는 정체로 22자씩 나열되어 있으나 한문을 언해한 한글은 자연스럽게 필사한 형태를 그대로 보이면서 글자 수가 일정치 않다.

<그림 8-2>
≪태상감응편도설언해≫에 나타난 흘림자

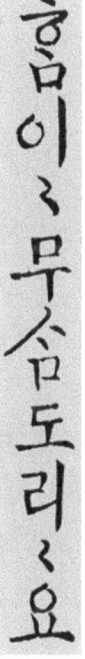

<그림 8-3>
≪태상감응편도설언해≫에 거듭 나오는 글자 처리 모습

또한 일반적인 인쇄본들이 형식과 틀에 맞춘 매우 보수적인 판면 구성 및 글꼴을 보이고 있는 것과는 달리 〈그림 8-2〉에서와 같이 권1에서는 서간이나 일기에서나 볼 수 있는 흘림체로 된 글자가 보이는 등 권1에서만 흘림의 정도, 글자의 크기 등이 서로 다른 세 종류의 서체를 볼 수 있다.

이 밖에도 〈그림 8-3〉에서 보는 것과 같이 전권에 걸쳐, 문장 내에서 거듭 나오는 동일한 글자는 '〃'으로 표시하는 등 판본의 체재로는 파격적인 부분이 많다. 이러한 형태는 앞에서도 언급했듯이 글자 각인 시간을 조금이라도 절약하기 위한 하나의 방편으로 사용한 것이 아닌가 생각된다.

(3) 큰정자

1) 글꼴의 특징

〈그림 8-4〉의 대표글자에서 나타났듯이 ≪태상감응편도설언해≫에 나타난 큰정자는 현대적 감각의 붓글씨체가 거의 완성된 형태로 볼 수 있으며, 표현된 글자에서 필사자의 필체 특성과 강직한 성품을 매우 강하게 느낄 수 있는 점이 특징이다. 또한 대체로 정사각형에 근접한 글자의 비례를 나타내고 있으며, 대표글자 가운데 '더, 쳐, 헤, 녜, 노, 로, 보, 소' 등의 글자에서 볼 수 있듯이 정자임에도 불구하고 글자를 이루고 있는 각각의 자소들이 대부분 접필되어 있다. 이러한 모습은 〈그림 8-5〉의 '건, 려, 베'에서 모음 'ㅓ, ㅕ, ㅔ, ㅖ'의 좌측 점이 비교적 길게 표기되면서 초성 자음과 접필되거나 매우 근접되어 있는 것에서도 발견된다.

제8장 19세기 문헌별 글꼴 분석 _ 437

<그림 8-4> ≪태상감응편도설언해≫ 큰정자 대표글자

438 _ 1. 태상감응편도설언해

<그림 8-5> ≪태상감응편도설언해≫에 나타난 '건, 려, 베' 자

　이 뿐만 아니라 <그림 8-4>의 큰정자 대표글자 중에서도 자소들이 접필되어 있는 경우를 쉽게 볼 수 있다. 또한 초성 자음 'ㄴ, ㄷ, ㄹ, ㅌ, ㅍ' 등이 'ㅏ, ㅑ, ㅓ, ㅕ' 등의 중성 모음과 함께 할 때에는 대부분 하단 가로획의 끝이 우측 모음과 접필되고 있다.
　이미 이전의 문헌에서도 언급한 바와 같이, 모아쓰기 된 글자 하나에 하나의 음이 대응되는 한글 글꼴 특성을 고려할 때 이러한 자소들간의 접필 형태는 각각의 자소들을 긴밀하게 연결시킴으로써 자소들의 응집력을 높여 문자 변별력과 인지력을 높이는 효과를 가져 오게 된다.

2) 자소의 특징

　<그림 8-6>에서 이 문헌에 나타난 큰정자 낱낱의 자소 형태를 보면 군더더기 없이 매우 간결하면서 균형 잡히고 일관된 모습을 보이고 있다. 이는 ≪태상감응편도설언해≫ 글자가 해례본 글꼴 이후 많은 변화를 거쳐 완전하게 자리잡은 한글 판본체 가운데 하나임을 말해주는 것이다. 구체적인 자소 분석을 보면 다음과 같다.

제8장 19세기 문헌별 글꼴 분석 _ 439

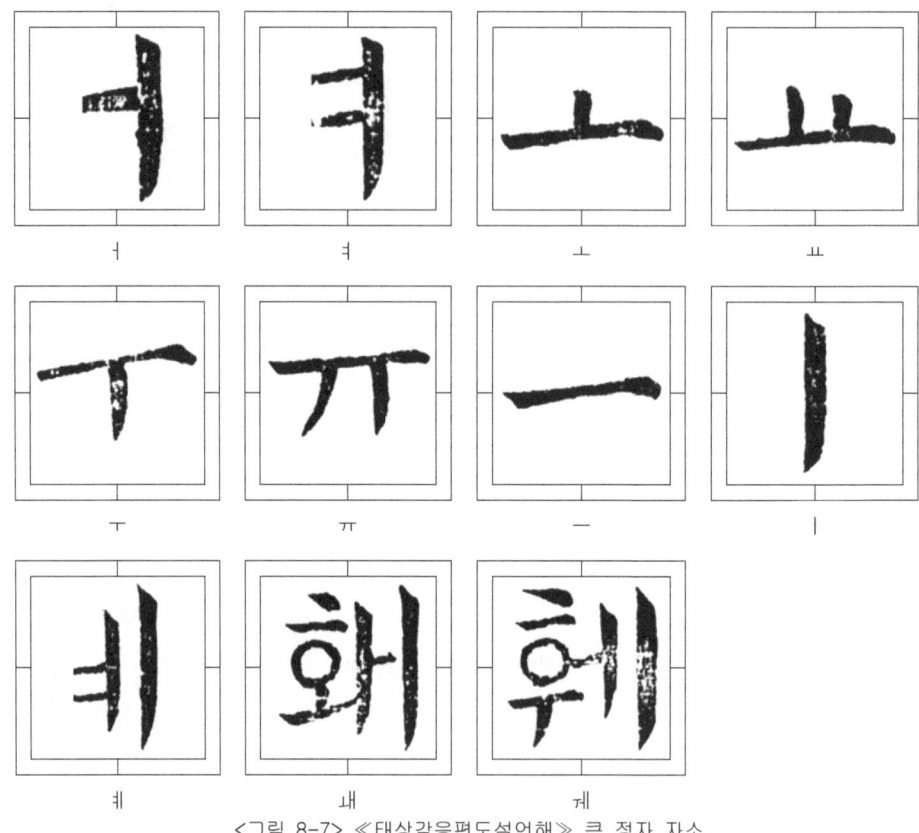

<그림 8-7> ≪태상감응편도설언해≫ 큰 정자 자소

이미 17세기 ≪연병지남≫ 등의 문헌에서도 나타난 바 있지만, 이 문헌에서도 〈그림 8-4〉와 〈그림 8-7〉의 '위, 귀' 자 등의 'ㅟ'에서 아래 점의 방향이 오른쪽을 향해 그어져 있음을 볼 수 있다.

그러나 위의 〈그림 8-6〉의 자소에서 '훼'의 'ㅜ' 하단 점이 왼쪽으로 비스듬히 나온 것으로 보아 유독 'ㅟ'에서만 점이 오른쪽으로 기울여 쓰인 것으로 보인다. 이러한 글꼴이 어떠한 이유에서 이와 같이 표현된 것인지 정확하게 알 수는 없으나, 〈그림 8-8〉의 '지' 자에서 보는 것과 같이 아래 'ㆍ'의 점을 찍는 것과 같은 표기 의식을 갖고 표현한 것이 아닌가 생각된다.

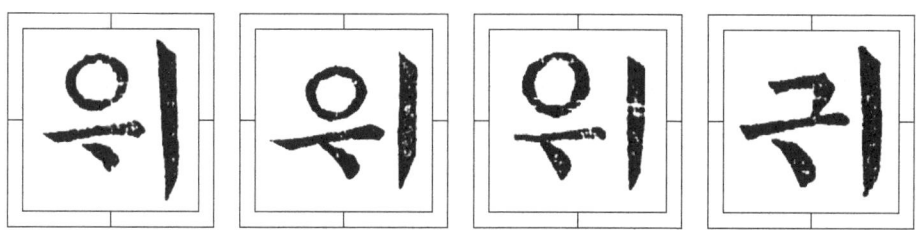

<그림 8-7> ≪태상감응편도설언해≫에 나타난 '위, 귀' 자

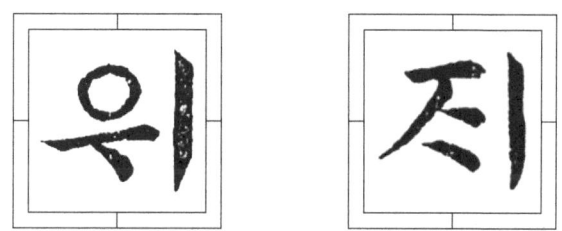

<그림 8-8> ≪태상감응편도설언해≫에 나타난 '위, 지' 자의 비교

역시 이전의 문헌에서도 일부 나타났었지만, <그림 8-4> 대표글자의 '셰, 졔'와 <그림 8-9>의 '셔, 졔, 졔' 자를 통해 모음 'ㅓ, ㅕ, ㅔ, ㅖ'와 함께하는 초성 'ㅅ, ㅈ, ㅊ'의 우측 획은 항상 좌측으로 구부러지게 표현하고 있음을 추측할 수 있다.

<그림 8-9> ≪태상감응편도설언해≫에 나타난 '셔, 졔 졔' 자

1. 태상감응편도설언해

이러한 점은 글자의 균형과 조화를 생각한 것으로서, 'ㅅ, ㅈ, ㅊ'의 형태에서 가운데 부분의 여백을 최소화시킴으로서 우측으로 기울어져 있는 글자의 무게 중심을 중앙으로 가져오는 역할을 하게 된다. 이러한 글꼴 구조는 현대의 서예 필체에서도 볼 수 있다.

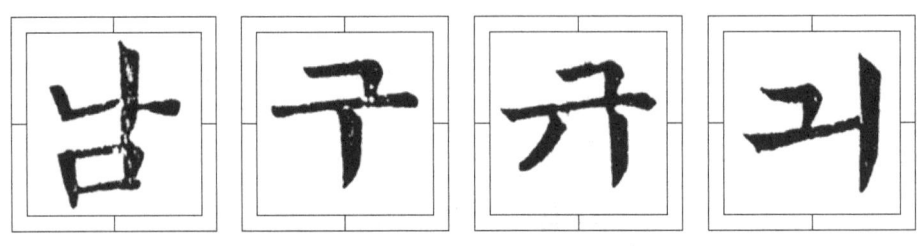

<그림 8-10> ≪태상감응편도설언해≫에 나타난 '남, 구, 규, 긔' 자

이 외에도, 〈그림 8-4〉 대표 글자 가운데 '미, 베, 쳐, 녜, 각, 건, 과, 눌' 자와 〈그림 8-10〉의 '남, 구, 규, 긔' 자 등에서 확인할 수 있는 것과 같이, 글꼴을 이루는 자소들의 크기 비례로 볼 때 글자의 초성 자음의 크기가 대체로 작게 표기되고 있는 것도 볼 수 있다. 이러한 현상은 주로 초성 'ㄱ'과 'ㄴ'에서 가장 빈도가 높게 나타나고 있으며, 'ㅁ, ㅂ, ㅊ'에서도 볼 수 있다. 이것은 단순히 필사자의 필체 특성으로 볼 수도 있겠으나, 해례본 글꼴의 영향에서 완전히 벗어나 변형된 판본용 한글 글꼴이 균형과 조화를 바탕으로 완성되었음을 말해주는 것이다.

이미 18세기 문헌에서도 나타난 것과 같이 여기서도 자음 'ㅌ'에서 상단 가로획이 하단 'ㄷ'과 완전히 분리되어 표기되어 있으며, 해례본 자소에서 보았던 'ㄷ' 상단 가로획의 좌측 돌출이 나타나고 있다. 이러한 것은 해례본 자소의 영향이 아니라 필사자의 필체 특성으로 보아야 할 것이다.

3) 점획의 특징

〈그림 8-11〉에서 보는 것과 같이 큰정자 세로획은 굵고 기필 부분의 세리프가 우측으로 짧고 경사지게 끊어진 방필의 형태이며 수필 역시 굵고 짧고 빠르게 왼쪽으로 가늘어지면서 수침 형태로 끝나고 있다.

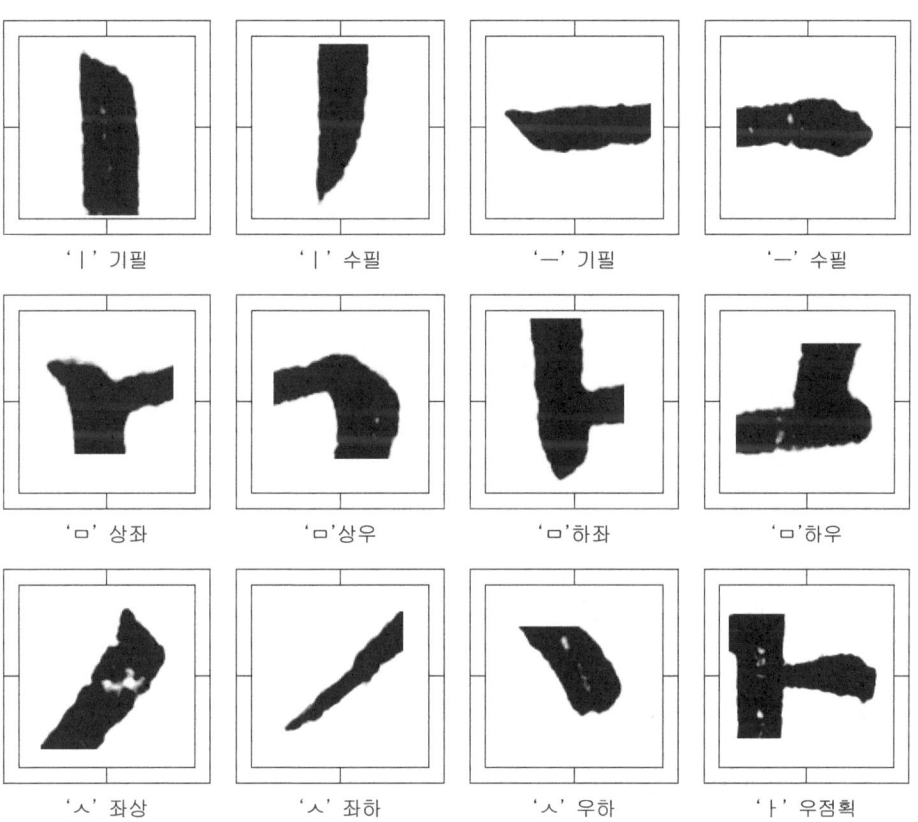

444 _ 1. 태상감응편도설언해

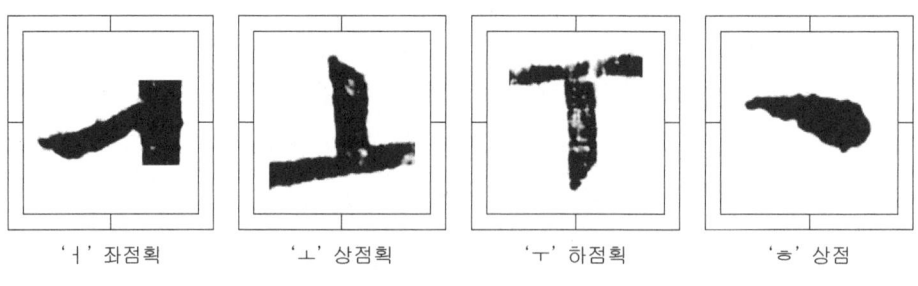

'ㅓ' 좌점획   'ㅗ' 상점획   'ㅜ' 하점획   'ㅎ' 상점

<그림 8-11> ≪태상감응편도설언해≫에 나타난 큰정자 점획

가로획에서도 이러한 필사자의 개성이 보이고 있다. 가로획은 대체로 현대의 궁서체와 동일한 형태로서 우측이 약간 올라간 형상이며, 기필은 역시 행필보다 약간 굵은 방필의 형태가 많이 보이고 수필은 행필보다 약 1.5배 정도 굵으면서 세리프가 선명하게 나타난다.

(6) 정자

1) 글꼴의 특징

이 글자는 앞에서 본 큰정자에 비해 약간의 흘린 흔적이 보이는 글자이나 그 쓰임새로 보아 본문용으로 표기된 정자라고 보아야 할 것이다. 이 글꼴은 〈그림 8-12〉의 '로, 렬, 른' 자와 같이 대체로 세로로 긴 글꼴을 보이고 있다. 또한 전반적으로 점획의 굵기가 가늘고 일정하며, 공간 배분이 조화롭게 되어 있어 문자 인식력이 뛰어나다. 자소간의 적절한 접필이 이루어지고 있어 문자 변별력도 높을 것으로 보인다. 이 외의 글꼴 특성은 앞에서 설명한 큰정자와 같다.

가	각	고	곡	과	권
난	냐	눌	뇨	뎌	뎐
두	려	렬	류	윤	므
믈	미	민	베	법	보
베	쇼	아	와	왕	용
우	위	의	졔	죄	쥬
즁	차	츠	코	터	퍼
혜	희		몸	입	밧

<그림 8-12> ≪태상감응편도설언해≫ 정자 대표글자

<그림 8-13> ≪태상감응편도설언해≫에 나타난 '로, 렬, 른' 자

446 _ 1. 태상감응편도설언해

2) 자소의 특징

〈그림 8-14〉에서 보는 것과 같이 정자에서 나타난 자소의 특성은 앞에서 분석한 큰정자의 특성을 모두 포함하고 있다.

'가'의 'ㄱ'   '나'의 'ㄴ'   '다'의 'ㄷ'   '라'의 'ㄹ'

'마'의 'ㅁ'   '바'의 'ㅂ'   '사'의 'ㅅ'   '아'의 'ㅇ'

'자'의 'ㅈ'   '챠'의 'ㅊ'   '커'의 'ㅋ'   '타'의 'ㅌ'

제8장 19세기 문헌별 글꼴 분석 _ **447**

<그림 8-14> ≪태상감응편도설언해≫에 나타난 정자 자소

1. 태상감응편도설언해

즉 〈그림 8-15〉의 '위, 뷔, 뒤' 자에서 보는 것과 같이 'ㅟ'에서 'ㅡ' 아래 점의 표기가 독특한 형태로 나타나고 있는 점 등이 큰정자와 같다. 또한 〈그림 8-16〉의 '서, 셩, 졔' 자에서와 같이 모음 'ㅓ, ㅕ, ㅔ, ㅖ'에 결합된 'ㅅ, ㅈ, ㅊ'의 우측 획이 좌측으로 구부러져 있는 것도 큰정자와 동일하다.

〈그림 8-15〉 《태상감응편도설언해》 정자에서 '위, 뷔, 뒤' 자

〈그림 8-16〉 《태상감응편도설언해》 정자에서 '서, 셩, 졔' 자

다만 큰정자에서 나타난 글자가 없어 확인할 수 없지만 〈그림 8-16〉과 같이 'ㅓ'와 결합된 'ㅅ'도 이와 동일한 유형으로 표기되고 있음을 확인할 수 있다. 물론 큰정자에서도 마찬가지지만 〈그림 8-17〉에서 보는 것과 같이 'ㅼ, ㅺ, ㅾ' 등 합용병서 가운데 'ㅅ'이 앞선 경우에는 모두 이와 같은 글꼴을 보이고 있으며, 합용병서 가운데 'ㅄ'과 같이 'ㅅ'이 뒤에 오더라도 'ㅓ, ㅕ, ㅔ, ㅖ' 등과 결합할 때 'ㅅ'의 오른쪽 획을 왼쪽으로 굽혀 표기하고 있다.

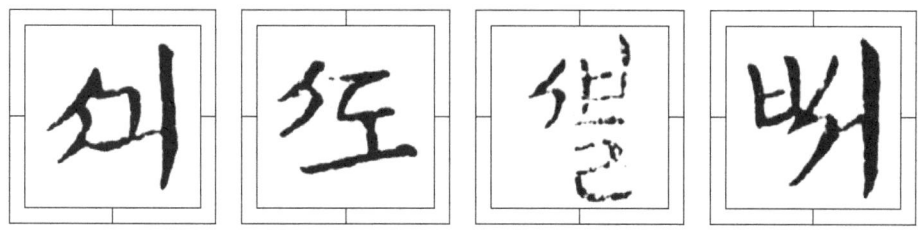

<그림 8-17> ≪태상감응편도설언해≫에 나타난 '씌, 쏘, 쌸, 뻐' 자

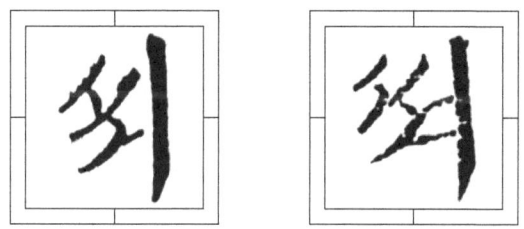

<그림 8-18> ≪태상감응편도설언해≫에 나타난 '쐬, 쐬' 자

똑같은 경우에 있어서 'ㅆ'은, 〈그림 8-18〉의 '쐬, 쐬' 자에서 볼 수 있듯이, 우측 'ㅅ'의 표기 형태와 동일하거나 그 위에 얹힌 듯이 좌측 'ㅅ'이 표기되고 있음을 볼 수 있다.

〈그림 8-19〉의 '창, 챵, 라' 자에서와 같이 'ㅏ, ㅑ'의 오른쪽 점이 아래로 향하게 표기한 예도 적지 않게 눈에 띄고 있다. 그러나 그렇지 않은 경우도 많아 이에 대한 필사자 표기 원칙이 완전히 정착되지 않았음을 알 수 있다.

<그림 8-19> ≪태상감응편도설언해≫에 나타난 '창, 챵, 라' 자

450 _ 1. 태상감응편도설언해

<그림 8-20> ≪태상감응편도설언해≫에 나타난 합용병서 자

초성 'ㅄ'의 표기는 〈그림 8-20〉의 '뻐, 쪄,ㅳ, 쌍' 자와 같이 여러 형태로 나타나고 있다. 여기서 'ㄲ'의 형태는 여러 곳에서 보이고 있어 'ㅂ'의 흘림 표기로 볼 수 있으나 'ㅵ' 표기는 오직 권4 11a에서 네 번만 나타나는 것으로 미루어 'ㅂ'의 오각이거나 획이 떨어져 나간 것일 수도 있다.

〈그림 8-21〉에서 보는 것과 같이 아래 아 'ㆍ'와 함께 나타나는 'ㅅ, ㅈ, ㅊ' 등의 표기는 독특한 형태를 보여주고 있다. 'ㆍ'의 표기 공간을 확보하기 위해 왼쪽 획은 정상적인 획의 길이보다 길게 표기되었고 오른쪽 획은 위쪽으로 올라가면서 짧게 표기하였다. 이러한 표기 특성은 큰정자에서도 나타난다.

또한 〈그림 8-12〉 대표글자 중 '가, 눌' 자 등에서 나타난 바와 같이 대체로 초성 자음 'ㄱ, ㄴ'의 크기가 전체 글꼴에 비해 비교적 작게 표기된 것도 큰정자의 특성과 같으며, 종성에 있어서도 'ㄱ'의 크기가 대체로 작게 표기된 것도 자주 보인다.

제8장 19세기 문헌별 글꼴 분석 _ 451

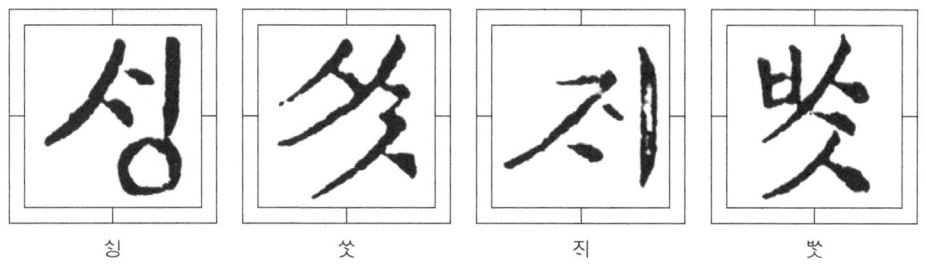

<그림 8-21> ≪태상감응편도설언해≫에 나타난 초성 'ㅅ, ㅈ'

3) 점획의 특징

〈그림 8-22〉에서 보는 것과 같이 정자의 점획도 큰정자와 마찬가지로 방필 형태의 절제된 세리프로 간결하게 나타나 있다.

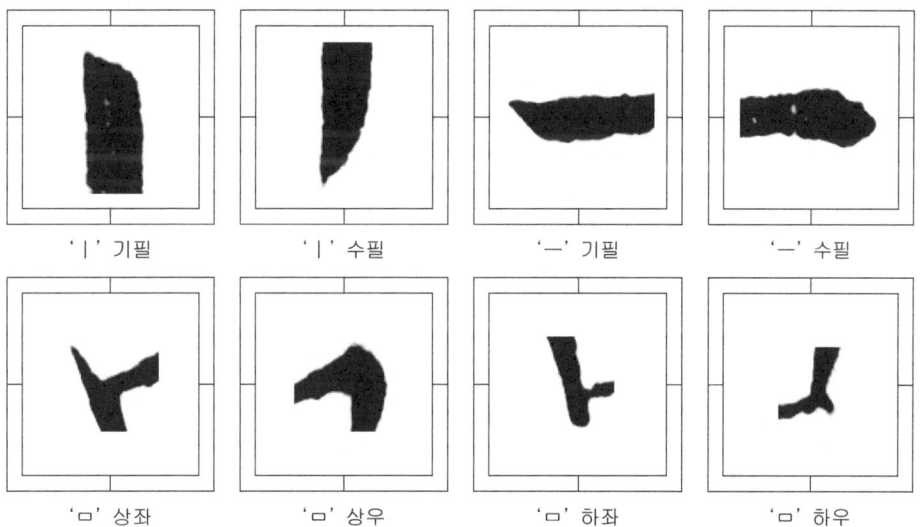

1. 태상감응편도설언해

<그림 8-22> ≪태상감응편도설언해≫에 나타난 정자 점획

또한 〈그림 8-23〉의 '녜, 쳐, 육, 을' 자와 같이 글자에 따라 점획의 굵기에 차이를 주면서 판면의 전반적인 글자의 흐름에 리듬감을 주고 있다. 이는 필기체 유형으로 필사한 ≪태상감응편도설언해≫ 글꼴의 특징 중 하나로 볼 수 있다.

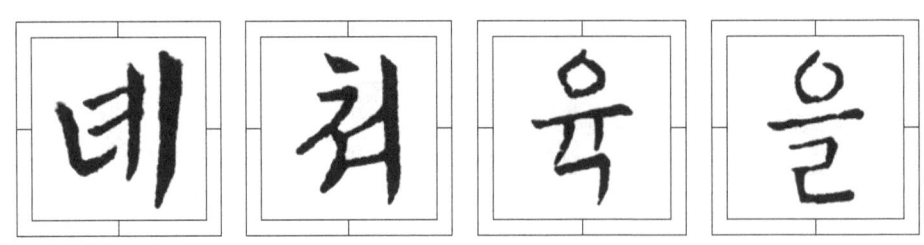

<그림 8-23> ≪태상감응편도설언해≫에 나타난 '녜, 쳐, 육, 을' 자

일정한 굵기의 점획으로 획일화된 일반 판본 글자와는 달리 이와 같이 점획의 굵기에 변화를 줌으로써 독서에 긴장감과 리듬감, 그리고 흥미를 부여하게

되어 쾌적한 독서 환경을 유지하는데 일조를 할 수 있을 것으로 본다.

(6) 요약

위에서 분석한 ≪태상감응편도설언해≫의 글꼴, 자소, 점획에 대한 내용을 요약하면 다음 〈표 8-1, 2〉와 같다.

〈표 8-1〉 ≪태상감응편도설언해≫ 큰정자의 글꼴 분석 요약

구 분		내 용
글 꼴		해례본 글꼴을 변형시켜 완성한 균형과 개성이 돋보이는 글자임. 대체로 정사각형을 이루고 있으며 자소들이 접필되어 있음. 가로획은 대체로 오른쪽이 약간 비스듬히 올라갔음.
자 소	자소 구조	'ㅟ'의 'ㅜ' 아래 점이 우측으로 기울어져 있음. 초성 'ㅅ, ㅈ, ㅊ'과 'ㅓ, ㅕ, ㅖ, ㅔ' 등이 함께 할 때에는 우측 획이 좌측으로 굽어짐. 'ㅌ'의 상단 가로획이 아래 'ㄷ'과 완전히 분리되어 있음. 'ㄷ'의 상단 가로획 좌측이 돌출되어 있으나 해례본 자소의 영향으로 볼 수 없음.
	자소 크기 비례	초성 자음이 비교적 작게 표기되어 있음.
점 획	세리프의 유무	있음.
	세리프의 형태	세로획은 굵고 기필은 방필로서 날카롭게 경사져 있으며, 수필은 짧고 빠른 수침 형태임. 가로획 기필도 방필이며, 특히 수필은 대체로 크고 선명하게 나타나 있음.
	점획의 굵기	세로획은 대체로 힘 있게 굵고 기필에서는 획의 굵기 변화가 없으며, 수필에서는 급격히 가늘어지면서 날카롭게 끝남. 가로획은 기필에서는 약간 굵어지지만 수필에서는 행필에 비해 1.5배 이상 굵게 나타남.
	점획의 구조	특징 없음.

1. 태상감응편도설언해

〈표 8-2〉 《태상감응편도설언해》 정자의 글꼴 분석 요약

구 분		내 용
글 꼴		대체로 세로로 길게 표기함. 자소간의 적절한 접필로 글자의 변별력이 우수함.
자소	자소 구조	'ㅟ'의 'ㅜ' 아래 점이 우측으로 기울어져 있음. 초성 'ㅅ, ㅈ, ㅊ'이 'ㅓ, ㅕ, ㅖ, ㅔ' 등과 결합할 때에는 우측 획이 좌측으로 굽어짐. 'ㅏ, ㅑ'의 오른쪽 점이 아래로 향하고 있는 경우가 많음. 초성 자음 'ㅆ'의 독특한 표기 형태가 나타남. 아래 아(·)와 함께 하는 초성 'ㅅ, ㅈ'의 왼쪽 획이 유난히 길게 표기됨. 초성 'ㄱ, ㄴ'의 크기가 비교적 작게 표기됨.
	자소 크기 비례	큰정자와 동일.
점획	세리프의 유무	큰정자와 동일.
	세리프의 형태	있음.
	점획의 굵기	대체로 굵기가 가늘고 일정함. 글자에 따라 점획의 굵기 차이가 크게 나타남.
	점획의 구조	큰정자와 동일.

2. 삼셩훈경(三聖訓經), 과화존신(過化存神)

(1) 문헌 소개

≪삼성훈경≫은 고종의 명으로 3성, 즉 관성제군, 문창제군, 부우제군의 경문을 모아 1책으로 언해하여 고종 17년(1880)에 목판본으로 간행해 낸 책이다.

여기서 '관성제군'은 촉한의 '관우'를 의미하며 삼제 중에서도 관제가 가장 으뜸이다. '문창제군'은 진의 '장아'를 의미하며 과거를 맡은 신이고, '부우제군'은 당의 '여암'을 말하며 모든 소원을 성취시켜 주는 신이다. 이 세 사람이 생전에 많은 덕을 쌓았기 때문에 천궁에 올라가 제군의 지위를 얻어 인간들이 선한 일을 하면 복을 주고 악한 일을 하면 화와 벌을 준다고 하는 것이 이 책의 내용이다. 이것은 청나라 때에 일어난 도교의 한 유형이다.

≪삼성훈경≫은 서울대 규장각 등에 소장되어 있는데, 1986년에 태학사에서 서울대 규장각 소장본을 ≪과화존신≫을 포함하여 다른 도교 자료와 함께 영인하였다.

≪과화존신≫은 중국의 관우를 신으로 모시는 관성교의 경전을 모아 한글로 번역한 책으로서 역시 고종의 명으로 한 책으로 묶어 언해하여 고종 17년(1880)에 목판본으로 간행해 낸 책이다.

한문 원문을 앞에 싣고 그 뒤에 언해를 붙이는 방식으로 '각세진경' '구겁문' '부대련구' '영험기' '교유문' '배심성훈' 등 여섯 가지 내용을 싣고 있으나 '교유문'과 '배심성훈'에는 한문 원문 경전만 있을 뿐 언해가 없다.

이 책은 서울대 규장각을 비롯하여 여러 곳의 도서관과 이병근 교수 등에 소장되어 있으며, 내용 구성은, 여섯 가지 경전의 한문 원문 각각의 말미에 언해문을 넣고 있다. 그러나 이병근 교수 소장본은 이본으로서 한문 원문을 모두 앞에 몰아놓고 뒤에 언해문을 한꺼번에 실은 것이다. 그러나 그 표기에는 차이가 전혀 없다.

1986년에 태학사에서 서울대 규장각 소장본을 위의 ≪삼성훈경≫을 포함하여 다른 도교 관계 자료와 함께 영인하였으며, 본고에서는 이 영인본을 활용하여 글자를 추출하였다. 위의 두 문헌은 같은 시기에 간행된 같은 사람의 필체이므로 함께 분석하였다. 다만, ≪삼성훈경≫에서 먼저 글자를 추출하고 여기서 부족한 것을 ≪과화존신≫에서 발췌하였다.

(2) 판면 구성의 특징

판면 구성은 ≪삼성훈경≫과 ≪과화존신≫은 매우 유사한 체재로 되어 있다. 모두 목판본이며, ≪삼성훈경≫은 사주쌍변, ≪과화존신≫은 사주단변, 모두 유계이며, 대자는 10행 21자로 되어 있으나 ≪삼성훈경≫의 '구심편' 언해 부분만 20자로 되어 있고 작은 글자는 20행 21자로 되어 있다. ≪삼성훈경≫은 세 제군의 경 앞에 각각 가장자리에 구름 문양을 넣은 표제지가 있으며, ≪과화존신≫에서는 첫 부분에 만 표제지가 있다.

이들 두 문헌 모두 한문 원문이나 언해문을 상단 첫 글자부터 쓰고 있으며, 제목은 원문, 언해문 모두 2자 내려쓰고 있다. 1행 20자로 되어 있는 ≪삼성훈경≫의 '구심편'의 글자는 다른 부분에 비해 점획의 굵기가 조금 굵게 느껴지기는 하지만 글자의 크기나 형태에 있어 큰 차이는 없다.

<그림 8-24> ≪삼성훈경≫ 본문 일부

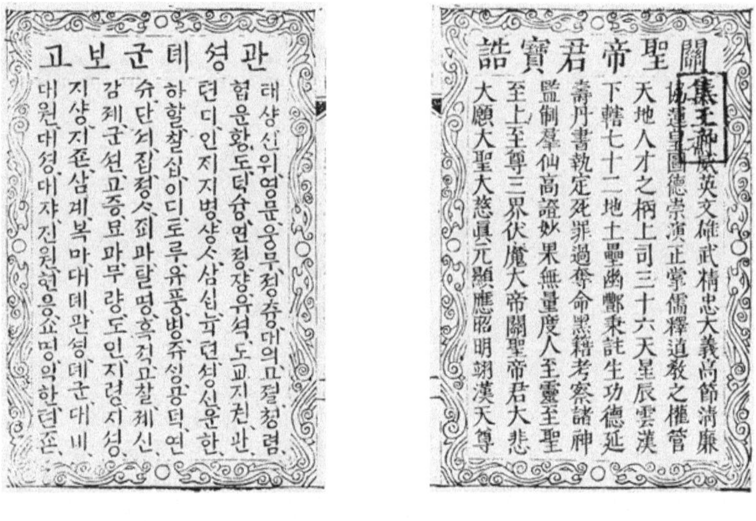

2. 삼성훈경, 과화존신

<그림 8-25> 《과화존신》 본문 일부

글자와 글자 사이의 간격은, 〈그림 8-26〉의 '것슬'에서 나타난 것과 같이 정해진 글자 수에 맞추면서 글자가 겹치지 않는 범위 내에서 최대한 글자를 크게 하고 자간을 좁혀 적으려고 한 노력이 보인다.

〈그림 8-26〉 ≪삼성훈경≫에 나타난 '것슬'의 자간

특히 이 두 문헌에 나타난 한문 원문의 글꼴은 〈그림 8-27〉에서 보는 것과 같이 붓에 의한 자연스런 필사가 아니며 지금의 한문 명조체와 같이 인위적으로 정형화시킨 세리프 형태를 보이고 있어 마치 명조체 한문 활자로 인쇄한 것 같은 느낌을 준다.

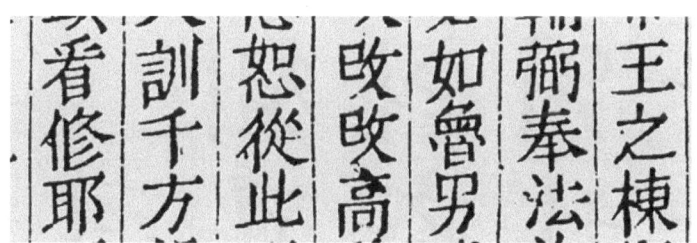

〈그림 8-27〉 ≪삼성훈경≫ 교유문의 본문 일부

이러한 한자 글꼴이 이전의 어떠한 글자꼴에 영향을 받아 표현된 것인지 그 근원은 알 수 없으나 이러한 글꼴은 후일 한자는 물론 한글 명조 활자체 구성에 영향을 미친 것으로 추측된다.

(3) 글꼴의 특징

가	각	고	꼭	과	권
난	냐	논	뇨	더	뎐
두	려	렬	류	룬	므
믈	미	민	베	법	보
셰	쇼	아	와	왕	용
우	위	의	졔		쥬
증	차	초	코	터	펴
혜	회		몸	입	깃

<그림 8-28> 《삼성훈경》 등의 대표글자

≪삼성훈경≫과 ≪과화존신≫(이하 '삼성훈경 등')에 나타난 한글은 〈그림 8-28〉 대표글자에서 '뎐, 베, 초' 등과 같이 글자에 따라 글꼴의 균형이 잡히지 않은 경우도 있으나 전반적으로 조형적으로나 시각적으로 매우 안정된 글꼴로서 필사자의 완숙한 한글 필사 능력이 돋보인다.

그러나 19세기의 필사자들은 이미 자신만의 독특한 필체가 확립되었다고 생각되므로 글자에 균형과 조화는 물론 개성까지도 포함하여 표현하는데 능숙했었을 것이다.

대체적인 글꼴의 이미지는 ≪태상감응편도설언해≫의 정자와 유사한 점이 보이기는 하나 자음의 크기가 다소 크게 표기되어 있으며, ≪태상감응편도설언해≫의 정자가 약간 세로로 긴 형태를 보이는 반면 ≪삼성훈경≫ 등에서는 대체로 정사각형으로 표기되고 있다는 점, 글꼴과 점획의 일관성이 유지되고는 있으나 ≪태상감응편도설언해≫와 같이 정교하지는 못하다는 점 등이 차이점이라 하겠다.

또한 목판본이므로 같은 글자라도 형태 차이를 보일 수 있으나 이 문헌에서는 〈그림 8-29〉의 '라' 자에서 볼 수 있듯이 글꼴의 차이가 크지 않아 일관성이 유지되고 있음을 알 수 있다.

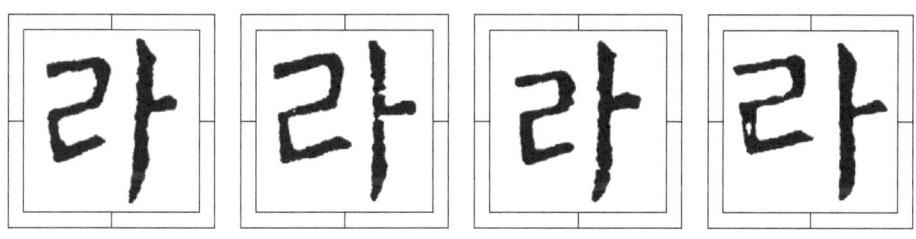

〈그림 8-29〉 ≪삼성훈경≫ 등에 나타난 '라' 자

462 _ 2. 삼성훈경, 과화존신

　이와 같이 완숙한 균형미를 보이는 현대적 한글 글꼴임에도 불구하고 〈그림 8-28〉 대표글자에서 '각, 곡, 논, 면, 륜, 초' 자 등과 같이 일부 글자에서는 자소의 크기 비례나 형태가 조화롭지 못한 경우도 보인다. 이를 유형별로 보면, '각, 곡, 면, 륜' 자와 같이 종성 자음이 비교적 작게 표현된 경우, '논' 자와 같이 자소의 형태가 불안한 경우, '초' 자와 같이 초성 자음이 비교적 크게 표기된 경우 등으로 구분할 수 있다.

(4) 자소의 특징

　〈그림 8-30〉에서 볼 수 있듯이 《삼성훈경》 등에 나타난 자소들의 크기 비례는 대체로 현대 궁서체나 명조체에 근접한 형태로 해례본 글꼴과는 비교할 수 없을 정도로 자음의 크기가 현저하게 작아지고, 각종 자소의 형태를 필사자의 개성적인 필체로 변형시킨 것들이 많이 보인다.

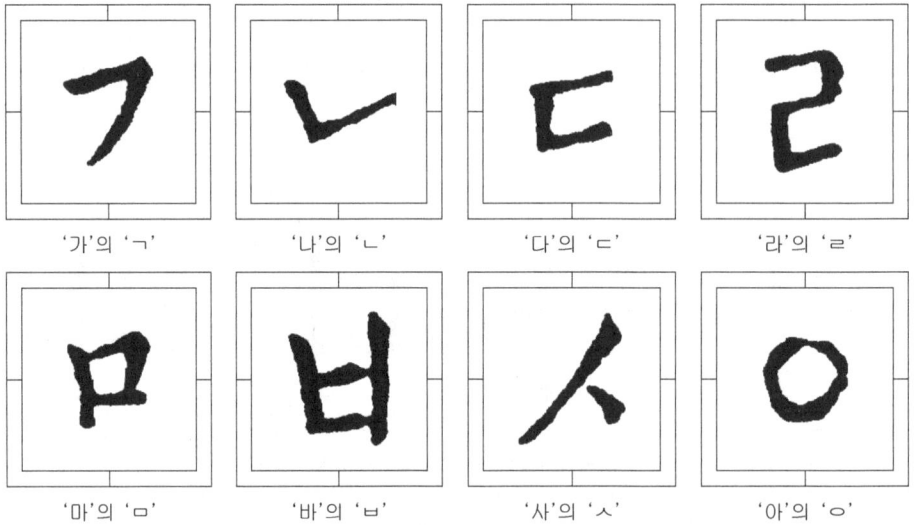

'가'의 'ㄱ'　　'나'의 'ㄴ'　　'다'의 'ㄷ'　　'라'의 'ㄹ'

'마'의 'ㅁ'　　'바'의 'ㅂ'　　'사'의 'ㅅ'　　'아'의 'ㅇ'

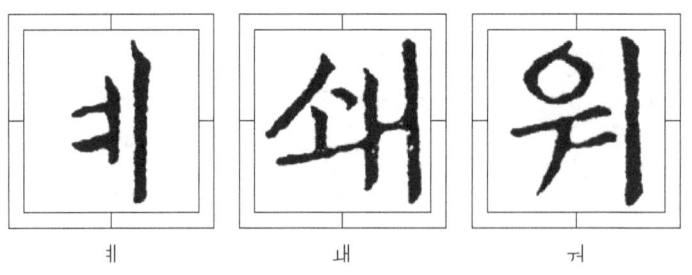

<그림 8-30> ≪삼성훈경≫ 등에 나타난 자소

위의 자소 모습에서 나타났듯이, 'ㅏ, ㅑ, ㅣ' 등의 중성 모음과 결합하는 초성 자음 'ㄱ'에서 내려 긋는 획은 완전하게 좌측으로 굽어있으며, 〈그림 8-31〉의 '가, 갈, 거' 자에서 볼 수 있는 것과 같이 초성 'ㄱ'에서 내려 긋는 획의 수필이 수침으로 처리되면서 현대의 초성 'ㄱ' 모습을 갖추고 있다. 물론 이러한 형태는 이미 ≪태상감응편도설언해≫에서 나타난 바 있다.

<그림 8-31> ≪삼성훈경≫ 등에 나타난 '가, 갈, 거' 자

〈그림 8-30〉 자소 모습과 〈그림 8-32〉의 '나, 난, 눈' 자에서 볼 수 있듯이 'ㄴ'은 초·종성 모두에서 내려 긋는 획을 왼쪽 위에서 오른쪽 아래로 기울게 표기되고 있으며, 'ㅏ, ㅑ' 등의 모음과 결합하는 경우에는 초성 'ㄴ'의 아래 가로획의 끝이 모음 세로획과 접필되도록 쓰고 있다.

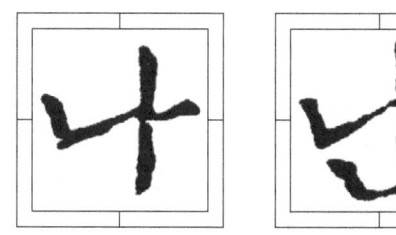 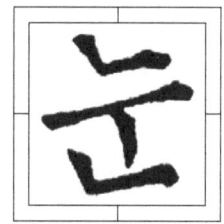

<그림 8-32> ≪삼성훈경≫ 등에 나타난 '나, 난, 눈' 자

  이와 같이 초성 자음의 끝 획과 중성 모음이 접필되는 경우는 대체로 '거, 로, 셔, 쇼, 오, 예, 졔, 코' 등과 같이 초성 자음 쪽으로 중성 모음의 점이 향했을 때이며, 〈그림 8-33〉의 '물, 불, 풀' 자 등에서 보는 것과 같이 중성 모음의 점이 종성 자음을 향하고 있을 때에는 중·종성이 접필되고 있다.

<그림 8-33> ≪삼성훈경≫ 등에 나타난 '물, 불, 풀' 자

  이에 비해 〈그림 8-34〉의 '다, 단, 란' 자에서 'ㄷ, ㄹ'은 'ㄴ'과는 다르게, 후속되는 'ㅏ, ㅑ, ㅣ' 등과 끝 획이 접필되는 경우가 거의 없으며, 대체로 명확하게 매듭짓고 있다.

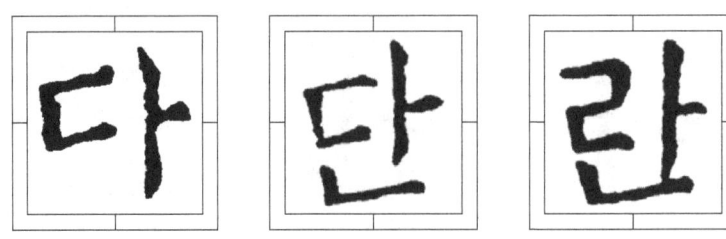

<그림 8-34> ≪삼성훈경≫ 등에 나타난 '다, 단, 라' 자

다만 초성 'ㄹ'에 있어서 〈그림 8-35〉의 '라' 자와 같이 끝 획이 중성 모음과 접필되거나 수침으로 마무리한 경우가 극히 일부에서 보이고 있다.

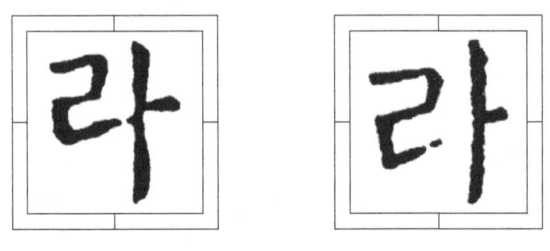

<그림 8-35> ≪삼성훈경≫ 등에 나타난 '라' 자

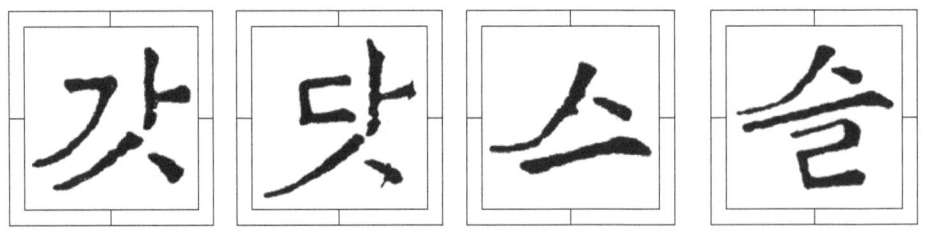

<그림 8-36> ≪삼성훈경≫ 등에 나타난 '갓, 닷, 스, 슬' 자

〈그림 8-36〉에서 볼 수 있듯이, 'ㅅ'은 초·종성 모두 좌우 획의 위쪽이 접필되지 않고 있으며, 역시 초·종성 모두 유난히 좌측 획을 길게 그은 것이 적지 않

게 보인다. '갓'의 경우에는 'ㄱ'의 내려 긋는 획에서도 그러한 현상을 가끔 볼 수 있다.

또한 초성 'ㅈ, ㅊ'과 중성 모음 'ㅕ, ㅖ'이 결합할 때에는 〈그림 8-37〉의 '져, 젹, 졔, 쳬' 자에서 나타나듯이 모든 글자에서 우측 획을 좌측으로 완전히 꺾어 표현하고 있는 것이 이 문헌 글꼴의 특징 가운데 하나이다. 특히 '져, 젹' 자에서와 같이 좌측 획의 하단부를 아예 표기하지 않는 경우도 보인다.

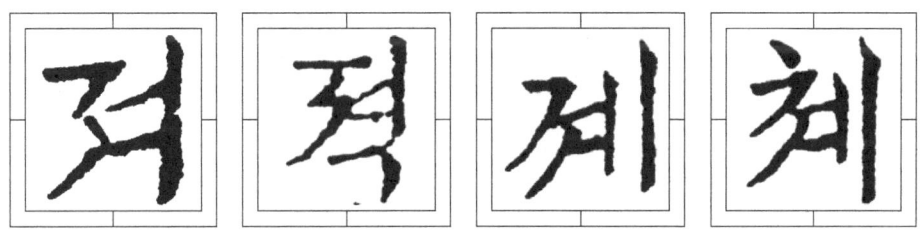

<그림 8-37> ≪삼성훈경≫ 등에 나타난 '져, 젹, 졔, 쳬' 자

이미 이전의 문헌에서도 나타났던 것이지만, 위의 '져, 졔, 쳬' 자의 'ㅈ, ㅊ'에서 상단 가로획 오른쪽 끝과 좌측 획의 시작 부분이 접필되어 있으나 '젹'에서는 상단 가로획 중앙부에 좌측 획의 기필 부분이 접필되어 있어 'ㅈ'의 표기에 일관성이 없다. 이러한 현상은 〈그림 8-38〉의 '지, 자' 자에서도 볼 수 있다.

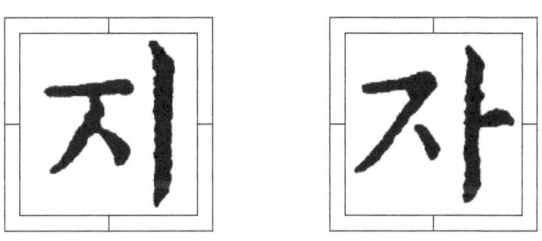

<그림 8-38> ≪삼성훈경≫ 등에 나타난 '지, 자' 자

여기서 '지' 자의 'ㅈ'이 해례본 글꼴의 형태를 따른 것이라면 '자'에서의 'ㅈ'은 형태 재인이 가능하면서 필기의 효율성을 높이기 위해 변화된 자연스런 형태라고 할 수 있다. 이러한 이중적 표기는 필사자의 특성이라고도 말할 수 있겠으나, 다른 한편으로는 19세기 말에 와서도 형태의 일관성이 중요시되는 판본용 글꼴에 대한 의식이 명확하지 못하다는 것을 반증하는 것으로도 볼 수 있다.

<그림 8-39> ≪삼성훈경≫ 등에 나타난 '슈, 쥬' 자

<그림 8-39>의 '슈, 쥬' 자에서 볼 수 있듯이, 중성 모음 가운데 'ㅠ'의 좌측 점이 모두 좌측으로 굽어 있다. 이는 이미 15세기 을해자 한글자와 19세기 ≪태상감응편도설언해≫에서도 나타났던 형태로서 19세기에 와서 완전히 정착된 것으로 보인다.

<그림 8-40> ≪삼성훈경≫ 등에 나타난 '건, 며, 워' 자

〈그림 8-40〉의 '건, 며, 워' 자에서 나타난 것과 같이 일부 글자에서 'ㅓ, ㅕ, ㅝ' 등의 좌측 점이 'ㅣ'와 접필되지 않게 표기되고 있는 점 등도 이 문헌에 나타난 글꼴 특성 가운데 하나로 볼 수 있다. 이러한 점은 후대까지 계속되지는 않았으나 이전의 문헌에서도 상당히 빈번하게 나타났었으며, 특히 중성 모음 형태에 대한 의식이 지금과 달랐던 것으로 추측된다..

이전 문헌과는 다르게 '권, 월' 자의 'ㅝ'에서 'ㅓ'의 좌측 점이 모두 'ㅜ'의 가로획 밑으로 표기되고 있으며, 'ㅜ'의 하단 점이 좌측으로 휘어져 수침으로 표기되고 있다.

이 외에 'ㅍ'은 중간의 두 개 획이 각각 형태를 달리 하여 하단 안쪽으로 긋고 있어 현대 궁서체의 필법과 같으며, 'ㅎ'에서 위의 획이 가로획과 접필된 경우와 그렇지 않은 경우가 약 50% 정도씩 차지한다.

(5) 점획의 특징

〈그림 8-41〉에서 볼 수 있듯이, 《삼성훈경》 등에 나타난 한글의 세리프는 전반적으로 두드러지지 않으나 형태가 일관되고 확실하게 표현되고 있는 것이 특징이다. 세로획에서 기필은 강조되지 않은 형태로 행필보다 약간 굵게 내려 긋는 경우가 많고 위쪽 끝이 날카롭게 시작되는 경우도 빈번히 나타난다. 수필은 급격히 가늘어지면서 수침으로 끝나는 경우가 많다.

가로획에서 기필은 두드러지지 않으나 수필 부분은 대체로 다소 굵게 처리한 경우가 많아 기필과 행필 부분의 굵기 변화가 큰 편이다. 또한 'ㅁ'에서는 좌측 세로획이 아래로 유난히 길게 내려온 경우가 많으며 그 외의 모서리에서도 비교적 선명하게 세리프가 나타나 있다.

2. 삼성훈경, 과화존신

<그림 8-41> ≪삼성훈경≫ 등에 나타난 점획

(6) 요약

위에서 분석한 ≪삼성훈경≫ 등의 글꼴, 자소, 점획에 대한 내용을 요약하면 다음 〈표 8-2〉와 같다.

〈표 8-2〉 ≪삼성훈경≫ 등의 글꼴 분석 요약

구 분		내 용
글 꼴		조형적, 시각적으로 완숙한 균형잡힌 글꼴임. 글꼴의 일관성이 어느 정도 유지됨. 그러나 일부 글자에서는 자소의 크기·비례·위치 등이 적절치 못한 경우도 보이며, 그 유형으로는 자소의 형태가 불안한 경우와 초성 자음이 크거나 종성 자음이 작은 경우로 나타남.
자 소	자소 구조	'ㅏ' 등과 결합된 초성 자음 'ㄱ'의 세로획은 좌측으로 완전히 굽어있음. 'ㄴ'의 세로획이 약간 우측으로 경사지게 표현됨. 초성 'ㄴ'과 'ㅏ' 등이 동반할 때에 'ㄴ'의 끝 가로획의 'ㅏ'와 접필되어 있음. 중성 모음의 점이 초·종성 자음 쪽으로 향해 있을 때에는 모음의 점과 자음이 접필되는 경우가 많음. 초성 'ㄹ'의 끝획이 중성 모음과 접필되는 경우가 극히 드묾. 'ㅅ'의 좌측 획이 유난히 길게 표현되는 경우가 많음. 초성 'ㄱ'의 세로획 역시 길게 표현되는 경우가 있음. 초성 'ㅈ, ㅊ'이 'ㅕ, ㅖ'를 동반할 때에는 우측 획이 좌측으로 완전히 휘어지고 있음. 'ㅈ'에서 좌측 획의 기필 부분이 상단의 중앙에 오는 경우와 우측 끝과 연결된 경우가 모두 나타남. 'ㅠ'의 좌측 점이 좌측으로 휘어져 표현됨. 'ㅓ, ㅕ, ㅞ' 등에서 'ㅣ'의 좌측 점이 'ㅣ'와 접필되지 않은 경우가 많음. 'ㅞ'의 'ㅓ'에서 'ㅣ'의 좌측 점이 모두 'ㅜ'의 가로획 아래로 내려와 수침 형태로 표기됨.
	자소 크기 비례	해례본 글꼴의 영향이 거의 나타나지 않음. 대체로 현대 궁서체나 명조체의 자소 크기 비례와 흡사함.

2. 삼성훈경, 과화존신

구 분		내 용
점획	세리프의 유무	있음.
	세리프의 형태	두드러지지 않으나 형태가 일관되게 표현됨. 가로획의 수필 부분은 다소 굵게 처리된 경우가 많음.
	점획의 굵기	세로획은 대체로 일정한 굵기를 유지하고 있음. 가로획의 행필 부분은 가늘게 표현된 경우가 많아 행·수필에서 굵기 변화가 크게 나타남.
	점획의 구조	커다란 특징 없음.

3. 경석자지문(敬惜字紙文)

(1) 문헌 소개

≪경석자지문≫은 동문사 내에 조직된 '석자회'란 계에서 사람들에게 책을 아끼도록 훈도하기 위하여 만든 일종의 계안을 이경재가 언해하여 고종 19년 (1882)에 경군문(京軍門)에서 1책의 활자본으로 간행해 낸 책이다.

≪경석자지문≫에서 말하는 글자 쓴 종이, 즉 책을 아끼고, 함부로 버리거나 휴지로 사용하는 것을 막는 예는 원래 관성교의 경문 중 '문창제군' 내용의 '경자지문'에 나와 있으므로 이 책은 도교 또는 관성교에 관련된 문헌이다.

이 책은 본래 한문으로 되어 있었던 것으로 보이나 ≪경석자지문≫ 내용 중에는 한문 원문이 게재되어 있지 않아 본래의 내용은 알 수 없다.

이 책은 서울대 고도서에 소장되어 있으며, 1986년에 태학사에서 다른 도교 자료와 함께 영인하였으며, 여기서는 이 영인본을 사용하여 글자를 추출하였다.

이 문헌에서 한글이 표기된 면은 불과 9장 18면으로 분량이 매우 적어 문헌을 통해 다양한 글꼴을 확인할 수 없는 상황이다. 그러므로 다음에 보는 대표 글자 가운데 후보글자까지도 나타나지 않는 경우 부득이 가장 유사한 글자로 대치하였다.

(2) 판면 구성의 특징

≪경석자지문≫의 본문은 사주단변, 유계로서 큰 글자는 9행 16자, 작은 글자는 쌍행으로 18행 16자로 이루어진 활자본으로서 쇄출 상태는 비교적 양호한 편이다.

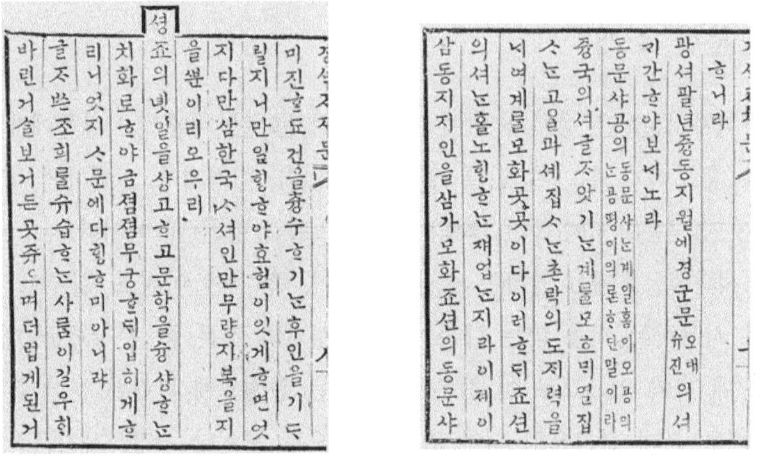

<그림 8-42> ≪경석자지문≫의 본문 일부

본문은 순 한글로 되어 있으며 본문 중에 사용된 특수한 기호는 없으나 〈그림 8-42〉에서 보는 것과 같이 임금을 나타내는 단어가 나올 때에는 대두법을 사용하여 행 바꿈 후 1자를 올려 적고 있으며, 내용에 따라 1자 내려 조판한 곳도 보인다. 작은 자는 주석에 사용하고 있다. 조판 형태는, 계선과 글자 사이에 충분한 간격을 두고 있으며 자간도 비교적 여유가 있다.

〈그림 8-43〉에서 보는 것과 같이 책 본문 앞에는 한문으로 되어 있는 '석자회서문'이 있다. 이 부분의 판심은 상하향백어미로 되어 있는 본문의 것과는 다르게 상하향화문흑어미로 되어 있으며, 계선없이 반흘림 필사체로 2면에 걸쳐 내용이 수록되어 있다.

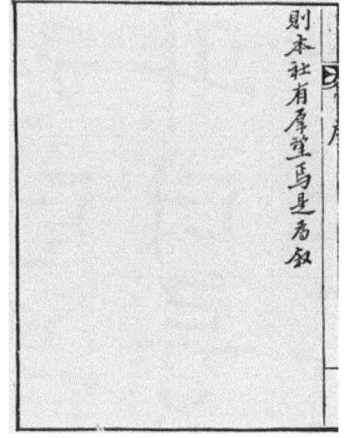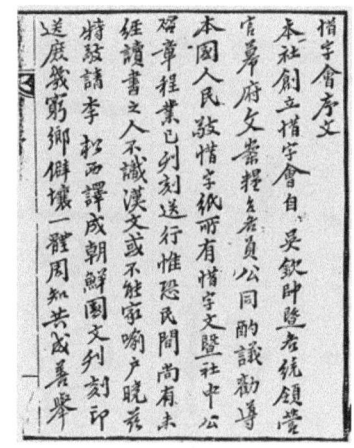

<그림 8-43> ≪경석자지문≫ 서문

(3) 글꼴의 특징

≪경석자지문≫에 사용된 활자는 신식 납활자로서 1897년에 쇄출된 ≪신정심상소학≫에 사용된 한글 글꼴과 같은 것으로 추측된다. 손보기(2000)는 ≪신정심상소학≫에 나타난 한글자는 이 문헌이 간행된 1897년에 제작된 정리자체이며 글자본이 한글의 궁서체가 제대로 쓰인 것으로 1795년에 제작된 정리자 한글자보다 아름다운 글자체라고 평하고 있다. 이에 걸맞게 ≪경석자지문≫에 나타난 전반적인 한글 글꼴의 모습은 〈그림 8-44〉의 대표글자에서 볼 수 있듯이 극히 일부 요소를 제외하고는 완벽한 현대 한글 궁서체로서 손색이 없다.

특징적인 것은, 고문헌 활자본 중에는 같은 한글자라도 형태가 다른 것이 나타나는 경우가 많으나 이 문헌에서는 〈그림 8-45〉의 '의' 자와 같이 일부 모양이 다른 같은 글자가 보이기는 하지만 찾아보기 매우 힘들다는 것이다.

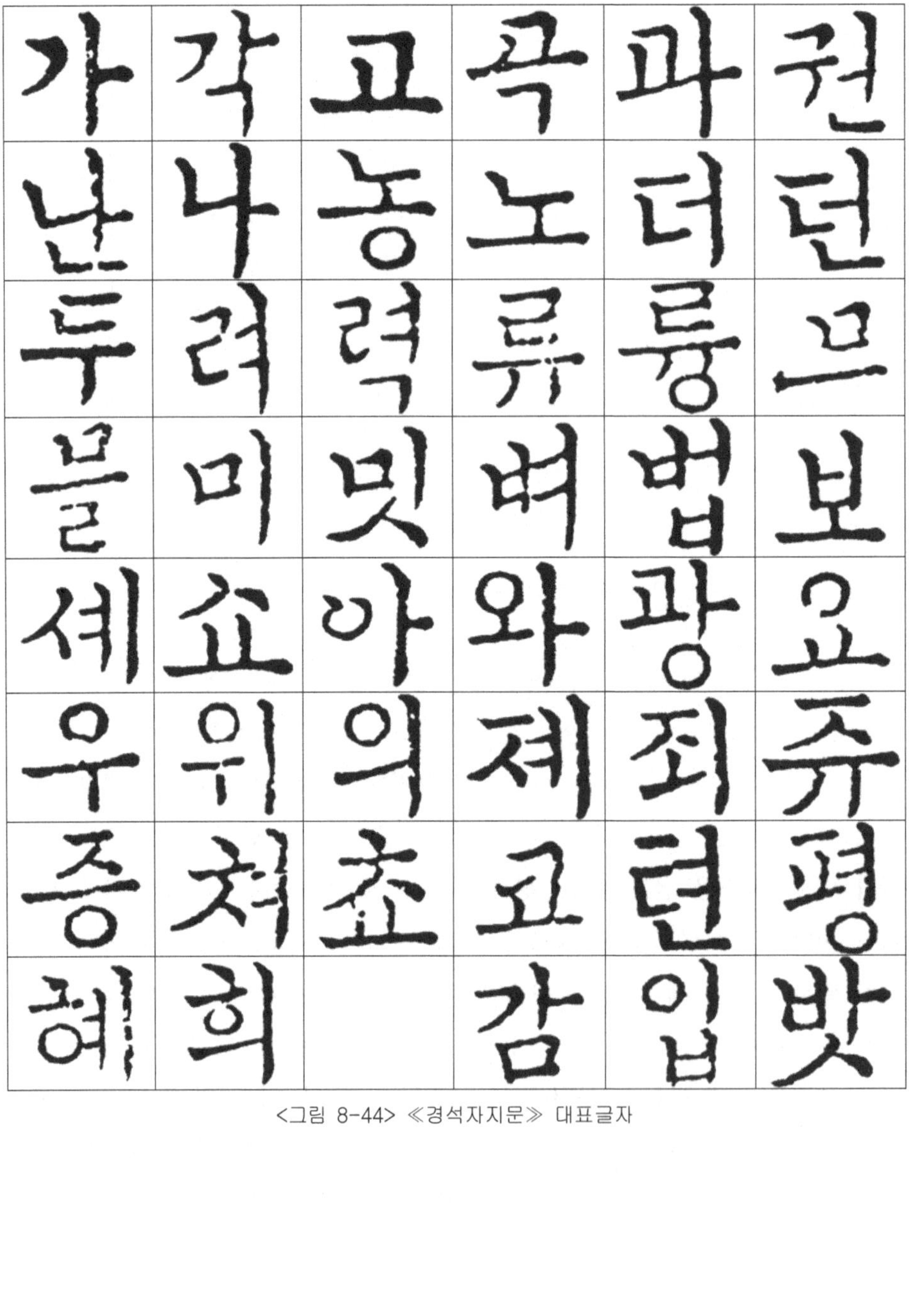

3. 경석자지문

가	각	고	곡	과	권
난	나	농	노	더	뎐
두	려	력	류	룽	므
블	미	밋	벼	법	보
셰	쇼	아	와	광	요
우	위	의	졔	죄	쥬
증	쳐	초	교	뎐	평
혜	희		감	입	밧

<그림 8-44> 《경석자지문》 대표글자

<그림 8-45> ≪경석자지문≫에 나타난 '의' 자

또한 〈그림 8-46〉의 '뎐, 덕' 자와 같이 정체와 반흘림체가 함께 보이기도 하지만 점획의 특징이나 글꼴의 구조 등으로 미루어 이들 두 종류의 서체는 동일인이 필사한 것으로 보인다.

<그림 8-46> ≪경석자지문≫에 나타난 '뎐, 덕' 자

정체의 가로획이 수평, 또는 약간 오른쪽이 올라간 듯이 나타나지만 이들 반흘림체들은 가로획 오른쪽이 확연히 올라가 있다. 이러한 반흘림체는 '덕' 자 이외에도 〈그림 8-47〉과 같이 '근, 글, 득, 실' 등 여러 글자에서 보이고 있다.

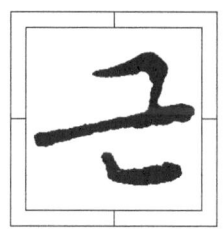   

<그림 8-47> ≪경석자지문≫에 나타난 '근, 글, 득, 실' 자

3. 경석자지문

또한 〈그림 8-48〉에서 볼 수 있듯이, 글자의 높이는 큰 차이가 없으나 글자 폭의 변화는 크게 나타나고 있어 글자 간의 조화로움은 다소 떨어진 느낌이다. 그러나 글자 폭이 크게 차이가 남에도 불구하고 전체적으로 판면이 균형잡혀 보이는 것은 글자의 오른쪽 세로획이 정렬되어 있기 때문이다.

(4) 자소의 특징

〈그림 8-49〉에서 보는 것과 같이, ≪경석자지문≫에 나타난 자소 가운데 초성 자음 'ㅈ, ㅊ'의 크기가 다른 자음의 크기보다 다소 큰 것을 제외하고는 현대적 감각의 궁서체와 동일한 자소의 크기 비례를 나타내고 있다.

〈그림 8-48〉 ≪경석자지문≫에 나타난 글자 크기 비교

제8장 19세기 문헌별 글꼴 분석 _ 479

480 _ 3. 경석자지문

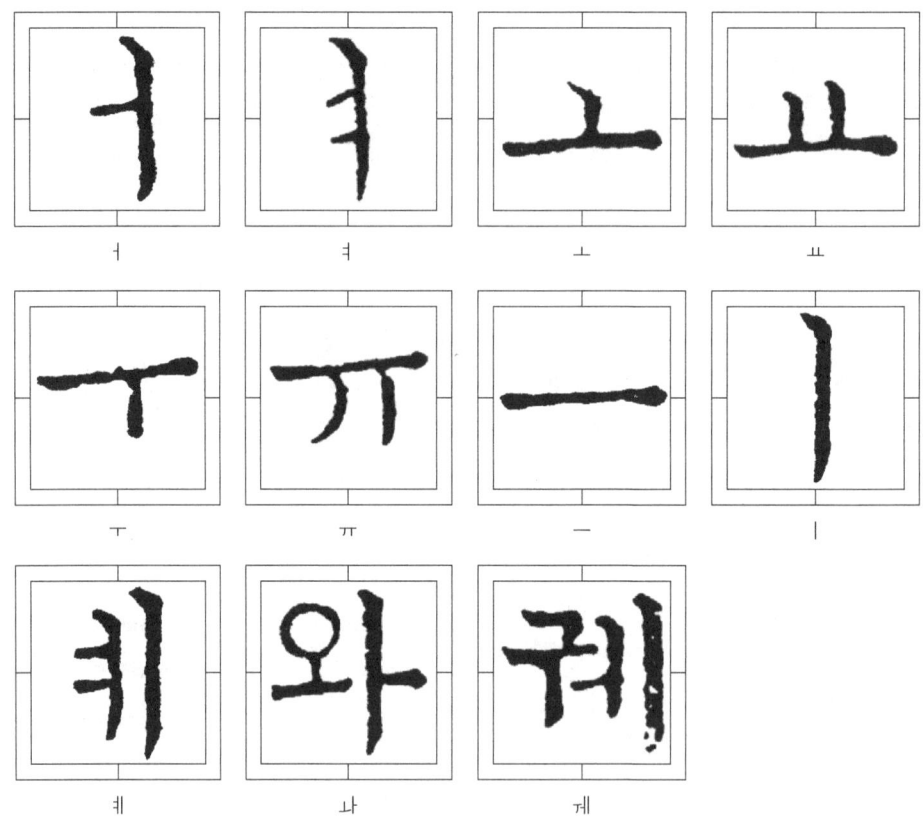

<그림 8-49> ≪경석자지문≫에 나타난 자소

다만 독특한 글자로 '교' 자를 들 수 있다. 〈그림 8-50〉에서 볼 수 있듯이 이 글자 자소 'ㅛ'의 점 두 개는 왼쪽으로 치우쳐 있으면서 약간 왼쪽으로 경사지게 그어져 있고 하단의 'ㅡ'와 접필되지 않는다. 이와 유사한한 형태는 이미 17세기 ≪어제내훈≫의 '쇼' 자와 18세기 ≪천의소감언해≫에서의 '교' 자 등에서도 보였다.

<그림 8-50> ≪경석자지문≫에 나타난 '교' 자

또한 〈그림 8-51〉의 '강, 거' 자와 같이 중성 모음과 병서로 이루어지는 초성 'ㄱ'의 유형이 두 종류로 표기되고 있다. 이러한 이중 표기 형태가 나타난다는 것은 아직도 정형화된 한글 판본체가 완전하게 자리잡지 못하고 있다는 것을 의미하며, 이로 인해 글꼴의 통일성이 결여되어 글자들의 어울림에 조화가 깨질 수도 있다.

<그림 8-51> ≪경석자지문≫에 나타난 '강, 거' 자

〈그림 8-52〉의 '난, 녀, 노' 자에서와 같이 초성 'ㄴ'의 세로획이 독특하게 대부분 약간 우측으로 경사지게 필사하고 있으면서 중성 모음 'ㅏ, ㅑ, ㅓ, ㅕ, ㅣ' 등을 동반할 때에는 획의 끝이 이들과 접필되고 있음을 볼 수 있다. 이와 유사한 형태가 ≪삼성훈경≫에서도 나타난 바가 있다.

482 _ 3. 경석자지문

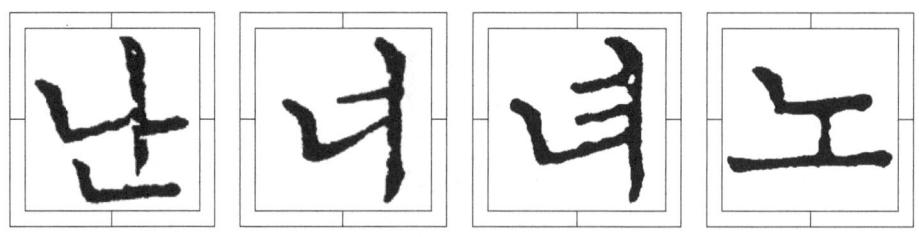

<그림 8-52> ≪경석자지문≫에 나타난 '난, 녀, 노' 자

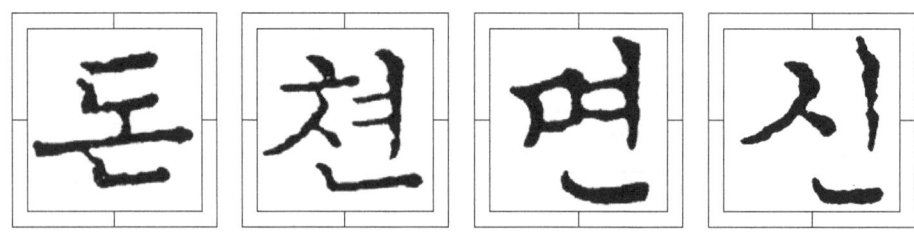

<그림 8-53> ≪경석자지문≫에 나타난 '돈, 쳔, 면, 신' 자

　앞에서도 언급되었듯이 ≪경석자지문≫에는 정체와 반흘림체가 함께 나타난다. 받침 'ㄴ'의 형태도 이들 두 종류로 구분된다. 〈그림 8-53〉의 글자에서 '돈, 쳔'은 정체, '면, 신'은 반흘림체의 형태를 보여주고 있다. 이 역시 아직도 정형화되지 않은 판본용 한글자의 일면을 보여주는 것이라 하겠다.
　〈그림 8-54〉의 '면, 도'에서 보듯이 이 문헌에 나타난 초성 'ㄷ'에서 상단 가로획은 모두 밑의 'ㄴ'과 분리되어 필사되었으며, 이전의 여러 문헌에서도 나타났던 것과 같이, 아래 '타, 텬' 자 등을 비롯하여 모든 초성 'ㅌ'에서 상단 가로획이 아래의 'ㄷ'과 완전히 분리되어 표기되어 있다.

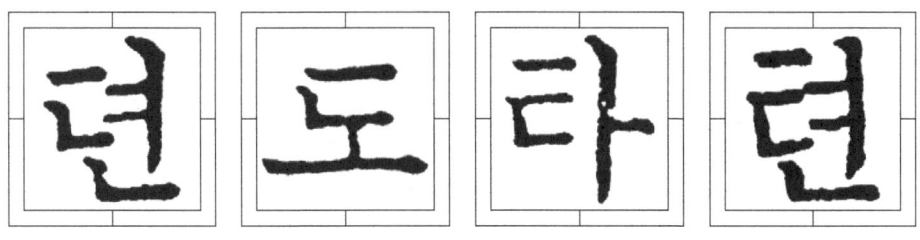

<그림 8-54> ≪경석자지문≫에 나타난 '뎐, 도, 타, 텬' 자

〈그림 8-55〉의 '양, 이' 자에서와 같이 초성 'ㅇ'에서 기필 부분의 세리프가 나타난 반흘림 형태와 '안, 일' 자와 같이 정체 'ㅇ'이 함께 나타나고 있다. 이것은 서체의 변화일 뿐이며 필사자는 동일인으로 보인다. 그러나 어떠한 기준에 의해 서체를 달리 표현했는지 알 수는 없다.

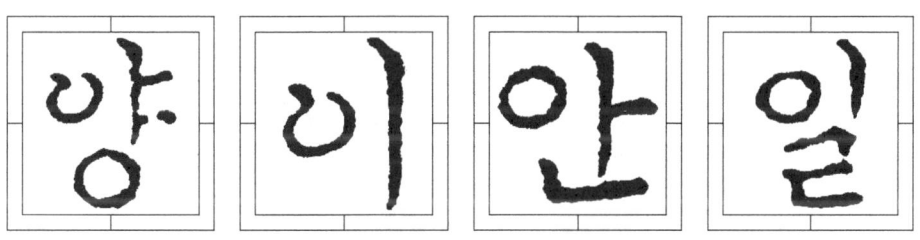

<그림 8-55> ≪경석자지문≫에 나타난 '양, 이, 안, 일' 자

중성 이중모음 'ㅝ'에서 'ㅓ'의 좌측 점의 위치가 글자에 따라 다르게 나타난다. 〈그림 8-56〉의 '권, 원' 자에서는 'ㅜ'의 가로획 아래에 위치하고 있으나 '워'에서는 위에 위치하고 있다. 이러한 차이점은 종성 받침 유무에 따라 나타난 현상이 아닌가 생각되지만 그 명확한 이유는 추측하기 어렵다.

<그림 8-56> ≪경석자지문≫에 나타난 '권, 원, 위' 자

초성 'ㅈ'의 형태도 두 가지로 나타난다. 대부분의 초성 'ㅈ'은 〈그림 8-57〉의 '즌' 자에서와 같이 상단 가로획 중앙에서부터 좌측 획이 시작되는 반면 '좀' 자에서만은 우측 끝에서부터 좌측 획이 시작되고 있다. 동일한 필사자에 의한 판본 정체와 필사체의 차이라고 볼 수 있으나 ≪경석자지문≫에서 이러한 형태는 '좀' 자 이외에는 보이지 않는다.

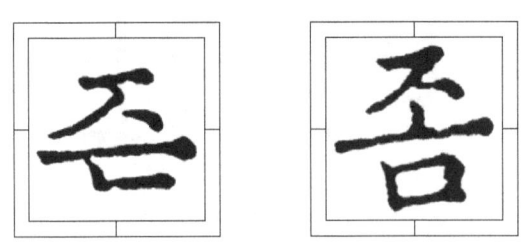

<그림 8-57> ≪경석자지문≫에 나타난 '즌, 좀' 자

〈그림 8-58〉에서 보는 것과 같이 초성 'ㅈ, ㅊ'에서는 특히 왼쪽 획의 길이가 다소 긴 것이 자소의 특징으로 나타나 있으며, 좌획의 기필 부분이 상단 가로획과는 별도로 'ㅅ'을 표기하듯 필사되어 있다. 이러한 형태는 동반하는 중성 모음이 병서나 연서 또는 'ㅏ, ㅑ'나 'ㅓ, ㅕ' 등에 관계없이 모두 동일하게 나타나고 있다.

제8장 19세기 문헌별 글꼴 분석 _ 485

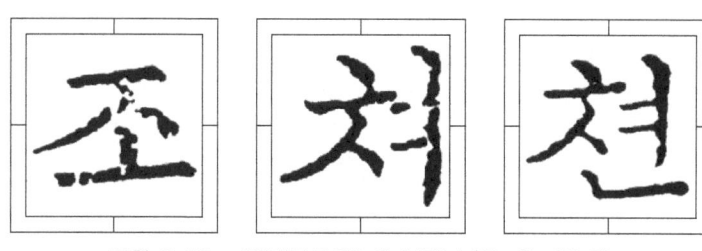

<그림 8-58> ≪경석자지문≫에 나타난 '조, 쳐, 쳔' 자

초성 'ㅋ'에서 하단 가로획이 <그림 8-59>의 '코'에서 보듯이 'ㄱ'과 접필되지 않고 우측으로 삐쳐 올리는 독특한 형태를 보이고 있다. 이는 오른쪽이 급격히 올라가도록 표기되면서 'ㄱ'과 접필되도록 표기된 타 문헌의 'ㅋ'과 형태적으로 차이를 보이는 것이다.

<그림 8-59> ≪경석자지문≫에 나타난 '코' 자

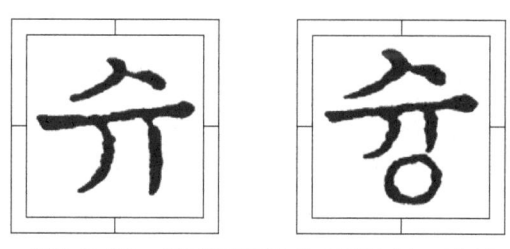

<그림 8-60> ≪경석자지문≫에 나타난 '슈, 슝' 자

또한 <그림 8-60>의 '슈, 슝' 자에서 보는 것과 같이 모음 'ㅠ'의 왼쪽 점이 원을 그리듯이 부드럽게 왼쪽으로 완전히 구부러져 표현되고 있는 점이 특징적이다.

(5) 점획의 특징

〈그림 8-61〉에서 보는 것과 같이 ≪경석자지문≫에 나타난 한글자는 대체로 세리프가 선명하게 나타나 있으며, 그 형태는 대부분 전형적인 현대 궁서체의 모습을 보이고 있다.

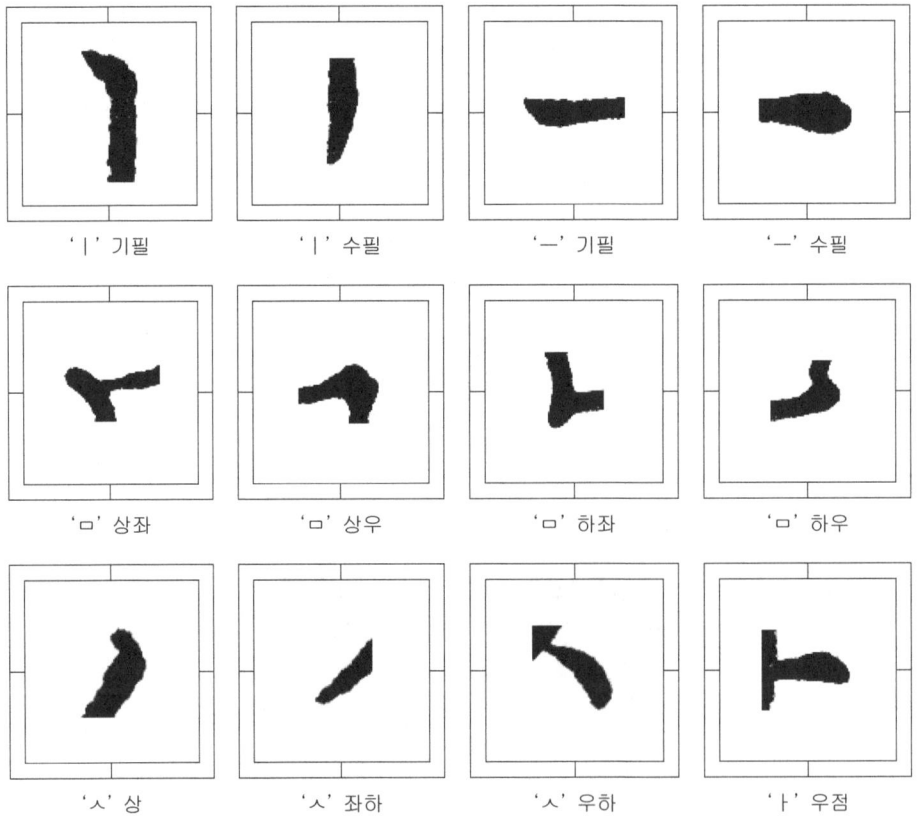

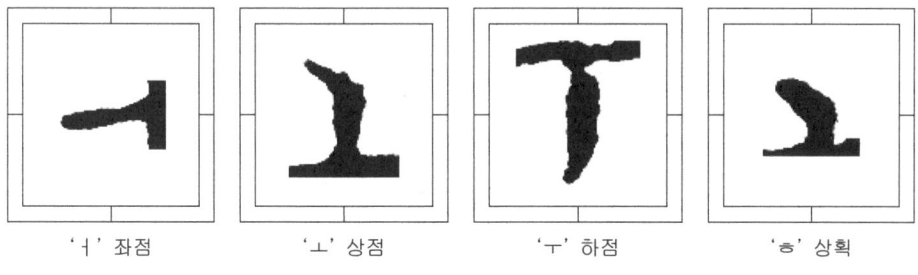

<그림 8-61> ≪경석자지문≫에 나타난 점획

다만 색다른 부분이 있다면, 'ㅗ'의 점에서 보는 것과 같이 기필 부분에서 다소 과장하여 날카롭고 길게 필사한 유형의 세리프가 자주 나타나는 점이다. 이와 같이 기필 부분의 강조된 모습은 여타 자소에서도 빈번히 나타난다. 아래 〈그림 8-62〉의 글자 중 '거'의 'ㅓ', '농'의 'ㄴ', '러'의 'ㅓ', '밋'의 'ㅁ' 등의 획에서도 이를 확인할 수 있다. 이와 맥을 같이 하여, 〈그림 8-63〉의 '어, 여, 오, 의' 자에서 볼 수 있는 것과 같이 'ㅇ'의 기필 부분에서도 과장된 세리프가 나타나고 있다.

<그림 8-62> ≪경석자지문≫에 나타난 '거, 농, 러, 밋' 자

<그림 8-63> ≪경석자지문≫에 나타난 '어, 여, 오, 의' 자

이러한 점획의 형태는 전체적인 글꼴의 이미지를 부드럽고 우아하게 보이는 데 일조를 하는 면도 있다. 이와 같이 독특한 세리프를 보이면서도 점획의 굵기는 행필 부분에 있어서 큰 변화가 없으며, 다만 기필과 수필 부분의 두께 변화가 있기는 하나 크게 두드러지지 않는다. 그러므로 다소 과장된 세리프에 의해 자칫 균형이 흐트러지기 쉬운 글꼴이지만 일정한 점획의 굵기를 통해 이를 보완하고 있는 셈이다.

(6) 요약

위에서 분석한 《경석자지문》의 글꼴, 자소, 점획에 대한 내용을 요약하면 다음 〈표 8-3〉과 같다.

〈표 8-3〉 《경석자지문》의 글꼴 분석 요약

구 분		내 용
글 꼴		신식 납활자로 조판되었음. 거의 완벽한 한글 궁서체로서 해례본 글꼴의 흔적을 거의 찾아 볼 수 없음. 모양이 다른 같은 글자가 거의 나타나지 않음. 정체와 반흘림체의 두 종류가 나타나지만 동일인이 필사한 것으로 추정됨. 글자의 높이는 일정하나 폭의 변화는 큰 편임.
자 소	자소 구조	'교' 자 'ㅛ'의 점 두 개가 왼쪽을 치우쳐 있으면서 왼쪽으로 경사지게 그어져 있고 하단의 'ㅡ'와 접필되지 않음. 초성 'ㄱ'의 형태가 두 종류로 나타남. 초성 'ㄴ'의 세로획이 좌측으로 기울어져 있으며 우측에 중성 모음을 동반할 때에는 접필됨. 종성 'ㄴ'이 정체와 반흘림체 두 종류가 나타남. 'ㄷ' 상단 가로획이 하단 'ㄴ'과 분리되어 표기됨. 'ㅌ' 상단 가로획이 하단 'ㄷ'과 분리되어 표기됨. 'ㅇ'이 기필 부분에 세리프가 있는 것과 없는 것 두 종류가 나타남.

자소	자소 구조	'궈'에서 'ㅓ'의 좌측 점이 '권, 원'에서는 'ㅜ'의 아래에 위치하고 있으나 '워'에서는 위에 위치함. '초성 'ㅈ'의 좌측 획이 대부분 상단 가로획 중앙에서 시작하며, '좀' 자에서만 우측 끝에서 시작한 것이 보임. 초성 'ㅈ, ㅊ'에서 좌측 획이 다소 길게 표기하였으며, 두 획이 'ㅅ'을 표기하듯 필사되어 있음. 초성 'ㅋ'의 하단 가로획이 'ㄱ'과 접필되지 않으면서 우측으로 삐쳐 올리고 있음. 'ㅠ'의 좌측 점이 원을 그리듯이 왼쪽으로 굽어 표현됨.
	자소 크기 비례	초성 'ㅈ, ㅊ'이 다소 크게 필사되기는 했으나 일반적인 궁서체로서 커다란 특징 없음.
점획	세리프의 유무	있음.
	세리프의 형태	대체로 전형적인 궁서체 세리프를 보이고 있음. 세로획에서 기필 부분이 날카롭고 길게 표현된 경우가 많음. 초성 'ㅇ'에서도 기필 부분의 세리프가 길고 강하게 표현됨.
	점획의 굵기	행필 부분은 큰 변화가 없으며 기필과 수필 부분의 굵기 변화도 크게 두드러지지 않음.
	점획의 구조	큰 특징 없음.

4. 소학독본(小學讀本)

(1) 문헌 소개

대한제국 개화기인 1895년(고종 32)에 학부편집국에서 소학교 교과용 도서로 간행한 것으로서, 운각인서체자(芸閣印書體字)라고 하는 학부 목활자본 1책, 속표지 포함 62면으로 되어 있다. 어린 학생들에게 교훈을 주기 위한 책으로서, 입지(立志), 근성(勤誠), 무실(務實), 수덕(修德), 응세(應世)의 다섯 장으로 이루어져 있으며 내용의 대부분이 맹사성, 송시열, 이율곡, 성혼, 조광조 등 역대 성현들의 고사나 격언들로 구성되어 있다. 문장 표현에 있어서는 국한문 혼용체이나 한글은 토를 다는데 주로 사용되고 있다.

참고로 ≪소학독본≫이 간행되기 1년 전인 1894년에 정부에서는 각급 각종 학교 교과목을 설정하였으며, 1895년 4월 19일 정부는 소학교 개설에 앞서 그에 필요한 교원 양성을 목적으로 한성사범학교 관제를 공포하는 등 이 시기에 민족의 근대화를 앞당기기 위해 신교육에 대한 정책이 매우 활발하게 논의·발표되고 있었다.[3] 이에 따라 ≪소학독본≫과 함께 학부편집국에서 동일한 목활자로 인출한 교과서는 지금까지 알려진 바에 의하면 ≪국민소학독본≫, ≪심상소학≫ 등을 비롯하여 약 24종에 이르고 있다.[4]

---

[3] 이종국, ≪대한교과서사≫, 대한교과서 주식회사, 1998, p.42, p.56.
[4] 이에 대한 보다 상세한 자료는 위의 책, p.50을 참조할 것.

여기서는 서강대학교 소장본을 135㎜ 컬러 슬라이드 필름으로 촬영한 것을 다시 1200dpi 해상도로 스캔한 이미지 파일을 사용하여 글꼴을 추출하였다.

(2) 판면 구성의 특징

서지 사항을 보면, 광곽은 사주단변이며, 반엽광곽의 크기는 21.4×15.1cm, 1면에 10행 20자로 구성되어 있다. 또한 주석은 본문 1행 내에 2행으로 처리되어 있으며, 판심은 상내향화문흑어미, 문헌 크기는 27.9×18.4cm, 문헌에 표시된 간기는 대조선개국오백사년(大朝鮮開國五百四年) 중동(仲冬)으로 되어 있다.

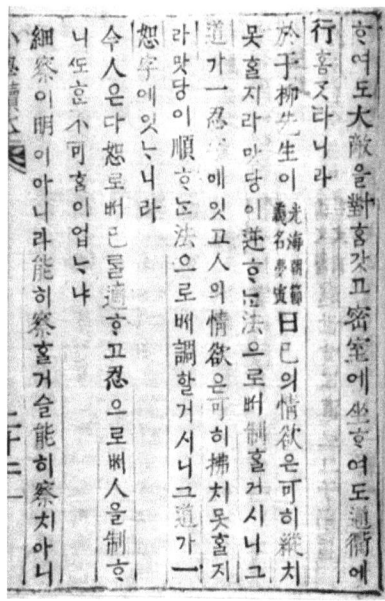

<그림 8-64> ≪소학독본≫ 본문 일부

(3) 글꼴의 특징

가	각	꼬	곳	파
남	냐	노	더	던
두	려	렵	로	론	모
문	미	면	버		보
셰	스	아	와		욤
우		의			주
	차		코	터	피
하			몸	업	밧

<그림 8-65> 《소학독본》 대표글자

여기서 참조한 ≪소학독본≫자료는 원문헌을 35㎜슬라이드 필름으로 촬영한 것을 1200dpi로 다시 스캔한 이미지파일이다. 그러므로 이미지 해상도는 높다고 하더라도 본래의 이미지 크기는 2.44×3.66㎜정도에 불과하므로 부득이 이미지를 10배 이상 확대하여 글자를 추출할 수밖에 없었다.

이러한 몇 가지 이유에 의해 〈그림 8-65〉의 대표글자에서 보는 것과 같이 날카로운 세리프가 대부분 생략되고 말았다. 본래의 글꼴을 추측하여 복원해 보면 〈그림 8-66〉과 같다. 여기서 오른쪽의 '곳' 자는 왼쪽 '곳'자의 원본을 참조하여 복원한 것이다.

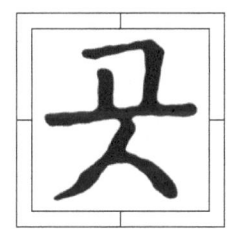 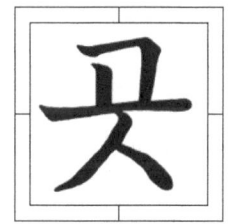

〈그림 8-66〉 ≪소학독본≫에 나타난 '곳'(좌) 자와 예측한 본래 글꼴(좌)

뿐만 아니라 〈그림 8-67〉에서 보는 것과 같이 동일한 글꼴이라 하더라도 활자 및 인쇄 상태에 따라 획의 굵기 및 세리프의 변화가 매우 크게 나타나고 있음을 확인할 수 있다.

〈그림 8-67〉 ≪소학독본≫에 나타난 '고' 자

그러므로 여기서 보여주는 글자에서 뭉뚱그려 표현된 기필 부분에는 본래 예리하고 날카로운 세리프가 있었으며, 획의 굵기 역시 상당히 왜곡된 경우가 많음을 감안해야 할 것이다.

또한 ≪소학독본≫에 사용된 인서체 한글 목활자는 당시 학부에서 시급히 교과서를 편찬해야 하는 상황에서 수많은 활자장(活字匠)을 동원하여 별도로 만들었으며, 한자는 과거의 교서관 활자를 사용하였다. 그 결과 학부 관제가 발표된 지 불과 5개월 만인 1895년 8월경에 ≪국민소학독본≫을 시작으로 ≪소학독본≫ 등 20여 종의 교과서가 발간되었던 것이다.5) 이에 따라 이 당시 교과서 글자들은 필체가 다른 여러 종류의 목활자를 사용하고 있을 뿐만 아니라 같은 문헌 내에서도 다양한 서체가 나타나고 있다. 물론 각 교과서별로 주로 한 사람의 것을 사용하였으나 부족한 글자는 글꼴이 유사한 다른 필사자의 글자 또는 이전의 글자를 차용하여 활자를 새롭게 만들었거나 이전의 활자를 그대로 가져와 사용한 것으로 생각된다.

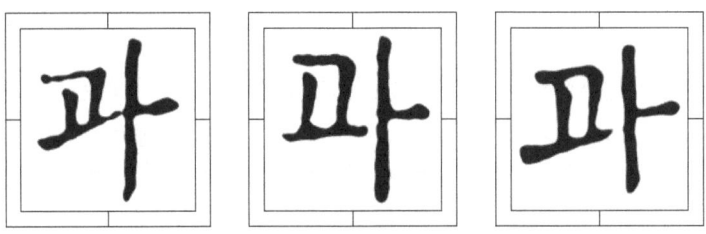

<그림 8-68> ≪소학독본≫에 나타난 '과' 자

---

5) 위의 책, p.56 참조.

<그림 8-69> ≪소학독본≫에 나타난 '갓' 자

그 구체적인 예를 보면 〈그림 8-68, 69〉의 '과, 갓' 자에서 보는 것과 같이 3가지 이상 다양한 유형의 글자가 보이고 있을 뿐만 아니라 그 외의 글자에서도 이와 유사한 경우가 많이 나타나고 있다. 특히 〈그림 8-70〉과 같이 서체가 전혀 다른 글자들도 함께 사용되고 있으며, 더구나 〈그림 8-67〉 대표글자에서 '노, 던, 로, 론' 등의 글자와 같이 18세기 ≪어제훈서언해≫ 등에서 볼 수 있는 유형의 글자까지 나타나고 있다.

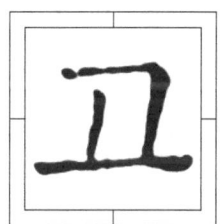 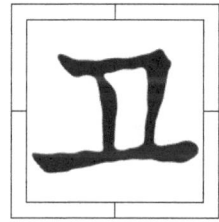  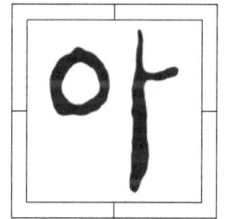

<그림 8-70> ≪소학독본≫에 나타난 '고, 아' 자

결과적으로 ≪소학언해≫는 전체적으로는 글자간의 조화와 균형이 이루어지지 않아 오히려 앞에서 보았던 여타 19세기 문헌에 비해 오히려 퇴보한 느낌마저 든다.

이러한 문제점에도 불구하고 낱낱의 글자만을 놓고 보았을 때 대부분의 글자

496 _ 4. 소학독본

들은 19세기 판본 글꼴이 대체로 그렇듯이, 한자 글꼴 구조에 영향을 받아 자모의 크기 변화가 적절히 이루어짐으로써 균형을 유지하고 있고 다소 가느다란 획과 선명한 세리프가 나타나는 등 전형적인 판본용 한글 궁서체를 보여주고 있다.

(4) 자소의 특징

제8장 19세기 문헌별 글꼴 분석_497

<그림 8-71> ≪소학독본≫ 자소

4. 소학독본

≪소학독본≫ 글자는 대체로 초·종성 자음의 크기 비례가 글자마다 차이가 심해 글자간 일관된 조화를 이루지 못하고 있다. 그러나 낱낱의 자소만으로 볼 때 다른 19세기 문헌에 나타난 글꼴과 같이 대체로 숙달된 필체에 의해 일관된 자소의 형태를 보이고 있다. 그러나 〈그림 8-72〉 '라'의 초성 'ㄹ'에서 보듯이 이 문헌에서 자주 나타나는 활자체가 다르다는 것을 알 수 있다.

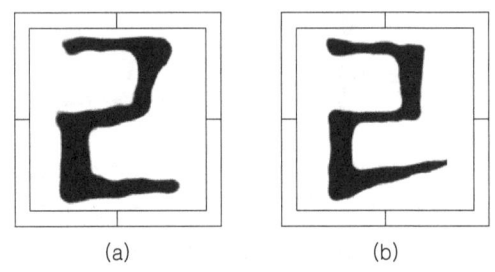

(a)   (b)
〈그림 8-72〉 ≪소학독본≫에 나타난 'ㄹ'

(a) 'ㄹ'은 이 문헌에서 주활자로 사용된 글자의 것이며, (b)는 보충 활자로 사용된 것으로 보이나 이 역시 매우 빈번하게 나타난다.

이들 글자의 자소 가운데 〈그림 8-73〉에서 보는 것과 같이 종성 'ㄴ'이 삽입된 글자 등에서 자소들의 균형이 다소 조화롭지 못한 경우가 보인다.

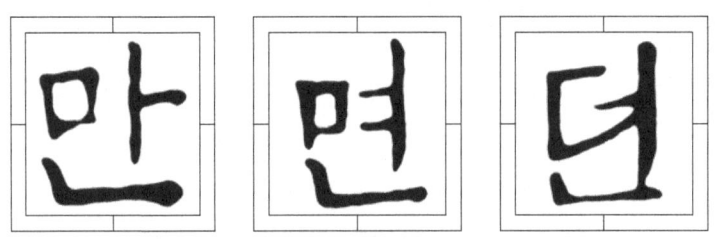

〈그림 8-73〉 ≪소학독본≫에 나타난 '만, 면, 던' 자

이러한 것은 자소가 자면을 채우던 15세기의 관습이 남아 있는 것으로 보이며, 19세기에 이러한 자소가 나타난다는 것은 18세기 활자를 가져와 사용한 것이 아닌가 하는 의구심을 갖게 한다.

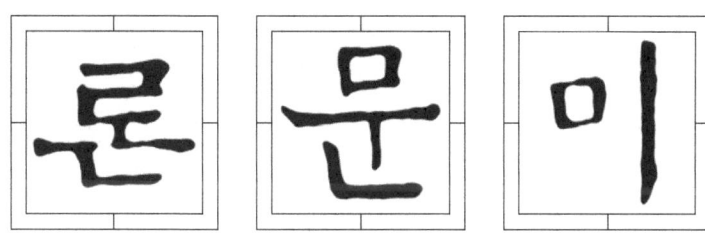

<그림 8-74> ≪소학독본≫에 나타난 '론, 문, 미' 자

또한 <그림 8-74>의 '론, 문, 미' 자에서 확인할 수 있는 것과 같이 일부 초·종성을 상대적으로 작게 표현한 것은 16세기 중반부터 나타난 현상으로서 이러한 영향이 이 19세기 말에 간행된 문헌에서 나타난다는 것 역시 과거의 활자를 그대로 가져와 사용한 것으로 생각된다.

<그림 8-75> ≪소학독본≫에 나타난 '사, 셰, 써' 자

낱낱의 자소들은 대체로 가장 전통적인 형태로서 특징적인 면을 찾기 어려우나 <그림 8-75>의 '사, 셰, 써' 등과 같은 병서형 글자 초성 'ㅅ'에서 오른쪽 경사

진 획이 두드러지게 짧은 것을 확인할 수 있다. 또한 〈그림 8-71〉에서 '자, 차' 등의 초성 'ㅈ, ㅊ'에서도 오른쪽 경사진 획이 짧게 표현되고 있음을 볼 수 있다.

<그림 8-76> ≪소학독본≫에 나타난 '수, 즈, 잇' 자

그러나 〈그림 8-76〉의 '수, 즈, 잇' 자와 같은 종서형 글자 초·종성 'ㅅ, ㅈ' 등에서는 그러한 현상이 나타나지 않는다. 이와 같이 글자 유형에 따른 자소의 형태 변화는 글자 전체적인 균형을 중시하는 필사자의 의지에서 비롯된 것으로 해석된다.

또한 〈그림 8-77〉의 'ㅋ'에서 좌측 아래 가로획 오른쪽이 유난히 위쪽으로 삐쳐 올라간 형태를 보이고 있으며 이러한 형태는 ≪소학독본≫에 나타난 모든 글자의 초성 'ㅋ'에서 나타난다. 그러나 종성 'ㅋ'에서도 이러한 현상이 나타나는지에 대해서는 해당 글자가 없어 확인할 수 없었다.

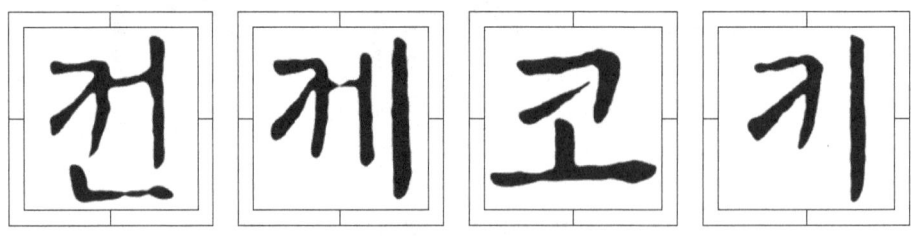

<그림 8-77> ≪소학독본≫에 나타난 '컨, 케, 코, 키' 자

제8장 19세기 문헌별 글꼴 분석 _ 501

이러한 모습은 ≪무예제보≫ 등 이미 16세기 중반 문헌에서부터 나타난 것으로서 한자 '以, 厶' 등에서 보이는 위로 삐침 획을 모방한 것으로 생각된다. 그 외의 자음에서 'ㅌ'에서 위쪽 가로획은 밑의 'ㄷ'과 완전히 분리된 형태로 표기되고 있다.

모음에서 'ㅏ, ㅑ, ㅓ' 등에서 점획들은 대체로 세로획의 약간 위쪽에 위치해 있으며, 가로획은 수평을 유지한 경우와 미미하게 오른쪽이 올라가 있는 경우가 함께 나타난다.

(5) 점획의 특징

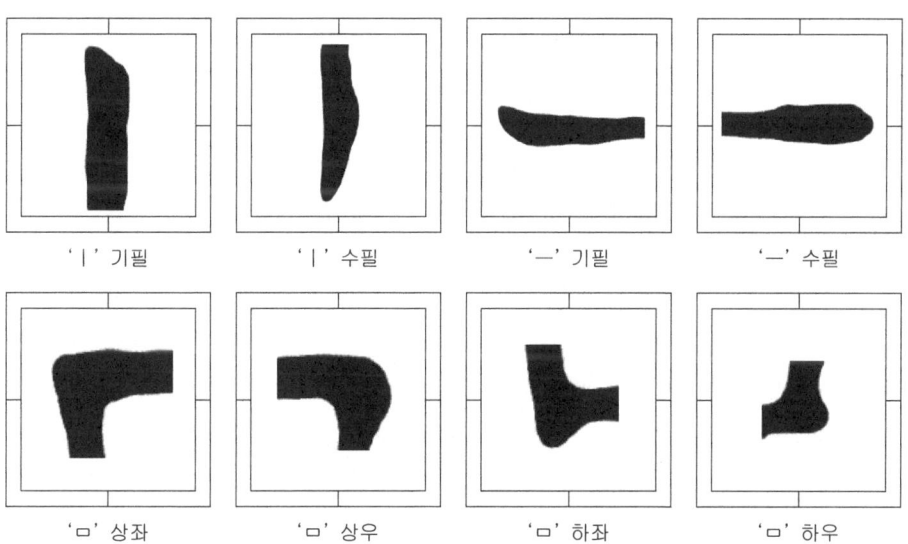

'ㅣ' 기필 'ㅣ' 수필 'ㅡ' 기필 'ㅡ' 수필

'ㅁ' 상좌 'ㅁ' 상우 'ㅁ' 하좌 'ㅁ' 하우

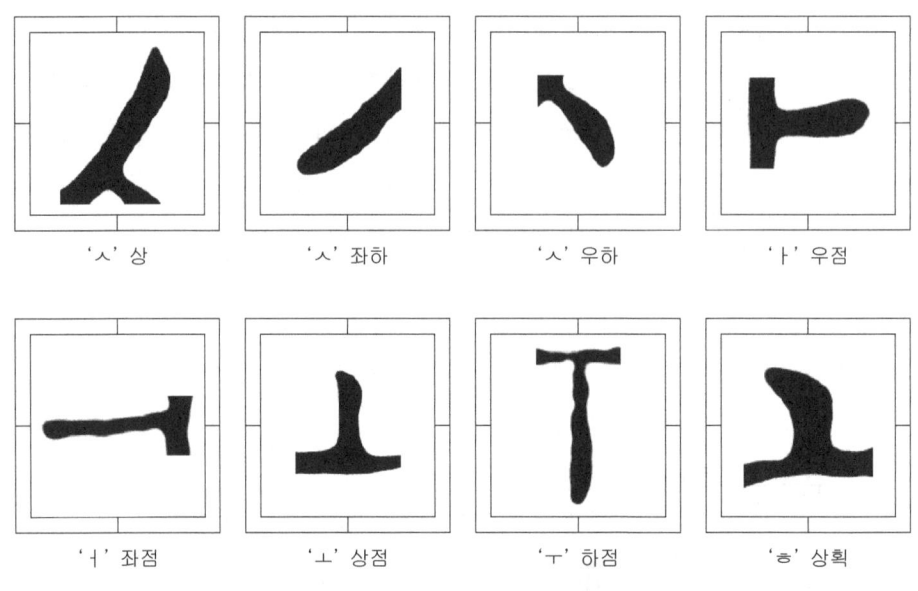

<그림 8-80> ≪소학독본≫에 나타난 점획

　≪소학독본≫에 나타난 한글 글꼴 세리프는 글꼴 추출 환경이 양호하지 못한 점을 감안할 때 비교적 날카롭고 뚜렷하게 표현되어 있을 것으로 생각된다. 또한 〈그림 8-80〉에서 보는 것과 같이 'ㅣ, ㅡ' 등의 가로·세로획의 기·수필 부분은 물론 'ㅁ' 등에서 획이 접하는 부분에서도 세리프의 형태는 비교적 뚜렷하게 드러난다. 뿐만 아니라 'ㅅ, ㅏ, ㅓ, ㅗ, ㅜ' 그리고 'ㅎ' 등에 표기한 점획은 그 사용 위치에 따라 서로 다르지만 각각 일정한 형태를 보이고 있어 판본용 글씨체로서 정형화되어 있는 듯하다.

　획의 굵기는, 기·수필 부분을 제외하고 행필 부분에서는 변화가 크지 않으며, 이로 인해 전반적으로 현대의 명조체와 유사한 느낌을 나타내고 있다. 다만 획의 필사 방향이 일정하지 않아 글꼴이 고르지 않게 보인다.

　점획을 보면, 〈그림 8-65〉의 '고, 과' 등에서 'ㅗ', 그리고 'ㅎ'의 점획이 점이 아닌 획으로 길게 표현하고 있어 글자 변별력을 높이고 있으나 이러한 특징은 이미 이전의 많은 문헌에서도 확인된 바 있다.

(6) 요약

위에서 분석한 《소학독본》의 글꼴, 자소, 점획에 대한 내용을 요약하면 다음 〈표 8-4〉와 같다.

〈표 8-4〉 《소학독본》의 글꼴 분석 요약

구 분		내 용
글 꼴		학부목활자를 사용했으며, 부족한 활자는 과거의 활자를 사용한 것으로 추측됨. 이에 따라 여러 가지 유형의 서체가 다양하게 나타나며, 18세기 활자도 사용한 듯함. 균형을 유지하고, 다소 가느다란 획과 날카롭고 뚜렷한 세리프가 보이는 전형적인 판본용 한글 궁체서임. 조화롭지 못한 글꼴들이 빈번하게 나타남으로써 판면이 다소 산만해 보임.
자소	자소 구조	대체로 완숙한 필체에 의한 안정된 형태임. '사, 셰, 쎠, 자, 차' 등에서 초성 'ㅅ, ㅊ'의 오른쪽 획이 유난히 짧게 표기함. 그러나 '수, 즈, 잇' 등과 같은 종서형 글꼴에서는 그렇지 않음. 'ㅋ' 중간 가로획이 유난히 오른쪽으로 삐쳐 올라감. 'ㅌ'에서 상단 가로획이 아래 'ㄷ'과 완전히 분리됨. 'ㅏ, ㅑ, ㅓ' 등에서 점획이 약간 위로 올라가 위치해 있음.
	자소 크기 비례	자소의 크기 비례가 글자마다 달라 글자들의 일관된 조화가 이루어지지 못함. '만, 면, 던' 등에서 종성에 'ㄴ'이 자면을 가득 채우고 있는 등 15세기 글꼴 모습이 나타나 과거의 활자를 차용한 것으로 생각됨. '론, 문, 미' 등에서 초성이 유난히 작게 표현하는 경우도 보여 이 역시 과거의 활자를 차용한 것이 아닌가 생각됨.
점획	세리프의 유무	세리프 있음.
	세리프의 형태	매우 뚜렷하며 정형화되어 있음. 현대 명조체와 유사하나 필사 방향이 일정치 않음.
	점획의 굵기	기·수필 부분을 제외하고 행필 부분의 굵기는 일정함.
	점획의 구조	커다란 특징 없음.

제9장

한글 글꼴의 통시적 분석

앞에서는 세기별로 나누어 각각의 문헌에 나타난 한글 글꼴과 자소 및 점획에 대한 분석을 시도하였다. 이러한 공시적 분석을 통해 해당 문헌에 나타난 한글 글꼴의 특성과 함께 그 시기의 판본용 한글 글꼴 특성을 추측해 볼 수 있다면, 여기서는 이들의 분석 내용을 근거로 15세기부터 19세기까지 각 문헌에 나타난 한글 글꼴과 점획 및 자소들을 통시적으로 분석하여 그 변화의 방향과 정도를 가늠해 보고자 한다.

1. 글꼴의 통시적 분석

(1) 15세기 글꼴의 변화

1446년 해례본에 나타난 한글 글꼴은 〈그림 9-1〉 (a)와 같이 정사각 형태를 기본 자면으로 하고 자소들이 가급적 이 면을 채우도록 표기하고 있다. 그러나 〈그림 9-1〉 (b)와 같이 글자를 구성하고 있는 자소들의 본래 형태를 유지하면서 글자를 표현하려 했기 때문에 글자의 구조적 특성에 따라 자면의 높이가 다르게 나타나고 있다. 그 결과 해례본 한글 글꼴은 다양한 직사각 형태로 나타나게 되었다. 이는 글자의 본으로서 글자 내 자소의 쓰임새와 함께 그 원형을 제시하려는 의도로서 완전한 자소 중심의 글자인 것이다.

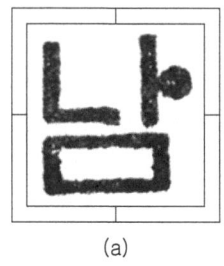 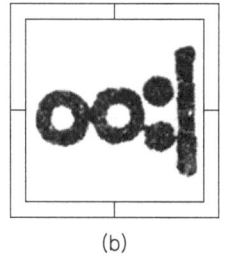

(a)　　　　　　　　(b)

<그림 9-1> 해례본에 나타난 '남, ᅇᅧ' 자

그러므로 자소와 자소 간에 접필이 되지 않도록 하고 있어 자소의 원형을 보다 명확하게 드러내고 있으며, 모든 자소는 창제 당시의 형태를 그대로 취하고 있다.

이러한 해례본 글꼴의 특징은 1447년에 간행된 ≪석보상절≫에서 더욱 정교하게 나타났다. 글꼴은 더욱 정사각 형태에 가깝게 표기되었으며, 이에 따라 글자를 이루는 자소들의 크기 비례도 자면 내에서 최대한 크게 나타내게 되었다. 이는 원형의 점이 막대형으로 바뀌면서 가능해진 것이다. 즉 원형의 점은 크기 변화가 불가능하지만 〈그림 9-2〉에서 보는 것과 같이 막대형 점은 글꼴의 구조에 따라 그 길이를 조절할 수 있다.

<그림 9-2> ≪석보상절≫에 나타난 '각, 붐, 혜' 자

그러나 이러한 ≪석보상절≫보다 1년 뒤에 간행된 ≪동국정운≫은 오히려 원형의 점을 사용하면서 해례본 글꼴을 구조적으로 더욱 정교하고 균형있게 재현하고 있다. 이는 1448년에 간행된 ≪동국정운≫이 ≪석보상절≫보다 간행 시기는 1년 늦지만 실제 편찬 작업은 ≪석보상절≫보다 앞서 진행되었기 때문으로 보이며, ≪동국정운≫의 문헌 내용 특성상 한글 자본을 표현해야 하는 점도 감안했기 때문이라 본다.

≪훈민정음≫ 해례본이 간행된 지 13년이 지난 1459년에 간행된 ≪월인석보≫는 글꼴과 그 쓰임새에 있어서 큰 변화를 보이고 있다. 즉 ≪석보상절≫에서 변화된 막대형 점의 장점, 즉 점의 길이를 조절할 수 있다는 것을 최대한 활용하여 <그림 9-3>에서 보는 것과 같이 글자를 전반적으로 평체 형태로 표기하였을 뿐만 아니라 점획은 더욱 굵게 표현하면서 글자와 글자 사이의 간격을 최대한 좁혀 표기함으로써 해례본이나 ≪석보상절≫, ≪동국정운≫에서와 같이 글자의 원형을 보여주기 위한 것이 아니라 글을 읽기 위한 글자로 변화한 것이다. 즉 단순히 글자의 형태적 이해를 목적으로 하는 것이 아니라 독자가 글을 손쉽게 읽어 내용을 이해할 수 있도록 가독성 위주의 글자로 표현한 것이다.

<그림 9-3> ≪월인석보≫ 본문 일부

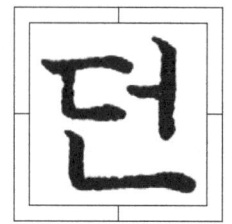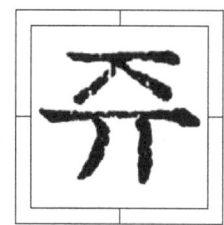

<그림 9-4> ≪여씨향약언해≫에 나타난 '가, 던, 쥬' 자

그러나 여기서 주목해야 할 것은 ≪월인석보≫가 간행되기 4년 전에 이미 강희안에 의해 을해자 한글자가 만들어졌다는 사실이다.

15세기 중반인 1455년에 제작된 을해자 한글자 활자는 당시 중앙에서 한글 문헌 쇄출에 적지 않게 사용되었다. 강희안의 필체로 제작된 을해자 한글자는 <그림 9-4>에서 보는 것과 같이 한자 해서체의 서체와 필법을 도입한 최초의 붓글씨형 판본용 한글 글꼴이다. 즉 해례본 글꼴의 영향이 남아있기는 하지만 한자 서체를 모방하여 초·종성 자음 자소들이 글자의 균형을 위해 다소 작게 표현되고 있어 글자에 따라서는 현대 명조체나 궁서체에 가까운 것도 보인다. 또한 한자의 세리프를 도입하여 점획을 표현했으며, 때에 따라 'ㅗ, ㅜ, ㅡ' 등의 가로획 기·수필에서는 다소 과장된 세리프가 보이는 등 을해자 한글자가 제작되기 10년 전에 처음 등장한 해례본 글꼴과는 상당히 다른 모습을 보이고 있다.

문헌 간행에 사용하는 판본용 글자가 대체로 정자로서 글자의 원형을 유지하려는 보수적 성격이 강하다는 것을 감안하였을 때, 을해자 한글자에 나타난 글꼴과 서체로 미루어 당시 실생활에서 이미 한글 필법이 거의 완성되었다는 것을 알 수 있다. 여기서 한글 필법이란 앞에서도 언급했듯이 한자 필법의 영향을 받은 한글 필서체를 말하며, 이러한 한글 필서체의 완성은 결국 을해자 한글자 등장의 바탕이 된 것으로 생각된다.

뿐만 아니라 이 을해자 한글자가 만들어진 4년 후에 현재의 견출고딕체와 견줄 만한 독특한 점획의 구조를 보이는 월인석보체가 등장했다. 이러한 사실은 그 당시에 세리프체인 을해자 한글자와 산세리프체인 월인석보체가 함께 사용되었다는 단순한 의미보다 해례본 글꼴이 발표된 지 불과 10년 만에 이미 다양한 한글 글꼴과 서체가 개발되어 실생활에 활용되고 있음을 의미하는 것으로 보아야 할 것이다.

이와는 별도로 세리프체인 을해자 한글자와 산세리프체인 월인석보체의 중간 정도의 것이 1464년 간경도감에서 간행한 ≪아미타경≫[1]이라 하겠다. 〈그림 9-5〉에서 보는 것과 같이 이 문헌에 나타난 한글 글꼴은 자소를 강조한 해례본 글꼴에서 탈피하여 부분적으로 초·종성의 자음 크기를 조절하는 등 글자의 균형감을 살리기 위한 시도가 나타나고 있다. 이는 자소 중심의 글자에서 글꼴 중심의 글자로 의식이 전환되고 있음을 의미하는 것이다. 그러나 글꼴이 일관되지 못하고 아직 자소들 사이에 균형과 조화를 이루지 못해 을해자 한글자보다 오히려 퇴보한 느낌마저 든다.

<그림 9-5> ≪아미타경≫에 나타난 '가, 던, 취' 자

---

1) 이 문헌은 현재 전해지지 않으므로 본고에서는 1702년 복각본을 활용하여 글꼴을 분석하였다. 그러나 복각된 문헌이 15세기 글꼴을 거의 그대로 나타내고 있어 원간본 간행 시기인 15세기에 포함하여 설명하였다.

15세기 말기로 넘어오면서 1496년에 간행된 ≪육조법보단경언해≫는 같은 해에 제작된 인경목활자를 사용하고 있다. 인경목활자체는 〈그림 9-6〉에서 보는 것과 같이 글꼴과 점획의 표현에 있어서 월인석보체와 을해자 한글자체의 중간 정도로서, 글꼴은 을해자 한글자와 매우 유사하나 세리프와 점획의 표현이 두드러지지 않고 점획의 굵기가 일정해 을해자 한글자보다 글자에 생동력은 떨어지지만 나무 활자로서 비교적 점획이 굵으며, 날카로운 수침 형태가 보이지 않는 등 글자에 무게와 위엄이 있어 보인다.

〈그림 9-6〉 ≪육조법보단경언해≫에 나타난 '가, 던, 쥬' 자

정리해 보면, 15세기에는 한글 자소와 글자의 원형을 보여주기 위한 최초의 한글 판본체인 해례본 글꼴이 등장하였고 이어 해례본 글꼴을 바탕으로 한 석보상절체, 동국정운체, 을해자 한글자체, 간경도감체, 월인석보체, 인경목활자체 등 다양한 세리프체와 산세리프체가 개발·활용된 시기였다. 여기서 석보상절체는 해례본 글꼴의 원형 점을 막대형 점으로 변형시켜 일정한 크기의 글꼴 표현을 가능하게 했으며, 동국정운체는 해례본 글꼴을 보다 정교하게 다듬었고, 아미타경을 쇄출한 간경도감체는 자소 중심의 해례본 글꼴을 글자 중심의 글꼴로 변화하는 과정을 보여주었다. 이에 비해 을해자 한글자와 인경목활자체는 해례본 글꼴의 틀을 과감하게 벗어나 한자의 필법을 대폭 도입함으로써 한글

1. 글꼴의 통시적 분석

명조체의 시초를 열었다. 또한 월인석보체는 독특한 산세리프 점획의 모습으로 현대의 견출고딕체와 비교될 만한 글꼴과 서체로 개발됨으로써 한글이 창제된 15세기에 이미 변화된 한글 글꼴의 기반이 다져져 있음을 알 수 있다.

(2) 16세기 글꼴의 변화

앞에서 밝힌 바와 같이 ≪여씨향약언해≫는 15세기에 제작된 을해자 한글자를 사용하여 간행한 책이며, 을해자 한글자는 16세기에서도 문헌 간행에 사용한 대표적인 한글자로서 적지 않은 문헌을 쇄출하였다.

을해자 한글자가 해례본 글꼴에 한자 필법을 도입하여 한글을 표현한 것과 같이, 같은 해에 쇄출된 목판본 ≪정속언해≫에 나타난 한글자도 〈그림 9-7〉에서 보듯이 세리프체로서 역시 기하학적인 해례본 글꼴의 틀을 벗어나려고 노력하고 있음을 볼 수 있다.

<그림 9-7> ≪정속언해≫에 나타난 '가, 딜, 쥬' 자

그러나 ≪정속언해≫ 한글 글꼴은 다소 거칠고 고르지 못한 면을 보여주고 있다. 즉 정속언해체는 정자로 필사한 한글 세리프 글꼴이기는 하지만 글자의 크기 변화가 매우 심하고 동일한 글자에서도 글꼴이 크게 다른 경우가 많다.

또한 점획의 유형이 일정치 않고, 동일한 글자들에서도 자소의 크기나 점획의 형태가 매우 불규칙하게 나타나고 있어 글꼴 면으로 볼 때 정형화된 을해자 한글자보다 퇴보한 느낌이 든다. 그러나 전반적인 글꼴의 틀은 을해자 한글자를 모방한 듯이 보인다.

16세기 초에 간행된 것으로 추측되는 ≪장수경언해≫에 나타난 한글자도 정속언해체와 같이 글꼴이 고르지 못한 점은 비슷하나 〈그림 9-8〉에서 보는 것과 같이 ≪정속언해≫에 비해 초·종성 자음의 크기가 더욱 작아지면서 해례본 글꼴의 영향에서 벗어나 글자 내에서 자소들의 균형과 조화를 유지하려는 시도가 엿보이고 있다.

<그림 9-8> ≪장수경언해≫에 나타난 '가, 뎐, 쥬' 자

비교적 세리프가 선명하게 드러나지 않아 산세리프체의 느낌이 드는 ≪장수경언해≫ 한글자는 '각' 자와 같이, 초·중성은 병서로, 종성은 밑에 위치한 유형의 글꼴에서 종성 자음이 초성 바로 밑에 초성 자음과 비슷한 크기로 위치하는 특이한 모습을 보이고 있어 당시 한글 필사체의 또다른 유형을 확인할 수 있다.

16세기 초에 간행된 ≪정속언해≫와 ≪장수경언해≫에 나타난 한글자가 글꼴이 고르지 못하고 불안정한 모습을 보이는 반면 16세기 말(1598)에 간행된 ≪무예제보≫ 한글자는 이들 문헌에 비해 상당히 안정된 글꼴과 숙련된 필체로 필사되어 있음을 볼 수 있다.

1. 글꼴의 통시적 분석

  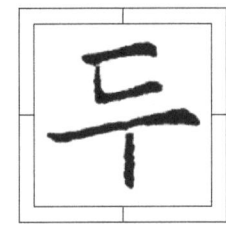

<그림 9-9> ≪무예제보≫에 나타난 '가, 언, 두' 자

15세기 을해자 한글자체가 많은 부분 해례본 글꼴을 계승받은 산세리프형 정체라고 한다면 ≪무예제보≫ 한글자는 구조적으로는 한자의 해서체 영향을 더 많이 받은 필기체 유형의 글자라고 볼 수 있다. 비교적 점획의 굵기가 가는 이 글자는 현대 명조체와 유사한 느낌을 준다.

정리해 보면, 16세기 초에는 15세기에 이어 을해자 한글자의 사용이 많았으며, 한편으로는 을해자 한글자만큼 조화롭지는 않으나 한자 해서체에 영향을 받은 다양한 형태의 한글자가 해례본 글꼴에서 탈피하여 변화를 시도하였다. 16세기 말에 와서는 ≪무예제보≫ 글자와 같이 완전하지는 못하나 을해자 한글자보다 균형 잡힌 능숙한 필기체 유형의 글자가 나타나는 등 안정된 판본용 한글자 형태를 볼 수 있다.

(3) 17세기 글꼴의 변화

이 시기의 분석 대상 문헌 가운데에서 목판본인 ≪언해두창집요≫, ≪연병지남≫, ≪가례언해≫에서는 필사자의 개성있는 글꼴과 필체가 확연히 드러나고 있다.

〈그림 9-10〉에서 보는 것과 같이 ≪언해두창집요≫에 나타난 낱낱의 글자는

글꼴에 일관성이 없고 조화롭지 못한 면도 있으나 판면 전체적으로 글자를 모아놓고 보았을 때 글자 점획에 의한 선 구성이 독특한 조형적 아름다움을 보이고 있다. 이는 자소들이 비교적 크게 필사되고 있으면서 수평과 수직을 유지하고 있는 가로·세로 점획의 일관된 표기와 더불어, 글자가 계선 사이의 공간을 최대한 채우고 있는 점과 글자와 글자 사이의 간격 역시 최대한 좁히고 있는 점 등 글꼴 외적 조건 등에 의한 영향으로 생각된다.

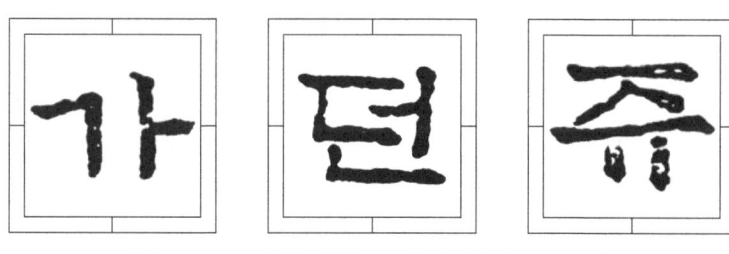

<그림 9-10> ≪언해두창집요≫에 나타난 '가, 던, 쥬' 자

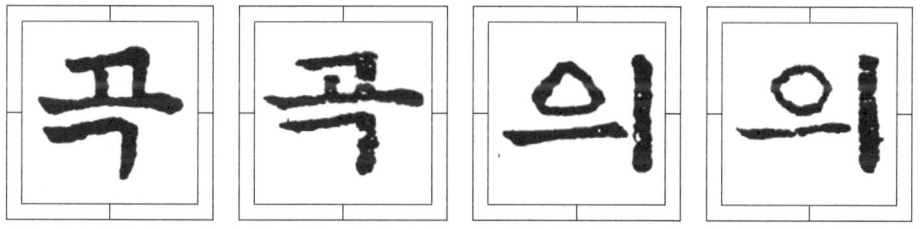

<그림 9-11> ≪언해두창집요≫(각 좌)와 ≪가례언해≫자(각 우)의 비교

〈그림 9-11〉에서 ≪언해두창집요≫와 ≪가례언해≫의 '곡, 의' 자를 비교해 보면 이 두 문헌의 필사자가 동일인이 아닌가 할 정도로 글꼴과 필체가 유사함을 알 수 있다. 이러한 것은 두 문헌에 나타난 글자의 점획 굵기와 형태, 그리고 평체 모양의 글자 형태 등이 흡사하기 때문인 것으로 보인다. 다만 차이점이라

1. 글꼴의 통시적 분석

면 〈그림 9-12〉에서 보는 것과 같이 《언해두창집요》에 비해 《가례언해》 글자가 초·종성 자음의 크기가 대체로 작게 표현되면서 글꼴에 균형이 잡혀 있다는 점이다.

〈그림 9-12〉 《가례언해》에 나타난 '가, 뎐, 쥬' 자

이와 같이 24년의 시차를 두고 간행된 《가례언해》와 《언해두창집요》의 글자 형태가 유사한 것은 이러한 유형의 글자가 이 당시 판본용 한글자의 한 흐름이 아닌가 추측된다.

〈그림 9-13〉 《연병지남》에 나타난 '가, 뎐, 쥬' 자

이와는 대조적으로 《연병지남》에 나타난 글자는 〈그림 9-13〉에서 나타난 것과 같이 병서(兵書)에 적절한 글꼴과 서체를 보이고 있다. 이 글자는 점획 하나하나 마다 힘이 들어가 있고 점획의 굵기와 세리프 등에 파격적인 변화를 주고 있으며 때에 따라 다소 과장된 세리프에 의한 독특한 글꼴도 보이고 있어

전체적으로 매우 용맹스럽고 과격한 인상을 준다.

≪가례언해≫와 ≪언해두창집요≫의 글꼴과 서체가 유사한 것과 같이, 〈그림 9-14〉에서 보듯이 현종실록자로 조판한≪마경초집언해≫의 글자와 17세기 갑인자 한글자로 18세기에 쇄출한 ≪어제내훈≫ 글자는 매우 흡사하다.

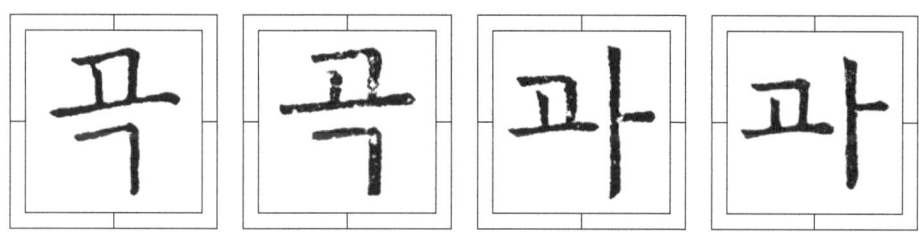

<그림 9-14> ≪마경초집언해≫(각 좌)과 ≪어제내훈≫자(각 우)의 비교

물론 앞에서 분석한 것과 같이 이 두 문헌 쇄출에 사용된 활자 역시 같은 시기에 한 사람에 의해 한꺼번에 제작된 것이 아니라 서로 다른 사람에 의해 필사된 몇 종류의 글자가 섞여 있다는 것과, 간행 시기도 비슷할 수 있다는 점, 즉 ≪마경초집언해≫가 17세기 전반에 쇄출된 것으로 추정된다면 1668년에 만들어진 갑인자 한글자로 간행된 ≪어제내훈≫에 사용된 활자 중 일부가 ≪마경초집언해≫에도 사용되었을 수도 있다.

이 두 문헌에 등장하는 글자들의 차이점을 본다면, 판각이나 쇄출 환경에 의한 문제일 수도 있겠으나, 대체로 ≪마경초집언해≫의 글자가 ≪어제내훈≫의 글자보다 점획의 굵기가 약간 가늘고 정교하며 글꼴이 균형 잡혀 보여 훨씬 단정해 보인다. 그러나 일부 특정 글자를 제외하고는 두 문헌에 나타난 글자 모두 대체로 가늘고 굵기 변화가 크지 않은 점획과, 분명한 자소의 표현에 의해 글자들의 변별력이 높다는 점, 그리고 능숙한 필체로 안정되고 균형이 잡혀 있

518 _ 1. 글꼴의 통시적 분석

는 등으로 현대의 명조체와 유사한 느낌을 주고 있다.2)

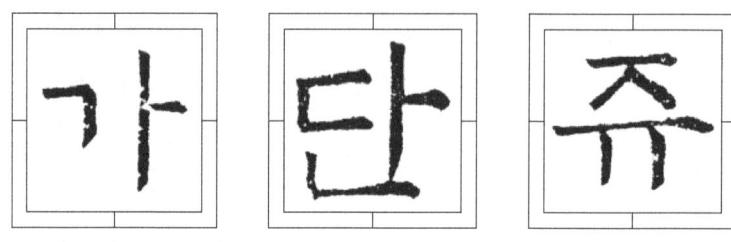

<그림 9-15> ≪마경초집언해≫에 나타난 '가, 단, 쥬' 자

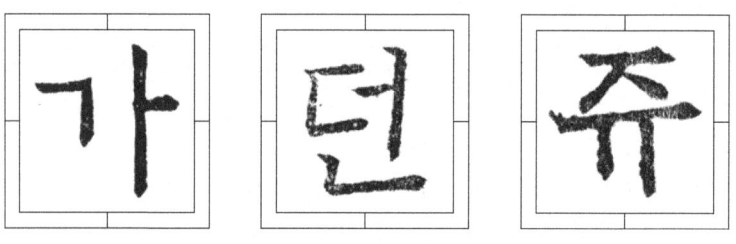

<그림 9-16> ≪어제내훈≫에 나타난 '가, 던, 쥬' 자

또한 이들 문헌의 글자 형태는 16세기 ≪무예제보≫의 글자와도 매우 유사한 모양을 보이고 있다. 다만 눈에 띄는 차이점은, 이들 문헌은 정체로서 가로획이 수평을 유지하고 있으나 ≪무예제보≫ 글자는 필기체가 가미되어 가로획이 우측으로 약간 올라갔다는 점이다.

정리해 보면, 17세기도 16세기에 이어 여러 유형의 실험적인 판본용 한글자가 등장한 시기이다. 그 가운데에 목판본의 경우 글꼴의 안정성과 균형성 등에서 15세기 을해자 한글자에 못 미치는 것도 있으나 글꼴의 구조적인 면에서 볼 때

---

2) 활자용 한글은 목판본 글자에 비해 대체로 능숙한 필체로 글꼴이 안정되고 균형이 잡혀 있는 정체 표현이 많다. 목판본에서는 필사자의 개성이 드러나고 실험성이 강한 글자가 흔히 보이는 반면 활자본에서는 보수성이 강하여 개성보다는 보편적인 글자 표현이 많다.

을해자 한글자보다 해례본 글꼴의 영향에서 많이 벗어난 형태를 보이고 있다.

대개 16세기 초 중반에 제작된 활자로 쇄출된 이 시기 활자본의 경우, 을해자 한글자보다 글꼴의 균형감과 안정감이 크게 향상되어 현대 명조체와 매우 유사한 글자가 적지 않게 보이는 반면 그렇지 못한 경우도 많아 아직은 판본용 한글 글꼴이 완전히 정착하지 못한 상태임을 알 수 있다.

(4) 18세기 글꼴의 변화

18세기 한글 문헌 중 ≪천의소감언해≫ 한글자는 〈그림 9-17〉에서 보는 것과 같이 부분적으로 독특한 형태의 자소와 점획이 나타나기도 하지만 전반적으로는 아직도 판본체로서 글꼴의 틀이 잡히지 않은 경우가 많이 보인다.

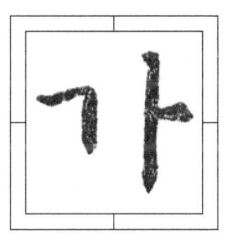  

〈그림 9-17〉 ≪천의소감언해≫에 나타난 '가, 던, 쥬' 자

그러나 일부 글자에서 보이는 상당히 안정되고 균형 잡힌 글꼴, 그리고 선명하고 깔끔하게 처리된 점획과 세리프의 모습 등을 확인할 수 있어 앞의 경우 복각으로 인한 글꼴 왜곡 현상이 아닌가 하는 의구심을 갖게도 한다. 이 문헌에서 나타난 세련된 한글자의 모습은 16~17세기 일부 문헌에서 나타났던 개성이 강한 글자와는 대조적인 것으로 세리프형 판본용 한글 글꼴이 정착되어 가고 있음을 느끼게 한다.

1. 글꼴의 통시적 분석

≪어제훈서언해≫(1756), ≪어제경민음≫(1762), ≪어제백행원≫(1765) 등은 18세기에 간행했지만 ≪어제내훈≫에 사용된 활자와 동일한 17세기(1668)에 제작된 갑인자 한글자를 사용하였다. 그러므로 이들 문헌에 나타난 한글 글꼴 역시 대부분 17세기의 것이라고 할 수 있다.

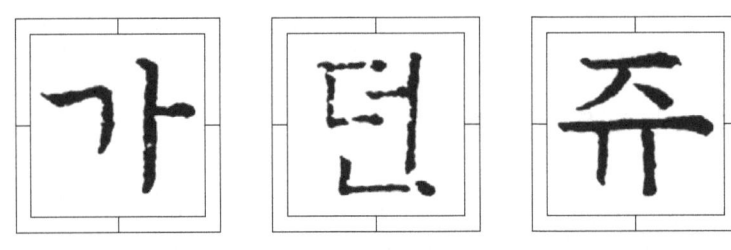

<그림 9-18> ≪어제훈서언해≫ 등에 나타난 '가, 뎐, 쥬'자

그러나 ≪어제내훈≫의 글꼴과 ≪어제훈서언해≫ 등의 문헌에 나타난 글꼴이 일부는 유사하지만 많은 글자에서 글꼴의 차이를 보이고 있다. 이는 갑인자 한글자 내에 섞여 있는 서로 다른 유형의 활자를 사용했기 때문으로 생각된다.

대체적으로 ≪어제훈서언해≫ 등에 나타난 한글은 을해자 한글자보다는 덜하지만 자소의 크기나 위치 등에 있어서 해례본 글꼴의 모습이 아직도 남아 있고, 전체적인 이미지는 을해자 한글자와 유사한 글꼴을 보이고 있다. 또한 17세기 목판본 문헌이나 ≪천의소감언해≫와 같이 개성이 강하고 부분적으로 과장된 표기가 보이지 않는, 일반적으로 활자체 글꼴에서 보이는 것과 같이 절제된 모습으로서 점획과 세리프 등이 두드러지지 않고 자소들의 균형과 조화가 이루어진 모습을 보이고 있다.

이러한 ≪어제훈서언해≫ 등에 나타난 글꼴과 매우 유사한 것이 ≪지장경언해≫(1762)이다. ≪어제훈서언해≫ 등은 갑인자 활자본인데 비해 ≪지장경언해≫

는 〈그림 9-19〉에서와 같이 목판본으로서 판식이 다름에도 불구하고 이들 문헌에 나타난 필체가 매우 유사하며 때에 따라서는 동일한 글자 가운데 글꼴이 거의 흡사한 형태가 눈에 띄기도 한다.

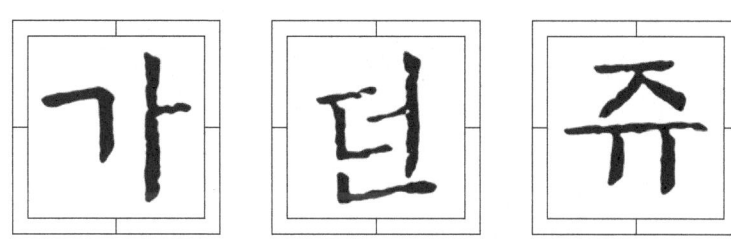

<그림 9-19> ≪지장경언해≫에 나타난 '가, 던, 쥬' 자

다만 ≪지장경언해≫의 글자들이 ≪어제훈서언해≫ 등에 비해 다소 거칠고 자소의 크기 비례가 일정치 않아 조화롭지 못한 점에서 차이가 난다. 그러나 글꼴의 구조적인 면에서 이들 문헌은 큰 차이를 보이고 있지 않다.

15세기 을해자 한글자가 대체로 산세리프 해례본의 글꼴 구조를 유지하면서 세리프를 더한 것이라면 17~18세기 ≪어제훈서언해≫ 등과 ≪지장경언해≫에서 보여주는 세리프 글꼴은 안정된 글꼴의 틀을 구현한 글자라고 말할 수 있다. 즉 글꼴에 따른 적절한 자소의 크기 비례와 일관된 점획의 처리, 급격한 변화를 보이지 않는 점획의 굵기 등은 을해자 한글자보다 진전된 본문용 판본체의 모습을 보여주고 있다. 그러나 이 문헌의 일부 글자는 17세기의 ≪어제내훈≫에 나타난 글자와 매우 흡사한 글꼴을 보이고 있어 그 당시의 활자 가운데 일부가 18세기까지 사용된 것이 아닌가 생각된다.

≪어제훈서언해≫ 등과 ≪지장경언해≫의 글자가 현대의 명조체 정도에 해당된다면 〈그림 9-20〉에서와 같이 18세기 말에 간행된 ≪증수무원록언해≫에 나

타난 글자는 명조체와 고딕체의 중간 정도의 서체로 볼 수 있다.

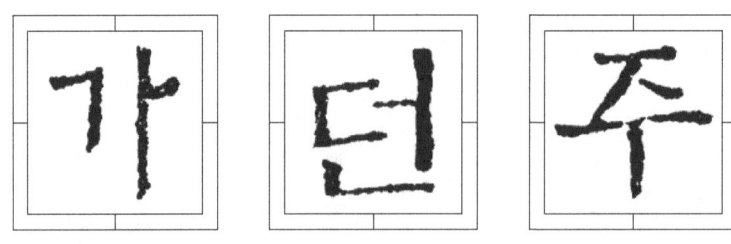

<그림 9-20> ≪증수무원록언해≫에 나타난 '가, 던, 주' 자

이 ≪증수무원록언해≫ 글꼴은 16세기 ≪무예제보≫와 17세기 ≪마경초집언해≫에서 그 뿌리를 찾을 수 있다. 물론 이들보다 1~2세기 후에 쇄출된 ≪증수무원록언해≫의 글자가 판본용으로서 보다 정교하고 균형 잡힌 형태를 보이고 있으나 〈그림 9-21〉에서 보는 것과 같이 글꼴과 서체의 기본 틀은 특히 ≪무예제보≫의 것과 매우 유사함을 알 수 있다.

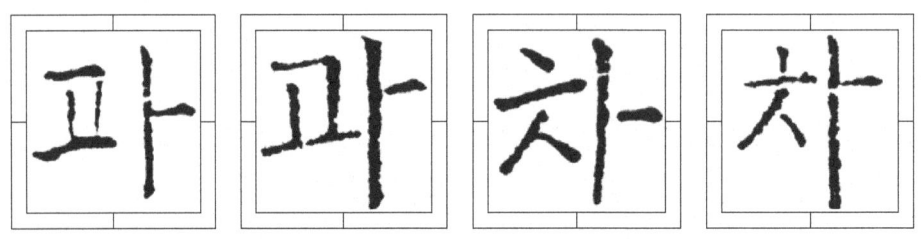

<그림 9-21> ≪무예제보≫(각 좌)와 ≪증수무원록언해≫자(각 우)의 비교

≪증수무원록언해≫ 문헌에 나타난 글꼴은 세리프가 명확하게 드러나지 않는 가늘고 예리한 점획을 보이고 있으며 획이 꺾이는 부분에서도 날카로운 형태를 보이고 있어 원형의 붓으로 필사했다기보다 마치 기계적으로 글자를 깎아 만들

어 낸 듯한 이미지를 주고 있다. 물론 자소의 크기 등에 있어서 해례본 글꼴의 흔적이 일부 남아 있으나 필사자의 개성있고 능숙한 한글 필법에 의해 글꼴의 균형과 조화가 잘 이루어진 글자이다.

≪증수무원록언해≫ 글꼴은 해례본 글꼴 이후 한글 글꼴이 궁서체 형태로 변화·정착되어 가는 흐름 이외에 또 다른 유형의 글꼴 변화로 보이며, 이 글꼴과 서체는 후대의 문헌에서 보다 발전된 형태로 적지 않게 나타난다.

〈그림 9-22〉에서 보는 것과 같이 홍태운에 의해 쓰인 ≪경신록언석≫의 판본용 한글 글꼴은 또 다른 유형의 특성을 보이고 있다. 한자의 독특한 서체를 연상시키는 형태로서 지금까지 보여준 다른 문헌의 한글자와 구분되면서 글꼴의 구조에 있어서도 부분적으로 해례본 글꼴의 영향이 남아있으나 완숙한 조화와 균형미가 돋보인다.

<그림 9-22> ≪경신록언석≫에 나타난 '가, 던, 쥬' 자

뿐만 아니라 목활자로 쇄출된 ≪오륜행실도≫ 한글자 역시 〈그림 9-23〉에서와 같이 판본용 한글 궁서체 글꼴이 완성된 모습을 보이고 있다. 물론 초성 'ㄱ'의 세로획이 완전하게 왼쪽 획으로 구부러지지 않은 점과 종성 'ㄴ'이 자면의 폭에 가득 차도록 크게 처리되어 있는 점 등은 아직도 남아 있는 해례본 글꼴의 흔적이라고 할 수 있겠으나 전체적인 골격으로 보았을 때 완성된 현대 궁서

_1. 글꼴의 통시적 분석

체 글꼴이라고 해도 부족함이 없어 보인다.

<그림 9-23> ≪오륜행실도≫에 나타난 '가, 던, 주' 자

정리해 보면, 18세기 전반기에는 아직 완전하게 해례본의 글꼴 구조에서 탈피하지는 못하고 글꼴에 균형과 조화가 부분적으로 안정되지 못했으나 후반기로 넘어오면서 자소 중심의 해례본 글꼴에서 탈피하여 완벽한 균형과 조화를 갖춘 글자 중심의 글꼴이 나타나 판본용 한글 궁서체 글꼴의 틀이 갖추어지게 되었다. 또한 이 시기에 ≪증수무원록언해≫의 개성있는 글자체는 후대에까지 거듭 발전하면서 많은 문헌에 활용되기도 한다.

(5) 19세기 글꼴의 변화

19세기 중반에 간행된 ≪태상감응편도설언해≫에서 보이는 한글자의 형태와 필체는 <그림 9-24>에서 보는 것과 같이 해례본 글꼴의 영향에서 완전히 벗어난 능숙하고 개성있는 필체로서, 일관된 필사의 기준이 지켜지고 있어 글꼴이 고르고 안정된 현대적인 붓글씨체이다.

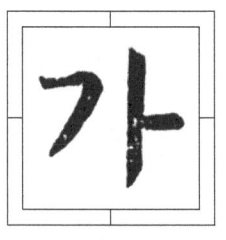  

<그림 9-24> ≪태상감응편도설언해≫에 나타난 '가, 덜, 쥬' 자

<그림 9-25> ≪삼성훈경≫에 나타난 '가, 텬, 쥬' 자

이와 비교되는 글꼴이 19세기 말에 간행된 ≪삼성훈경≫의 글자이다. 점획의 처리 방법에 있어서 차이가 있지만 〈그림 9-26〉에서 보는 것과 같이 ≪삼성훈경≫의 글꼴과 서체는 전반적으로 ≪태상감응편도설언해≫의 것과 흡사한 부분이 많다.

<그림 9-26> ≪태상감응편도설언해≫(각 좌)와 ≪삼성훈경≫자(각 우)의 비교

≪태상감응편도설언해≫와 ≪삼성훈경≫이 필사자의 개성이 드러난 한글자라고 한다면 ≪경석자지문≫에 나타난 한글자의 형태는 15세기 을해자 한글자에서 18세기 ≪어제훈서언해≫에 나타난 갑인자 한글자로 이어지는 판본용 한글 궁서체의 완성형이라 할 수 있다.

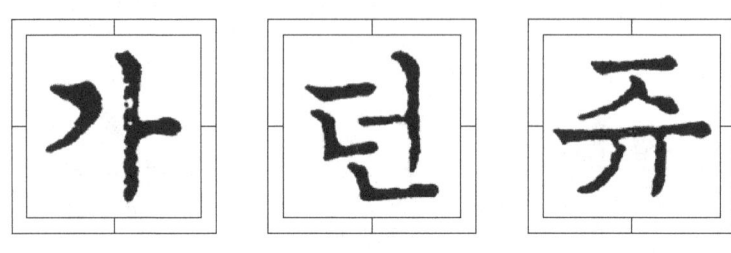

<그림 9-27> ≪경석자지문≫에 나타난 '가, 던 쥬' 자

≪어제훈서언해≫나 ≪오륜행실도≫ 등에 나타난 한글자에서는 극히 일부이기는 하나 해례본 글꼴의 흔적이 남아 있었던 것에 비해 ≪경석자지문≫의 서체와 글꼴은 미미하게나마 남아있던 18세기 한글 글꼴의 조형적 아쉬움을 완전히 해소시켰고, 서체에 있어서도 일관된 필사 기준에 의해 점획과 세리프를 표현함으로써 판본체로서의 형식과 틀을 완벽하게 갖추었다고 할 수 있다.

그러나 19세기 말에 학부 목활자로 쇄출한 ≪소학독본≫(1895) 글꼴에서는 오히려 18세기로 퇴보한 느낌이 들 정도로 글꼴이 고르지 못하고 조화롭지 못한 18세기 글자들이 나타나고 있다. 국가에서 만든 문헌으로서, 더구나 교과서로서 글꼴의 본을 보여야 함에도 불구하고 그렇지 못하다는 것은 당시의 상황이 얼마나 촉박했는가를 짐작케 한다.

결론적으로, 19세기 한글 글꼴은 18세기에 완성된 판본용 한글 서체와 글꼴에 완숙함을 더한 시기라고 볼 수 있다.

(6) 요약

    15세기 중반, 한글 창제와 함께 한글자의 원형을 보여주기 위한 최초의 한글 판본체인 해례본 글꼴이 등장하였다. 이어 이를 바탕으로 한 석보상절체, 동국정운체, 을해자 한글자체, 월인석보체, 인경목활자체 등 다양한 세리프체와 산세리프체가 개발·판본용으로 활용되었다. 여기서 석보상절체는 해례본 글꼴의 원형 점을 막대형 점으로 변형시켜 글꼴의 균형적인 표현을 가능하게 했으며, 동국정운체는 해례본 글꼴을 보다 정교하게 다듬었고, 을해자 한글체와 인경목활자체는 해례본 글꼴의 틀을 과감하게 벗어나 한자의 필법을 도입함으로써 한글 명조체의 시초를 개척하였다. 이에 비하여 월인석보체는 세련되고 독특한 산세리프 점획의 모습으로 현대의 견출고딕체와 비교될 만한 글꼴로 개발되었다. 이와 같이 한글이 창제된 15세기 중에 이미 다양한 세리프 및 산세리프 한글 글꼴이 문헌을 통해 등장했음을 알 수 있다.

    16세기 초에는 15세기에 이어 을해자 한글자의 사용이 많았으며, 한편으로는 을해자 한글자체만큼 조화롭지는 않으나 한자 해서체에 영향을 받은 다양한 형태의 한글자가 해례본 글꼴에서 탈피하기 위한 변화를 시도하기도 하였다. 16세기 말에 와서는 ≪무예제보≫ 글자와 같이 완전하지는 못하나 을해자 한글자체보다 균형 잡힌 능숙한 필기체 유형의 글자가 나타나는 등 상당히 안정된 판본용 한글자 형태도 볼 수 있다.

    17세기도 16세기에 이어 여러 유형의 실험적인 판본용 한글자가 등장한 시기이다. 그 가운데에 목판본의 경우 글꼴의 안정성과 균형성 등에서 15세기 을해자 한글자에 못 미치는 것도 있으나 글꼴의 구조적인 면에서 볼 때 을해자 한글자보다 해례본 글꼴의 영향에서 많이 벗어난 형태를 보이고 있다. 대개 16세기 초·중반에 제작된 활자로 쇄출된 이 시기 활자본의 경우, 을해자 한글자보다 글꼴의 균형감과 안정감이 크게 향상되어 현대 명조체와 매우 유사한 글자가 적지 않게 보이는 반면 그렇지 못한 경우도 많아 아직은 판본용 한글 글꼴이 완전히 정착하지 못한 상태임을 알 수 있다.

18세기 전반기에는 아직 완전하게 해례본 글꼴 구조에서 탈피하지는 못하고 글꼴에 균형과 조화가 부분적으로 안정되지 못했으나 후반기로 넘어오면서 자소 중심의 해례본 글꼴에서 대부분 탈피하여 균형과 조화를 갖춘 글자 중심의 글꼴이 나타나게 되었다. 이 시기에 ≪증수무원록언해≫의 개성있는 글자체는 후대에까지 거듭 발전하면서 많은 문헌에 활용되기도 했다.

19세기는 18세기에 극히 일부에서 남아 있던 해례본 글꼴의 흔적을 완전하게 제거하고 18세기 말에 완성된 판본용 한글 글꼴을 확고하게 정착시킨 시기이다. 이 시기에 신식 납활자로 조판하여 쇄출한 ≪경석자지문≫의 글자는 궁서체 유형의 글꼴과 서체 변화가 마무리되었음을 보여주고 있다. 그러나 말기 문헌인 ≪소학언해≫를 통해 18세기로 퇴보한 목활자 글꼴도 일부에서는 여전히 사용되고 있음을 확인하였다.

2. 자소의 통시적 분석

(1) 15세기 자소의 변화

15세기 문헌에 나타난 전반적인 자음의 형태는 〈그림 9-28〉에서 보는 것과 같이 수직·수평선을 기본으로 하고 좌우 약 45도의 사선으로 이루어진 해례본 글꼴과 본질적으로 크게 다르지 않았다. 다만 ≪석보상절≫부터 원형의 점이 막대형 점획으로 바뀌게 됨으로써 글꼴에 맞추어 다양한 길이로 표기되기 시작하였다는 것이 가장 중요한 변화이다.

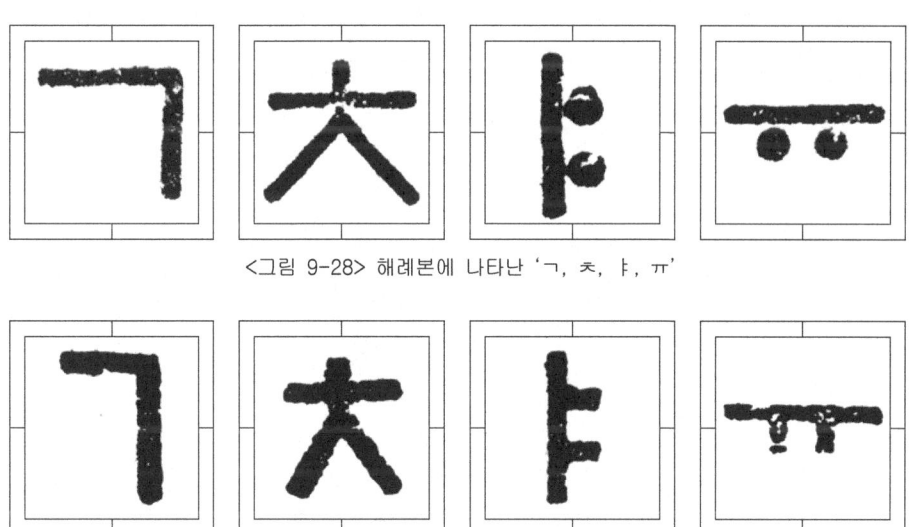

〈그림 9-28〉 해례본에 나타난 'ㄱ, ㅊ, ㅑ, ㅠ'

〈그림 9-29〉 ≪석보상절≫에 나타난 'ㄱ, ㅊ, ㅑ, ㅠ'

530 _ 2. 자소의 통시적 분석

이러한 점획의 형태 변화는 한글 판본체가 다양한 형태로 개발되는데 걸림돌을 제거한 것으로 볼 수 있다.

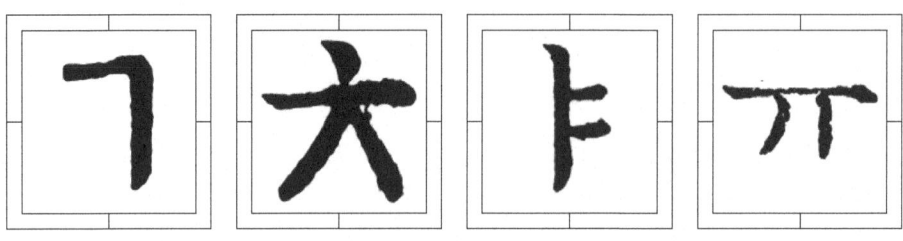

<그림 9-30> ≪여씨향약언해≫에 나타난 'ㄱ, ㅊ, ㅑ, ㅠ'

이후 1455년 만들어진 을해자 한글자로 쇄출된 ≪여씨향약언해≫에서 점의 길이가 글꼴에 따라 다양한 길이로 표현되는 변화가 있었으며, 모음 'ㅠ'에서 좌측 점이 좌측으로 휘어지는 변화가 보였다.

이러한 을해자 한글자보다 늦게 쇄출되었으나 해례본 글꼴에서 을해자 한글자로 변화하는 과정에 있는 자소의 모습을 ≪아미타경≫(1702, 원간본은 1464)에서 보여주고 있다.

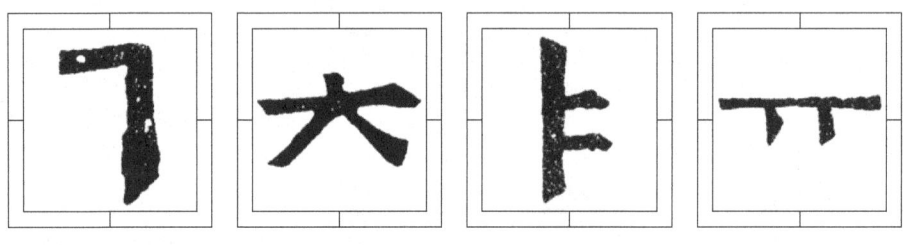

<그림 9-31> ≪아미타경≫에 나타난 'ㄱ, ㅊ, ㅑ, ㅠ'

이러한 변화는 이후 계속되지 않다가 19세기에 들어 다시 나타나면서 정착하게 된다. 특이한 것은 ≪육조법보단경언해≫의 '즁, 듕'에서 'ㅠ'의 아래 세로 점

을 좌우로 벌려 표기하고 있다는 점이다.

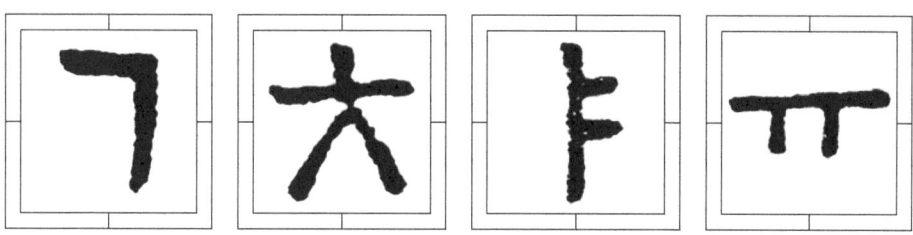

<그림 9-32> ≪육조법보단경언해≫에 나타난 'ㄱ, ㅊ, ㅑ, ㅠ'

이 문헌에서는 'ㅖ'에서 좌측 'ㅕ'의 세로획이 우측 세로획보다 짧게 표기되는 변화도 나타났으며, 이 외에 미미하기는 하지만 'ㅍ'에서 중간의 2개 세로획이 상단 가로획과 부분적으로만 접필되는 변화도 있었다.

자소 크기에 있어서는 ≪여씨향약언해≫와 ≪육조법보단경언해≫에 와서 일부 자음의 크기가 해례본 글꼴에 비해 작게 표기되는 변화가 있었다. 이러한 변화는 자소 간의 크기 변화를 줌으로써 글자의 균형을 유지하기 위한 것이다. 즉 모음보다 공간을 많이 차지하고 있는 자음을 작게 표현함으로써 균형 잡힌 공간 배분이 이루어져 글꼴이 안정감을 갖게 되는 것이다.

(2) 16세기 자소의 변화

16세기에는 15세기에 만들어진 을해자 한글자와 같은 다양한 유형의 세리프체가 나타났다.

≪정속언해≫에 나타난 자소 변화 가운데 눈에 띄는 것 몇 가지를 보면, 'ㅌ'에서 상단 가로획이 세로획과 분리된 것이 보이며, 'ㅋ'에서 중간의 가로획이

'ㄱ'의 세로획과 역시 접필되지 않은 경우도 보인다. 이 외에 'ㅏ, ㅓ, ㅣ' 등의 세로획의 길이가 글자의 높이에 따라 조절되기도 하여 대체로 정사각형을 유지하였던 그 이전의 판본체의 틀을 깨뜨리는 파격적인 면을 보였다. 이는 ≪정속언해≫가 판본용 한글자로서 다듬어지지 않은, 당시 생활에서 사용하고 있었던 필서체 모습의 일부를 옮겨 놓았기 때문인 것으로 보인다.

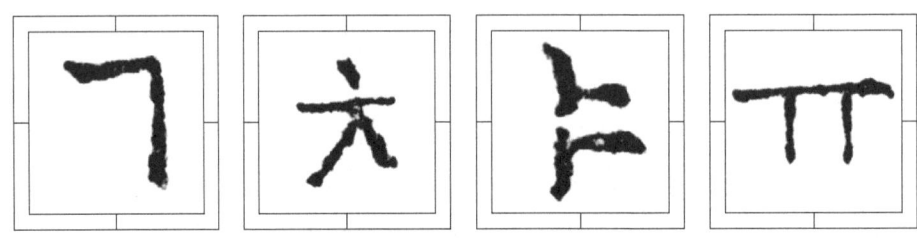

<그림 9-33> ≪정속언해≫에 나타난 'ㄱ, ㅊ, ㅑ, ㅠ'

≪장수경언해≫에서는 초성 자음 'ㅈ'의 하단 좌측 획이 상단 가로획의 중앙과 우측에서 시작되는 두 종류가 모두 나타나며, ≪여씨향약언해≫에서와 같이 자소를 구성하는 각종 점획이 글꼴 구조에 따라 다양한 형태로 표기되고 있다.

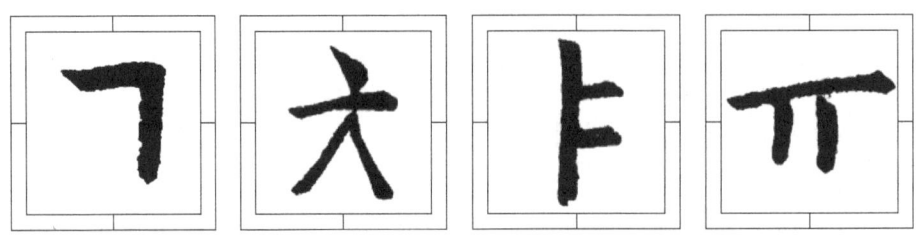

<그림 9-34> ≪장수경언해≫에 나타난 'ㄱ, ㅊ, ㅑ, ㅠ'

이 외에 자음 자소의 크기는 15세기와는 다르게 현대 궁서체나 명조체와 같이 대체로 많이 작아진 형태를 보이고 있는 점이 큰 특징으로 꼽을 수 있다.

또한 ≪무예제보≫에서는 자소간 접필되는 경우가 일부 보이며, 'ㅅ'에서 우측 획이 좌측 획의 중간에서부터 시작되고 있으며 '셔'와 같은 경우 우측 획이 좌측으로 굽어지는 현상도 나타난다. 초성 'ㅈ, ㅊ'에서 좌측 획의 시작점이 다르게 나타나는 것은 ≪장수경언해≫와 같다. 이 문헌에서도 역시 일부 초·종성 자음의 경우를 제외하고는 대부분 현대 명조체와 유사한 크기 비례를 보이고 있다.

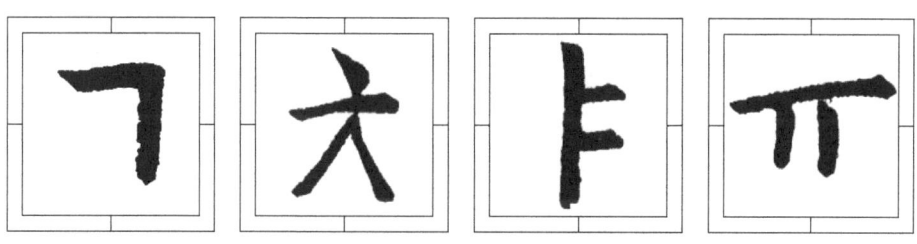

<그림 9-35> ≪무예제보≫에 나타난 'ㄱ, ㅊ, ㅑ, ㅠ'

이러한 부분적인 자소의 형태와 크기 변화는 1455년 을해자 한글자 등장 이후 그 변화 가능성을 인식한 필사자들이 한자의 형태를 모방하면서 나타난 현상이라고 생각된다.

(3) 17세기 자소의 변화

17세기는 많은 문헌들이 해례본 글꼴에서 보여준 자소의 형태를 기본으로 하여 다양한 형태 변화를 시도한 시기이다. 그 중 눈에 띄는 변화를 보면 다음과 같다.

≪연병지남≫과 ≪마경초집언해≫에서 초성 'ㄱ, ㅋ'의 내려 긋는 획이 좌측으

534 _ 2. 자소의 통시적 분석

로 약간 휘어져 표기되기 시작하였다. 이는 지금까지 직각으로 표현되었던 해례본 글꼴에서 탈피하여 글꼴 구조에 알맞은 형태로 변형되기 위한 초기 형태라고 보아진다. 물론 15세기에 간행된 ≪육조법보단경언해≫에서도 미미하지만 이러한 조짐은 나타났었다.

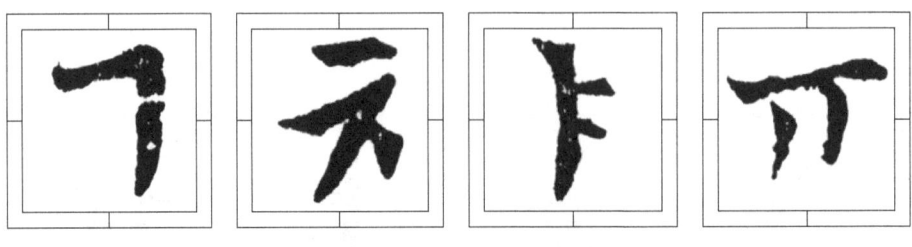

<그림 9-36> ≪연병지남≫에 나타난 'ㄱ, ㅊ, ㅑ, ㅠ'

<그림 9-37> ≪마경초집언해≫에 나타난 'ㄱ, ㅊ, ㅑ, ㅠ'

'ㄷ'의 표기에 있어서 상단 가로획이 좌측으로 돌출되는 것은 해례본 글꼴 이후 16세기까지 예외 없이 보이던 것이었으나 이 시기에 와서 ≪언해두창집요≫를 제외한 대부분의 문헌에서는 나타나지 않는 경우가 많다.

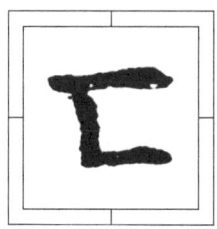

<그림 9-38> ≪언해두창집요≫에 나타난 'ㄷ'

그리고 초성 'ㄴ, ㄷ, ㄹ, ㅌ' 중에서 우측에 중성 모음이 오는 경우 하단 가로 획을 올려 표기하는 경우가 ≪연병지남≫, ≪가례언해≫ 등에서 나타나며, ≪언해두창집요≫, ≪어제내훈≫, ≪연병지남≫, ≪가례언해≫, ≪마경초집언해≫ 등 이 시기의 분석 대상 문헌 모두에서 'ㅅ, ㅈ, ㅊ'의 우측 획이 좌측 획의 중간에서 시작되고 좌측 획은 곡선으로 변화된 모습을 볼 수 있다. 상단에서 두 획이 접필되는 해례본 글꼴과는 전혀 다른 모습이다. 특히 ≪연병지남≫에서는 'ㅈ, ㅊ'의 좌측 획이 상단 가로획의 우측 끝에서 시작하는 등 당시 실생활에서 사용하던 필기체를 판본에 그대로 표현하고 있는 듯하다. 또한 이들 자소에서 우측 획이 다소 짧게 필사되고 있으며 이러한 형태는 18세기를 거쳐 19세기까지 계속 나타난다.

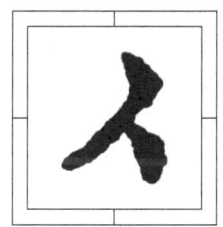  

<그림 9-39> ≪가례언해≫에 나타난 'ㅅ, ㅈ, ㅊ'

특히 ≪마경초집언해≫에서는 이들 'ㅅ, ㅈ, ㅊ' 등이 중성 모음과 병서로 이루어진 글자인 경우 우측획이 좌측으로 굽어지는 현상이 보이는데 이러한 유형 역시 18세기를 거쳐 19세기까지 계속 나타난다.

또한 'ㅇ'이 해례본 글꼴에서 나타냈던 정원이 아닌 삼각 형태로 표현된 경우가 ≪언해두창집요≫, ≪연병지남≫ 등에서 확인된다. 특히 ≪연병지남≫에서는 'ㅇ'의 상단에 세리프를 표현하고 있어 붓으로 인해 생길 수 있는 필사 모습을 자연스럽게 표현하고 있다.

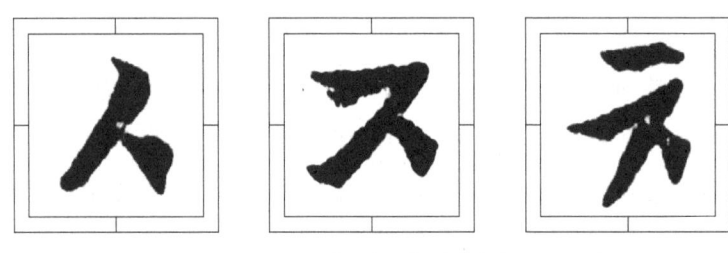

<그림 9-40> ≪연병지남≫에 나타난 'ㅅ, ㅈ, ㅊ'

초성 'ㅋ'에 있어서도 이미 16세기 ≪정속언해≫에서부터 나타났듯이 'ㄱ' 안쪽 가로획을 삐침으로 올려 쓰는 경우가 ≪연병지남≫과 ≪어제내훈≫ 등의 문헌에서 나타난다. 이러한 형태는 이후의 문헌에서도 매우 자주 등장한다.

'ㅍ'의 안쪽 2개의 세로획이 상단 가로획과 접필되지 않는 경우가 각 문헌에서 자주 출현하며, 특히 ≪연병지남≫에서는 흘림체로 표기하고 있는 점이 특이하다.

모음의 경우에는 'ㅡ, ㅣ' 등의 상하좌우에 붙는 점의 길이가 일반 획과 같이 글꼴에 따라 다양한 길이로 표현되고 있으며, 그 위치도 글꼴 구조에 따라 다양하게 나타나고 있다. 특히 'ㅠ'에서 아래 2개의 세로 점은 문헌에 따라 다양한 형태로 변화된 모습을 보이고 있다.

또한 ≪가례언해≫에서 이중모음 'ᅱ, ᅰ'의 'ᅵ, ᅦ'에서 좌측 점이 '귀, 궤'일 때에는 'ㅜ'의 가로획 아래에, '워'일 때에는 위에 위치하고 있다.

<그림 9-41> ≪가례언해≫에 나타난 '귀, 궤, 워' 자

≪마경초집언해≫의 '귄'에서는 'ㅜ'와 거의 일치하거나 약간 위쪽에 'ᅵ'의 점이 위치해 있으며, '원'일 경우에는 확연히 위쪽에 위치해 있다.

이 시기에서 나타난 실험적인 독특한 자소의 모습은, ≪연병지남≫에서는 '귀, 뒤' 자에서 볼 수 있듯이 'ᅱ'의 'ㅜ'에서 아래 세로 점 아래쪽이 오른쪽을 향해 그어진 것으로서, 이러한 형태는 19세기 ≪태상감응편도설언해≫에서 다시 나타나고 있다.

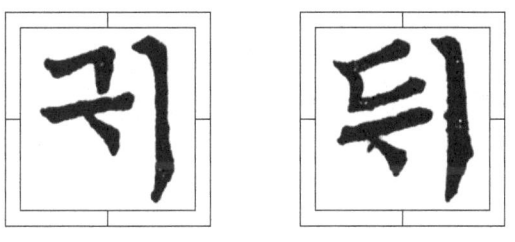

<그림 9-42> ≪연병지남≫에 나타난 '귀, 뒤' 자

또한 15세기 ≪육조법보단경언해≫에서와 같이 ≪언해두창집요≫의 '즁, 듕'자에서 'ㅠ'의 아래 두 개의 세로 점이 좌우로 벌어진 형태도 보였다.

자소의 크기 비례에 있어서는, 대체적으로 글꼴 구조에 알맞게 초·종성 자음의 크기가 작아지는 경향이 뚜렷했으나 초·중성이 연서로 되어 있는 일부 글자에서 해례본 글꼴의 영향이 남아 있어 초성 ㅅ, ㅈ, ㅊ, 종성 ㅅ, ㄴ, ㄹ 등이 다른 자음 자소보다 크기 비례가 비교적 크게 나타나기도 했다.

이와 같이 이 시기에는 대체로 해례본에서 보였던 자소 모습의 변형이 크고 다양하게 나타났다.

(4) 18세기 자소의 변화

17세기가 필기하기에 효율적이고 균형 잡힌 판본체 글꼴을 보이기 위해 자소의 형태 변형을 실험적으로 다양하게 시도했던 시기라고 한다면 18세기는 이들 자소가 글꼴과 어울리도록 세련되게 다듬어지는 시기라고 할 수 있다.

이 시기 문헌에 나타난 자소들은 보다 명확한 세리프와 기울어진 획의 곡선 처리, 수필 부분에서의 수침 처리 등으로 17세기 문헌에 나타난 자소들 보다 안정되고 세련되게 변화되었다.

초성 'ㄱ, ㅋ'의 표현에 있어서는 대부분의 문헌에서 아직도 직각의 형태를 크게 벗어나지 못하고 있으나 ≪어제훈서언해≫ 등과 ≪오륜행실도≫ 등의 문헌에서 약간의 형태 변화의 조짐이 보이고는 있다.

<그림 9-43> ≪어제훈서언해≫와 ≪오륜행실도≫에 나타난 'ㄱ'

'ㄷ'의 표기에서 상단 가로획의 좌측 돌출 현상은 ≪천의소감언해≫와 ≪지장경언해≫에서만 많이 나타날 뿐 다른 문헌에서는 거의 나타나지 않고 있다.

'ㅅ, ㅈ, ㅊ' 등의 좌우 획 처리는 17세기 문헌에서 나타난 것과 크게 다르지 않으며, 다만 곡선으로 필사되어 있어 세련되어 보인다. 주목할 것은 후반부 문헌인 ≪지장경언해≫에서는 우측 획이 좌측으로 굽어지도록 필사하고 있다는 점이다. 이러한 형태는 ≪오륜행실도≫에서도 나타나는데 이 문헌에서는 우측에 'ㅓ, ㅕ' 등과 같이 점획이 있는 모음이 올 때만 나타난다는 점이 다르다. 이러한 'ㅅ, ㅈ, ㅊ' 자소 형태는 17세기 ≪마경초집언해≫에서 어렴풋이 나타나기 시작하였고 이후 19세기 ≪태상감응편도설언해≫ 등에서도 나타난다. 이러한 점으로 미루어 보아 이는 상당히 오래 전에 정착된 필사 유형으로 생각된다.

  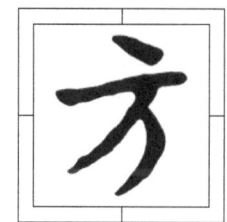

<그림 9-44> ≪지장경언해≫에 나타난 'ㅅ, ㅈ, ㅊ'

540 _ 2. 자소의 통시적 분석

또한 18세기 말의 문헌인 ≪오륜행실도≫에서는 'ㅈ, ㅊ'의 좌측 획이 기형적으로 길게 표기된 경우가 많이 나타난다. 이러한 형태는 17세기 ≪연병지남≫ 등에서도 보이고 있으며 이 역시 19세기까지 계속되고 있다.

<그림 9-45> ≪오륜행실도≫에 나타난 'ㅈ, ㅊ'

초성 'ㄱ'의 안쪽 가로획이 ≪천의소감언해≫와 ≪어제훈서≫ 그리고 ≪지장경언해≫에서 심하게 우측으로 삐쳐 올리고 있다. 그러나 그 외의 문헌에서는 거의 수평을 유지하고 있어 이러한 특성은 자소의 형태 변화라기보다 단순히 필체의 한 유형이라 생각된다.

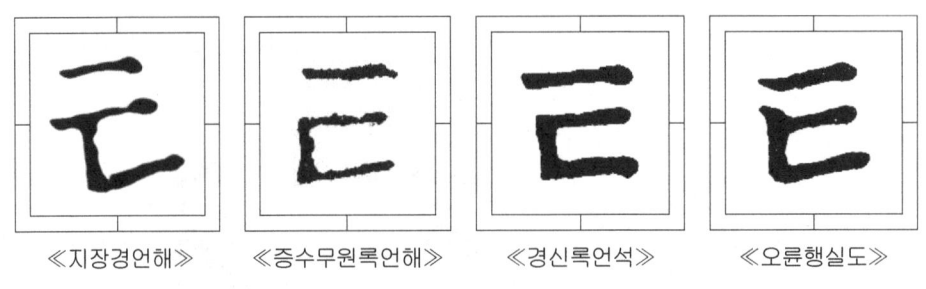

≪지장경언해≫   ≪증수무원록언해≫   ≪경신록언석≫   ≪오륜행실도≫

<그림 9-46> 18세기 문헌에 나타난 'ㅌ'

특히 두드러진 변화는 'ㅌ'의 형태에 있다. 지금까지와는 다르게 ≪지장경언해≫, ≪증수무원록언해≫, ≪경신록언석≫ 그리고 ≪오륜행실도≫에서는 상단 가로획이 하단 'ㄷ'과 완전히 분리되어 표기하고 있다는 점이다. 이러한 현상은 이미 16세기 ≪정속언해≫에서 나타났으며 19세기까지 계속된다.

그 외에, 모음의 형태는 17세기에 비해 큰 변화는 없으나 분석 대상 문헌 모두 이중모음 'ㅟ, ㅞ' 등에서 초성에 'ㄱ'이 올 때 'ㅓ'의 점이 'ㅜ'의 가로획 아래에 위치하고 있으며, 초성에 'ㅇ'이 올 때에는 위에 위치하고 있다.

(5) 19세기 자소의 변화

19세기는 18세기에 완성된 자소들이 필체 특성에 맞추어 세련된 형태로 일관되고 다양하게 표현되는 시기이다.

먼저 18세기에 비해 변화가 뚜렷하게 나타난 것은 초성 'ㄱ, ㅋ'으로서, ≪태상감응편도설언해≫를 비롯하여 ≪삼성훈경≫과 ≪경석자지문≫ 등 모든 분석 대상 문헌에서 이 두 자음의 세로획이 완전하게 좌측으로 휘어져 표기되고 있으며, 그에 따른 획의 형태도 완벽하게 조화를 이루고 있다.

또한 ≪태상감응편도설언해≫나 ≪삼성훈경≫에서 볼 수 있는 것과 같이 초성 'ㄴ'의 형태도 필체의 특성에 따라 다양하고 조화롭게 표현되고 있다.

특이한 자소의 표기로, ≪경석자지문≫의 '아'에서 기필에 세리프를 두드러지게 표현하고 있는 초성 'ㅇ'이 나타나며 이러한 형태는 이미 17세기 ≪연병지남≫에서도 볼 수 있었다. 이러한 형태가 나타난 것은 'ㆁ'의 표기가 사라짐으로써 가능한 것으로 보인다.

'ㄷ'의 표기에 있어서, ≪태상감응편도설언해≫에서는 상단 가로획의 좌측 돌출을 명확하게 표현하고 있는 반면 ≪삼성훈경≫, ≪경석자지문≫, ≪소학독본≫ 등에서는 좌측 돌출부가 전혀 나타나지 않고 있어 일정한 표기 규칙 없이 필체

2. 자소의 통시적 분석

특성에 따라 적절히 표현하고 있음을 알 수 있다.

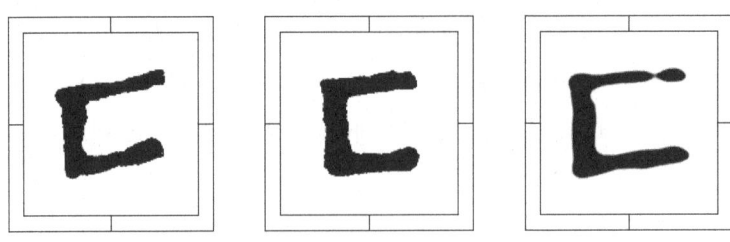

<그림 9-47> 《삼성훈경》, 《경석자지문》, 《소학독본》에 나타난 초성 'ㄷ'

초성 'ㅈ, ㅊ'의 경우 필체의 특성에 따라 상단 가로획의 중앙부에서 좌획이 시작되는 경우와 우측 끝에서 시작되는 경우가 모두 보이고 있다. 완전한 정체인 《경석자지문》과 《소학독본》 등에서는 전자의 경우만 보이나 《태상감응편도설언해》나 《삼성훈경》에서는 두 가지 경우가 모두 나타난다. 또한 이 두 문헌에서는 'ㅈ, ㅊ'과 'ㅕ, ㅖ' 등이 함께 어울릴 때에는 'ㅈ, ㅊ'의 우측 획이 좌측으로 크게 휘어 표기되는 독특한 글꼴을 보이고 있다. 이러한 형태는 17세기 《마경초집언해》나 18세기 《지장경언해》, 《증수무원록언해》 등에서 완전한 형태는 아니지만 이미 시도되고 있음을 앞에서 분석하였다.

<그림 9-48> 《삼성훈경》에 나타난 '져, 체' 자

'ㅌ'의 표기에서 상단 가로획은 18세기와 같이 분석 대상 문헌 모두 하단의 'ㄷ'과 완전하게 분리 표기되고 있으며, ≪소학독본≫에 사용된 학부 목활자를 제외한 대부분의 문헌에서는 'ㅎ'의 상단 획이 수직으로 내려 긋는 것에서 탈피하여 자연스럽게 15도 정도 우측을 내려 그으면서 자소에 안정감을 주고 있다.

이 외에 모음의 경우는 17세기보다 훨씬 균형이 잡혀 있으며, 특히 'ㅠ'의 좌측 세로 점이 완전하게 좌측을 향해 표기되면서 글꼴에 균형을 유지하고 있다. 이는 15세기 을해자 한글자 이후 커다란 변화의 조짐이 보이지 않았으나 19세기에 와서 변화된 모습을 보인다.

<그림 9-49> ≪삼성훈경≫(좌), ≪경석자지문≫(우)에 나타난 'ㅠ'

또한 'ㅓ, ㅕ, ㅐ, ㅖ' 등의 중성 모음에서 좌측 점이 우측의 'ㅣ'와 분리되어 좌측 초성 자음에 접필되는 현상이 17세기 이후 19세기까지 꾸준히 나타나고 있어 이들 자소에 대한 형태 의식이 지금과 다른 것이 아닌가 하는 생각이 들기도 한다. 글자 내에서 자소의 위치는 17세기보다 더욱 뛰어난 조화와 균형을 유지하였고, 크기 비례는 대체적으로 자음 자소의 크기가 작아지면서 17세기에 남아 있던 일부 해례본 글꼴의 영향이 완전히 사라져 현대적 붓글씨 자소의 완성된 모습을 보여주고 있다. 다만 학부 목활자로 급조된 ≪소학언해≫에서만은 18세기의 자소 특징을 쉽게 찾아 볼 수 있다.

(6) 요약

　훈민정음 창제 이후 15세기 문헌에서 나타난 자소들은 대체로 해례본 글꼴의 기하학적 모습을 보이고 있었으나 1455년 을해자 한글자의 등장으로 붓글씨형 글꼴과 자소의 형태 변화가 시작되었다.

　16세기는 15세기 을해자 한글자에 영향을 받아 각종 문헌의 필사에서 여러 형태의 자소 변화를 시도한 시기라고 볼 수 있으나 그 모습이 매우 불안정하였다. 그러나 《무예제보》와 같이 상당히 균형잡힌 경우도 볼 수 있었던 시기이다. 《무예제보》에서 나타난 자소의 변화를 보면, 'ㅅ, ㅈ, ㅊ'에서 좌우 획이 상단에서 접필되어 좌우로 갈라졌던 15세기 형태가 좌측 획 중간에서 우측 획이 접필되어 나타났고, 역시 'ㅈ, ㅊ'에서 좌측 획이 상단 가로획 우측 끝에서부터 시작되었다.

　17세기에 이르러서는 16세기보다 균형과 안정성을 유지하면서 다양한 유형의 자소가 등장하였다. 예를 들면 초성 'ㄱ'의 세로획이 미미하나마 좌측으로 휘어져 필사된 경우가 나타났으며, 'ㅇ'의 기필 부분에 세리프가 나타나기도 했고, 중성 모음과 병서로 이루어진 초성 'ㅅ, ㅈ, ㅊ'의 우측 획이 좌측으로 휘어 필사하는 유형도 나타났다. 또한 'ㅠ'의 좌측 세로 점이 좌측으로 휘어져 표기된 점, 그리고 이중모음 'ㅟ, ㅞ'에서 초성에 'ㄱ'이 올 때에는 'ㅓ'의 좌측 점이 'ㅜ'의 가로획 아래에, 'ㅇ'이 올 때에는 위에 위치하는 기준이 일관되게 적용되고 있다는 점 등을 꼽을 수 있다.

　18세기에서는 17세기에서 나타난 자소들의 변화된 형태가 보다 안정되게 다듬어져 완성되는 시기였다. 특히 이 시기에 'ㅌ'의 형태에 있어서는 상단 가로획이 하단 'ㄷ'과 완전하게 분리되는 형태 변화가 있었다.

　19세기에 들어와서는 17, 8세기에 변화된 자소의 형태가 일관되고 균형 잡힌 표기로 현대 판본용 한글 자소의 완성된 모습을 보였다. 초성 'ㄱ, ㅋ'의 세로획과 모음 'ㅠ'에서 좌측 세로 점이 완전하게 좌측으로 휘어져 표기되는 변화가 있었다. 이 외에 'ㅓ, ㅕ, ㅔ, ㅖ' 등의 좌측 점이 우측 'ㅣ'와 분리되는 경우도 17세기 이후 19세기까지 나타난다.

3. 점획의 통시적 분석

(1) 15세기 점획의 변화

≪훈민정음≫ 창제를 통해 세상에 공표된 한글 점획의 모습은 막대형 원시 기호 형태를 취하고 있어 기존의 한자와 대조적인 형상이었다. 당시로서는 매우 파격적인 문자 혁명이었던 것으로 보인다. 그러나 이러한 점획의 형태는 자소의 개념 표현과 형태의 표준을 제시하기 위해서는 매우 유용하지만 쉽고 빠르게 필기해야 하는 실제 문자생활에서는 받아들이기 어려운 상황이다.

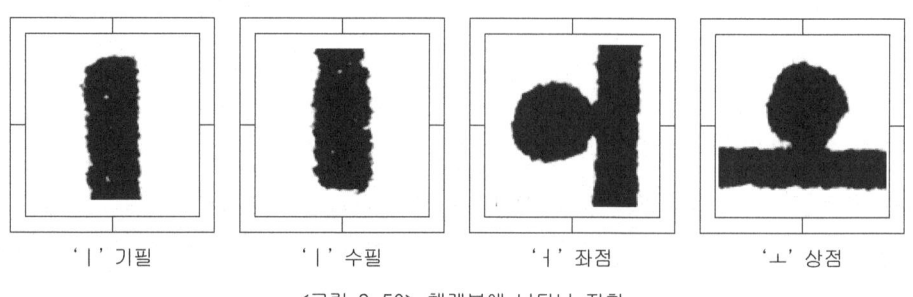

'ㅣ' 기필   'ㅣ' 수필   'ㅓ' 좌점   'ㅗ' 상점

<그림 9-50> 해례본에 나타난 점획

변화의 조짐은 1447년 ≪석보상절≫부터 시작되었다. 원형의 점이 막대형 점으로 바뀐 것이다. 이것은 원형의 점 표현에 어려움을 느낀 필사자들이 변화를 주도한 것이 아닌가 생각된다.

제9장 한글 글꼴의 통시적 분석 _547

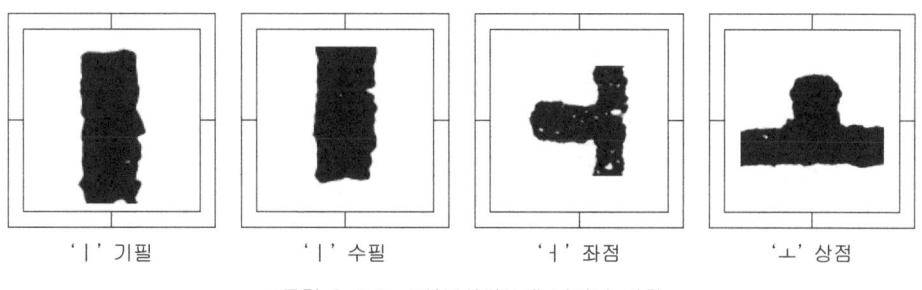

'ㅣ' 기필   'ㅣ' 수필   'ㅓ' 좌점   'ㅗ' 상점

<그림 9-51> ≪석보상절≫에 나타난 점획

이어 ≪여씨향약언해≫에서 볼 수 있듯이 1455년에 제작된 을해자 한글자는 단순히 일부 점획의 변화가 아니라 한자의 점획을 모방한 한글 점획의 변혁을 보여주고 있다. 을해자 한글자의 점획은 거의 완전한 한자의 세리프와 점획의 형태를 표현하고 있으며, 이와 같은 판본체의 변화는 실생활에서 이미 그러한 변화된 모습이 일반화되었다는 것을 의미한다.

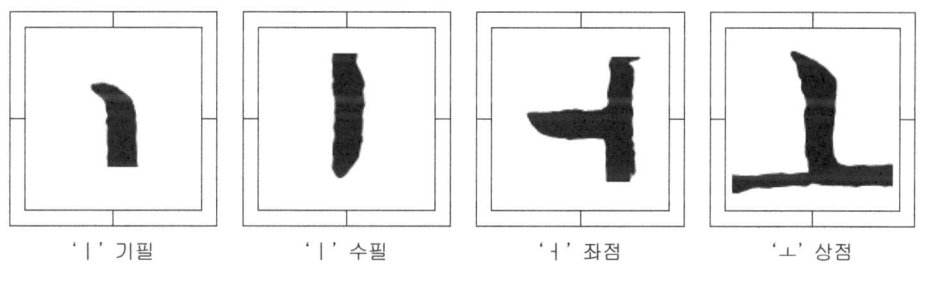

'ㅣ' 기필   'ㅣ' 수필   'ㅓ' 좌점   'ㅗ' 상점

<그림 9-52> ≪여씨향약언해≫에 나타난 점획

1459년 ≪월인석보≫에서는 직각으로 끊어 표현했던 점획의 모습이 기필에서는 절획으로, 수필에서는 원필의 모습으로 바뀌게 된다. 이것은 이전까지 단순히 글자의 원형을 표현하기 위한 점획의 형태에서 멋을 더한 형태로 변화된 모습이다.

548 _ 3. 점획의 통시적 분석

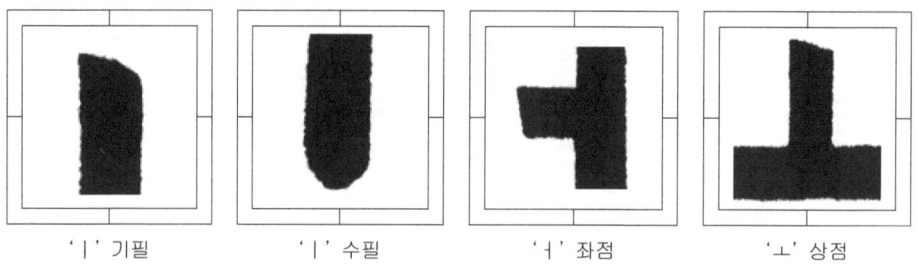

'ㅣ' 기필   'ㅣ' 수필   'ㅓ' 좌점   'ㅗ' 상점

<그림 9-53> ≪월인석보≫에 나타난 점획

 점획의 변화되어 가는 과정으로 볼 때, 1464년에 원간본이 쇄출된 ≪아미타경≫ 점획은 산세리프체인 ≪월인석보≫에서 세리프체인 을해자 한글자 점획으로 변화되어 가는 중간 단계의 모습으로 볼 수 있겠다.

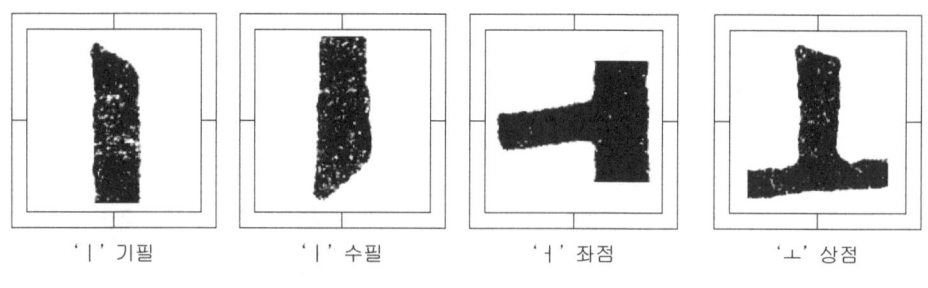

'ㅣ' 기필   'ㅣ' 수필   'ㅓ' 좌점   'ㅗ' 상점

<그림 9-54> ≪아미타경≫에 나타난 점획

 이후 1496년에 간행된 ≪육조법보단경언해≫에서 볼 수 있는 인경목활자 한글자는 을해자 한글자의 점획과 또 다른 모습으로 등장하면서 한글 판본 붓글씨체의 다양한 응용의 가능성을 열었다.
 을해자 한글자 점획은 날렵하고 끝이 날카로운 기필과 가느다란 행필, 그리고 두드러지지 않은 수필이 부드러운 곡선형으로 이루어져 여성스러운 반면 인경목활자는 뭉툭한 기필과 굵기에 변화가 없는 행필 등으로 위엄과 권위적인 인상을 보이고 있다.

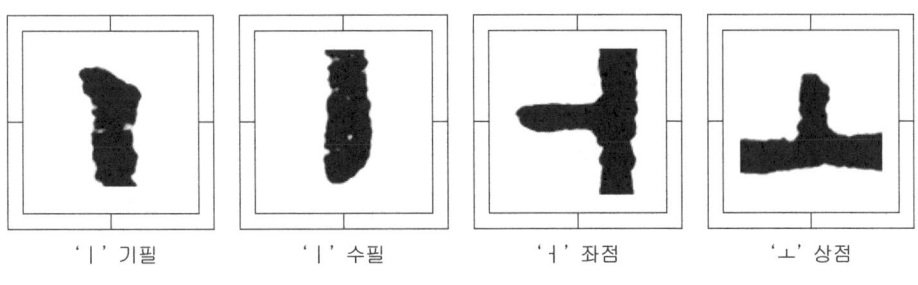

'ㅣ' 기필　　　　'ㅣ' 수필　　　　'ㅓ' 좌점　　　　'ㅗ' 상점

<그림 9-55> ≪육조법보단경언해≫에 나타난 점획

이와 같이 1446년부터 1496년까지 50년 동안은 '막대형 산세리프 점획 → 원형의 점이 막대형 점으로 변형 → 멋을 더한 산세리프 점획 등장 → 세리프 점획 등장 → 세리프의 변화를 모색'하는 단계로 이어지면서 판본용 한글자에서 표현할 수 있는 대부분의 점획 유형을 모두 보여준 시기였다.

(2) 16세기 점획의 변화

16세기는 15세기 50년 동안 변화된 점획을 본격적으로 활용한 시기라고 보아야 할 것이다. 특히 15세기에 최초로 한글자에 세리프를 도입한 을해자 한글자가 16세기에 한글 문헌 간행에 많이 활용되었으며, ≪정속언해≫나 ≪무예제보≫ 등에서도 이러한 세리프형 점획이 자연스럽게 사용되고 있다. 특히 ≪무예제보≫는 지금의 명조체와 유사한 일정한 점획의 굵기를 갖고 있어 안정되고 일관된 형태의 점획 사용이 돋보인다.

550 _ 3. 점획의 통시적 분석

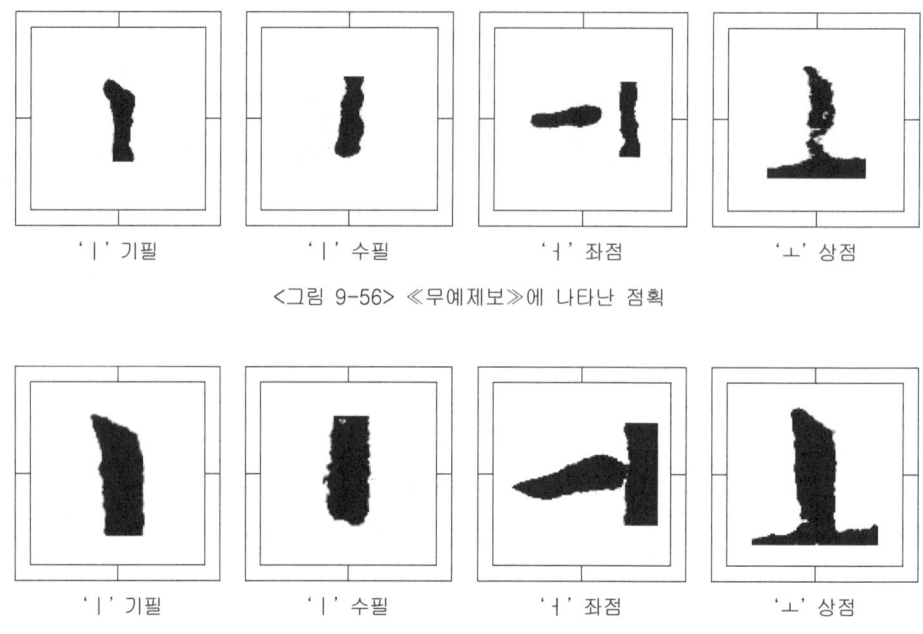

<그림 9-56> ≪무예제보≫에 나타난 점획

<그림 9-57> ≪장수경언해≫에 나타난 점획

　이에 비하여 비교적 세리프가 선명하게 드러나지 않는 ≪장수경언해≫에서는 하나하나의 점획에 있어서는 굵기 변화가 심하지 않으나 점획 사이에는 굵기 변화가 비교적 크게 나타나고 있으며 세리프 형태에서도 일관성이 결여된 경우가 많이 보인다.

　이와 같이 16세기에 들어서는 다양한 실험적 글꼴의 등장 등으로 인해 문헌에 따라 보다 안정된 점획의 변화를 보인 경우가 있는 반면 15세기 글자에 비해 오히려 퇴보한 느낌마저 드는 경우도 나타났다.

(3) 17세기 점획의 변화

17세기에 들어서는 그동안 한글 판본체 활자로서 사용되었던 을해자 한글자와는 다른 개성있는 점획의 모습들이 나타나고 있다. 물론 16세기에도 그러한 시도가 부분적으로 있었으나 17세기 문헌에서 볼 수 있는 다양한 유형의 점획은 문헌의 특성과 관련된 경우가 많다는 점이 특징이다.

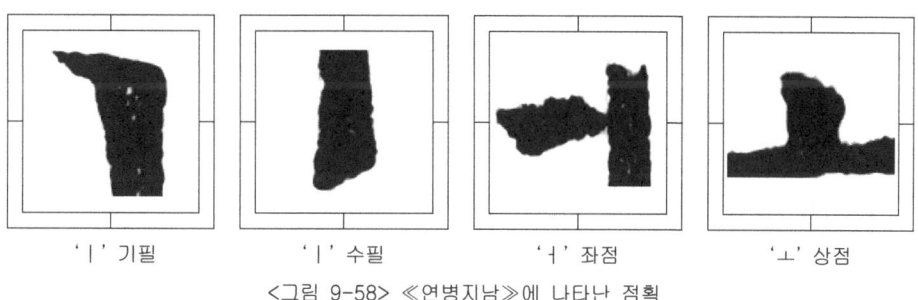

'ㅣ'기필 　　　'ㅣ'수필 　　　'ㅓ'좌점 　　　'ㅗ'상점
<그림 9-58> ≪연병지남≫에 나타난 점획

이미 앞에서도 밝혔듯이 ≪어제내훈≫에 나타난 글자의 점획은 날카롭고 예리하며, 병서인 ≪연병지남≫에 사용된 점획은 힘이 들어가 있고 다소 과격한 모습을 보이고 있다.

이 외에 ≪언해두창집요≫나 ≪가례언해≫에 나타난 글자의 점획은 큰 특징 없이 붓의 움직임대로 자연스럽고 편안하게 표현하고 있다.

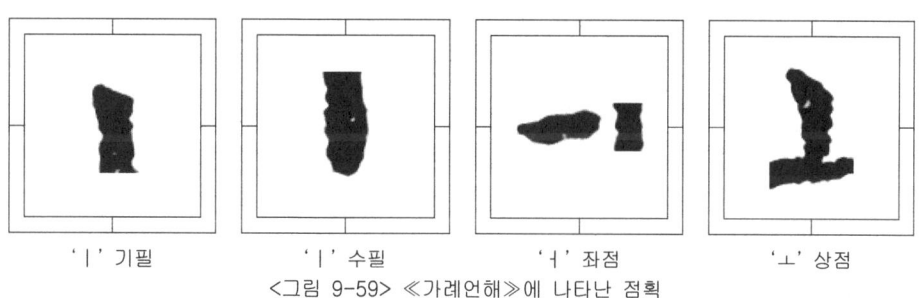

'ㅣ'기필 　　　'ㅣ'수필 　　　'ㅓ'좌점 　　　'ㅗ'상점
<그림 9-59> ≪가례언해≫에 나타난 점획

이에 비해 ≪마경초집언해≫에 나타난 점획은 세리프가 약하게 나타나며 기·수필이 날카롭게 끊어진 모습으로서 18세기 문헌인 ≪어제내훈≫에서 점획이 가느다란 글자의 것과 유사하다. ≪마경초집언해≫에서 보여주는 점획은 더욱 다듬어진 상태로 19세기 이후까지도 나타난다.

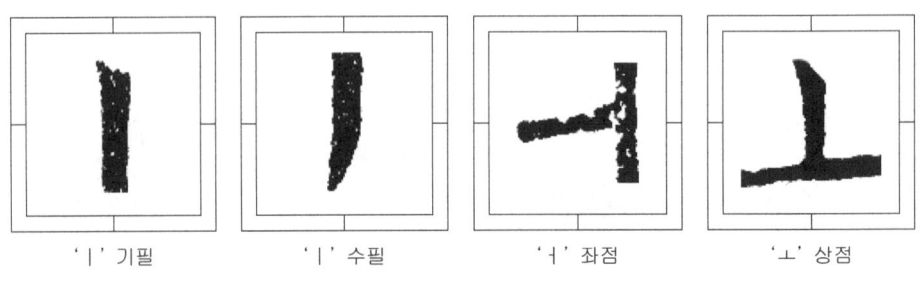

'ㅣ' 기필   'ㅣ' 수필   'ㅓ' 좌점   'ㅗ' 상점

<그림 9-60> ≪마경초집언해≫에 나타난 점획

17세기에 이렇게 다양한 유형의 점획이 등장하게 된 가장 근본적인 원인은 이 당시 이미 일반 생활에 한글이 널리 사용되었으며 이로 인해 필사자들의 개성이 담긴 다양한 필체가 개발되었기 때문일 것으로 보인다.

(4) 18세기 점획의 변화

≪어제내훈≫과 ≪어제훈서언해≫ 등은 모두 1668년에 제작된 갑인자 한글자로 쇄출된 것이므로 두 문헌에 나타나는 글자들 가운데에는 구분 짓기 어려울 정도로 매우 유사한 것들이 적지 않게 보이고 있다.

제9장 한글 글꼴의 통시적 분석 _ 553

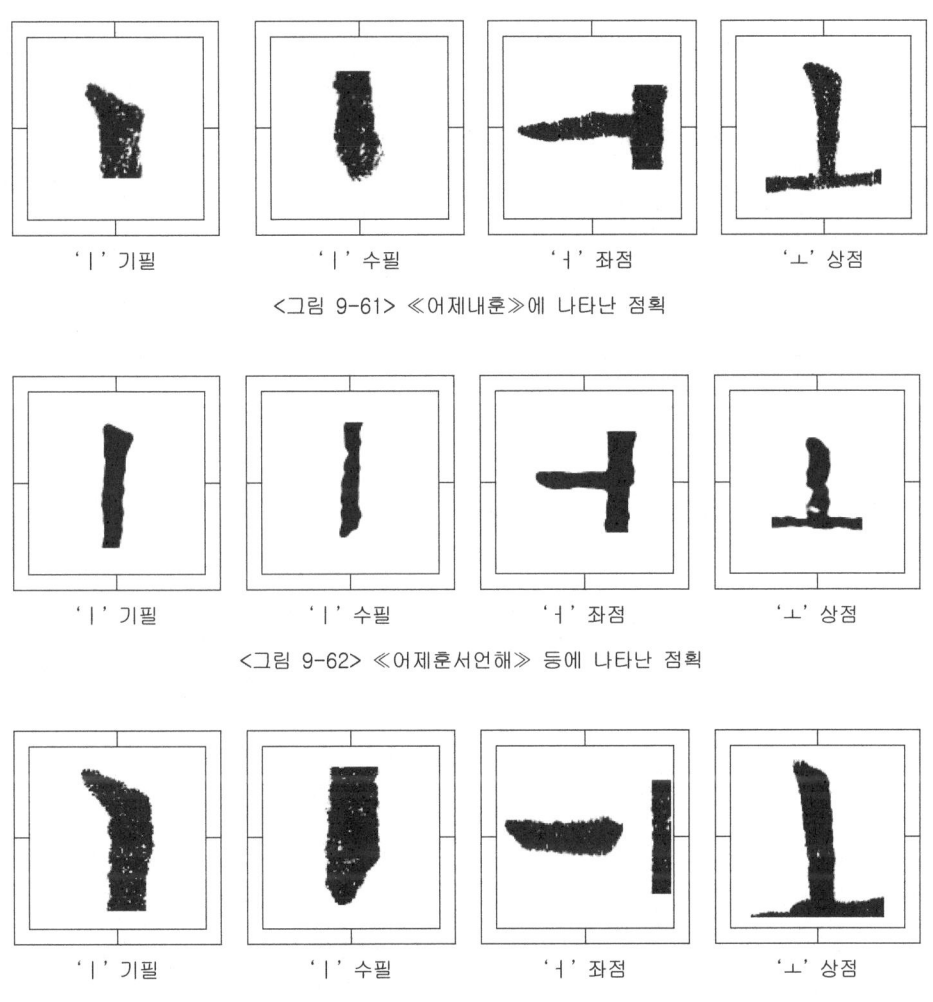

'ㅣ' 기필   'ㅣ' 수필   'ㅓ' 좌점   'ㅗ' 상점

<그림 9-61> ≪어제내훈≫에 나타난 점획

'ㅣ' 기필   'ㅣ' 수필   'ㅓ' 좌점   'ㅗ' 상점

<그림 9-62> ≪어제훈서언해≫ 등에 나타난 점획

'ㅣ' 기필   'ㅣ' 수필   'ㅓ' 좌점   'ㅗ' 상점

<그림 9-63> ≪천의소감언해≫에 나타난 점획

목판본인 ≪천의소감언해≫에 나타난 점획에서도 위의 두 문헌에서 보이는 점획과 유사한 형태가 많이 보인다.

또한 1762년에 쇄출된 ≪지장경언해≫ 점획은 위의 ≪어제내훈≫이나 ≪어제

554 _ 3. 점획의 통시적 분석

훈서언해≫와 비교할 때 100년이 지난 후에 쇄출된 것임에도 불구하고 역시 그 모양이 크게 변하지 않고 있다.

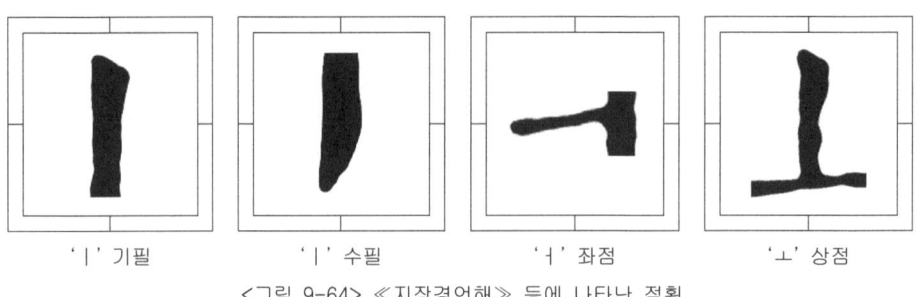

'ㅣ'기필　　　'ㅣ'수필　　　'ㅓ'좌점　　　'ㅗ'상점
<그림 9-64> ≪지장경언해≫ 등에 나타난 점획

결국 이들 문헌에 나타난 점획의 형태는 일정한 형태로 변화·발전한 것이 아니라 유사한 형태로 정체되어 있었다는 느낌이 든다.

그러나 18세기 말에 들어와서 쇄출된 ≪증수무원록언해≫에 나타난 점획의 모습은 위의 문헌들과는 매우 다른 모습이다. 일부 글자에서는 세리프가 선명하게 보이기는 하나 대체적으로 가늘고 날카로운 점획에 산세리프체의 이미지가 강하게 풍기는 독특한 형태를 갖고 있다. 이와 유사한 점획의 유형은 이미 16세기 ≪무예제보≫에서 등장한 바 있었다.

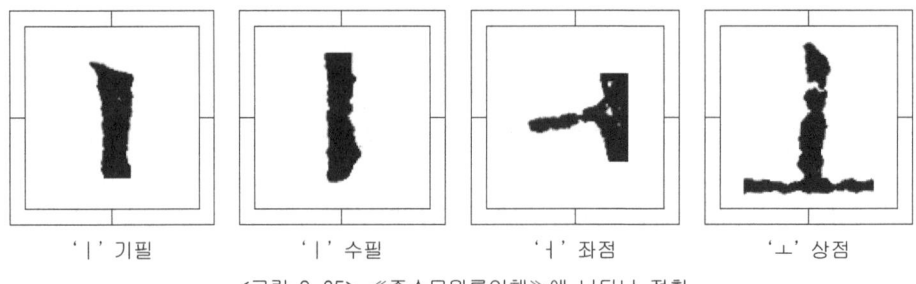

'ㅣ'기필　　　'ㅣ'수필　　　'ㅓ'좌점　　　'ㅗ'상점
<그림 9-65> ≪증수무원록언해≫에 나타난 점획

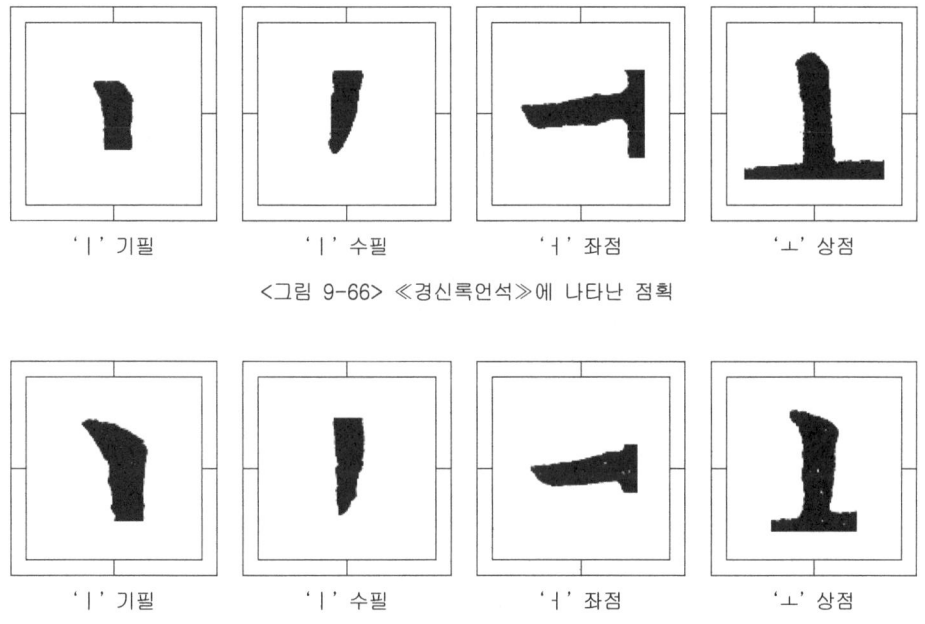

'ㅣ' 기필 　　　'ㅣ' 수필 　　　'ㅓ' 좌점 　　　'ㅗ' 상점

<그림 9-66> ≪경신록언석≫에 나타난 점획

'ㅣ' 기필 　　　'ㅣ' 수필 　　　'ㅓ' 좌점 　　　'ㅗ' 상점

<그림 9-67> ≪오륜행실도≫에 나타난 점획

　　18세기가 끝나 가는 1796년에 간행된 ≪경신록언석≫과 ≪오륜행실도≫에 나타난 점획은 ≪천의소감언해≫나 ≪어제훈서언해≫ 등에서 나타난 유형과 비슷하나 일관성 있는 기·수필의 처리로 인해 이들 문헌의 것보다 훨씬 안정된 궁서체 점획의 모습을 보이고 있다.

　　특히 18세기 말 문헌인 ≪오륜행실도≫ 글자의 점획은 ≪경신록언석≫보다 더욱 선명한 세리프와 완숙한 필력으로 궁서체 점획의 완성된 모습을 보이고 있다.

　　정리해 보면, 18세기는 대체로 17세기의 불안정한 점획의 형태를 그대로 이어받다가 말기의 ≪오륜행실도≫에 와서 한자 해서체 유형의 한글 궁서체 점획이 완성된 형태를 보인다. 한편 16세기 ≪무예제보≫에서 보였던 산세리프 유형의 가늘고 예리한 점획은 ≪증수무원록언해≫에 와서 일관된 표기로 보다 안정된 형태로 발전하였다.

(5) 19세기 점획의 변화

19세기 문헌에 나타난 점획의 모습은 18세기 말과 같이 균형과 조화를 갖추고 일관된 표기로 안정된 모습을 보이는 여러 종류의 점획이 보인다.

≪태상감응편도설언해≫의 경우에는 4종의 서체를 보이면서 판본 및 필사형 점획의 다양한 모습을 보여주고 있으며, 여기서 나타난 판본체 점획은 안정된 표현의 단계를 지나 점획의 개성이 돋보이는 능숙함을 확인할 수 있게 해준다. 특히 큰정자의 경우 명확한 절획으로 ≪월인석보≫에서 보여준 점획에 예리함을 더한 것같이 빼어난 아름다움을 보여주고 있으며, 이러한 큰정자 점획을 근간으로 하여 필사한 반흘림체 점획에서는 동적 이미지가 절제되어 표현됨으로써 완숙한 미를 보이고 있다.

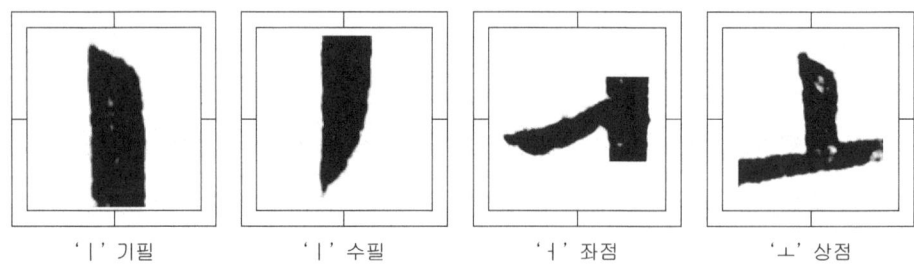

<그림 9-68> ≪태상감응편도설언해≫에 나타난 점획

≪태상감응편도설언해≫의 큰정자보다 전반적으로 세리프가 다소 두드러지며 날카롭지 않은 수필을 보이고 있는 것이 ≪삼성훈경≫ 등의 점획이다.

제9장 한글 글꼴의 통시적 분석 _ 557

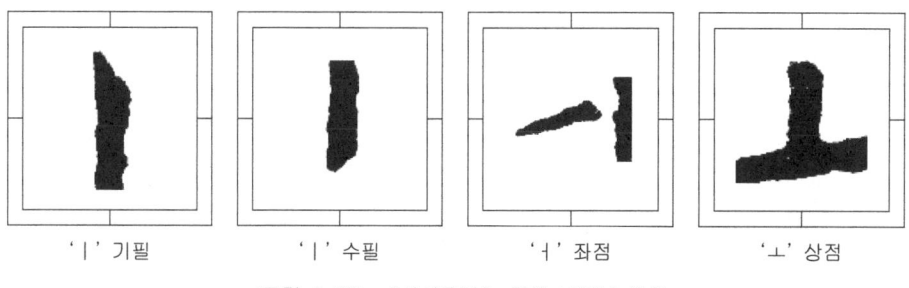

'ㅣ' 기필 　　　'ㅣ' 수필 　　　'ㅓ' 좌점 　　　'ㅗ' 상점

<그림 9-69> ≪삼성훈경≫ 등에 나타난 점획

　이 두 문헌의 글꼴은 유사한 부분이 많으나 점획의 모습이 달라 전반적인 느낌은 크게 다르다. 즉 ≪태상감응편도설언해≫가 깔끔하고 날카로우며 군더더기 없는 점획이라면 ≪삼성훈경≫ 등은 부드럽고 여유 있는 느낌을 준다.

　≪경석자지문≫의 점획은 ≪삼성훈경≫ 등과 비교된다. 이 두 문헌에 나타난 글자의 점획은 유사한 부분도 없지 않으나 대체로 ≪경석자지문≫의 세리프가 기필 부분에서 다소 길게 표현되고 있어 전체적으로 곡선화된 모습이 뚜렷하게 나타나며 부드러운 느낌을 준다.

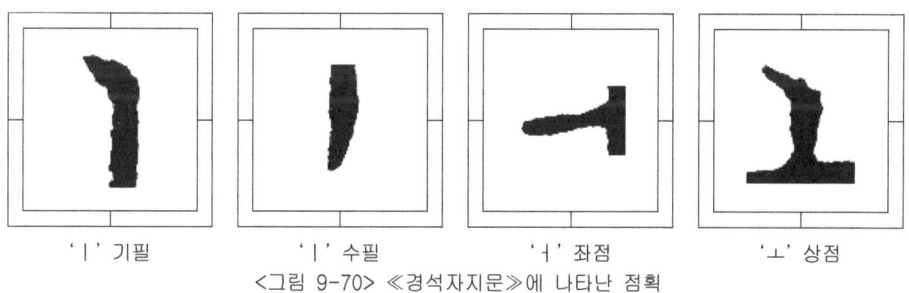

'ㅣ' 기필 　　　'ㅣ' 수필 　　　'ㅓ' 좌점 　　　'ㅗ' 상점

<그림 9-70> ≪경석자지문≫에 나타난 점획

　또한 ≪삼성훈경≫은 대체로 가로획의 오른쪽이 올라가고 점획을 약간 흘려 쓴 모습이 보이나 ≪경석자지문≫의 점획은 수평을 유지하면서 기필과 수필의 세리프가 한자 해서체에서 볼 수 있는 완벽한 정자체 형태를 보여주고 있다.

다만, 시간적 여유를 갖지 못한 채 간행된 ≪소학독본≫의 목활자 점획은 세리프의 선명도에서나 일관성에 있어서 18세기로 후퇴한 느낌을 주고 있다.

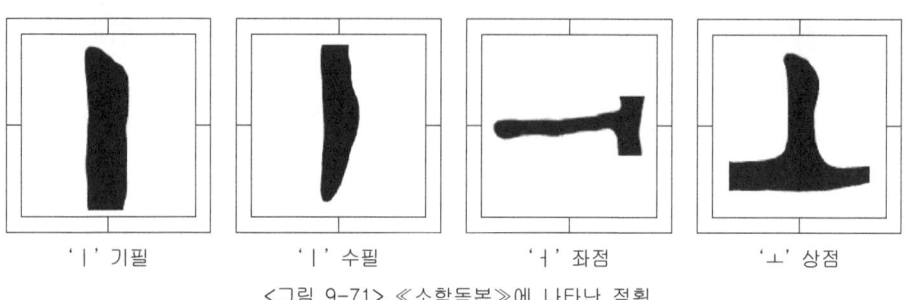

'ㅣ' 기필   'ㅣ' 수필   'ㅓ' 좌점   'ㅗ' 상점
<그림 9-71> ≪소학독본≫에 나타난 점획

이와 같이 19세기는 18세기 후반에 와서 완성된 한글 점획을 바탕으로 다양한 유형의 점획을 안정된 형태로 구사하고 있는 시기로, 현대적인 인쇄용 한글 점획으로 발전되는 전환점으로 볼 수 있다.

(6) 요약

1446년부터 1496년까지 50년 동안은 '막대형 산세리프 점획 → 원형의 점이 막대형 점획으로 변형 → 멋을 더한 산세리프 점획 등장 → 세리프 점획 등장 → 세리프의 변화를 모색'하는 단계로 이어지면서 판본용 한글자에서 표현할 수 있는 대부분의 점획 유형을 모두 보여준 시기였다. 16세기에 들어서는 다양한 실험적 글꼴의 등장 등으로 인해 문헌에 따라 보다 안정된 점획의 변화를 보인 경우가 있는 반면 15세기 글자에 비해 오히려 퇴보한 느낌마저 드는 경우도 나타났다. 17세기에서는 16세기에 비하여 점획의 형태가 다소 안정되기는 했으나 아직도 많은 부분에서 완성도가 떨어진 상황이다. 그러나 문헌에 따라 다양한 유형의 점획이 등장하게 된다. 18세기는 대체로 17세기의 불안정한 점획의 형태를 그대로 이어받다가 세기말에 와서 한자 해서체 유형을 모방한 한글 궁서체 점획이 완성된 형태를 보였으며, 16세기 ≪무예제보≫에서 보였던 산세리프 유형의 가늘고 예리한 점획 역시 18세기 ≪증수무원록언해≫을 통해 보다 안정된 형태로 발전하였다. 이와 같이 18세기 말에 와서 완성된 한글 점획을 바탕으로 19세기에서는 다양한 유형의 점획을 안정된 형태로 구사하게 되며, 이로써 19세기는 현대적인 인쇄용 한글 점획으로 발전되는 전환점의 시기라 할 수 있다.

제10장

결 론

ize
1. 한글 글꼴의 변화 양상

앞에서 한글 문헌 자료를 통해 한글이 창제된 15세기 중엽부터 19세기 말까지 세기별로 목판본 및 활자본에 나타난 한글자의 형태를 글꼴, 자소, 점획으로 나누어 분석해 보았다. 이 분석을 통해 15세기 중엽 훈민정음 창제 이후 한글자의 모습은 갖가지 양상으로 변모해 왔음을 확인하였고, 이러한 변화의 양상을 정리해 보면 다음과 같다.[1]

(1) 글꼴의 변화 양상

첫째, 필사하는 데 편리하도록 변화하였다. ➡ 편의성

탄탄의 자소가 강조된, 한글의 원형이라고 할 수 있는 해례본 글꼴은 시간이 흐르면서 글꼴과 자소, 점획들이 여러 유형으로 형태 변화가 일어났음이 확인되었고, 이러한 변화는 근본적으로 필사자가 효율적으로 필사할 수 있는 방향으로 진행되었음을 알 수 있다.

---

[1] 이와 관련, 한글 자음자의 글꼴 변천 이유에 대하여 신경철(1997)은 표기 생활에서의 불편성과 표기상 글꼴의 균형성 유지가 곤란함, 그리고 독서 생활에서의 글자 인식성의 부족 등을 들고 있다.

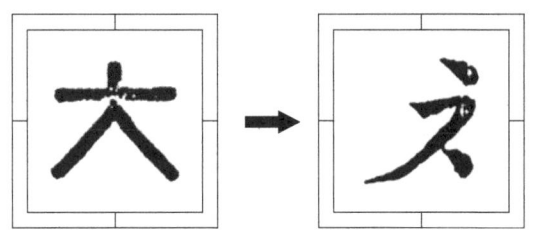

<그림 10-1> 필사의 편리성을 위해 변화한 'ㅊ'의 예

창제 당시 해례본 글꼴은 기존의 한자와는 전혀 다른 차별화된 글꼴과 서체를 보여줌으로써 우리 문자의 주체성을 명확하게 드러내고 있다. 그러나 기하학적인 원형이나 막대 모양 또는 둥근 점으로 되어 있는 해례본 글꼴을 일상생활 속에서 붓으로 손쉽게 필기하거나 판본용 글꼴로 사용하기에는 어려움이 많을 수밖에 없었을 것이다. 그 결과 붓을 이용하여 보다 손쉽게 필기할 수 있는 형태로 글꼴과 자소 및 점획 변형이 이루어지게 된 것이다.

그 대표적인 예를 보면, 해례본 글꼴에서 보여 준 원형 점이 ≪석보상절≫에 와서 막대형 점획으로 바뀐 것이 가장 중요한 형태 변화이며, 자음 자소 'ㄱ, ㄴ, ㄷ, ㅅ, ㅈ, ㅊ, ㅋ, ㅌ', 모음 자소 'ㅠ' 등의 점획 중 일부가 수평 수직의 곧은 점획 형태에서 기울어진 획이나 곡선 형태로 변화한 것도 이에 속한다. 또한 'ㅅ, ㅈ, ㅊ' 등에서 좌우 획의 상단이 접필되었던 것이 좌측 획의 중간 부분에서 우측 획이 시작된 것과 'ㅈ, ㅊ'의 좌측 획이 상단 가로획의 오른쪽에서부터 시작된 것도 역시 필사에 편리하도록 변화한 예이다.

여기서 한 가지 주목해야 할 것은, 한글 글꼴을 창안해 낸 세종대왕도 해례본 글꼴을 일상적인 생활에서 그대로 사용할 수 있으리라고 생각하지는 않았을 것이라는 점이다.

그렇다면 필기에 편리하도록 적절히 변형시켜 사용하라는 의도가 내포된 것이며, 이러한 사실은 왕이 직접 만들어 낸 해례본 글꼴을 불과 11년 만에 강희안이 크게 변형시켜 을해자 한글자를 만들었다는 것에서 확인할 수 있다.

여기서 간과할 수 없는 것은, 당시는 왕이 정하여 공표한 어떤 것에 대해 신하나 백성이 그 내용을 가감하여 내보인다는 것은 상상조차 할 수 없는 사회 구조라는 점이다. 그럼에도 불구하고 세종이 정하여 공표한 해례본 글꼴과 비교할 때 서체뿐만 아니라 글꼴의 구조가 크게 변형된 을해자 한글자가 등장할 수 있었던 것은 당시 사회 조직으로 보아서는 매우 획기적인 일이 아닐 수 없다. 물론 세종이 1450년에 죽은 후 을해자 한글자가 만들어졌다고는 하지만 세종 사후 5년밖에 지나지 않은 시기였으며 문종 역시 전왕인 세종에 대한 업적을 높이 평가하고 있었던 상황이다. 결국 한글 글꼴이 다양하게 발전적으로 변화할 수 있었던 가장 근본적인 원인은 한글 창제에서도 밝혔듯이 한글은 백성을 위한 문자로서 그 활용에서도 백성, 즉 사용자에 의해 완성되는 세종의 인본 및 민본주의 사상에 근거한 결과가 아닌가 생각된다.

둘째, 미적인 감각을 중시하는 방향으로 변화하였다. ➡ 조형성

해례본 글꼴의 가장 큰 특징은 글자를 이루는 자소 하나 하나의 형태가 강조되어 있다는 점이다. 그러므로 각각의 자소는 그 허용 범위 내에서 형태 변형은 최소로 크기는 최대로 표기되고 있으며, 이에 따라 전체적인 글꼴의 시각적 이미지는 균형과 조화보다 자소의 표현이 우선되었다.

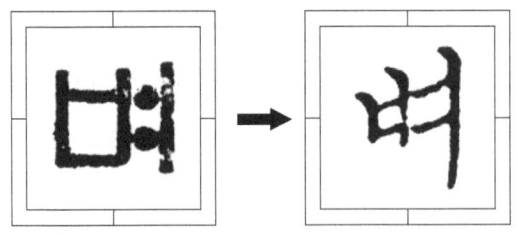

<그림 10-2> 조형성을 중시하여 변화된 '벼'자의 예

그러나 필사자들은 시간이 지남에 따라 이러한 자소 중심의 해례본 글꼴에서 벗어나 전체적인 글자 구조와 형태에 균형과 안정감을 더하는 방향으로 글꼴 구조를 바꾸려고 하였으며, 그 첫 번째 결과가 훈민정음 창제 후 불과 9년 후에 제작된 을해자 한글자로 나타난 것이다. 을해자 한글자의 가장 큰 특징은 세리프형 점획의 도입과 자소의 크기 변화에 있으며, 특히 자소의 크기 비례를 글꼴에 어울리도록 다양하게 변화시킴으로써 글자의 균형감과 동적인 아름다움을 더하였다.

셋째, 한자 필체를 모방한 변화가 주류를 이루었다. ➡ 모방성

한글의 창제는 인위적이었으나 그 글꼴과 서체 변화는 사용자들에 의해 자연스럽게 이루어졌다. 그러므로 한글 글꼴과 서체의 변화는 당시 문자생활의 전부였던 한자의 영향에서 크게 벗어나지 못했다. 을해자 한글자를 비롯한 대부분의 문헌에서 볼 수 있는 한글 모습은 한자 해서체를 닮은 것에서 이를 확인할 수 있다.

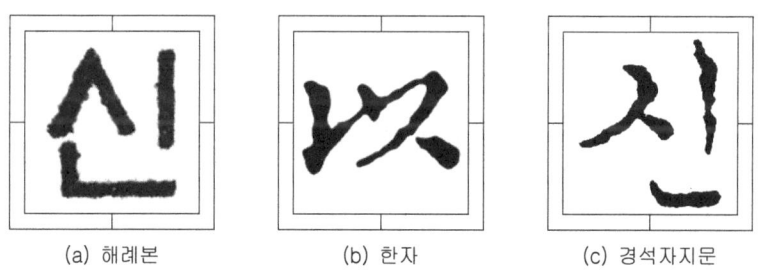

(a) 해례본   (b) 한자   (c) 경석자지문

<그림 10-3> 한자 필체를 모방한 'ㅅ'의 예

이러한 한자 서체 모방은, 붓이라는 필기도구를 사용하는 당시의 상황과, 대부분의 문헌에서 한자와 함께 한글을 사용해야 하는 점 등을 고려해 볼 때 필연적인 결과라고 본다.

1. 한글 글꼴의 변화 양상

한자 필체 모방은 자소의 크기 비례와 이에 따른 글꼴의 구조 변화에도 영향을 끼쳤다. 예를 들어 초·종성 자음의 크기가 작아지면서 글꼴의 균형과 자소들 간의 조화를 꾀한 것도 근본적으로는 한자의 영향이 작용한 것이다.

넷째, 한 글자 내에서 자소의 상호 연계성이 강화되는 쪽으로 변화하였다.

➡ 결합성

이것은 자소 중심의 글꼴에서 글자 중심의 글꼴로 변화한 것과 동일한 의미를 갖는다. 또한 모아쓰기 한글의 특징을 효율적으로 표현하는 방향으로 변화하였다고도 말할 수 있다.

앞에서 분석한 내용과 같이 해례본 글꼴에서는 가급적 자소와 자소들 간의 접필이 이루어지지 않도록 주의하면서 필사한 흔적이 역력하다. 그러나 17세기 ≪마경초집언해≫에서 초성자음 'ㄴ, ㄷ' 등의 하단 가로획 수필이 중성모음 'ㅣ, ㅏ, ㅐ' 등과 접필되는 등, 후대로 올수록 자소간의 의도적인 접필 빈도가 높아짐을 볼 수 있었으며, 특히 초성 자음과 중성 모음간의 접필 정도는 매우 뚜렷하게 증가하고 있음을 보았다.

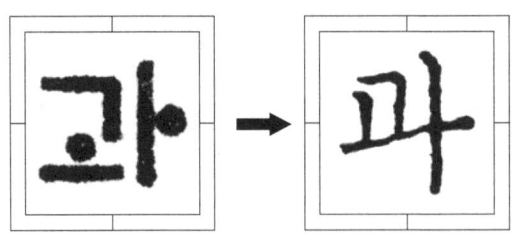

<그림 10-4> 자소간 연계성 강화로 변화된 '과' 자의 예

이러한 접필은 자칫 자소의 변별력을 떨어뜨려 글자 인식에 문제를 일으키는 경우도 있었음을 역시 ≪마경초집언해≫에 나타난 '볘' 자를 통해 보았다. 그러나 이러한 특수한 경우를 제외하고 합리적인 자소간의 접필은 글자의 결합력을

높임으로써 변별력과 가독성을 향상시키는데 중요한 역할을 한다.

지금까지 정리한 네 가지 한글 글꼴 및 서체 변화의 양상은 각각 독립적으로 나타난 변화의 과정이기 보다 서로 긴밀하게 연관된 것들로서 어느 하나를 따로 떼어 생각할 수 없는 것들이다.

(2) 자소 및 점획의 변화 양상

이 책에서 분석한 문헌을 대상으로 하여 판본용 한글자에 표기된 자소 및 점획의 변화 양상을 정리하면 다음과 같다. 지금까지는 자소와 점획을 별도로 분석하였으나 그 변화의 양상은 이들 서로간의 밀접한 연관성이 있으므로 함께 정리하기로 한다.

1) 자소의 변화 양상
- 초·종성의 자음 자소의 크기가 작아졌다(15세기 을해자 한글자부터).
- 초·중·종성 간의 접필 빈도가 높아졌다(15세기 을해자 한글자부터).
- 초성 'ㄱ'의 세로획이 수직에서 좌측으로 완전하게 굽어졌다(19세기 ≪태상감응편도설언해≫부터).
- 초성 'ㄴ, ㄷ'에서 단독 자소로 표기되다가 하단 가로획의 수필이 우측 중성 모음과 접필되었다(17세기 ≪어제내훈≫부터[2]).
- 초성 'ㅂ'에서 좌우 세로획의 길이가 달라졌다(15세기 을해자 한글자부터).
- 초성 'ㅅ'에서 좌획의 중간 부분에서 우획이 시작되었다(16세기 ≪장수경언해≫부터).

---

[2] ≪어제내훈≫은 18세기 문헌이나 이 문헌의 쇄출에 사용된 갑인자 한글자가 17세기에 만들어진 것이므로 여기서는 17세기 글자로 보았다.

1. 한글 글꼴의 변화 양상

- 초성 'ㅈ, ㅊ'에서 우획이 좌획의 중간 부분에서 시작되었다(16세기 ≪무예제보≫부터).
- 초성 'ㅈ, ㅊ'에서 좌획의 기필 부분이 상단 가로획의 우측에서 시작되었다(16세기 ≪무예제보≫부터).
- 초성 'ㅌ'의 상단 가로획이 하단 'ㄷ'과 분리되어 표기되었다(18세기 ≪증수무원록언해≫부터).
- 중성 'ㅠ'에서 좌측 점이 좌측으로 굽었다(15세기 을해자 한글자부터).
- 중성 'ㅠ'와 종성 'ㅇ'가 연서로 구성될 때 'ㅠ'의 하단 좌우 점이 좌우로 벌어졌다(15세기 을해자 한글자, 인경목활자, 17세기 ≪언해두창집요≫).
- '권'의 'ㅝ'에서 우측 'ㅓ'의 좌점이 'ㅜ'의 가로획 위에서 아래로 내려왔다(17세기 ≪어제내훈≫부터).

2) 획의 변화 양상

- 중성 모음의 원형 점이 막대형 점획으로 표기되었다(15세기 ≪석보상절≫부터).
- 일정한 굵기의 획에서 굵기의 변화가 있는 획으로 변화하였다(15세기 을해자 한글자부터).
- 같은 서체에 굵기가 다른 글자가 나타나 서체군이 등장했다(15세기 ≪월인석보≫부터).
- 세리프가 나타났다(15세기 을해자 한글자부터).

2. 한글 글꼴 변천의 시기 구분

① **산세리프 글꼴기(1446~1455)** : 앞에서 문헌별로 한글 글꼴과 자소 및 점획에 대한 변화를 통시적으로 분석한 결과를 보면, 15세기 훈민정음이 창제된 1446년부터 1455년 을해자 한글자가 나타나기 전까지는 ≪석보상절≫과 같이 원형의 점이 막대형으로 바뀌고 ≪월인석보≫에서와 같이 수필과 기필의 형태에 다소 변화가 있었지만 대체로 산세리프 해례본의 글꼴과 자소 및 점획을 유지하고 있었던 시기이다. 그러므로 '산세리프 글꼴 시기'는 한글이 창제되면서 제시한 해례본 글자 유형이 주류를 이루었던 짧은 시기, 즉 본고의 분석 대상 문헌으로 본다면 1446년 훈민정음 창제부터 1455년 을해자 한글자가 제작된 시기까지를 의미한다.

② **세리프 도입기(15세기 중반~16세기 말)** : 그러나 1455년 을해자 한글자가 제작되고 그 이후 1496년에 ≪육조법보단경언해≫를 쇄출한 인경목활자가 만들어지는 등 세리프 한글자가 연이어 등장하게 된 것은 매우 크고 중요한 글꼴의 변화가 아닐 수 없다. 그러므로 1446년부터 1455년까지를 산세리프 해례본 글꼴 시기라고 본다면, 이후 16세기는 을해자 한글자를 사용한 언해 문헌이 중앙에서 적지 않게 간행되면서 을해자 한글자의 전성기를 보인 시기이며, 다른 한편으로는 한자 해서체를 모방한 을해자 한글자와는 다른 유형의 ≪무예제보≫의 한글자 등과 같은 상당히 완숙한 수준의 한글자가 나타났던 시기이기도

하다. 그러므로 이 시기는 해례본 글꼴을 본격적인 판본용 글자로 변형·제작하여 대량 쇄출에 도입한 시기를 의미하며 여기서는 《무예제보》(1598) 간행 시기 직전까지를 말한다.

③ **글꼴 탐색기(17세기)** : 17세기에 들어와서는 이전 시기에서 시도했던 몇몇 유형의 글자 형태와 점획이 다양한 모습으로 변형되어 표기되고 있어 새로운 판본용 한글자의 모습을 확립하기 위한 과도기 적인 시기이다. 이 당시 각 문헌에 나타난 한글의 형태는 안정되지는 않았으나 새로운 형태의 글자를 판본에 도입하는 등 한글 글꼴의 다양화를 모색하였다. 그러나 적지 않은 부분에서 해례본 글꼴의 영향이 남아 있었던 시기였다. 이러한 글꼴 모색의 시기는 1668년 갑인자 한글자가 만들어져 비교적 틀이 갖추어진 한글 글꼴로 문헌을 쇄출함으로써 새로운 전기를 맞게 된다.

④ **글꼴 안정기(18세기)** : 17세기에 제작된 갑인자 한글자로 쇄출한 문헌이 《어제내훈》(1737), 《어제훈서언해》(1756), 《어제경민음》(1762), 《어제백행원》(1765) 등 18세기 중반까지도 이어졌고, 이와 유사한 수준의 글꼴을 보이는 《천의소감언해》가 쇄출된 시기도 역시 18세기 중반이다. 그 이후 《무예제보》(1598)에서 보았던 산세리프 한글 글꼴이 18세기 말 《증수무원록언해》(1792)에서 보다 안정되고 세련된 형태로 다시 나타나고 있다. 이 글꼴은 이전의 갑인자 한글자나 《천의소감언해》 글자에 비해 상당한 수준의 안정된 모습을 보이고 있다. 또한 18세기 말 정리목활자로 쇄출된 《오륜행실도》(1797) 역시 균형과 안정성이 뛰어난 글꼴을 보이고 있다. 이와 같이 18세기는 그 중반까지 17세기 글꼴이 점차 안정된 형태로 변화하다가 중반 이후 말까지 급격하게 글꼴

의 완숙도가 이룩되는 시기로 볼 수 있다. 물론 이 시기의 글꼴에서는 매우 드물기는 하지만 해례본 글꼴의 흔적을 찾을 수 있다.

⑤ **글꼴 정착기(19세기)** : ≪태상감응편도설언해≫(1852)에 나타난 한글 글꼴에서 보면, 해례본 글꼴의 흔적은 완전히 사라졌고 완숙한 경지에 이른 균형 잡힌 모습을 보이고 있다. 역시 ≪삼성훈경≫(1880)이나 ≪경석자지문≫(1882)에 나타난 한글 역시 18세기까지 드물게 남아 있던 해례본 글꼴의 흔적을 완전히 지우고 현대적 판본용 한글 글꼴과 서체를 보이고 있어 15세기 중반부터 변화를 거듭한 한글 글꼴이 이 시기에 와서 마무리된 것으로 보인다.

3. 결어

인류는 의사소통의 일차적인 매개체이며 문화 축적 및 발전의 도구인 언어를 통해서 끊임없이 발전하여 왔다. 인간이 가지고 있는 지식이나 감정을 말과 문자를 통하여 전달하고 전달받음으로써 문화를 축적하고 발전시켜 온 것이다(홍윤표, 2000). 특히 인간은 문자를 통해 자신의 사상과 감정을 표현하면서 내포된 의미를 더욱 명확하게 전달하기 위해 내용에 적절한 형태의 문자로 필사하거나 활자화하여 사용하고 있다. 앞에서 분석한 바와 같이 15세기의 해례본에 나타난 한글자도 단순한 자소와 점획의 형태를 통해 문자의 원형임을 표현하려는 필사자의 심리적 의도가 표현되고 있으며, 17세기 ≪연병지남≫에서는 무관의 힘과 용맹성을 독특한 글자의 형태와 서체를 통해 뚜렷하게 표현하고 있음을 보았다.

이와 같이 한글 창제 이후 필사자들은 단순히 내용의 기록을 위한 한글자 사용에서 탈피하여 자소·점획의 형태와 크기 위치 등을 다양하게 변형시키면서 새로운 글꼴과 서체를 개발하기 위해 끊임없이 노력해 왔다.

그러나 이렇게 수백 년 동안 쌓아 온 선인들의 한글 글꼴 개발에 대한 노력과 그에 따른 역사적 의미를 보다 적극적으로 발굴·분석하고 정리하여 이를 바탕으로 현재 우리의 한글 문화의 문제점을 파악하여 미래의 바람직한 발전 방향을 제시할 수 있어야 함에도 불구하고 현실은 그렇지 못해 안타깝다.

현재 우리나라 한글 글꼴 제작이 본격적으로 시작된 것은 1990년대 말부터이다. 그것도 처음에는 일본에서 수입한 한글 글꼴을 베껴 만들다가 지금은 나름대로 글꼴을 개발한다고 하지만 디자이너의 감각에 의해 단순히 그려내거나, 옛 문헌의 한글자를 복제하여 갖고 오는 정도로서 전혀 과학적이지 못하고 주먹구구식 걸음마 단계라고 생각된다. 그러다 보니 한글 글꼴 개발이 어떠한 방법으로 어떠한 과정을 거쳐 만들어져야 합리적이며, 그 체계적인 연구가 어떠한 방법으로 이루어져야 하는지 조차 논의되지 못하고 있는 상황이다.

한글 글꼴(font)은 이미 10여 년 전부터 정보화사회가 급속히 진전되면서 온·오프라인의 커뮤니케이션에서 그 중요성이 부각되었음에도 불구하고 그 체계적인 연구는 고사하고 관심조차 두지 않고 있는 실정이다. 이러한 무관심과 무지의 결과 일본으로부터 한글 글꼴을 수입해서 교과서까지 만든 부끄러운 역사를 만들었게 되었으며, 아직도 우리 생활 주변에는 일본에서 개발한 한글을 베껴 만든 것들이 적지 않은 실정이다. 더욱 안타까운 것은 우리나라에서 우리 글자 연구를 등한시하고 있는 이 시간에도 일본에서의 한글 글꼴 연구는 끊임없이 이루어지고 있다는 사실이다.

한글과 관련된 이러한 웃지 못 할 현실에도 불구하고 한글 글꼴에 관련된 연구가 계속 외면당한다면 아무리 한글이 세계 유일의 독창적 글자이며 과학적이라고 주장한들 무슨 소용이 있겠는가. 결국 우리는 자랑만 늘어놓고 실속은 다른 나라에서 챙기는 어처구니없는 상황에 또다시 직면하게 될 것이다.

앞으로 한글 글꼴에 관련된 연구는 크게 현상 연구와 서체 개발로 나누어 볼 수 있다. 현상 연구는 글꼴의 역사, 구조, 활용 효과 등으로 국어학 분야에서 다루어져야 합당할 것으로 보며, 새로운 글꼴 개발과 과학적 제작 방법 등은 디자인 분야에서 이루어져야 할 것으로 본다. 그러므로 국어학과 디자인학계는 보다 긴밀한 협조 체계 속에서 한글 글꼴의 과학적 발전에 기여할 수 있는 여

3. 결어

건 마련에 적극적이어야 할 것이다. 또한 개발된 글꼴을 사용하는 사용자 입장에서 볼 때, 한국 출판학계에서도 이에 대한 학문적 관심과 아울러 그 발전에 기여할 수 있는 구체적 방안 마련에 나서야 한다.

참고문헌

※ 아래 참고문헌의 대부분은 건국대학교 충주캠퍼스 중원도서관에 기증되어 열람되고 있음.

1. 기초자료(쇄출 연도순)

≪訓民正音≫(1446), 간송미술관본, 아세아문화사 영인본.
≪東國正韻≫(1448), 건국대학교본.
≪月印釋譜≫ 初刊本(卷 一, 二, 七, 八, 九, 十, 十一, 十二, 十三, 十四, 十五, 十七, 十八, 十九, 二十, 二十三, 二十五)(1459), 아세아문화사 영인본(권20).
≪六祖法寶壇經諺解≫(1496)
≪呂氏鄕約諺解≫(1518), 단국대학교 출판부 영인본.
≪正俗諺解≫(1518), 이원주 교수 소장본.
≪長壽經諺解≫(16世紀 初), 경북대학교 출판부 영인본.
≪武藝諸譜≫(1598), 서울대학교 규장각 마이크로필름 복사본.
≪諺解痘瘡集要≫(1608), 가람문고본, 아세아문화사 영인본.
≪御製內訓≫(1611), 서울대 규장각본.
≪練兵指南≫(1612), 장서각본
≪家禮諺解≫(1632), 서울대 규장각본.
≪家禮諺解≫(1632), 가람문고본, 홍문각 영인본.
≪馬經抄集諺解≫(1623~1637), 장서각본, 홍문각 영인본.
≪闡義昭鑑諺解≫(1756), 서울대 규장각본
≪御製訓書諺解≫(1745), 서울대도서관본, 홍문각 영인본.
≪御製警民音≫(1762), 一蓑文庫本, 홍문각 영인본.
≪御製百行源≫(1765), 서울대 규장각본, 홍문각 영인본.
≪增修無寃錄諺解≫(1792), 서울대 규장각본, 홍문각 영인본.
≪敬信錄諺釋≫(1796), 佛巖寺板, 태학사 영인본.

≪五倫行實圖≫(1797), 홍문각 영인본.
≪太上感應編圖設諺解≫(1880), 서울대 규장각본
≪三聖訓經≫(1880), 서울대 규장각본, 태학사 영인본.
≪過化存神≫(1880), 서울대 규장각본, 태학사 영인본.
≪敬惜字紙文≫(1882), 서울대 고도서본, 태학사 영인본.

2. 單行本

구석규(1992), 이홍진 역(1988), ≪중국문자학≫, 신아사.
김두식(2001), ≪전자출판론≫, 타래.
김두종(1984), ≪韓國古印刷文化史≫, 삼성미술문화재단.
_____(2000), ≪한국고인쇄≫, 범우사.
강순애(2001), ≪月印釋譜 卷20≫, 아세아문화사.
김정수(1990), ≪한글의 역사와 미래≫, 열화당.
김진평(1983), ≪한글의 글자 표현≫, 미진사.
박병천(1983), ≪한글궁체연구≫, 일지사.
_____(1990), ≪中國歷代名碑帖 서예미연구≫, 미술문화사.
_____(1994), ≪서법론 연구≫, 일지사.
_____(2000), ≪조선 초기 한글 판본체 연구≫, 일지사.
박우찬, 박병천, 롤프 슈톰펠, 황동열(1996), ≪문자의 세계전≫, 예술의전당.
석금호(1996), ≪타이포그라픽 디자인≫, 미진사.
손보기(1976), ≪금속활자와 인쇄술≫, 세종대왕기념사업회.
_____(1986), ≪세종시대의 인쇄출판≫, 세종대왕기념사업회.
_____(2000), ≪금속활자와 인쇄술≫, 세종대왕기념사업회.
송 현(1985), ≪한글 자형학≫, 디자인.
세계문자연구회, 김승일 역(1997)≪세계의 문자≫, 범우사.
안춘근(1999), ≪옛책≫, 대원사.

예술의전당(1994), ≪조선시대 한글서예≫, 미진사.
_____(1996), ≪세계의 문자≫, 예술의 전당.
윤병태(1992), ≪朝鮮 後期의 活字와 冊≫, 범우사.
이정모, 김문수, 김민석, 유명현, 김정오, 변은희, 박태진, 김성일, 이광오, 김영진, 이재호, 신현정, 도경수, 이영애, 박주용, 조은경, 최상섭, 곽호완 공저(2001), ≪인지심리학≫, 학지사.
이정호(1975), ≪訓民正音의 構造原理≫, 亞細亞文化社.
이종국(1988), ≪大韓敎科書史(1948~1983)≫, 대한교과서주식회사.
_____(1998), ≪大韓敎科書史(1948~1998)≫, 대한교과서주식회사.
정계문(1999), ≪한글의 새로운 시도≫, (주)안그라픽스.
朝鮮語學硏究會(昭和 7년), ≪訓民正音 原本寫眞版≫, 啓明俱樂部.
천혜봉(1993), ≪한국 금속활자본≫, 범우사.
_____(1993), ≪한국 목활자본≫, 범우사.
_____(1995), ≪한국서지학≫, 민음사.
_____(1999), ≪한국서지학≫, 민음사.
한국용산인쇄국(1909), ≪활자술≫, 한국용산인쇄국.
홍윤표(1993), ≪國語史 文獻資料 硏究-近代篇≫, 태학사.
홍윤표(1994), ≪近代國語 硏究(I)≫, 태학사.

Albertine, Gaur(1984), 강동일 역(1995), ≪문자의 역사≫, 새날.
Dowding, Geoffrey(1998), *Finer Points in the Spacing and Arrangement of Type*, Hartley & Marks, London.
Janet, Ing(1987), *Johann Gutenberg and his Bible*, The Typophiles, New York and London.
Jaspert, W. Pincus; Berry, W. Turner; Johnson, A.F.(1983), *Encyclopaedia of Type Faces*, 4th ed., Blandford Press, London.
Lewis, John(1978), *Typography: Design and Practice*, Taplinger Pub Co, London.

Davies, Martin(1996), *The Gutenberg Bible*, The British Library, London.
Philip, J. Hills(1980), *The Future of the Printed Word*, Greenwood Publishing Group, Connecticut.
Ruari, McLean(1980), *Typography*, Thames and Hudson Ltd, London.

3. 논문

김동소(1997), 〈'武藝諸譜' 연구〉, 국어사자료연구회 제3차 연구발표회 논문집.
_____(2000), 〈'武藝諸譜' 해제·색인·영인〉, ≪한국말글학≫, 한국말글학회.
김두식(1999), 〈한글 서체의 직관적 수용에 관한 연구〉, ≪출판학연구≫, 범우사.
_____(2000), 〈한글 판본 글자꼴의 변천과 특성에 관한 연구〉, ≪한국출판학연구≫, 범우사.
_____(2002), 〈한글 서체 특성 표현을 위한 대표 글자 추출에 관한 연구〉 ≪한국어와 정보화≫, 태학사.
김일근(2001), 〈한글서예를 위한 字體 생성과 변천 과정〉, ≪한글 서예의 역사와 그 정체성≫, 세종한글서예큰뜻모임.
김진세(2001), 〈19세기 궁체의 미학적 특성과 변화〉, ≪한글서예의 역사와 그 정체성≫, 세종한글서예큰뜻모임.
김진아(1982), 〈훈민정음 창제당시 한글 문자꼴의 연구〉, 이화여대 대학원, 석사학위 논문.
김진평(1990), 〈한글 활자체 변천의 사적 연구〉, ≪한글 글자꼴 기초 연구≫, 한국출판연구소.
남권희(2000), 〈佛說長壽滅罪護諸童子陁羅尼經 諺解本의 書誌〉, ≪長壽經諺解≫, 경북대출판부
도정일(1999), 〈민족어의 미래〉, ≪한글·한국어 그리고 21세기≫, 한국밀레니엄연구원.
박기동(1995), 〈조선후기 무예사 연구〉, 성균관대 체육학과 박사학위 논문.
박병천(1980), 〈한글과 한문서체의 필법에 관한 비교 연구〉, 인천교육대학논문집 제15집.
_____(1991), 〈한글서예의 변천사적 고찰(1910~1990)〉, ≪한글서예 변천전≫, 예술의

　　　　　전당.

_____(1993),〈한글서예 작품 경향에 대한 변천사적 고찰(1922~1992)〉,《한글서예의 오늘과 내일전》, 한국서학연구회.

_____(1996),〈근·현대 한글서예 작품 경향에 대한 분석 고찰(1920~1996)〉, 예술의 전당.

_____(1996),〈한글 문자의 창제와 조형성의 변천〉,《세계의 문자전》, 예술의 전당.

_____(1999),〈최근 한글서예 작품의 경향과 전망(1997~1999)〉,《한글서예의 역사적 전개와 미래적 전망》, 세종한글큰뜻모임.

_____(2000a),〈月印釋譜의 한글 글꼴 분석과 기초적 개발 방안-월인석보 권 1, 2의 큰 문자를 중심으로〉,《글꼴 2000》, 한국글꼴개발원.

_____(2000b),〈한글 서체의 유형적 역동성에 대한 탐색〉,《동양예술 논문집》제2호.

_____(2001),〈중국 조선족 한글 글꼴 개발의 실태와 전망〉,《한글 글꼴 개발의 미래》, 세종대왕기념사업회.

_____(2002a),〈옛문헌 한글 글꼴 발굴·복원 연구〉,《글꼴2002》, 한국글꼴개발원.

_____(2002b),〈月印釋譜 한글 문자의 조형성 고찰-월인석보 권1·2의 한글 큰 문자를 대상으로〉,《한국어와 정보화》, 태학사.

_____(2002c),〈韓國 歷代名筆家의 古文獻 字本 筆寫의 役割과 書體 考察〉,《東洋藝術論叢》제6집, 剛菴書藝學術財團.

박수자(1987),〈한글 서체의 변천과 특성에 관한 연구〉, 단국대 교육대학원, 석사학위논문.

백두현(2001),〈조선시대의 한글 보급과 실용에 관한 연구〉,《震檀學報》제92호.

석금호(2001),〈옛멋글씨 개발 배경과 과정〉,《글꼴 2001》, 한국글꼴개발원.

소재구(2000),〈한글 문화사론〉,《겨레의 글 한글》, 국립중앙박물관.

송　현(1990),〈글자꼴 개발 방안 2〉,《한글 글자꼴 기초 연구》, 한국출판연구소.

신경철(1994),〈한글 母音字의 字形 變遷 考察〉,《한국어문학》, 제33집.

_____(1995),〈한글 母音字의 자형 變遷 考察〉,《국어사와 차자표기-남풍현선생 회갑논총》.

_____(1997), 〈한글 左邊 子音字의 字形 變遷 考察〉, ≪田光鉉·宋敏 先生의 華甲 紀念 論文集≫, 국어사연구회.
심재기(1999), 〈한자병용, 한국인의 문자생활〉, ≪한글·한국어 그리고 21세기≫, 한국밀레니엄연구원.
안병희(2000), 〈한글의 창제와 보급〉, ≪겨레의 글 한글≫, 국립중앙박물관.
안상수(1980), 〈한글 타이포그라피의 가독성에 관한 연구〉, 홍익대학교 대학원 공예도안과, 석사학위 논문.
_____(1990), 〈글자꼴 개발 방안 1〉, ≪한글 글자꼴 기초 연구≫, 한국출판연구소.
안상수, 박선영(1999), 〈'99 한글 글꼴 개발 현황〉, ≪글꼴 1999≫, 한국글꼴개발원.
여태명(2002a), 〈한글 민체의 자형미 고찰〉, ≪글꼴2002≫, 한국글꼴개발원.
_____(2002b), 〈한글 民體에 관한 연구〉, ≪한국어와 정보화≫, 태학사.
윤진혁(1990), 〈컴퓨터에서의 한글 글자꼴 개발〉, ≪한글 글자꼴 기초 연구≫, 한국출판연구소.
이기성(2000), 〈Digital Font와 전자출판의 전망에 관한 연구〉, ≪제3회 청주국제인쇄출판문화학술회의≫, 청주고인쇄박물관.
_____(2001), 〈출판 매체에서 한글 글꼴 개발의 미래에 관한 연구〉, ≪한글 글꼴 개발의 미래≫, 세종대왕기념사업회.
이기순(1992), 〈한글 타이포그래피 디자인 개발에 관한 연구〉, 동덕여자대학교 대학원 미술학과, 석사학위 논문.
이종국(2002), 〈교과서 출판에 반영된 서체 변천 과정에 대한 연구〉, ≪글꼴2002≫, 한국글꼴개발원.
임순범(1999), 〈글꼴 처리 기술의 발전 동향〉, ≪글꼴 1999≫, 한국글꼴개발원.
임용기(1976), 〈훈민정음의 삼분법 형성 과정〉, 연세대학교 대학원 국어국문학과, 석사학위 논문.
정승철(1990), 〈≪闡義昭鑑諺解≫의 異本 비교〉, ≪규장각≫제13호.
정희선(1982), 〈훈민정음의 역학적 배경론에 관한 일고찰〉, 중앙대학교 대학원 국어국문학과, 석사학위 논문.

조수현(2001), 〈京板 坊刻小說에 나타난 刻字體의 특징과 의미〉, ≪한글 서예의 역사와 그 정체성≫, 세종한글서예큰뜻모임.
최정호(1990), 〈서체개발의 실제〉, ≪한글 글자꼴 기초 연구≫, 한국출판연구소.
최형인·이성진·박경환(1996), 〈훈민정음 해례본 글꼴의 기하학적 구성에 관한 기초 연구〉, ≪새국어생활≫제6권 제2호, 국립국어연구원.
최형인·이성진·박경환·위남숙(1995), 〈훈민정음 해례본 서체 글자본〉, 문화체육부.
홍우동(1990), 〈한글 서체의 문제점과 개발 방향〉, ≪한글 글자꼴 기초 연구≫, 한국출판연구소.
홍윤표(1994), 〈奎章閣 所藏 近代國語 文獻資料의 綜合的 硏究〉, ≪韓國文化≫ 제15집.
_____(1998), 〈한글 자형의 변천사〉, ≪글꼴 1998≫, 한국글꼴개발원.
_____(1999a), 〈국내 국어학 자료발굴의 현황과 전망〉, ≪국어국문학≫, 제123호.
_____(1999b), 〈한글과 정보화〉, ≪한글·한국어 그리고 21세기≫, 한국밀레니엄연구원.
_____(1999c), 〈한글이 익히기 쉽다는 것은〉, ≪세종성왕육백돌≫, 세종대왕기념사업회.
_____(2000a), 〈정보화 시대와 한글 글꼴 개발〉, ≪글꼴 2000≫, 한국글꼴개발원.
_____(2000b), 〈디지털 시대의 한글 문화의 창조〉, ≪제3회 청주국제인쇄출판문화학술회의≫, 청주시 청주국제인쇄출판박람회2000.
_____(2001), 〈디지털시대 한글 서체에 대하여〉, ≪한글 서예의 역사와 그 정체성≫, 세종한글서예큰뜻모임.
홍윤표, 김완서(2002), 〈2002년도 한글 글꼴 개발 현황〉, ≪글꼴2002≫, 한국글꼴개발원.

4. 기타 자료

서울여자대학교 조형연구소(2002), ≪전자책(e-book)용 한글폰트개발 결과 보고서≫, 한국전자책컨소시엄(EBK).
세종대왕기념사업회(1991), ≪한글 글자본 제정≫, 문화부.
_____(1991), ≪한글 글자본≫, 문화부.
_____(1992), ≪한글 글자본≫, 문화부.
_____(1994), ≪한글 글자본 제정≫, 문화체육부.

_____(1994), ≪한글 쓰기체 글자본≫, 문화체육부.
_____(1995), ≪한글 글자본 제정≫, 문화체육부.
_____(2000), ≪한글글꼴용어사전≫, 한국글꼴개발원.
(재)한국출판연구소(2002), ≪출판사전≫, 범우사.

5. 인터넷 사이트

http://koreanhistory.or.kr (한국역사정보통합시스템)
http://kyujanggak.snu.ac.kr (서울대학교 규장각)
http://lib.dankook.ac.kr (단국대학교 도서관)
http://library.snu.ac.kr (서울대학교 도서관)
http://www.nanet.go.kr (국회도서관)

■ **일러두기.**

1. 부록에 사용된 문헌 약칭과 원문헌 제목은 다음과 같다.

번호	약칭	원문헌명	번호	약칭	원문헌명
1	훈민	훈민정음 해례본	14	아미	아미타경
2	석보	석보상절	14	내훈	어제내훈
3	동국	동국정운	15	천의	천의소감언해
4	월인	월인석보	16	훈서	어제훈서언해
5	육조	육조법보단경언해	17	지장	지장경언해
6	여씨	여씨향약언해	18	무원	증수무원록언해
7	정속	정속언해	19	경신	경신록언해
8	장수경	장수경언해	20	오륜	오륜행실도
9	무예제	무예제보	21	태상	태상감응편도설언해
10	두창	언해두창집요	22	삼성	삼성훈경
11	연병	연병지잠	23	경석	경석자지문
12	가례	가례언해	24	소독	소학독본
13	마경	마경초집언해			

2. 〈부록 1〉의 도표 왼쪽 칸에는 대표글자들만 표시하였다. 그러므로 부록 내용 중 대표글자가 아닌 글자는 대용글자 또는 유사한 글자이다.(보다 상세한 내용은 본문 78~86쪽을 참조할 것.)

3. 〈부록 1〉의 문헌별 대표글자 칸에 ◆ 표시가 있는 곳은 대표글자나 대용글자, 또는 자소가 없는 빈칸이다.

4. 〈부록 1, 2〉에 나타난 글자나 자소 및 획의 크기는 도표의 칸에 맞추어 임의로 크기를 조절한 것이다. 그러므로 실제 문헌에서는 각각 크기 차이가 날 수 있다. 다만 크기 비례는 원형대로 유지하였다.

<부록 1-1> 문헌별 대표글자 비교표(1/3)

	15세기					16세기				17세기			
	훈민	석보	동국	월인	육조	여씨	정속	장수경	무예제	두창	연병	가례	마경
가	깅	가	강	가	가	가	가	가	가	가	가	가	가
각	갇	각	각	곽	간	각	갇	각	긴	각	각	각	각
고	고	고	곤	고	고	고	고	고	고	고	고	고	고
곤	곳	곤	곡	곡	근	곡	곡	곡	곤	곡	곤	곡	곡
과	과	과	굉	과	과	과	과	과	과	과	과	과	과
권	군	권	쿽	◆	◆	권	원	젼	◆	윤	원	권	원
난	납	난	낙	날	날	날	난	낙	넉	난	낙	난	난
나	너	나	냥	나	나	니	나	나	나	나	나	나	니
논	논	논	능	놀	논	◆	논	논	◆	논	논	논	논
뇨	노	뇨	논	노	뇨	노	노	노	노	뇨	노	뇨	뇨
더	다	더	던	더	더	더	더	다	더	더	더	더	더
던	멸	던	득	던	던	던	딜	뎐	언	던	던	뎐	단
두	두	두	등	두	두	두	두	두	두	두	두	두	두
려	리	려	랑	러	려	려	려	려	러	려	려	려	◆
렬	련	렬	련	럴	럴	◆	런	련	열	렵	열	령	◆
류	로	리	롱	로	로	로	류	류	로	류	로	로	류
륜	름	륜	륜	◆	◆	◆	륜	륜	◆	윤	윤	윤	윤

부록 _ 585

	18세기							19세기				
아미	내훈	천의	훈서	지장	무원	경신	오륜	태상	태상	삼성	경석	소독
가	가	가	가	가	가	가	가	가	가	가	가	가
◆	각	각	각	각	각	각	각	각	각	각	각	각
고	고	고	고	고	고	고	고	고	고	고	고	고
곤	곡	곡	곤	곡	곰	곡	곡	곡	곡	곡	곡	곳
과	과	과	과	과	과	과	과	과	과	과	과	과
◆	권	권	권	권	권	권	권	원	권	권	권	◆
난	난	난	날	난	난	난	난	난	난	난	난	남
나	냐	냐	냐	니	나	냐	냐	냐	냐	냐	냐	냐
논	논	논	눈	논	논	눌	논	논	눌	논	농	◆
뇨	뇨	뇨	뇨	뇨	노	뇨	뇨	노	뇨	뇨	노	노
더	더	더	더	더	더	더	더	더	더	더	더	더
던	던	틴	뎐	던	던	던	턴	덜	던	뎐	턴	던
두	두	두	두	두	두	두	두	두	두	두	두	두
려	려	려	려	려	려	려	려	려	려	려	려	려
◆	럴	렬	멸	렬	렷	렬	렬	◆	렬	렬	력	렵
류	류	류	류	류	로	류	류	로	류	류	류	로
◆	◆	륜	륜	◆	쥰	륜	륜	◆	윤	륜	릉	론

〈부록 1-2〉 문헌별 대표글자 비교표(2/3)

	15세기					16세기				17세기			
	훈민	석보	동국	월인	육조	여씨	정속	장수경	무예제	두창	연병	가례	마경
므	무	므	목	◆	므	므	므	믄	므	므	므	므	모
믈	믈	믈	문	믈	믈	믈	믈	믈	믈	믈	믈	믈	믈
미	마	미	◆	미	미	미	미	미	미	미	미	미	미
민	밀	만	민	◆	면	만	밀	민	만	면	빈	민	밀
배	벼	배	벽	◆	베	버	배	바	바	배	배	배	비
법	범	법	법	◆	밥	법	법	법	번	법	법	법	법
보	브	보	본	보	보	보	보	보	브	보	보	보	보
세	서	세	셕	세	세	세	셰	셰	셔	세	세	세	셰
쇼	쇼	쇼	숑	쇼	쇼	쇼	쇼	쇼	소	쇼	쇼	쇼	쇼
아	아	아	양	아	아	아	아	아	아	아	아	아	아
와	옷	와	◆	와	와	와	와	와	와	와	와	와	와
왕	약	왕	왕	◆	왓	완	완	왕	원	왕	광	왕	왕
용	욤	욕	용	◆	욤	용	욕	용	◆	용	종	용	용
우	우	우	운	우	우	우	우	우	우	우	우	우	우
위	엽	위	윙	위	위	위	우	위	듸	위	귀	위	위
의	의	의	의	의	의	의	의	의	의	의	의	의	의
제	져	졔	◆	제	제	제	졔	졔	졔	졔	졔	졔	졔

부록_587

	18세기							19세기				
아미	내훈	천의	훈서	지장	무원	경신	오륜	태상	태상	삼성	경석	소독
◆	므	므	므	므	므	므	므	므	므	므	므	오문
믈	믈	믈	믈	믈	믈	믈	믈	믈	믈	믈		
미	미	미	미	미	미	미	미	미	미	미	미	
면	민	민	면	민	민	민	민	민	민	민	밋	면
벼	배	배	배	배	배	배	배	베	베	베	벼	비
밥	법	법	법	법	법	법	법	법	법	법	◆	
보	보	보	보	보	보	보	보	보	보	보	보	
새	세	세	세	세	세	세	셰	비	셰	셰	셰	
쇼	쇼	쇼	쇼	쇼	쇼	쇼	쇼	쇼	쇼	쇼	스	
아	아	아	아	아	아	아	아	아	아	아	아	
와	와	와	와	와	와	와	와	와	와	와	와	
◆	완	왕	왕	왕	완	왕	왕	왕	왕	왕	광	◆
◆	용	용	용	용	용	용	용	욕	용	용	요	욤
우	우	우	우	우	우	우	우	우	우	우	우	우
취	귀	위	위	위	위	위	위	위	위	위	위	◆
의	의	의	의	의	의	의	의	의	의	의	의	의
제	제	제	제	제	제	제	제	제	졔	졔	졔	◆

〈부록 1-3〉 문헌별 대표글자 비교표(3/3)

	15세기					16세기			17세기			
	훈민	석보	동국	월인	육조	여씨	정속	장수경	무예제	두창	연병	가례	마경
죄	잣	죄	좍	좌	◆	죄	죄	죄	와	죄	죄	죄	좌
쥬	즁	쥬	쥰	주	쥬	쥬	쥬	쥬	두	쥬	쥬	쥬	쥬
즁	죵	죵	즁	죵	죵	죵	죵	즁	즉	즁	즁	죵	즁
차	채	차	챡	차	차	차	차	차	차	차	차	차	차
츠	창	츠	츅	츠	츠	츠	츠	초	측	츠	초	츠	초
코	콩	코	콕	코	코	코	코	◆	코	코	코	코	◆
터	티	터	틱	터	터	티	텨	타	텨	터	터	타	태
펴	피	펴	펴	펴	펴	피	피	피	피	펴	펴	펴	피
혜	호	혜	학	혜	혜	혜	혜	혜	혀	혜	셰	혜	해
희	활	희	획	희	희	회	희	희	훠	희	희	희	희
ㄷ	신	몬	◆	믈	곤	몬	몸	◆	몸	몸	몬	몸	◆
ㅁ	감	봄	감	몸	몸	임	몸	심	몸	몸	몸	몸	음
ㅂ	톱	업	겁	렵	캅	넙	입	답	잡	집	입	입	입
ㅅ	숫	엿	◆	엇	뒷	엇	깃	◆	밧	밧	밧	닷	◆

	18세기							19세기				
아미	내훈	천의	훈서	지장	무원	경신	오륜	태상	태상	삼성	경석	소독
◆	죄	죄	최	죄	죄	죄	죄	죄	◆	죄	◆	
◆	쥬	쥬	쥬	주	쥬	주	쥬	쥬	쥬	쥬	◆	
◆	중	중	중	중	증	증	증	중	증	중	◆	
◆	차	차	차	차	차	차	차	차	차	쳐	차	
◆	초	초	초	초	초	초	초	초	초	쵸		
코	코	코	코	코	코	코	쿄	코	코	코	코	
터	터	터	터	터	터	터	◆	터	터	턴	터	
펴	펴	펴	펴	펴	퍼	펴	펴	펴	펴	평	피	
해	혜	혜	혜	혜	혜	혜	헤	헤	혜	혜	하	
희	희	희	희	회	희	희	희	희	희	희	◆	
몸	몸	◆	몸	몸	◆	◆	◆	◆	◆	◆	◆	
밤	몸	감	몸	몸	몸	몸	몸	몸	몸	감	몸	
업	입	입	닙	압	업	입	입	업	입	입	업	
짓	깃	깃	밧	갓	갓	밧	밧	밧	깃	밧	밧	

〈부록 2-1〉 문헌별 자소·점획 비교표(자음)

시기/문헌 명칭	15세기					16세기				17세기	
	훈민	석보	동국	월인	육조	여씨	정속	장수경	무예제	두창	연병
'가'의 'ㄱ'	ㄱ	ㄱ	ㄱ	ㄱ	ㄱ	ㄱ	ㄱ	ㄱ	ㄱ	ㄱ	ㄱ
'나'의 'ㄴ'	ㄴ	ㄴ	ㄴ	ㄴ	ㄴ	ㄴ	ㄴ	ㄴ	ㄴ	ㄴ	ㄴ
'다'의 'ㄷ'	ㄷ	ㄷ	ㄷ	ㄷ	ㄷ	ㄷ	ㄷ	ㄷ	ㄷ	ㄷ	ㄷ
'라'의 'ㄹ'	ㄹ	ㄹ	ㄹ	ㄹ	ㄹ	ㄹ	ㄹ	ㄹ	ㄹ	ㄹ	ㄹ
'마'의 'ㅁ'	ㅁ	ㅁ	ㅁ	ㅁ	ㅁ	ㅁ	ㅁ	ㅁ	ㅁ	ㅁ	ㅁ
'바'의 'ㅂ'	ㅂ	ㅂ	ㅂ	ㅂ	ㅂ	ㅂ	ㅂ	ㅂ	ㅂ	ㅂ	ㅂ
'사'의 'ㅅ'	ㅅ	ㅅ	ㅅ	ㅅ	ㅅ	ㅅ	ㅅ	ㅅ	ㅅ	ㅅ	ㅅ
'아'의 'ㅇ'	ㅇ	ㅇ	ㅇ	ㅇ	ㅇ	ㅇ	ㅇ	ㅇ	ㅇ	ㅇ	ㅇ
'자'의 'ㅈ'	ㅈ	ㅈ	ㅈ	ㅈ	ㅈ	ㅈ	ㅈ	ㅈ	ㅈ	ㅈ	ㅈ
'차'의 'ㅊ'	ㅊ	ㅊ	ㅊ	ㅊ	ㅊ	ㅊ	ㅊ	ㅊ	ㅊ	ㅊ	ㅊ
'카'의 'ㅋ'	ㅋ	ㅋ	ㅋ	ㅋ	ㅋ	ㅋ	ㅋ	◈	ㅋ	ㅋ	ㅋ
'타'의 'ㅌ'	ㅌ	ㅌ	ㅌ	ㅌ	ㅌ	ㅌ	ㅌ	ㅌ	ㅌ	ㅌ	ㅌ
'파'의 'ㅍ'	ㅍ	ㅍ	ㅍ	ㅍ	ㅍ	ㅍ	ㅍ	ㅍ	ㅍ	ㅍ	ㅍ
'하'의 'ㅎ'	ㅎ	ㅎ	ㅎ	ㅎ	ㅎ	ㅎ	ㅎ	ㅎ	ㅎ	ㅎ	ㅎ

	18세기							19세기				
	아미	내훈	천의	훈서	지장	무원	경신	오륜	태상	태상	삼성	경석	소독
ㄱ													
ㄴ													
ㄷ													
ㄹ													
ㅁ													
ㅂ													
ㅅ													
ㅇ													
ㅈ													
ㅊ													
ㅋ													
ㅌ													
ㅍ													
ㅎ													

〈부록 2-2〉 문헌별 자소·점획 비교표(모음)

시기/문헌 명칭	15세기					16세기				17세기	
	훈민	석보	동국	월인	육조	여씨	정속	장수경	무예제	두창	연병
ㅏ	ㅏ	ㅏ	ㅏ	ㅏ	ㅏ	ㅏ	ㅏ	ㅏ	ㅏ	ㅏ	ㅏ
ㅑ	ㅑ	ㅑ	ㅑ	ㅑ	ㅑ	ㅑ	ㅑ	ㅑ	ㅑ	ㅑ	ㅑ
ㅓ	ㅓ	ㅓ	ㅓ	ㅓ	ㅓ	ㅓ	ㅓ	ㅓ	ㅓ	ㅓ	ㅓ
ㅕ	ㅕ	ㅕ	ㅕ	ㅕ	ㅕ	ㅕ	ㅕ	ㅕ	ㅕ	ㅕ	ㅕ
ㅗ	ㅗ	ㅗ	ㅗ	ㅗ	ㅗ	ㅗ	ㅗ	ㅗ	ㅗ	ㅗ	ㅗ
ㅛ	ㅛ	ㅛ	ㅛ	ㅛ	ㅛ	ㅛ	ㅛ	ㅛ	ㅛ	ㅛ	ㅛ
ㅜ	ㅜ	ㅜ	ㅜ	ㅜ	ㅜ	ㅜ	ㅜ	ㅜ	ㅜ	ㅜ	ㅜ
ㅠ	ㅠ	ㅠ	ㅠ	ㅠ	ㅠ	ㅠ	ㅠ	ㅠ	◈	ㅠ	ㅠ
ㅡ	ㅡ	ㅡ	ㅡ	ㅡ	ㅡ	ㅡ	ㅡ	ㅡ	ㅡ	ㅡ	ㅡ
ㅣ	ㅣ	ㅣ	ㅣ	ㅣ	ㅣ	ㅣ	ㅣ	ㅣ	ㅣ	ㅣ	ㅣ
ㅖ	ㅖ	ㅖ	ㅖ	ㅖ	ㅖ	ㅖ	ㅖ	ㅖ	ㅖ	데	ㅖ
ㅙ	ㅙ	왜	콩	의	과	와	회	쾌	와	와	와
ㅞ	ㅞ	웨	횡	웻	위	워	훼	훼	두	웨	웨

17세기		18세기							19세기				
가례	마경	아미	내훈	천의	훈서	지장	무원	경신	오륜	태상	태상	삼성	경석	소독
ㅏ	ㅏ	ㅏ	ㅏ	ㅏ	ㅏ	ㅏ	ㅏ	ㅏ	ㅏ	ㅏ	ㅏ	ㅏ	ㅏ
ㅑ	ㅑ	ㅑ	ㅑ	ㅑ	ㅑ	ㅑ	ㅑ	ㅑ	ㅑ	ㅑ	ㅑ	ㅑ	ㅑ
ㅓ	ㅓ	ㅓ	ㅓ	ㅓ	ㅓ	ㅓ	ㅓ	ㅓ	ㅓ	ㅓ	ㅓ	ㅓ	ㅓ
ㅕ	ㅕ	ㅕ	ㅕ	ㅕ	ㅕ	ㅕ	ㅕ	ㅕ	ㅕ	ㅕ	ㅕ	ㅕ	ㅕ
ㅗ	ㅗ	ㅗ	ㅗ	ㅗ	ㅗ	ㅗ	ㅗ	ㅗ	ㅗ	ㅗ	ㅗ	ㅗ	ㅗ
ㅛ	ㅛ	ㅛ	ㅛ	ㅛ	ㅛ	ㅛ	ㅛ	ㅛ	ㅛ	ㅛ	ㅛ	ㅛ	◆
ㅜ	ㅜ	ㅜ	ㅜ	ㅜ	ㅜ	ㅜ	ㅜ	ㅜ	ㅜ	ㅜ	ㅜ	ㅜ	ㅜ
ㅠ	ㅠ	ㅠ	ㅠ	ㅠ	ㅠ	ㅠ	ㅠ	ㅠ	ㅠ	ㅠ	ㅠ	ㅠ	◆
ㅡ	ㅡ	ㅡ	ㅡ	ㅡ	ㅡ	ㅡ	ㅡ	ㅡ	ㅡ	ㅡ	ㅡ	ㅡ	ㅡ
ㅣ	ㅣ	ㅣ	ㅣ	ㅣ	ㅣ	ㅣ	ㅣ	ㅣ	ㅣ	ㅣ	ㅣ	ㅣ	ㅣ
ㅖ	ㅖ	ㅖ	ㅖ	ㅖ	ㅖ	ㅖ	ㅖ	ㅖ	ㅖ	ㅖ	ㅖ	ㅖ	ㅖ
와	쇄	와	패	과	패	와	와	패	왜	화	왜	쇄	와	와
궤	워	웨	워	워	워	워	워	궤	웨	훼	워	워	궤	◆

〈부록 2-3〉 문헌별 자소·점획 비교표(점획)

시기/문헌 명칭	15세기					16세기				17세기		
	훈민	석보	동국	월인	육조	여씨	정속	장수경	무예제	두창	연병	가례
ㅣ 기필												
ㅣ 수필												
ㅡ 기필												
ㅡ 수필												
초성 ㅁ 상좌												
초성 ㅁ 상우												
초성 ㅁ 하좌												
초성 ㅁ 하우												
초성 ㅅ 상												
초성 ㅅ 좌												
초성 ㅅ 우												
ㅏ 우점												
ㅓ 좌점												
ㅗ 상점												
ㅜ 하점												
ㅎ 상획												

17세기	18세기								19세기				
마경	아미	내훈	천의	훈서	지장	무원	경신	오륜	태상	태상	삼성	경석	소독

찾아보기

가독성 76, 167
각자병서 23, 55
간경도감 310
갑인자 한글자 326, 359
갑인자 137
강희안 한글자 184
강희안 184
개화기 490
견출고딕체 93
견출명조 93
경신록 401
경오자 187
계유자 325
고딕체 28, 92, 522
고딕체군 167
고리점 107
광인사인쇄공사 43
광학 해상도 88
교과용 도서 490
교서관 활자 494
구결 19
구윤명 386
구점 107
구택규 386
궁서체 286, 475
권점 107
글꼴 개발용 54
글꼴 대표글자 42
기호 250

기효신서 232
김만중 18
김안국 184, 198
김정국 248

납활자 475

단계적 401
대용글자 79
대체글자 79
대표글자 79
대한제국 43
도교 401
동활자 27
두류산판 375
두점 107

마경대전 292
마경언해 292
명조체 522
모니터 31
목판체 94
목판파임체 94
몽고국자 20
몽고신자 20
무신자 325
무원록 386

박문국 43
방점 107

방필 118
범자 20
법의학서 386
변별력 211, 517
분철 82
불암사 401

사역원 25
산세리프 32
산세리프체 28
살수제보 232
삼강행실도 415
상형문자 14
샘물체 31, 92
서유린 386
서체군 154
석독구결 17
석보상절 150
선악소보도설 432
설형문자 14
세리프 28, 32
세명조 93
세종 102
세종대왕 20
순명조체 93
시대 구분 36
신명조 93
신명조체 92
신문명조체 92

신식 278
신주무원록 386
신찬구급간역방 248
신편집성마의방 292
심상규 415

안상수체 31
안평대군 187
알파벳 16
어제경민음 358
어제백경원 358
어제상훈언해 358
여씨향약 184
여씨향약언해 198
연서 23
영인본 98
오견 432
용비어천가 32, 150
용자례 23
운각인서체자 490
운홍사 313
원필 118
월인석보체 510
월인천강지곡 150
육조법보단경 169
을해자 186, 325
이두 17
이륜행실도 415
이미지 파일 90
2분선 141

이서 292
이창령 432
인경목활자 169, 170, 511
인수대비 170
인식률 286
임원준 248

장보살본원경 375
접필 405
정리동활자 415
정리자체 475
정속편 198
제자해 23
조형성 33
중명조 93
중앙 판본 267
증수무원록대전 386
지방판 264
진덕수 432

차자표기 17
창진집 248
척계광 232
철활자 27
초주갑인자 122
촌가구급방 248
최성환 432

KS완성형 52
크리스탈체 93

태명조 93
통시적 34
트루 폰트 104

파스파 문자 20
팩시밀리 31
포박자 432
폰트 29
표음문자 14
표의문자 14

학부편집국 490
학조 375
한교 264
한자 16
한호자 187
합용병서 23, 55
합자해 23
해상도 88
해서 25
해서체 527
향찰 17
허남증 432
형태재인 33, 276
홍태운 401
훈련도감자 325
훈민정음 22
훈민정음해례 23
휴대폰 31

저자 김두식

■ 학력 및 경력
1957년 서울 출생
중앙대학교 졸업
중앙대학교 신문방송대학원 졸업 문학석사
단국대학교 대학원 국어국문학과 졸업 문학박사(Ph.D.)
도서출판 타래 대표
전자출판협회 전자출판물 인증위원
한국출판학회 이사
국어국문학회, 국어학회, 진단학회, 국어사학회,
스피치커뮤니케이션학회, 한국언론학회 회원
경희대학교 언론정보대학원 강사
서강대학교 언론대학원 강사
영어대학원대학교 강사
중앙대학교 신문방송대학원 강사
혜전대학 출판미디어과 교수
〈현재〉
미국 캘리포니아 한의사(L.Ac.)
Dongguk Royal University 한의학 객원교수

■ 주요논문
한글 서체의 직관적 수용에 관한 연구
한글 판본 글자꼴의 변천과 특성에 관한 연구
한글서체 특성 표현을 위한 대표글자 추출에 관한 연구
한글 자형의 변천에 관한 연구
인터넷 출판 콘텐츠 및 인터페이스 개발에 관한 연구
인터넷 문자 정보의 효율적 전달에 관한 연구
전자출판의 본질과 현상 연구 외 다수

■ 주요저서
그리드 시스템(역서)
편집실무와 전자출판
편집디자인 실무분석
출판기획 편집실무 강의
전자출판론
신문취재·편집 레이아웃 실무
신문·잡지·단행본 레이아웃 분석
출판사 창업론 외 다수